HEYNE BÜCHER

HEYNE BUSINESS

Fredmund Malik

Führen Leisten Leben

Wirksames Management
für eine neue Zeit

WILHELM HEYNE VERLAG
MÜNCHEN

HEYNE BUSINESS
22/1078

Umwelthinweis:
Dieses Buch wurde auf chlor- und säurefreiem Papier gedruckt.

3. Auflage

Taschenbucherstausgabe 11/2001

Wilhelm Heyne Verlag GmbH & Co. KG, München
http://www.heyne.de
Printed in Germany 2002
Umschlaggestaltung: Hauptmann und Kampa Werbeagentur, CH-Zug
Satz: ew print & medien service gmbh, Würzburg
Druck und Verarbeitung: Ebner & Spiegel, Ulm

ISBN 3-453-19684-8

Inhalt

Teil I
Professionalität

Teil II
Die Grundsätze wirksamer Führung

Teil III
Aufgaben wirksamer Führung

Teil IV
Werkzeuge wirksamer Führung

Vorwort zur 10. Auflage

»Führen Leisten Leben« findet unvermindertes Interesse. Offenbar wird es als nützlich empfunden, dass und wie ich in diesem Buch dargestellt habe, was alle Führungskräfte *immer* und *überall* in ihrer Funktion als Manager brauchen. Besonders erfreulich sind für mich die zahlreichen positiven Reaktionen aus dem nichtwirtschaftlichen Bereich, aus der öffentlichen Verwaltung, den Organisationen des Gesundheits- und des Bildungswesens und den zahlreichen anderen Arten von Non Profit-Organisationen.

Nicht für alle Leser und Rezensenten scheint allerdings klar genug geworden zu sein, was ich mit dem Untertitel des Buches meine. Was bedeutet »neue Zeit« in »Wirksames Management für eine neue Zeit«?

Schon im Vorwort zur 8. Auflage habe ich Skepsis bezüglich der romantischen Vorstellungen über die New Economy bekundet. Die Entwicklung in der sogenannten New Economy seit Veröffentlichung des Buches Anfang März 2000 hat sowohl das Ausmaß an wirtschaftlicher Unkenntnis und der darauf beruhenden Euphorie, Naivität und Anmaßung gezeigt als auch die daraus resultierenden Konsequenzen und Schäden.

Meine – von Anfang an bestehende und reichlich publizierte – Zurückhaltung gegenüber den behaupteten Segnungen der New Economy heißt nicht, dass ich den Wandel geringschätze. Das Gegenteil ist der Fall. In meinem Buch über Corporate Governance* habe ich in einem langen Kapitel über die »Große Transformation« die vor sich gehenden Veränderungen und ihre mutmaßliche Bedeu-

* *Wirksame Unternehmensaufsicht; Corporate Governance in Umbruchzeiten*, Frankfurt a. M. 1997, 2. Aufl. 1999.

tung dargestellt. Sie sind seit langem, jedenfalls seit Beginn der 90er Jahre erkennbar gewesen. Ich habe die damit zusammenhängenden Probleme und Chancen mit Tausenden von Führungskräften in Seminaren diskutiert. Aufgrund meiner jahrzehntelangen Befassung mit den Systemwissenschaften und der Kybernetik, mit den Phänomenen der Komplexität, Selbstorganisation, Information und Kommunikation ist mir die Bedeutung der neuen Technologien präsent gewesen. Es ist ja gerade die Kybernetik, aus der heraus sie entstanden sind. Dass das den meisten unbekannt ist, die mit dem Begriff »Cyber-« zu beeindrucken versuchen, ist eine der zahlreichen Ironien der Geschichte.

Wenn man sich auf diesen Gebieten ein wenig auskennt, wird rasch klar, welche Anforderungen an das Management im »Cyber-Age« zu stellen sind. Das betrifft zuerst das Management der Technologien selbst, also ihre Entwicklung und Nutzung. Es betrifft aber vor allem das Management von Organisationen, die Informatik und Kommunikationstechnologie einsetzen oder deren Produkte diese Technologien sind, und es betrifft das Management der Menschen, die mit ihnen arbeiten müssen. High Tech erfordert ein Übermaß an Managementpräzision; und was am wenigsten gebraucht werden kann, sind romantisch-sentimentale oder auch einfach naive Vorstellungen, wie sie leider in einem Gutteil der Managementliteratur und des Seminarmarktes vorherrschen. Mindestens die Hälfte – wahrscheinlich ist es deutlich mehr – der gescheiterten New Economy-Firmen sind an unprofessionellem Management zugrunde gegangen, an teilweise miserabler Führung.

Aber High Tech und E-Businesses sind keineswegs das Wichtigste an der »neuen Zeit«, obwohl es von den meisten so gesehen wird. Die größte Bedeutung hat der Inhalt dieses Buches für die eigentlich konstitutiven Elemente der »neuen Zeit« – die Kopfarbeit und den Kopfarbeiter – für alle jene Menschen also, für die Wissen ihr Hauptrohstoff ist und die aus diesem Grunde in Wahrheit gar nicht in irgendeinem vernünftigen Sinne gemanagt werden können, sondern die sich selbst managen müssen. Das gilt sowohl für Menschen innerhalb von Organisationen, aber auch für solche, die von außen mit Organisationen zusammenarbeiten müssen. Für die Kopf- und Wissensarbeiter ist Management, wie ich es in diesem Buch darstelle, nicht nur erfolgsentscheidend, es ist existenzentscheidend.

Die »neue Zeit« im Untertitel hat aber noch eine zweite Bedeutung. Ich meine, dass eine gute Chance besteht, dass wir uns auf eine Zeit zubewegen, in der einer der Kerngedanken des Buches, nämlich Professionalität im Management, denselben Stellenwert haben wird wie in jedem anderen Beruf – eine Zeit, in der Führungswissen und Führungspraxis einigermaßen frei sind von Modewellen, Scharlatanerie, leeren Versprechungen, Missverständnissen, Irrlehren und ausgesprochener Dummheit. Wir erwarten mit Recht von Professionals wie Ärzten, Anwälten, Wirtschaftsprüfern, Richtern, Staatsanwälten, Lehrern und Professoren berufliche Kompetenz und Verantwortlichkeit. Warum also nicht von Managern?

Es ist kaum vorstellbar, jedenfalls ist es nicht wünschenswert, dass in einer modernen Gesellschaft das Management ihrer Institutionen, deren Gestaltung, Lenkung und Entwicklung, mit weniger Ernsthaftigkeit, Solidität und Gewissenhaftigkeit ausgeübt werden soll, als dies in anderen Berufen und gesellschaftlichen Funktionen längst als Selbstverständlichkeit vorausgesetzt wird. Das Buch soll den Prozess dorthin beschleunigen und dazu beitragen, dass Unsinn als solcher entlarvt werden kann und es schwieriger wird, ihn zu verbreiten.

Fredmund Malik
St. Gallen, im Mai 2001

Vorwort zur 8. Auflage

Wenn ein Buch in acht Monaten acht Auflagen erfährt, fast ausnahmslos positiv rezensiert wird und zu vielen zustimmenden, manchmal begeisterten Leserbriefen Anlass gibt, darf man sich wohl als Autor freuen – ohne Gefahr zu laufen, anmaßend zu wirken. Ich nehme diese Auflage zum Anlass, einige Klärungen und Korrekturen vorzunehmen und aufmerksamen Lesern für Hinweise zu danken.

Gelegentlich wird festgestellt, dass der dritte Teil des Buchtitels – Leben – im Buch selbst zu kurz komme. In einem gewissem Sinne stimmt das. Explizit habe ich weniger dazu geschrieben, als die Position des Wortes im Titel vermuten lässt. Implizit hingegen bezieht sich das ganze Buch auf das Leben. In einem Satz zusammengefasst ist meine Auffassung: Wer sich im wesentlichen an die Vorschläge hält, die ich in diesem Buch mache, hat eine gute Chance, nicht nur eine wirksame Führungskraft zu sein, sondern neben seinem Beruf – vielleicht gerade wegen seines erfolgreichen Berufes – auch ein Leben zu haben. Die Kunst, Beruf und Leben auf eine vernünftige Weise miteinander zu vereinbaren, ist weniger verbreitet, als es wünschenswert ist. Dafür grassiert der Irrtum umso mehr, dass das eine dem anderen geopfert werden müsse, dass Beruf und Leben in einem unauflösbaren Widerspruch stünden, und man sich daher für eines von beidem entscheiden müsse. Gerade von wirksamen Menschen kann aber gelernt werden, dass das nicht stimmt.

Ein Rezensent meinte, die im Untertitel erwähnte »neue Zeit« komme zu kurz – damit auch die so viel diskutierte »New Economy«, und die mit ihr entstehenden neuen Unternehmenstypen, die – so die Auffassung – ganz neues und anderes Management erforderten. Diese Meinung halte ich für einen Irrtum, und zwar nicht erst, seit sich mit den ersten Konkursen von »New Economy«-Firmen die ehernen Wahrheiten von Wirtschaft und Management Geltung verschaffen. Wenn sich dadurch eines mit aller Deutlichkeit zeigt, dann, dass sie genau das brauchen, was ich in diesem Buch behandle: richtiges, kompetentes und wirksames Management – viel mehr davon, als jene Unternehmen, die man zur »Old Economy« zu zählen beliebt – öfter als nötig aus einem Mangel an Kenntnissen über die Wirtschaft überhaupt. Selten wurde etwas so universell so falsch eingeschätzt, wie das, was man »New Economy« nennt. Es wäre leicht zu vermeiden: ein Minimum an Wirtschaftsgeschichte und ein Minimum an Managementkenntnissen würden dazu ausreichen.

Leser, die mit dem Werk von Peter F. Drucker vertraut sind, erkennen den Einfluss, den Drucker durch seine Bücher und durch – wenige – persönliche Begegnungen auf mein Denken über Management hat, und manche stellen eine Neuordnung und Weiterentwicklung von Einsichten Druckers in meinem Buch fest. Eine größere Anerkennung ist kaum möglich. Nach über 30 Jahren Befassung mit Management resultieren meine Auffassungen darüber naturgemäß aus vielen Quellen. Eine der maßgeblichsten ist aber zweifellos Drucker, und ich bin stolz darauf, sein Werk profund zu kennen. Sein Beitrag zu Management – in einem weit verstandenen Sinne – kann nicht hoch genug eingeschätzt werden. Wo immer ich die Möglichkeit habe – in Seminaren, Vorträgen und meinen anderen Schriften – weise ich Führungskräfte seit Jahren auf die Fruchtbarkeit der Befassung mit Drucker hin. Wie wichtig solche Hinweise sind, kann ich fast täglich erleben, denn viel zu wenige haben ihn ausreichend studiert.

Es gäbe noch etliche andere zu nennen: zum Beispiel Hans Ulrich und Stafford Beer, um nur zwei zu erwähnen, denen ich viel zu verdanken habe und auf denen ich aufbaue. Im Gegensatz zu der in der Managementliteratur verbreiteten Mode, ständig das Rad neu zu erfinden, halte ich es für wichtiger, sich, wo immer möglich, auf bereits Erreichtes zu stützen und es weiterzuführen. Ich meine, dass ein Fortschritt von Wissen möglich ist und dass dieser kumulativ sein kann. Das wird zwar in der Philosophie und in manchen Sozialwissenschaften von einer bestimmten Denkrichtung bestritten, die es für besser hält, immer wieder bei Null zu beginnen. Ich kann dem wenig abgewinnen. So weit wie möglich habe ich daher bestehende fruchtbare Erkenntnisse und Einsichten übernommen. Gerade darin sehe ich einen Beitrag zum Fortschritt von Management und zur Etablierung von Standards für den Beruf des Managers – was übrigens gar nichts, wie mir ein Leser unterstellt, mit dessen Standardisierung zu tun hat.

Zwei aufmerksame Leser haben mir unabhängig voneinander sehr geholfen mit den richtigen Angaben zu Hannes Lindemann und dessen Buch über seine großartigen maritimen Leistungen sowie den Anteil, den das autogene Training dabei hatte. Auf Seite 157 hatte ich wegen fehlender Aufzeichnungen aus dem Gedächtnis heraus Lindemann fälschlicherweise zu Lehmann gemacht. Ich kann das jetzt korrigieren. Wie ich nun, nachdem ich den richtigen Namen kenne, mit Freude feststelle, sind mehrere Bücher von Dr. Hannes Lindemann verfügbar: darunter *Autogenes Training*, München 1999; *Ein Mann, ein Boot, zwei Kontinente*, Berlin 1999; und *Allein über den Ozean*, Berlin 1993. Das Buch, an dessen Inhalt und Botschaft ich mich gut, an dessen Verfasser und Titel aber nicht mehr erinnern konnte, heisst: *Allein über den Ozean*. Ich danke Herrn Michael Tiemens und Herrn Prof. Christoph Bruder für ihre wertvollen Hinweise.

Fredmund Malik
St. Gallen, im November 2000

Vorwort und Einführung

Dieses Buch gibt Antwort darauf, was Menschen wissen und können müssen, wenn sie *wirksam* und *erfolgreich* sein wollen – in erster Linie in ihrem *Beruf*, aber auch in ihrem *Leben*, als *Führungskräfte* ebenso wie als *Fachspezialisten*. Es enthält das Rüstzeug, das *jede* Person in einer Organisation benötigt, und zwar *immer* und *überall*. Es ist ein Buch über die *Effektivität von Menschen in den Organisationen der Zukunft*.

»Führen Leisten Leben« beinhaltet diejenigen Kenntnisse und Instrumente, die man in *allen* Organisationen ständig verfügbar und einsatzbereit haben muss – in den Unternehmen der Wirtschaft genauso wie in den zahlreichen und vielgestaltigen anderen Institutionen und Organisationen der Gesellschaft. Das Buch zeigt, was man in *jeder* Position braucht, wenn man *führen* und *leisten* muss und auch Mensch sein – *leben* – will.

»Führen Leisten Leben« ist ein Buch über *richtiges* und *gutes* Management. Ob sich jemand selbst als Manager versteht und so bezeichnen will, ist sekundär; wichtig ist, was Beruf, Tätigkeit, Funktion und Stellung innerhalb einer Organisation verlangen. Ich wende mich zwar auch an die Führungskräfte der Wirtschaft, aber keineswegs nur an diese. Management reicht weit über die Wirtschaft hinaus in alle Bereiche der Gesellschaft.

Auch Chefärzte, Institutsvorstände, Intendanten, Chefbeamte, Rektoren und Dekane, Direktoren und Studienräte, Programmleiter in der Wissenschaft und Leiter von Museen sind mit Managementaufgaben konfrontiert. In der modernen Gesellschaft verbringen fast alle Menschen ihr Berufsleben innerhalb von Organisationen. Nie zuvor in der Geschichte haben in absoluten wie in relativen Zahlen so viele Menschen de facto Führungsaufgaben zu erfüllen gehabt. Das wird sich in Zukunft – in der Dienstleistungs-, Informations- und

Wissensgesellschaft – noch drastisch *verstärken*, und die Anforderungen daran werden deutlich sichtbar *steigen*. Die meisten von uns werden managen müssen, ob wir es anstreben oder nicht; ob wir uns dessen bewusst sind oder nicht; ob wir andere Menschen, etwa Mitarbeiter, Kollegen oder Chefs, zu managen haben oder »nur« uns selbst. Aber nur wenige von uns sind darauf angemessen vorbereitet.

Ohne Ausnahme sind wir alle von Management *betroffen* – und müssen, ob wir es wollen oder nicht, ein Interesse an der *Qualität* von Management haben. Es wird nützlich und in vielen Fällen erfolgsentscheidend sein, gutes Management von schlechtem und richtiges von falschem unterscheiden zu können. Das wird die *Leistungsfähigkeit* aller gesellschaftlichen Organisationen bestimmen, die *Wettbewerbsfähigkeit* der Wirtschaft genauso wie die *Lebensqualität* der meisten Menschen.

Management ist die wichtigste Funktion der Gesellschaft. Das gilt für die hochentwickelten Länder und vielleicht noch mehr für die weniger entwickelten. Es spricht vieles dafür, dass der Zustand der sogenannten unterentwickelten Länder seine eigentliche Ursache in unterentwickeltem Management hat, dass dort die gesellschaftliche Funktion von Management nicht entstehen konnte oder sich fehlentwickelt hat. Dies allein schon macht die Frage nach gutem und richtigem Management wichtig; denn Management ist das gestaltende und bewegende Organ einer Gesellschaft und ihrer Institutionen. Ob man darin etwas Positives und Wünschenswertes, gar einen Fortschritt feststellen mag, muss jeder für sich entscheiden. Unbestreitbar ist Management eine *Realität*, die nicht mehr zu beseitigen ist, mit der man sich abfinden muss.

Nicht abfinden muss man sich aber mit der Art und Weise, *wie* die gesellschaftlichen Organisationen gemanagt werden, mit der vorhandenen Qualität von Management, mit seiner Effektivität und Effizienz. Diese können verbessert werden – und ich meine, dass sie verbessert werden müssen – in manchen Fällen radikal. Ebenfalls nicht abfinden muss man sich mit dem weitverbreiteten und ständig zunehmenden Unfug, der unter der Bezeichnung »Management« verbreitet wird.

Management ist geschichtlich gesehen noch sehr jung, keine hundert Jahre alt, und der größte Teil der Entwicklung fällt in die Zeit nach dem Zweiten Weltkrieg. Daher muss man hier wohl mehr Toleranz aufbringen als in gut etablierten Wissensgebieten mit einer sehr viel längeren Entwicklungsgeschichte. Aber auch mit größter Toleranz kann man die Augen nicht davor verschließen, dass es kaum ein anderes Gebiet gibt, in dem so viel Unsinn unwidersprochen vertreten werden kann und Moden, Scharlatanerie, Halbwissen und pseudowissenschaftlicher Schwachsinn bar jeden Arguments mit unbegrenzter Beliebigkeit und Willkür verbreitet und kritiklos hingenommen werden. In keiner Wissenschaft wäre Ähnliches vorstellbar; und auch in keinem der auf Wissenschaften gestützten praktischen Berufe, seien es die Ärzte, Ingenieure, Rechtsanwälte oder die Spezialisten des Finanz- und Rechnungswesens. Angesichts der Bedeutung von Management als gesellschaftlicher Funktion ist das zumindest bemerkenswert; in Wahrheit ist es gefährlich.

Mit diesem Buch will ich einen Beitrag zur Schaffung von professionellen Standards leisten. Management ist eine gesellschaftliche Funktion, in der es bis heute keine solchen Maßstäbe gibt. In Ermangelung von Maßstäben und Standards ist es nicht verwunderlich, dass alles »irgendwie« akzeptabel, gültig und richtig zu sein scheint. Damit wird aber nur die Konfusion perfektioniert und Schaden angerichtet.

In über 25 Jahren als Managementlehrer, Unternehmensberater und als selbständiger Unternehmer und Manager konnte ich Tausende, ja Zehntausende von Führungskräften praktisch jeder Alterskategorie und organisatorischen Stellung und aus vielen Kulturkreisen kennenlernen, mit ihnen diskutieren, sie beobachten und vor allem mit ihnen an den unterschiedlichsten Problemen und in den verschiedenartigsten Situationen arbeiten. Ich konnte erfahren, wie sie denken und fühlen, was sie für wichtig halten und was nicht, was sie können und was nicht, was ihnen leicht und was schwer fällt, worüber sie sich freuen und worunter sie leiden und wie sie darauf reagieren. Es waren und sind Manager aus Großkonzernen und aus kleinen Eigentümer- und Familienbetrieben, solche aus Regierungsbehörden und Non-Governmental-Organisations, aus der Wirtschaft und dem Non-Profit-Sektor. Darunter waren Erfolgreiche, Erfolgsgewohnte und Erfolgsverwöhnte genauso wie solche, denen kein Erfolg vergönnt war, sei es aus eigenem Versagen oder aufgrund von Umständen, auf die sie keinen Einfluss nehmen konnten, für die sie aber dennoch die Verantwortung zu tragen hatten. Ich konnte gute und schlechte Manager kennenlernen, solche, die richtig führten, und solche, die es falsch machten.

Es gibt diese Unterschiede. Man kann sie beobachten, und man kann daraus lernen; sie sind von größter praktischer Bedeutung. Sobald man sie erkannt hat, springen zahlreiche Missverständnisse, Irrtümer und Irrlehren ins Auge, die es im Management und in der Managementlehre gibt. Sie aufzudecken und bessere Lösungen aufzuzeigen, ist eine Absicht dieses Buches.

Diese Irrtümer betreffen so wichtige Themen wie etwa Motivation und Führungsstil, Unternehmens- und Organisationskultur, internationales und multikulturelles Management. Es geht um die Frage, welche Rolle etwa die Psychologie in der Führung spielen kann und welche nicht. Es geht um die Folgen von bestimmten Motivationslehren, wie sie in Büchern und Seminaren allgemein und ständig vertreten werden, die zum Teil tragische Abhängigkeiten herbeiführen, statt, wie sie vorgeben, Menschen zu befähigen, sich autonom und emanzipiert zu verhalten. Und es geht auch um einige weithin übersehene oder unterschätzte Aspekte, etwa die Bedeutung von Vertrauen und die Nutzung von individuellen Stärken. Mit Irrtümern dieser Art hängt wiederum zusammen, dass bestimmte Systeme, unter anderem solche des Personalwesens, systematische Architekturfehler aufweisen, zum Beispiel die Leistungsbeurteilung, die Gestaltung von Aufgaben und Stellen sowie die Ausbildung und Entwicklung von Menschen. Mit wesentlichen Irrtümern sind meines Erachtens auch die meisten Versuche behaftet, das im allgemeinen unbestrittene Ziel von Humanität im Management zu erreichen. Trotz bester Absicht wird damit viel zu oft das Gegenteil erreicht; daher schlage ich andere Wege vor. Führen, leisten *und* leben sind durchaus vereinbar, aber auf andere Weise, als man es meistens versucht.

Die im Entstehen begriffene neue Gesellschaft, ihre Wirtschaft und alle ihre Organisationen werden mehr und besseres Management benötigen, als viele sich vorzustellen vermögen. Unsere bisherigen Organisationen waren robust gegen Fehler. Sie hatten geduldige Mitarbeiter, gutmütige Kunden und Bürger und entweder gar keine Konkurrenten oder solche, die sich an Spielregeln hielten. Diese Organisationen konnten Mängel des Managements tolerieren und kompensieren. Im Kern waren sie relativ einfach zu managen, unter anderem deshalb, weil sie konkret waren; weil alles, was wichtig war, mit den Sinnesorganen erfahrbar war. Man konnte es sehen, hören und anfassen.

In Zukunft und in den neuen Organisationen sind Information und Wissen die wichtigsten Ressourcen. Nur mehr wenig wird in gewohnter Weise mit den Sinnesorganen direkt erfahrbar sein. Diese Organisationen werden fachlich sehr gut ausgebildete Mitarbeiter haben, die hohe Erwartungen an die Qualität ihrer Aufgaben und ihrer Führung stellen werden; gleichzeitig werden sie aber auch sehr anfällig für Irreführungen sein, weil sie Laien in Sachen Management sind. »Alte Tugenden«, etwa Loyalität, werden nur noch geringen Stellenwert besitzen, vor allem deshalb, weil viel mehr Menschen als bisher über Alternativen und Optionen verfügen. Kunden werden alles andere als gutmütig, und nichts wird mehr vor Konkurrenz geschützt sein.

Solche Organisationen können Managementfehler nicht tolerieren, und sie werden Dilettantismus nicht verzeihen. Ihr Management wird ein Hochleistungs- und ein Hochpräzisionsmanagement sein müssen. Es wird den besten bisher erreichten Standards von Professionalität entsprechen und diese möglicherweise noch übertreffen müssen. Die Richtschnur werden Ausbildungsstand und Professionalität von Neurochirurgen, Flugpiloten und Dirigenten großer Orchester sein. Damit ist die zweite Absicht von »Führen Leisten Leben« genannt.

Ich danke allen, die, wissentlich oder nicht, zur Entstehung des Buches beigetragen haben:

den vielen Führungskräften, darunter zahlreichen, die mir zu

Freunden wurden, mit denen ich arbeiten und diskutieren konnte, die ich beobachten und von denen ich lernen durfte;

den Teilnehmerinnen und Teilnehmern meiner Managementseminare, die mich immer wieder neu zwangen, meine Positionen zu überprüfen, kritische Fragen zu durchdenken, präziser und prägnanter zu werden;

den Studentinnen und Studenten meiner Lehrveranstaltungen, die mir helfen, die Brücke zu schlagen zwischen den Führungskräften von heute und jenen von morgen;

den Kolleginnen und Kollegen am Management Zentrum St. Gallen, die mit allem Nachdruck und der Fachkompetenz eines interdisziplinären Teams dafür sorgen, dass Meinungen immer wieder hinterfragt werden, und die selbst mit dem, was ich für die besten Begründungen halte, nicht immer zu überzeugen sind;

der Wirtschaftspsychologin Frau Prof. Dr. Linda Pelzmann für viele freundschaftliche Fachdiskussionen, für die kritische Durchsicht des Manuskripts und für zahlreiche Verbesserungsvorschläge;

Herrn Prof. Dr. Hans Siegwart, der als ein Leben lang mit der Praxis eng verbundener Betriebswirtschaftler das Manuskript begutachtete und weit über einen Freundschaftsdienst hinaus dafür sorgte, dass es klarer und verständlicher wurde;

Frau Dr. Dana Schuppert, die mich mit ihrer Erfahrung als Top-Management-Coach in Zweifelsphasen unermüdlich in den hier publizierten Auffassungen bestärkte.

Ich danke meiner Frau und meinen Kindern, die ganz andere Fächer studieren, dafür, dass sie mir halfen, Formulierungen klarer und Argumente schärfer zu machen. Schließlich gehört Dank meiner langjährigen Büroleiterin und Sekretärin, Frau Ruth Blumer, die einmal mehr mit Professionalität, Ausdauer und viel Engagement das Manuskript in seinen vielen Varianten erstellte, sowie den Herren Jürgen Horbach und Dr. Stefan Bollmann von der Deutschen Verlags-Anstalt für ihre Unterstützung und Hilfe.

Fredmund Malik

St. Gallen, 29. Dezember 1999

I
Professionalität

Die ideale Führungskraft – eine falsch gestellte Frage

Kaum eine Diskussion über Management, in der die Rede nicht auf ein Thema kommt: die *Anforderungen an Führungskräfte.* Geht man den Dingen auf den Grund, stellt sich fast immer heraus, dass – teils ausgesprochen, häufiger aber stillschweigend unterstellt – eine bestimmte Vorstellung dominierend ist: Es ist das Bild der *idealen* Führungskraft. Sobald das Wort »Management« fällt, denken die meisten Menschen reflexartig in diese Richtung – sie denken an die Frage: *Wer ist der ideale Manager?* Das ist auch die Frage, die die Managementliteratur dominiert. Sie beherrscht die Ausbildung von Führungskräften – und sie ist *falsch.*

Das Universalgenie

Diese Frage lässt sich heute, nach Jahrzehnten empirischer Forschung auf diesem Gebiet problemlos beantworten, und das rückt sie – alles andere ausschließend – ins Zentrum des Interesses. Auf diesem Gebiet ist alles erforscht worden, was man erforschen kann. In 40 Jahren empirischer Sozialforschung ist jeder Fragebogen beantwortet, jedes Interview geführt und jeder Test gemacht worden. Als Ergebnis dessen kennen wir das Profil der idealen Führungskraft sehr genau.

Daher hat jeder Personalchef, der etwas auf sich hält, eine mehr oder weniger lange Liste in seinem »Werkzeugkasten«, die er konsultiert, wenn es um Personalangelegenheiten geht: wenn beispielsweise Stellen zu besetzen, Anforderungsprofile zu erstellen, Kriterien für die Leistungsbeurteilung festzulegen und Stelleninserate zu verfassen sind, und natürlich auch dann, wenn Ausbildungsprogramme konzipiert und Referate gehalten werden müssen.

In diesen Listen ist alles aufgeführt, was man gängiger Meinung nach von einer Person erwarten muss, wenn sie für eine Führungsposition in Frage kommen soll – Fähigkeiten, Kenntnisse, Persönlichkeitsmerkmale, Charakterzüge, Eigenschaften, Erfahrungen, Qualitäten und Kompetenzen. Das alles klingt so plausibel, dass man kaum auf die Idee kommt, es zu hinterfragen. Schließlich ist es auch durch zahlreiche Forschungsprojekte gesichert. Wie könnte man daran also zweifeln?

Hier ein paar Beispiele: In einer neueren Untersuchung wurden die 600 größten Unternehmen in Deutschland befragt, welche Management-Qualitäten sie verlangen. Das Ergebnis ist eindrucksvoll: *unternehmerisch denkend, teambildend, kommunikativ, visionär, international ausgerichtet, ökologisch orientiert, sozial orientiert, integer, charismatisch, multikulturell* und *intuitiv entscheidend.* Bezeichnenderweise erst am Schluss und mit den wenigsten Stimmen kommt dann noch die Eigenschaft *kundenorientiert.*

Im Bulletin einer global operierenden Schweizer Großbank war eine Abhandlung eines ihrer Spitzenmanager über die »Zwölf I des Idealprofils« zu lesen. Man durfte erfahren, dass der Manager von morgen unter anderem *interrogativ-integral* sein müsse und *integrierend-intermediär* sowie *interkommunizierend-instruierend* – vielleicht doch nicht gerade das, was man in der Schule lernt.

In der meistverbreiteten Managerzeitschrift eines deutschsprachigen Landes wurde kürzlich »Das ABC der neuen Anforderungen« veröffentlicht mit insgesamt 45 »zukunftssichernden Schlüsselqualifikationen«, unterteilt in »persönliche Eigenschaften, Managementqualitäten und organisatorische Faktoren« – ein Kompendium wünschenswerter Fähigkeiten. Und damit die Sache auch einen praktischen Nutzwert hat, war alles in Gestalt eines Tests formuliert, den man unmittelbar selbst durchführen und auswerten konnte. Dass man unter Begriffen, wie *kommunikative Kompetenz, Empathie, Zukunftsorientierung* oder *Systemintegration,* die sich in den Testlisten finden, fast alles und auch das Gegenteil davon verstehen kann, wird dabei großzügig übersehen. Erzielte man eine Note zwischen 1,0 und 2,5, so durfte man davon ausgehen, »dass Sie oder die Testperson den Anforderungen an das neue Profil des Business-Virtuosen genügen«. Aha ...

Das sind nicht etwa Ausnahmen oder zur Stützung meiner exotischen Meinung zwangsneurotisch zusammengetragene Beispiele. Sie sind *typisch* und *repräsentativ* für eine *allgemein* anzutreffende Denkweise, die in der Wirtschaft, aber auch in den meisten anderen gesellschaftlichen Bereichen Einzug gehalten hat. In 90 Prozent aller Stellenanzeigen kommen solche eigentümlichen Forderungen vor, und außerdem ist ein großer Teil der gebräuchlichen Führungsinstrumente auf diesen Dingen aufgebaut: Leistungsbeurteilungssysteme, Potenzialanalysen, Personalauswahlverfahren, Gehaltsfindungssysteme usw.

Auch in meinem Studium habe ich das so gelernt, und ich habe es aus den genannten Gründen akzeptiert. Mit der Zeit aber – je mehr ich es aufgrund meiner beruflichen Tätigkeit mit realen Menschen zu tun hatte und je mehr Lebenserfahrung sich akkumulieren konnte – sind Zweifel daran entstanden. Weder Plausibilität noch der Umstand, dass etwas an Universitäten gelehrt wird, noch die Tatsache, dass etwas gängige Meinung ist, sind Garanten für dessen Richtigkeit. Geschichtlich gesehen, wurde auf dieser Welt schon vieles gelehrt – auch an Universitäten – und geglaubt – auch von den Experten –, was dennoch grundfalsch war. Auch Plausibilität führte schon zu oft in die Irre, wie wir von Kopernikus bis Darwin lernen können.

Was für eine Vorstellung wird durch diese Anforderungslisten und -kataloge verbreitet? Welcher Grundtypus von Manager kommt hier zum Vorschein? Es ist keine unfaire Verkürzung, wenn man sagt, dass durch die Anforderungskataloge im wesentlichen das Bild eines *Universalgenies* gezeichnet wird. Auf eigentümliche Weise ist die Vorstellung in die Welt gekommen, Manager – und insbesondere Top-Manager – müssten eine Kreuzung aus einem antiken Feldherrn, einem Nobelpreisträger für Physik und einem Fernseh-Showmaster sein.

Zwar lässt sich dieser Idealtypus *beschreiben*, was reichlich getan wird; wir können ihn aber in der realen Welt nicht finden. Das ist meiner Auffassung nach heute eines der wesentlichsten Probleme der Managementlehre und -praxis.

Meine bisherigen Anmerkungen meine ich nicht als Kritik an der Wissenschaft. Sie tut, was von ihr verlangt und erwartet wird: sie beantwortet die Frage nach den Eigenschaften und Fähigkeiten der idealen Führungskraft. Und die Antworten sind ja auch richtig. In der Tat sähe der *Idealmanager* wohl so aus, wie er sich als Ergebnis der Untersuchungen darbietet. *Nicht die Antworten sind falsch; die Frage ist es.*

Der wirksame Mensch

Mein Vorschlag ist daher, diese Frage *aufzugeben*. Man kann sie zwar beantworten, aber Frage und Antworten haben keine praktische Relevanz. Selbst wenn man für den Augenblick und um des Argumentes willen akzeptiert, dass es Universalgenies gibt, so wird man doch – schon aus statistischen Gründen – zu dem Ergebnis kommen müssen, dass sie selten sind – zu selten, um hoffen zu dürfen, dass ihre Zahl ausreichen würde, auch nur Bruchteile der in einer modernen Gesellschaft vorhandenen Führungspositionen zu besetzen. Das werde ich in einem der folgenden Kapitel näher darlegen.

Ich schlage eine andere Frage vor: Anstatt *Was ist eine ideale Führungskraft?* sollte gefragt werden: *Was ist eine wirksame Führungskraft?* Diese Fragestellung unterscheidet sich radikal von der ersten. Ihr Ausgangspunkt ist nicht das Genie, sondern der *gewöhnliche* Mensch – denn andere gibt es nicht, auch wenn es gelegentlich solche geben mag, denen es schwer fällt, das zuzugeben.

Vor dem Hintergrund dieser anderen Frage lautet das Grundproblem von Management dann auch nicht: *Wie können Genies zu genialen Leistungen gebracht werden?* Das ist nicht erklärungsbedürftig. Das Grundproblem muss lauten: *Wie ist es zu schaffen, gewöhnliche Menschen* – weil wir letztlich keine anderen haben – *zu befähigen, außergewöhnliche Leistungen zu erbringen?*

Was ich hier meine, sind nicht etwa die viel zitierten, seit dem

Buch von Peters und Waterman[1] stereotyp durch die Diskussion geisternden *Spitzenleistungen.* Niemand – auch nicht der »topste« Top-Manager – erbringt ständig Spitzenleistungen. Schon der Gedanke daran ist absurd. Permanent die Forderung danach zu erheben, halte ich im schlechten Sinne des Wortes für Theorie, vor allem aber halte ich es für unmenschlich.

Die gewöhnliche Leistung allerdings genügt heute auch nicht mehr. Es muss schon etwas mehr sein. Und das ist der *Kern des Paradoxons* des heutigen Managements – oder, weniger hochtrabend formuliert, es ist der Grund dafür, dass man überhaupt Management benötigt: Verfügbar – zumindest in genügend großer Zahl – sind nur gewöhnliche Menschen; verlangt wird aber – von Kunden und aufgrund der Konkurrenz – die außergewöhnliche Leistung.

Was aber – oder wie – sind wirksame Führungskräfte? Wo immer man Menschen mit dieser Frage vor Augen beobachtet, kommt man vor allem zu dem Ergebnis, dass sie jeweils völlig verschieden sind.

Keine Gemeinsamkeiten

Vor diesem Hintergrund habe ich vor Jahren begonnen, mehr über Menschen herauszufinden, die im Laufe ihres Lebens etwas geleistet haben, jene, die man *Performer* nennen kann. Nur am Rande sei vermerkt, dass wir dafür im Deutschen eigentlich kein passendes Wort haben. Man spricht von Leistungsträgern, wo man eigentlich von Leistern sprechen müsste. Was haben diese Menschen gemeinsam? Die ebenso einfache, wie immer wieder überraschende – und überhaupt nicht in das vorherrschende Bild vom Management passende – Antwort lautet: *überhaupt nichts.*

Wirksame Menschen sind so verschieden, wie Menschen nur verschieden sein können. Genau das, wonach immer gesucht wird, nämlich *Gemeinsamkeiten,* gibt es nicht. Es gleicht der Suche nach

1 Thomas J. Peter / Robert H. Waterman Jr., *In Search of Excellence,* New York 1982.

dem Heiligen Gral. Was hingegen existiert, ist die *Individualität* der Menschen.

Keine zwei Personen sind gleich. Das gilt umso mehr, je höher die Positionen sind, die Menschen innehaben. Man gelangt nicht dadurch auf höhere Positionen und schon gar nicht an die Spitze einer Organisation, dass man eine ununterscheidbare Kopie eines anderen Menschen ist – ein genetischer Klon –, sondern vielmehr dadurch, dass man *anders* ist als andere.

Ich habe in meiner langjährigen Praxis als Managementberater Manager kennengelernt, die hochintelligent waren – brillante Köpfe, die nicht nur einen Universitätsabschluss, sondern deren zwei oder auch drei hatten, was ihnen möglicherweise dabei geholfen hat, Karriere zu machen. Ich habe aber sehr viel mehr Führungskräfte kennengelernt, deren Intelligenz ganz gewöhnlich war, eher mittelmäßig, die vielleicht nicht einmal das Glück hatten, eine Universität besuchen zu können – und sie waren genauso gut. Manche Manager entsprachen durchaus dem heute geforderten Idealbild des Kommunikators, waren extrovertiert und konnten leicht Kontakte herstellen, und das hat ihnen vermutlich vieles im Leben erleichtert. Sehr viel mehr Manager hingegen sind eher introvertierte Menschen, manche sind im Grunde ihres Wesens sogar schüchterne Leute, die an Händen und Füßen zu schwitzen beginnen, wenn sie vor mehr als drei Personen eine Rede halten sollen – und sie sind nicht weniger gut. Manche haben die praktisch durchgängig geforderte Ausstrahlung, sie sind das, was man eine Persönlichkeit zu nennen pflegt; ihre Präsenz ist physisch spürbar, sobald sie einen Raum betreten – das mag für ihren Erfolg wichtig gewesen sein; andere haben davon gar nichts, sind unscheinbare Menschen, die außerhalb ihrer organisatorischen Umgebung niemandem auffallen – aber ihre Leistungen stehen denen anderer in nichts nach. Manche sind auf Äußerlichkeiten bedacht, gestylt; das mag in gewissen Branchen und Positionen wichtig sein; andere legen darauf überhaupt keinen Wert – und sind genau gleich gut. Manche sind als Menschen interessant, andere eher langweilig; manche versprühen Charme, andere bestenfalls das Flair einer toten Maus.

Sein oder Tun

Diese Liste ließe sich beliebig lange fortsetzen. Das Fazit lautet: Wirksame Menschen haben *keine* Gemeinsamkeiten – außer der, dass sie *wirksam* sind. Und das »Geheimnis« ihrer Wirksamkeit liegt nicht in der Antwort auf die Frage: *Wie sollen Menschen sein, um für eine Führungsposition in Frage zu kommen?* Es liegt weder an ihrer Persönlichkeit noch an ihrem Charakter, weder an ihrer Bildung noch an ihrer sozialen Herkunft. Der Schlüssel zu ihrer Effektivität liegt auch nicht, wie so oft vermutet wird, in ihren Tugenden. So wünschenswert diese sind, und so wenig ich davon abraten möchte, tugendhaft zu sein, so wenig werde ich mich in Zusammenhang mit Managementqualitäten auf Tugenden stützen. Selbstverständlich gibt es unter wirksamen Menschen auch solche mit ausgeprägten Tugenden. Das mag ihnen manches erleichtern. Aber entscheidend ist es nicht.

Der Schlüssel zu den Leistungen wirksamer Menschen – der Performer – liegt in der *Art ihres Handelns*. Nicht, wer diese Leute waren, war entscheidend, sondern *wie* sie handelten. Als Menschen, als Typen, als Persönlichkeiten sind sie so verschieden, wie Menschen nur sein können. Sie entsprechen keinen Anforderungsprofilen und schon gar nicht dem akademischen Idealtypus. Durch ihr Handeln allerdings zieht sich ein roter Faden, ein Muster.

Ich habe einige Zeit gebraucht, um das zu begreifen. *Erstens*, weil es mich einiges an Anstrengung gekostet hat, mich von den erlernten Auffassungen und den gängigen Meinungen zu befreien; und *zweitens*, weil es dann noch einmal etwas gedauert hat, herauszufinden, was im Gegensatz dazu wirklich wesentlich ist.

Die eigentümliche Fixierung auf die Frage, wie jemand sein soll, kommt nur im Management vor. Bei Chirurgen fragt man danach, ob sie operieren können; sonst interessiert kaum etwas. Orchestermusiker werden danach ausgewählt und beurteilt, inwieweit sie ihr Instrument beherrschen. Hochspringer müssen hoch und Weitspringer weit springen können; ein Trainer würde mit der Frage »Wie sind Hochspringer?« nichts anfangen können. Die analoge Frage ist auch bei Managern durch nichts gerechtfertigt. Bestimmte Wesenszüge können selbstverständlich ausschlaggebend dafür sein, dass eine Person für eine *bestimmte* Position *nicht* in Frage kommt. Das ergibt sich aus der Individualität sowohl der Person als auch der Position, nicht aber aus generalisierten Idealvorstellungen.

Die einzige Gemeinsamkeit, die man bei wirksamen Menschen finden kann, sind einige charakteristische Elemente in ihrer Arbeitsweise: Als *erstes* sind es gewisse *Regeln*, von denen sie sich - was immer sie tun und wo immer sie es tun – bewusst oder unbewusst leiten lassen, durch die sie ihr Verhalten disziplinieren. Ich werde sie in diesem Buch in Form von *Grundsätzen* darlegen. Zum *zweiten* kann man beobachten, dass wirksame Menschen bestimmte *Aufgaben* mit besonderer Sorgfalt und Gründlichkeit erfüllen und *drittens* schließlich entdeckt man in ihrer Arbeitsweise beinahe durchgängig ein ausgeprägt *methodisch-systematisches* Element: das Element handwerklicher *Professionalität* und damit verbunden bestimmte *Werkzeuge*, die sie kompetent, manchmal virtuos, einzusetzen verstehen. Im Grunde sind es dieselben Elemente, wie sie bei jedem anderen Beruf zu erkennen sind.

Es sind jedoch andere, als sich in den gängigen Anforderungslisten finden. Ich halte heute sowohl die Suche nach *idealen* Anforderungsprofilen als auch ihre Anwendung in der Praxis für wenig nützlich. Ja mehr, ich halte sie für *irreführend.* Ich bin außerdem der Meinung, dass sie im Grunde *inhuman* sind. Es ist das Paradebeispiel für Unmenschlichkeit, von Menschen Dinge zu verlangen, die sie nicht und niemals leisten können.

Vertretbar wäre noch das Argument, mit den Idealprofilen definiere man zumindest einen Maßstab, nach dem der Mensch wenigstens streben könne, ohne ihn jemals wirklich zu erreichen. Diese Anforderungslisten sind jedoch so weit von jeder Realität entfernt, dass sie meines Erachtens nicht einmal als Vision tauglich sind. Ich bin nicht unbedingt bekannt dafür, niedrige Leistungsmaßstäbe zu vertreten. Aber es ist eine alte Wahrheit der Motivationstheorie, dass Standards, die völlig jenseits jeder Erreichbarkeit liegen, nicht nur nicht motivierend sind, sondern dass sie die Menschen sogar entmutigen.

Vielleicht sollten sich die Seminar- und Kongressreferenten und die Verfasser einschlägiger Bücher und Schriften gelegentlich fragen, inwieweit sie *selbst* denn den von ihnen erhobenen Anforderungen entsprechen. Forderungen zu stellen, ist eine Sache, wenigstens ansatzweise auch den Beweis zu erbringen, dass sie erfüllbar sind, eine ganz andere. Würde man dieses Kriterium anwenden, gäbe es wohl mehr als achtzig Prozent der Managementliteratur nicht, und viele Reden könnten nicht gehalten werden, was der Qualität von Management und der Glaubwürdigkeit seiner Vertreter allerdings durchaus zuträglich wäre.

Kürzlich hat ein Referent auf einem als bedeutend angesehenen Kongress unter anderem allen Ernstes die Meinung vertreten: »Der Global Manager des 21. Jahrhunderts kennt die Völker dieser Welt und spricht mindestens fünf Sprachen verhandlungssicher.« In einem Gespräch, in das ich ihn dann verwickelte, stellte sich heraus, dass er selbst – immerhin auch schon über 45 – doch schon ganze viermal in den USA und einmal in Hong Kong gewesen war, leidlich Deutsch (sein Referat war kein sprachliches Meisterwerk), Englisch für den Alltagsgebrauch und ein bisschen Französisch konnte. Das ist kein Einzelfall; es ist – leider – typisch. Dennoch besaß er die Frechheit, einen bombastischen Popanz vor den Zuhörern aufzubauen, ohne dass – und auch das ist leider zu vermerken – einer der anwesenden Manager ihm widersprochen hätte ...

Wonach man also fragen sollte, ist nicht, ob jemand einem Idealprofil entspricht, sondern ob er oder sie gelernt hat, *wirksam* zu sein.

Befragungen sind unbrauchbar

Auffallend ist, dass die wenigsten wirksamen Menschen die Art, wie sie handeln, *beschreiben* können. Viele sind sich ihrer gar nicht bewusst. Sie haben sie *erstens* nicht explizit erlernt, und *zweitens* sind sie in erster Linie mit dem *Inhalt* ihrer Arbeit befasst, so dass sie auf die Arbeitsweise nicht achten. Vieles von dem, was sie richtigerweise und vielleicht sogar mit Perfektion tun, können sie sprachlich nicht artikulieren.

Am schwersten tun sie sich mit jenem Element, das ich als Grundsätze bezeichne, also mit den Regeln, die ihr Handeln steuern. Das ist nichts Außergewöhnliches. Die wenigsten Menschen, die etwas können, sind imstande, dieses auch zu beschreiben. Etwas zu können und etwas zu beschreiben, sind zwei grundverschiedene Dinge. Das ist übrigens nicht nur im Management so, sondern man findet es auf vielen Gebieten – etwa in der Kunst, aber auch im Sport. Ich habe noch nie von einem großen Violinsolisten gehört, der auch hätte beschreiben können, wie er Geige spielt. Er kann es vormachen und zeigen, aber kaum beschreiben, und das ist ja von ihm auch gar nicht gefordert. Weder kann ein Fußballspieler beschreiben, wie er Tore schießt, noch kann ein Tennis-Champion sagen, wie er aufschlägt.

Aus diesem Grunde habe ich es schon lange aufgegeben, Manager nach ihren Praktiken zu *befragen*. Interviews, aber auch andere Formen der Befragung sind hoffnungslos unergiebig. Die Leute geben einem entweder überhaupt keine brauchbare Antwort, oder sie geben eine, von der sie glauben, dass man sie hören will – die üblichen Antworten eben. Manche beauftragen kurz vor dem Gesprächstermin ihre Assistenten, in der Literatur zu recherchieren, was zur Zeit *en vogue* ist. Das ist selten das, worauf es ankommt.

Umso bemerkenswerter erscheint es mir, dass die empirische Forschung auf diesem Gebiet so sehr von Befragungsmethoden dominiert ist. Beinahe ausschließlich auf Befragung stützt sich die Beschreibung von Führungskräften in den *Medien*. Sie reicht kaum an die methodischen Standards von Forschung heran, wirkt mit ihrem Bild vom Manager, oder genauer einer Karikatur dessen, dafür aber umso mehr in die Breite.

Die beste Methode ist die *Beobachtung*. Sie ist leider auch die schwierigste, insofern als sie die zeitraubendste ist und man nicht ohne weiteres an die Personen herankommt, die man gerne beobachten würde. Nicht, was die Leute *sagen*, ist wesentlich, sondern was sie *tun* und wie sie es tun, und das lässt sich eben nur feststellen, indem man sie beobachtet. Mit der Zeit kristallisiert sich ein Muster heraus, und nach und nach lernt man auch, es zu beschreiben.

Von großem Wert ist das Studium von Biographien, weshalb sie zu einer meiner wichtigen Quellen geworden sind. Die Managementliteratur selbst ist in so hohem Maße wertlos, dass es sich, von wenigen Ausnahmen abgesehen, praktisch nicht lohnt, sie durchzuarbeiten. Biographien haben, das liegt auf der Hand, ihre eigene Problematik. *Erstens* ist ihre Lektüre enorm zeitraubend. Kaum eine Biographie, die einen Umfang von weniger als 500 Seiten hätte. *Zweitens* sind Performer der Wirtschaft im Vergleich zu jenen aus Politik, Militär und teilweise der Kunst deutlich unterrepräsentiert. *Drittens* ist die Arbeitsweise der Menschen meistens nur ein Nebenthema für die Biographen. Aber man erkennt gerade daran die guten Biographen, dass sie auch diesem Aspekt Beachtung schenken. Und *viertens* muss man immer mit Augenmaß die gelegentlich etwas überhöhenden und idealisierenden Darstellungen relativieren.

Kurz, man muss Menschen *studieren* – und nicht nur befragen –, wenn man etwas über sie erfahren will, ganz besonders, wenn man herausbekommen will, warum sie wirksam sind und was sie wirksam werden ließ. Es genügt nicht, sich mit ein paar schnellen Eindrücken, ein bisschen Hörensagen und einer raschen Typologisierung zufrieden zu geben, wie das nur zu oft der Fall ist.

Was immer unter Menschenkenntnis wirklich zu verstehen ist, eines ist gewiss: Auf die schnelle Art ist sie nicht zu haben – aber gerade das wird gesucht, erwartet und auch versprochen. Der Mensch ist ein zu komplexes Wesen, um ihn in ein paar vorgefertigte Kategorien einordnen zu können. Genau das scheint es jedoch zu sein, wonach so viele Leute suchen. Menschenkenntnis zu haben, andere einordnen und beurteilen zu können, ist nicht nur zweckmäßig, sondern es scheint auch Faszination auszuüben, unter anderem wohl deshalb, weil es Macht und Einfluss über andere verspricht. Daher blühen auf diesem Gebiet die Scharlatanerien ganz besonders. Zehn einfache Fragen hier, sieben Grundtypen dort, ergänzt mit Multiple Choice-Persönlichkeitstests und immer garniert mit etwas Psychoanalyse und Astrologie. So einfach geht es aber leider nicht.

Professionalität ist lernbar

Wenn es, den Ergebnissen dieses Kapitels entsprechend, für Effektivität und Professionalität von Menschen nicht auf das ankommt, was sie sind, sondern darauf, wie sie handeln, dann ist in bezug auf das Anliegen dieses Buches ein gewisser Optimismus gerechtfertigt. Zwar kann niemand lernen, so zu *sein* wie ein anderer Mensch; aber bis zu einem gewissen Grade kann man lernen, so zu *handeln*. Die Gemeinsamkeiten des Handelns wirksamer Menschen können weitergegeben werden, ihr Wesen, ihre Eigenschaften und ihre Persönlichkeit nicht. Es ist möglich, die Grundsätze und Regeln, von denen sich jemand leiten lässt, herauszuarbeiten, die Aufgaben, die er zu erfüllen als notwendig erachtet, und die Werkzeuge, die er dabei einzusetzen pflegt; und es ist auch möglich, das alles zu erlernen. Es sind die Grundlagen dafür, Management zu einem Beruf zu machen, der denselben Standards zu genügen vermag wie jeder andere.

Irrlehren und Missverständnisse

Nicht nur die Frage nach dem idealen Manager ist ein Irrtum, der den Blick für vernünftiges Management verstellt. Es gibt einige weitere Missverständnisse und ausgesprochene Irrlehren, die zu Verwirrung und Fehlentwicklungen beitragen, besonders dazu, dass sich regelmäßig Modewellen und Scharlatanerien breit machen können.

Irrlehren

Ich greife *zwei* Denkweisen heraus, die fehlgeleitete und schädliche Managementauffassungen meines Erachtens besonders gut illustrieren. Es handelt sich gewissermaßen um Pole eines Kontinuums. Im Grunde finden sich ihre wichtigsten Elemente heute in zahlreichen Varianten und Schattierungen im gesamten Spektrum von Managementlehre und Managementpraxis. Die erste Strömung kann man in ihrer allgemeinsten Form am besten als *»Pursuit of Happiness«-Approach* bezeichnen; die zweite ist die Vorstellung von der *»Großen Führerpersönlichkeit«*.

Der Pursuit of Happiness-Approach

In seiner extremsten Ausprägung unterstellt dieser Ansatz, dass der *Hauptzweck* von Organisationen, besonders der von Wirtschaftsunternehmen, darin besteht, die für sie arbeitenden Menschen *zufrieden*, wenn möglich sogar glücklich zu machen, jedenfalls ihnen den Weg zum Glück zu ermöglichen – was immer das heißen und wie es sich manifestieren mag. In abgeschwächten Varianten wird dies als einer der wesentlichen *Nebenzwecke* einer Organisation verstanden. In seiner extremen Form wird dieser Ansatz nur selten zum

Ausdruck gebracht. In seinen schwächeren, maßvolleren Spielarten hat der Pursuit of Happiness-Approach aber die *meisten* Managementbereiche infiltriert und prägt sie in wesentlichem Ausmaß.

Diese Denkweise hat viele Wurzeln. Ihre stärkste ist eine Folge der Auffassung, der Staat bzw. die Gesellschaft seien für das Wohlergehen der Menschen zuständig und verantwortlich, eine der dominierenden Ideen des 20. Jahrhunderts und zugleich ein Jahrhundertirrtum, weil diese Idee – auch wenn das immer wieder bestritten wird – entweder zu Leistungsfeindlichkeit und zum Abbau von Leistungsbereitschaft führt oder zu schwer korrigierbarer Fehlsteuerung von Leistung. Dieser Ansatz verbindet sich an vielen Stellen mit den »Wohlfühl«-, »Befindlichkeits«-, »Betroffenheits«- und »Selbstverwirklichungs«-Strömungen der Psycho-Szene in ihrer ganzen, offensichtlich unerschöpflichen und unerfindlichen Ausformungsvielfalt, sei es Esoterik, New Age oder Schamanentum. Dazu kommen noch ebenfalls ins Bild passende fernöstliche Philosophien.

Im Management finden sich die Pursuit of Happiness-Ideen in der Human Relations-Bewegung; sie sind in verschiedenen Varianten Bestandteil der Partizipations- und Demokratisierungsforderungen sowie der Motivationstheorien, sie sind Teil der Führungsstildiskussion und der Forderung nach Enabling und Empowerment. Ihr klarster, wenn auch nicht »modernster« Ausdruck ist die Arbeitszufriedenheitslehre, die seit den fünfziger Jahren das Personalwesen prägt. Die Grundthese lautet: *Mache die Menschen zufrieden, dann werden sie leisten.*

Das Irrige an dieser Lehre ist nicht, dass Menschen Zufriedenheit erlangen sollen. Wer wollte etwas gegen dieses Ziel einwenden? Der Irrtum besteht zum einen darin, dass nicht der Einzelne selbst, sondern *andere* als dafür zuständig und verantwortlich angesehen werden – Organisationen, Unternehmen, letztlich, wie schon erwähnt, Staat und Gesellschaft. Zum anderen beruht er auf der Meinung, dass Zufriedenheit *zuerst* zu schaffen sei und *dann* Leistung erwartet werden könne.

Diese These verkennt *erstens*, dass vermutlich keine Änderung und kein Fortschritt, wie immer wir ihn definieren mögen, aus

Zufriedenheit heraus entstanden sind. Wären die Menschen irgendeiner historischen Epoche zufrieden gewesen mit dem Status quo, hätten sie ihn ja wahrscheinlich nicht verändert. Zumindest der *Antrieb* für Veränderungen musste wohl aus einer gewissen Form der Unzufriedenheit mit dem jeweiligen Stand der Dinge herrühren, und diese Unzufriedenheit, worauf auch immer sie sich bezogen haben mag, hat zu den verändernden Leistungen geführt.

Zum *zweiten* übersieht dieser Ansatz, dass unsere Organisationen schlicht überfordert wären, wollten sie Menschen zufrieden und glücklich machen. *Sie können es gar nicht.* Jede Organisation ist für einen *spezifischen* Zweck etabliert worden, und sie ist auf diesen Zweck hin gestaltet und ausgerichtet. Der Zweck eines Industrieunternehmens mag es sein, Autos herzustellen oder Zahnpasta, Bekleidung, Bankdienstleistungen oder Versicherungen zu offerieren. Der Zweck eines Krankenhauses ist es, Menschen zu heilen und der einer Schule, sie auszubilden. Es ist schon nicht gesichert, dass Organisationen ihre speziellen Zwecke einigermaßen gut erfüllen. Über den besonderen Zweck hinaus, für den sie etabliert wurden, sind die Organisationen der Gesellschaft bemerkenswert *unfähig*. Es gibt keine guten Mehrzweck- oder Allround-Organisationen, und es ist sehr zweifelhaft, ob es sie je geben wird. Das gilt für das Wirtschaftsunternehmen genauso wie für eine Schule, ein Krankenhaus oder eine Verwaltungsbehörde. Alle Versuche, *Einzweck-* in *Multizweck-*Organisationen zu verwandeln, sind letztlich *gescheitert.*

Dieser Gedanke stößt meistens auf Unverständnis. Die dominierende, offenbar für viele plausible Denkweise ist: Wenn etwa große Firmen schon so gut Autos produzieren oder Zahnpasta herstellen, Medikamente entwickeln oder Wolkenkratzer bauen können, dann müssen sie doch auch zu anderem fähig sein. Sie sind es leider nicht; sie sind auf ihren Gebieten eben deshalb gut, weil sie nichts anderes tun. Es fällt gelegentlich sogar erfahrenen Managern schwer, das zu akzeptieren, und das hat immer wieder zur Verbreitung von Fehlentwicklungen strategischer Natur sowohl in Wirtschaft als auch Politik geführt. Das zeigt sich in den immer wiederkehrenden Perioden der Konglomeratsbildung mit ihren typischen Euphorien des unbegrenzten Machbarkeits-Glaubens ebenso wie am Scheitern des Wohlfahrtsstaates mit seinen wiederholten Versuchen, eine immer größere Palette von Zwecken zu erfüllen. Die Folge war und ist jedesmal fast völliger Verlust der Leistungsfähigkeit aufgrund von Überforderung und Verzettelung, und als Folge davon eine Finanzierungs- und Legitimationskrise.

Selbst die Leistung jener Organisationen, bei denen man vielleicht noch am ehesten auf die Erfüllung des Zwecks hoffen darf, Menschen glücklich zu machen, nämlich der Kirchen, ist fragwürdig. Zu oft war in der Geschichte die Folge dieses Bemühens nicht der Himmel auf Erden, sondern eine *totalitäre Hölle.*

Unsere Organisationen sind – man mag das beklagen, darf es aber nicht einfach ignorieren – sehr einseitige »Kreaturen«. Jeweils zwangsläufig auf die Erfüllung spezifischer, eng begrenzter Zwecke gerichtet, stellen sie auch keineswegs die mildeste oder angenehmste Lebens- und Arbeitsform zur Verfügung. Was wir hoffen dürfen, ist, sie *wirksam* zu machen und Schritt für Schritt auch das Arbeiten und Leben in ihnen etwas verbessern zu können.

Ein *dritter* Aspekt ist, dass man Gefahr läuft, eine Alternative völlig zu übersehen, wenn man auf die Arbeitszufriedenheitslehre fixiert ist, nämlich deren Umkehrung: *Gib Menschen die Möglichkeit, eine Leistung zu erbringen, und viele – nicht alle – werden ein bemerkenswertes Maß an Zufriedenheit erlangen.* Das ist die Maxime, die ich bevorzuge. Sie scheint mir der beste Weg zu sein, sowohl die Zweckerfüllung von Organisationen als auch die Anliegen der Menschen miteinander zu vereinbaren.

In besonders gut maskierter Form, und daher für Organisationen gefährlich, zeigt sich der Pursuit of Happiness-Approach dort, wo man es am wenigsten erwarten würde: bei einer bestimmten Art scheinbar besonders leistungsorientierter Manager. Es sind jene, die sich damit hervortun, dass sie vorgeblich immer »neue Herausforderungen brauchen«. Nicht immer, aber häufig genug, handelt es sich bei ihnen um nichts anderes als Egozentriker, die auf einer speziellen Art von Selbstverwirklichungs-Trip sind. Was *sie* brauchen, interessiert sie, nicht, was die Organisation braucht. Es kümmert sie meistens nicht, ob sie den Herausforderungen gewachsen sind und also Ergebnisse erzielen werden. Sie brauchen den »Kick«, möglichst einen, für den sich die Medien interessieren. In zu vielen Fällen hinterlassen sie ihren Nachfolgern einen Scherbenhaufen – während sie selbst schon zu »neuen Ufern« anderer Herausforderungen unterwegs sind.

Natürlich gibt es Fälle – und sie werden auch in diesem Buch behandelt –, in denen Menschen Herausforderungen brauchen, vornehmlich solche, die ihnen das Unternehmen stellt. Ich empfehle aber große Skepsis und genaue Prüfung, wenn Mitarbeiter und vor allem Manager besonders betont von den Herausforderungen reden, die sie suchen. Gegen »Challenges«, denen man sich privat stellt – worin auch immer diese bestehen mögen –, ist nichts einzuwenden. Organisationen hingegen brauchen nicht *Erlebnisse*, sondern *Ergebnisse.*

Die große Führerpersönlichkeit

Die zweite Irrlehre ist die Auffassung, dass Organisationen in Wahrheit nicht *Management*, sondern *Leadership* benötigen und nicht *Manager*, sondern *Leader*. Dieser Ansatz – die »Große Mann-Theorie« – ist zwar mit der Forderung nach dem idealen Managertyp nicht identisch, aber die Grenze so fließend, dass man sie oft nur schwer voneinander unterscheiden kann. Das Ergebnis, das sich aus der Kombination beider ergibt, hat eher den Charakter eines antiken Heldenepos als einer auch nur im geringsten ernstzunehmenden Vorstellung in bezug auf die Wirklichkeit unserer Organisationen.

Die Beschäftigung mit den *Persönlichkeitsmerkmalen* und *Eigenschaften* sogenannter großer Führerfiguren hat zu allen Zeiten Faszination ausgeübt. Immer wieder glaubte man, aus der Einzigartigkeit historischer Situationen und Personen etwas lernen zu können. In den achtziger Jahren kam der Ruf nach Führern wieder besonders in Mode. Bis dahin war diese Forderung in der Regel auf die obersten Positionen politischer und militärischer Organisationen beschränkt geblieben. Nun begann man, sie zu verallgemeinern und auf die höchst gewöhnlichen und unspektakulären Führungspositionen von

Organisationen aller Art auszuweiten. Plötzlich sollten selbst Kreissparkassen, Baumärkte, Wursthautfabriken und Rasierschaumhersteller, und zuvörderst selbstverständlich die Konzerne, nicht nur gute Manager, sondern *Führer* – Leader – haben. Der »neue Manager« mit den ganz besonderen Eigenschaften und Fähigkeiten wurde gefordert, »Spielregeln für Sieger« wurden aufgestellt, und laut ertönte der Ruf nach kraftvollen, dynamischen, visionären und charismatischen Führern, die Sinn und Richtung der Organisationen bestimmen, Anziehungskraft auf Menschen entfalten und Inspirations-, Identifikations- und Loyalitätszentren darstellen sollten.

Schon der Ruf nach solchen Führergestalten ist höchst gefährlich, wie die Geschichte immer wieder gezeigt hat. Die Wahrscheinlichkeit, dass sich dadurch die Richtigen angesprochen fühlen, ist verschwindend gering. Die wenigen, die man findet und die nicht nur *groß* – was immer das sein mag[2] –, sondern auch *gut* waren, sind Einzel- und Ausnahmeerscheinungen. Die Forderung nach Führern dieser Art geht schon »mangels Masse«, wie man sagen könnte, ins Leere. Die Gesellschaft von heute braucht viel mehr Menschen, die in der Lage sind, Führungsaufgaben zu erfüllen, als sie statistisch gesehen hoffen kann, an Leadern der geforderten Art mobilisieren zu können.

Die Diskussion über das, was ihre Protagonisten als »Führer« bezeichnen, geht aber noch aus einer Reihe anderer Gründe teils auf naive, teils aber auch auf gefährliche Weise in die Irre. Ich will hier nicht ins Detail gehen, sondern lediglich drei der wichtigsten Punkte skizzieren.

Erstens ist es sehr bezeichnend, dass durchgängig das englische Wort »Leader« verwendet wird, obwohl es sich ganz einfach und unmissverständlich ins Deutsche übersetzen lässt, wo es eben »Führer« heißt. Offenkundig hat man nicht den Mut dazu, denn in diesem Fall müsste man sich mit der Frage auseinandersetzen, ob damit

2 siehe dazu Johannes Gross, »Größe des Staatmanns«, in: *Von Geschichte umgeben. Festschrift für Joachim Fest*, Berlin 1986, S. 75 u. 88; und Wolf Schneider, *Die Sieger*, Hamburg 1992, S. 42 ff.

auch die faschistisch-totalitäre Führeridee gemeint ist bzw. wie man sich davon überzeugend abgrenzt. Geschichtskenntnis und intellektuelles Niveau der meisten Leadership-Autoren scheinen dazu nicht auszureichen, und die anderen umgehen dieses heikle Problem geflissentlich.

Zweitens geht die Diskussion auch deshalb in die Irre, weil sie einmal mehr auf Eigenschaften und Persönlichkeitsmerkmale setzt statt auf Handeln und auf Praktiken – auf das, was Menschen *sind*, statt darauf, was sie *tun*. Man schließt von Eigenschaften auf Leistungspotenzial. Ein solcher Zusammenhang ist aber durch nichts bewiesen, und durch die Geschichte wird er klar widerlegt. In diesem Buch will ich zeigen, dass es eine bessere Alternative gibt.

Drittens ist deutlich und fast durchgängig ein eigentümliches taktisches Grundmuster zu erkennen, dessen Grad an Absichtlichkeit sich nicht immer eindeutig feststellen lässt: Management und Leadership werden auf eine Weise definiert, die die ganze Diskussion nutzlos macht, weil damit weder ein theoretischer noch ein praktischer Fortschritt erzielt werden kann: Alles, was die Autoren als schlecht und inakzeptabel erachten – im Sinne von bürokratisch, nicht innovativ, nicht dynamisch, vergangenheitsorientiert und dergleichen –, wird von ihnen der Kategorie »Management« zugeordnet, alles andere dagegen, was man als gut und wünschenswert ansieht, fällt unter den Begriff »Leadership«. Sie vergleichen also *schlechtes* Management mit *guter* Leadership. Das ist aber entweder Unfähigkeit oder Unfug, vielleicht auch absichtliche Verdummung, in der Annahme, dass niemand es bemerkt. Unter dieser Voraussetzung lässt sich keine vernünftige Diskussion führen, weder über Management noch über Leadership.

Dazu müsste man eine völlig andere Methode wählen: Schlechtes Management muss mit schlechter Führerschaft – für die es ja in der Geschichte zahlreiche Beispiele gibt – und gutes Management mit guter Leadership verglichen werden. Zuerst muss also der Unterschied zwischen gutem und schlechtem Management herausgearbeitet werden. Erst dann lässt sich sinnvoll diskutieren, wo und in welcher Beziehung Leadership noch über gutes Management hinausgeht. Wenn man auf diese Weise zeigen könnte, dass Leadership deutlich mehr und qualitativ Besseres bedeutet als gutes, richtiges und professionelles Management, ließe sich von Fortschritt sprechen.

Die Mode der achtziger und neunziger Jahre, die einmal mehr das Außergewöhnliche in bezug auf die Persönlichkeit forderte, ist daher, so plausibel gewisse Dinge auch erscheinen mögen, unbrauchbar und im Kern nichts anderes als Zeitverschwendung. Sie ist darüber hinaus bemerkenswert naiv und vordergründig; die historischen Führer-Desaster allein des 20. Jahrhunderts scheint sie nicht zu kennen – sonst müsste man blanken Zynismus vermuten.

Um keine Unklarheiten entstehen zu lassen: Ich bestreite *nicht*, dass es so etwas wie gute Führerschaft geben *kann*, historisch auch gegeben *hat* und dass sie in gewissen Situationen *gebraucht* wird. Ich behaupte, dass die hier kritisierte Denkweise in die Irre führt, statt sich einem praktisch vertretbaren Leadership-Konzept anzunähern.

Missverständnisse und Irrtümer

Neben den beiden besprochenen fundamentalen Irrlehren gibt es noch ein paar Irrtümer über Management, die so weit verbreitet sind, dass ich sie bereits zu Beginn dieses Buches ausräumen will. Ziemlich viele weitere Missverständnisse und Irrtümer werden dann im jeweiligen sachlichen Zusammenhang zu besprechen sein.

Die Meinung, nur Top-Manager seien Manager

Top-Manager sind Manager; das ist klar. Der Irrtum steckt im Wörtchen »nur«, das missverständlicherweise den Blick auf die *allerhöchsten* Führungskräfte einengt, die als Organe für Großunternehmen handeln und als solche sichtbar in Erscheinung treten. Dieser Irrtum ist relativ weit verbreitet, und er ist schädlich. Er leistet der Illusion Vorschub, dass das, was dieser kleine Personenkreis tut, typisch oder repräsentativ sei für Management als solches.

Das Top-Management gehört ohne Zweifel zum Management, aber es ist nur ein *Teil* davon – und möglicherweise nicht der wichtigste. Anstelle der irreführenden Einschränkung auf die obersten Führungskräfte schlage ich vor, davon auszugehen, dass jeder, der managt, ein Manager ist, und zwar völlig unabhängig von der Bezeichnung, die er bzw. seine Stellung hat, unabhängig von Statussymbolen, dem Rang innerhalb der Organisation usw. Wer *de facto* Führungsaufgaben erfüllt, ist eine Führungskraft. Zum *ersten* richtet sich der Blick dann auch auf anderes als nur das Top-Management; und *zweitens* fällt so die große Zahl von Führungskräften ins Auge, wovon später noch die Rede sein wird.

Die Meinung, nur wer Mitarbeiter hat, sei ein Manager

Diese Ansicht setzt Management irrtümlicherweise mit *Menschenführung* gleich. Auch hier gilt, dass jemand, der andere Menschen zu führen hat, ein Manager ist. Man kann Management aber nicht auf diesen Personenkreis und diesen Aspekt beschränken, ohne Wesentliches für das Funktionieren von Organisationen zu übersehen.

Ausgeklammert werden mit dieser Sichtweise alle jene Personen, die nicht wegen ihrer Untergebenen für eine Organisation von Bedeutung sind, sondern wegen des *Beitrags*, den sie für den Erfolg einer Organisation leisten. Es sind die vielen, zahlenmäßig stark zunehmenden *Spezialisten*, fast durchweg Kopfarbeiter, für die die Tatsache, Mitarbeiter zu haben, eher nebensächlich ist. Häufig haben sie nicht einmal welche. Sie sind nicht wegen ihrer Mitarbeiter und deren Führung wichtig, sondern wegen ihrer persönlichen Expertise, ihrer *speziellen Sachkenntnis*.

Die Bedeutung des Chef-Devisenhändlers einer Bank etwa ergibt sich nicht aus der Zahl der ihm unterstellten Mitarbeiter. Dasselbe gilt für die Steuerexpertin eines international tätigen Unternehmens oder für die Chef-Designerin eines Modehauses. Ihre Bedeutung wird durch ihren Beitrag definiert. Management ist für Personen dieser Art nicht wichtig aufgrund der Führung *anderer*, sondern weil sie sich *selbst* führen müssen.

Ohne Personen dieses Typs können nur noch ganz wenige Organisationen überhaupt funktionieren; und für immer mehr sind sie *erfolgsentscheidend*. Man muss sie daher in die Definition von Führungskräften mit einschließen. Ihre Bedeutung für den Erfolg des Unternehmens ist diesen Personen sehr bewusst, was sie nicht unbedingt zu den angenehmsten Zeitgenossen macht. Dass sie Manager sind, wollen sie nicht immer wahrhaben, und sie davon zu überzeugen, gehört zu den schwierigeren Aufgaben. Sie müssen denken und handeln wie Manager – bezogen auf sich selbst und ihr Wissen. Sie auszuklammern hätte in den meisten Fällen ernsthafte, in manchen katastrophale Folgen.

Die Meinung, nur Mitarbeiter seien zu führen

Dieser Irrtum hängt unmittelbar mit dem soeben Besprochenen zusammen. Quelle des Missverständnisses ist eine inzwischen fast völlig veraltete Vorstellung von Organisation, Arbeit und Leistung.

Management ist zwar auch, aber nicht in erster Linie das Management von Untergebenen. So war es früher einmal, und obwohl sich die Welt gerade in diesem Punkt gründlich geändert hat, hält sich diese Ansicht hartnäckig. Untergebene zu führen ist natürlich wichtig, aber es ist nicht die schwierigste Aufgabe eines Managers. Umso erstaunlicher ist es, dass das alte Modell noch immer die fast ausschließlich vorherrschende Sicht ist. Was man vor Augen hat, ist ein Vorgesetzter mit Mitarbeitern und die daraus resultierende Frage, was er oder sie tun muss, um ein noch besserer Vorgesetzter zu sein.

Ich stelle Managern immer wieder die Frage, *welches ihr wichtigstes oder schwierigstes Problem sei*. In all den vielen Jahren haben nur wenige geantwortet, es sei die Führung ihrer Mitarbeiter, wie man es dem erwähnten Modell zufolge erwarten müsste. Fast ohne Ausnahme lautet die Antwort: *Das ist mein Chef!* Oder: *Es ist der Chef meines Chefs*. Oder: *Das sind meine Kollegen*.

Die Gründe für diese Antworten liegen eigentlich auf der Hand – desto erstaunlicher also, dass der wirklichen Situation in Literatur und Ausbildung so wenig Rechnung getragen wird. Gegenüber den Mitarbeitern, mit anderen Worten, nach unten, ist Führung deshalb weniger problematisch, weil jede Führungskraft hier in letzter Konsequenz das Mittel der *Weisung* einsetzen kann – den Befehl. Nicht, dass ich das empfehle. Es sollte die *ultima ratio* sein, und sie sollte selten zum Einsatz gelangen. Das muss man aber gar nicht betonen, denn die Weisung wird schon deshalb selten eingesetzt, weil die Mitarbeiter nicht dumm sind. Sie lassen es gar nicht erst darauf ankommen, dass der Chef einen Befehl erteilen muss. Man arrangiert sich lange vorher.

Weder seinen Kollegen noch seinem Chef gegenüber kann man aber das Mittel der Weisung einsetzen. Gegenüber den Mitarbeitern *hat* man es wenigstens, auch wenn man es selten anwendet. Hier jedoch hat man es *a priori* nicht. Das gesamte immer wieder propagierte anspruchsvolle Management-Arsenal – Kommunikation, Kooperation, Überzeugungsfähigkeit, Durchsetzungsvermögen usw. – benötigt man nicht in erster Linie dort, wofür es empfohlen und vermittelt wird, nämlich für die Führung der Mitarbeiter. Man benötigt es für die Führung der anderen Teile des organisatorischen Netzwerks, in das man eingebunden ist, für das Management der seitwärts und nach oben gerichteten Beziehungen.

Die Meinung, Management sei eine Sache der Wirtschaft

Dieser Irrtum hat in zweifacher Hinsicht schädliche Auswirkungen in den Organisationen *außerhalb* der Wirtschaft. Er führt *erstens* zu der Annahme, was in der Wirtschaft funktioniere, müsse in *jeder* Organisation funktionieren. Er führt aber umgekehrt und *zweitens* auch dazu, dass aufgrund der Auffassung, die Wirtschaft sei etwas völlig anderes als andere Organisationen, Dinge ungenutzt bleiben, die sehr wohl mit großem Vorteil in andere Bereiche übernommen werden könnten.

Management ist nichts typisch »Wirtschaftliches«. Es ist auch nicht in der Wirtschaft entstanden. Andere – viel ältere – Organisationen sind längst schon gemanagt worden, bevor es so etwas wie Wirtschaftsunternehmen überhaupt gab. Dennoch wird eines in der Wirtschaft besonders deutlich, nämlich dass eine *systematische Anwendung* von Management zu Erfolgen und Resultaten führt. In der Wirtschaft lässt sich die *Wirkung* von Management am besten und einfachsten beobachten.

Obwohl es bestimmte Dinge gibt, die alle Organisationen von

Wirtschaftsunternehmen lernen und übernehmen können, darf das keineswegs zu dem Glauben verleiten, alles, was die Wirtschaft tut, sei richtig und brauchbar für die vielgestaltigen anderen Organisationen. Ein Krankenhaus, eine Verwaltungsbehörde, ein Forschungsinstitut sind so grundlegend *verschieden* von Organisationen der Wirtschaft, dass sie ihre eigenen Lösungen entwickeln müssen.

Umgekehrt gibt es auch Dinge, die die Wirtschaft von Non-Profit-Organisationen lernen könnte – auch das wird aufgrund des herrschenden Missverständnisses leider oft übersehen. Beispielsweise lässt sich nirgendwo besseres Personalmanagement beobachten als in gut geführten gemeinnützigen Organisationen.

Die Meinung, Management sei eine Sache der Psychologie

Wie wichtig Psychologie für Management ist, braucht kaum eigens betont zu werden. Schädlich hingegen ist das, was man die *Psychologisierung* von Management nennen könnte. Sie hängt *erstens* damit zusammen, dass Management auf die unmittelbaren zwischenmenschlichen Beziehungen *reduziert*, also ausschließlich als *Menschenführung* verstanden wird. Die Führung von Menschen ist, wie bereits erwähnt, ein Bestandteil von Management, aber es gehört viel mehr dazu, nämlich die Gestaltung, Entwicklung und Lenkung einer Institution in ihrer Gesamtheit. Löst man ihn aus diesem Kontext heraus, lässt sich der Teilaspekt der Menschenführung gar nicht verstehen.

Zum *zweiten* kommt es dort zur Psychologisierung, wo – meistens aufgrund sehr mangelhafter Kenntnisse über Management *und* über Psychologie – jede Schwierigkeit, jedes Problem, jeder Konflikt in ausschließlich psychologischen Kategorien wahrgenommen oder interpretiert wird. Man unterstellt, ohne es zu hinterfragen, dass Probleme dieser Art psychologische Ursachen haben müssten, und folgerichtig werden die Lösungen ebenfalls in der Psychologie gesucht. Nach meiner Auffassung sind die allermeisten scheinbar psychologischen Schwierigkeiten darauf zurückzuführen, dass es an der in diesem Buch behandelten handwerklichen Professionalität mangelt und die elementaren Aufgaben von Management gar nicht oder schlecht erfüllt werden. Da hilft auch noch so viel und gut angewandte Psychologie nicht.

Drittens stammt ein großer Teil der für die Managementpraxis empfohlenen Psychologie aus dem Therapiebereich. Dieser ist unter Fachpsychologen an sich umstritten. Die rund 600 verschiedenen Psychotherapieverfahren werden allesamt sowohl in bezug auf ihre theoretische Qualität als auch ihre praktische Wirksamkeit als weitgehend fragwürdig angesehen.[3]

Viel wichtiger für Management als psychologie-interne Probleme ist aber die Tatsache, dass damit die *Dominanz des pathologischen Falles*, wie ich es andernorts genannt habe[4], in die Organisationen hineingetragen wird. Der Psychotherapeut ist ja in erster Linie nicht am gewöhnlichen, sondern am außergewöhnlichen, nicht am gesunden, sondern am kranken Menschen interessiert. Das ist aus seiner Sicht völlig legitim, für Management aber weitgehend unbrauchbar.

Obwohl es in jeder Organisation statistisch gesehen immer auch *schwierige* Leute gibt – darunter auch einige, deren Verhalten an der Grenze zum Krankhaften ist –, sind doch die meisten Mitarbeiter normale und gesunde Menschen. Oder präziser: Weil niemand so recht das Normale definieren kann, sind wir vielleicht alle anormal, aber eben nur in gewöhnlichem Ausmaß.

Die Fixierung auf Schwierigkeiten, Probleme, Konflikte, Beziehungs- und Kommunikationsstörungen, die so oft in der Managementausbildung zu beobachten ist, führt entweder zu einer Abstumpfung der Menschen für tatsächlich wichtige psychologische Fragen oder zu ihrer Neurotisierung. Wenn überhaupt, dann würden wir im Management also eine Psychologie des *gesunden* und nicht des *kranken* Menschen brauchen.

Besonders schlimm wird es *viertens* dann, wenn an die Stelle ernst zu nehmender Psychologie jenes eigentümliche Gemisch aus Psychoanalyse, Esoterik, New Age-Metaphysik und Astrologie tritt, nicht

3 Siehe z.B. Dieter E. Zimmer, *Tiefenschwindel*, Hamburg 1986, S. 375 ff.

4 Siehe mein Buch, *Strategie des Managements komplexer Systeme*, Bern / Stuttgart / Wien 1984, 5. erw. Aufl. 1996, Anhang S. 543 ff.

selten mit Einsprengseln aus ideologisch gefärbter Ökologie und den Resten von Linkstendenzen aus der 68er-Bewegung angereichert. Dieser Denk-Sumpf und die ihm eigene Irrationalität besitzt für erstaunlich viele Menschen eine hohe Anziehungskraft. Eine bemerkenswert hohe Zahl vermag sich dem Bann dieser Denkweise nicht mehr zu entziehen, ist sie ihm erst einmal verfallen. Das ist eines der Haupteinfallstore für Scharlatanerie und jede Art von Unfug, die in beträchtlichem Umfang nicht etwa nur in der Managementliteratur, sondern auch in den Ausbildungsprogrammen von Unternehmen zu finden sind.

Ich spreche hier nicht von ausgesprochener Sektiererei, die als solche, wenn sie vorkommt, ja meistens gewollt ist. Was ich meine, ist eine konfuse »Minestrone« aus Halbwahrheiten, Aberglaube, ungeprüften Behauptungen und Leerformeln, die sich keineswegs mit Wissen und Billigung des Top-Managements in die Organisationen einschleicht – als Folge von naivem Vertrauen in die Fachkompetenz von Ausbildungsverantwortlichen und Seminarveranstaltern, als Konsequenz von Sorglosigkeit und Unkenntnis. Mangels einigermaßen klarer Standards scheint alles *irgendwie* Gültigkeit zu haben und daher zulässig zu sein.

Genau das macht die Frage nach gutem und richtigem Management so wichtig. Hat das Amalgam aus Halbwissen, Metaphysik und Aberglaube erst einmal Einzug gehalten, ist es kaum noch korrigierbar.

Die Meinung, Management sei kulturabhängig

Dieser Irrtum ist als Folge der zunehmenden Befassung mit Unternehmenskultur entstanden, die ihre Wurzeln in den frühen achtziger Jahren hat. Er hat besonderen Auftrieb durch die Globalisierungsdiskussion erfahren. Der Gedanke der Kulturabhängigkeit ist naheliegend und verständlich, aber er ist *falsch*. Es liegt eine Verwechslung zwischen dem »Was« und dem »Wie« von Management vor. *Was* wirksame Führungskräfte tun, ist in allen Kulturen gleich oder doch sehr ähnlich. *Wie* sie es allerdings tun, hängt unter anderem sehr stark von der jeweiligen Kultur ab, aber keineswegs nur davon.

So findet man in jeder gut geführten Organisation beispielsweise klar definierte Ziele und eine funktionierende Kontrolle, und zwar völlig unabhängig davon, ob es sich um eine italienische, spanische, mexikanische oder chinesische Organisation handelt. Wie man zu Zielen kommt, welche Ziele man sich setzt, wie man kontrolliert, ob und inwieweit diese Ziele auch erreicht wurden, kann hingegen, was die äußeren Erscheinungsformen betrifft, in den einzelnen Kulturen sehr unterschiedlich ausfallen.

Selbst wenn man Kultur nicht, wie in diesem Beispiel, ethnisch respektive national-geographisch definiert, sondern nach anderen Kriterien, gilt doch dasselbe: Ob High- oder Low-Tech-Unternehmen, wissens- oder arbeitsintensive Organisationen, Mode- oder Technik-Branchen, Investitions- oder Verbrauchsgüter – das »Was« guten Managements ist immer gleich. Das »Wie« kann – übrigens auch in ein und demselben Land – sehr verschieden sein und *ist* es in aller Regel auch. Zum Beispiel unterscheiden sich die Äußerlichkeiten der Führung in einem italienischen Werkzeugmaschinenunternehmen sehr stark von denjenigen in einem italienischen Modeunternehmen.

Dieser Umstand verleitet zur Postulierung unterschiedlicher, eben kulturabhängiger Arten von Management. In Wahrheit trägt das nur zur Konfusion bei. Es ist einfach schlechte Wissenschaft, wenn man Form mit Substanz verwechselt.

Es gibt daher wenig Gründe, besonderes Aufhebens von interkulturellem Management zu machen, sieht man einmal von der Selbstverständlichkeit ab, dass es in jedem Land bestimmte Sitten und Gebräuche[5] gibt, die man als Sache elementarer Höflichkeit *erstens* zu kennen und *zweitens* zu respektieren hat. Das hat jedoch nichts mit Management zu tun, sondern mit jenem Minimum an Kinderstube, Anstand und Kultiviertheit, das das Ergebnis einer Erziehung ist, die diesen Namen verdient. Ich gebe zu, dass das längst nicht

5 Einschlägige Literatur ist etwa Paul Watzlawick, *Gebrauchsanweisung für Amerika*, München / Zürich 1978, 1984 und Max Otte, *Amerika für Geschäftsleute*, Frankfurt 1996, aktualisierte Ausgabe 1998.

mehr vorausgesetzt werden darf – im wesentlichen wohl als Folge der stark gewachsenen Zahl von Managern, die eine moderne Gesellschaft braucht. Deswegen aber, weil es unerzogene und daher ungezogene Leute selbst in höheren Positionen gibt, von anderen *Arten* von Management zu sprechen, ist schlicht falsch.

Dasselbe gilt für »internationales« Management. Weder dieses, noch das Gegenteil, nämlich nationales Management, hat es je gegeben. Was es gibt, sind national oder international respektive multinational operierende *Organisationen*, übrigens nicht nur Wirtschaftsunternehmen. Ausschließlich national ausgerichtete und tätige Organisationen mögen – und werden – erhebliche und vielleicht unlösbare Probleme haben, wenn sie plötzlich international tätig werden wollen oder müssen. Das aber hat weniger mit Fragen des *Managements* zu tun, sondern viel eher mit dem Fehlen von *Kenntnissen* über andere Länder, etwa Fremdsprachenkenntnissen, der Unfähigkeit, Fremdwährungsrisiken zu beherrschen oder eben Sitten und Gebräuche anderer Menschen und Länder zu respektieren.

Management ist richtig oder falsch, gut oder schlecht, fähig oder unfähig, aber nicht national oder international, mono- oder multikulturell. Es ist genausowenig nations- oder kulturabhängig wie Sport. Golf wird überall gleich gespielt, so wie Tennis oder Schach. Gewisse Sportarten mögen in gewissen Ländern nicht sehr populär sein, und das hat vielleicht mit Kultur zu tun. So ist Skifahren in den USA gewiss kein Volkssport wie in der Schweiz oder in Österreich. Wenn aber Ski gefahren wird – und vor allem, wenn es gut gemacht wird –, so tun die Amerikaner das nach denselben Prinzipien wie die Europäer. Ebenso sind die Regeln managerieller Wirksamkeit überall gleich, wie etwa auch die Sprachregeln: Gutes Englisch wird rund um den Globus nach demselben Maßstab bewertet, auch und gerade dann, wenn es in vielen Ländern eher schlecht und mit einem nationalen Akzent gesprochen wird.

Management als Beruf

Der einzige Weg, auf dem es nach meiner Auffassung möglich ist, die Führungsfragen einer modernen Gesellschaft und ihrer vielfältigen Organisationen, von den Wirtschaftsunternehmen bis zu den Organisationen des gemeinnützigen Sektors, einigermaßen befriedigend zu beantworten, ist derjenige, den man in den Rechts- und Staatswissenschaften den »konstitutionellen Ansatz« oder »Konstitutionalismus«[6] zu nennen pflegt. Dieses Buch und die darin enthaltenen Vorschläge stützen sich auf einige wesentliche, besonders für Fragen des Managements relevante Grundgedanken dieses Ansatzes.

Konstitutionelles Denken

Ein *erstes* Prinzip des konstitutionellen Denkens ist, dass die Geschicke einer Organisation grundsätzlich nicht von *einzelnen Personen* abhängen dürfen, so wichtig und prägend einzelne Menschen auch in der Geschichte wahrscheinlich jeder Organisation gewesen sein mögen und in Zukunft sein werden. Der wahre Prüfstein für einen Top-Manager ist nicht der Erfolg während seiner Aktivphase, sondern vielmehr die Situation, in die die Organisation *nach* seinem Ausscheiden gerät: Ist sie weiterhin erfolgreich, ist sie robust trotz des Wechsels an der Spitze oder bricht sie zusammen, weil eben alles auf diese eine Person zugeschnitten war?

Ein *zweiter* Grundgedanke ist, dass sich *jedermann*, auch die Füh-

6 Für eine vertiefte Befassung: Friedrich August von Hayek, *Die Verfassung der Freiheit*, Tübingen 1971, S. 221 ff. und sein dreibändiges Spätwerk *Law, Legislation and Liberty*, London 1973 – 1979.

rungskräfte an der Spitze einer Organisation, an *Regeln* zu halten haben, die nicht ihrem eigenen Einfluss unterliegen. Es ist das Prinzip der »Rule of Law«, im Gegensatz zur »Rule of Man«, das hier seine Entsprechung findet.[7] Eine Organisation darf nicht der Willkür der sie führenden Personen ausgesetzt sein, unabhängig davon, welche Bedeutung und Fähigkeiten sie haben mögen und welche Erfolge sie bislang erzielten.

Ein *drittes* wesentliches Element – und für dieses Buch vielleicht das wichtigste – ist das Prinzip, dass auf Dauer nicht die Spitzenleistung zählt, nicht der herausragende, alles überstrahlende Einzelerfolg, sondern die *Stetigkeit* der Leistung auf zwar hohem, aber von Menschen gewöhnlich zu erreichendem Niveau. Dazu gehört, dass fortlaufende Verbesserung wichtiger ist, als nach dem großen, genialen Wurf zu streben; dass Kontinuität unverzichtbar ist und ständiger Kurswechsel selbst in einem noch so dynamischen Umfeld die beste Organisation ruiniert.

Bis der konstitutionelle Ansatz sich durchsetzen konnte, hat es Jahrtausende gedauert. Zuvor wurde das Problem der Staats- und Regierungsführung von der Frage aus angegangen: *Wer soll uns* führen? Die Antworten fielen je nach Epoche und Philosophie sehr unterschiedlich aus: der Stärkste, der Beste, der Gottgewollte, der Klügste, das Volk, die Mehrheit... Sie waren und sind alle falsch, obwohl diese Einsicht auch heute noch nicht zu den Selbstverständlichkeiten der Allgemeinbildung gehört.

Aber, weit wichtiger, nicht nur die Antworten sind falsch, sondern die Frage selbst ist es. Sie muss lauten: *Wie können wir unsere politischen Institutionen so organisieren, dass selbst schlechte und inkompetente Führer möglichst wenig Schaden anrichten können, und wie können wir uns von solchen Führern auf möglichst einfache und unblutige Weise wieder trennen?*[8]

7 Siehe Friedrich August von Hayek, *Die Verfassung der Freiheit*, Tübingen 1971, S. 195 ff.

8 Vgl. dazu K. R. Popper, »On the Sources of Knowledge and Ignorance«, in: *Conjectures and Refutation*, London 1963, 4. Auflage 1972, S. 25.

Was für die politischen Institutionen einer relativ einfachen Gesellschaft gegolten hat, gilt in viel größerem Ausmaß für die Organisationen unserer sehr viel komplexeren modernen Gesellschaft: *Wie müssen unsere Organisationen gestaltet sein, und wie muss Management funktionieren, damit nicht nur die Zwecke der Organisation bestmöglich erreicht werden können, sondern schlechte und inkompetente Führer möglichst wenig Schaden anrichten, ihre Inkompetenz möglichst rasch entdeckt und sie leicht ersetzt werden können?* Die Fragen sind eindeutig, auch wenn die Antworten nicht einfach sind. Bisher sind aber meistens die Fragen falsch gestellt worden, und es ist daher kein Wunder, dass wenig Fortschritt festzustellen ist.

Auch auf der Grundlage des konstitutionellen Ansatzes wird man alles unternehmen, um möglichst geeignete Menschen für die Erfüllung von Führungsaufgaben zu finden. Das bleibt eine der Kernaufgaben. Doch alle Auswahlkriterien und -methoden sind fragwürdig und unzuverlässig. Das ist die entscheidende Schwäche jeder personenbezogenen und eigenschaftsorientierten Führungstheorie.

Die Konsequenz daraus ist, dass nicht die *Auswahl* von Managern im Vordergrund zu stehen hat, sondern ihre *Ausbildung*; man *sucht* Manager nicht, sondern man *macht, erzieht* und *formt* sie; und man schafft einen organisatorischen Kontext – eben einen konstitutionellen Rahmen –, in dem richtiges Handeln gefordert, belohnt und – wenn es anders nicht geht – erzwungen wird. Die Kernfrage des konstitutionellen Ansatzes lautet nicht: *Wer soll führen?*, sondern: *Was ist richtige Führung?*

Zu den – ganz wenigen – Managern dieses Jahrhunderts, die das nicht nur am besten verstanden haben, sondern auch danach handelten, gehört der Mann, unter dessen Leitung das US-Unternehmen General Motors – aus hoffnungslosen Anfängen – zum weltgrößten produzierenden Unternehmen wurde und – wichtiger – es heute noch immer ist: 80 Jahre nach Beginn seiner Tätigkeit und 40 Jahre nachdem er – nach wie vor in derselben Firma – in den Ruhestand ging. Es ist Alfred P. Sloan, der 1920 die Position des Chief Executive Officers bei General Motors antrat und 1956 als Chairman of the Board in Pension ging. Ich will die Schwierigkeiten, die

General Motors seit etlichen Jahren hat, nicht ignorieren, aber man kann sie nicht einem Präsidenten anlasten, dessen Tätigkeit 1956 endete.

Zu den – ebenfalls wenigen – Managementautoren, die den konstitutionellen Ansatz verstanden haben und vertreten, gehört Peter Drucker, der nicht umsonst Alfred Sloan als den »wahren Professionellen« bezeichnet.[9]

Alfred Sloan war möglicherweise der erste, der auf der Grundlage des Konstitutionalismus klar gesehen hat, dass Management als *Beruf* verstanden und betrieben werden muss, um zwei Probleme zu lösen: *einerseits* Organisationen *gut* zu führen und – relativ zu ihrem Zweck – Leistung und Erfolg zu bewirken; und *andererseits* Management gesellschaftlich zu *legitimieren*. Zu einer Zeit, als in der Wirtschaft Amerikas ebenso wie Europas die Figur des kapitalistischen Tycoons dominierte, war das sehr weitsichtig und ungewöhnlich. Und Drucker ist zweifellos der erste, der das verständlich *formuliert* hat.

Management als Beruf

Vor diesem Hintergrund schlage ich vor, Management als einen *Beruf* zu sehen, im Prinzip als einen Beruf wie jeden anderen. Damit will ich gleich zu Beginn Management klar abgrenzen von *Berufung* und jeder Form der Mystifizierung, Heroisierung und Idealisierung.

Der Mythos des außergewöhnlichen Menschen, des Naturtalents mit besonderen Fähigkeiten und Eigenschaften ist weit verbreitet und hat offenkundig Faszination für Praxis und Lehre. Das ist der Sache selbst keineswegs zuträglich. Es erschwert ein brauchbares Verständnis für eine der wichtigsten Funktionen der modernen Gesellschaft. Vor allem verhindert es eine vernünftige Ausbildung. Ich will nicht prinzipiell bestreiten, dass es Menschen gibt, die für Management besonders talentiert sind – vielleicht sogar Berufene. Es nützt aber wenig, sich an ihnen zu orientieren und sie als Vorbilder zu

9 Peter F. Drucker, *Zaungast der Zeit*, Düsseldorf/Wien 1979, S. 227 ff.

sehen. Man kann von ihnen nichts lernen; man kann sie nur bewundern, bestaunen und vielleicht verehren.

Ich habe daher – zumindest für den Anfang – eine bescheidenere Vorstellung, die aber dennoch weiter führt als heroisierend-idealisierende Denkweisen. Wenn man Management als einen *Beruf* versteht, rückt das in den Vordergrund, was man lernen und bis zu einem gewissen Grad sogar *lehren* kann – die handwerkliche Seite, die *Professionalität.* Wie ich in diesem Buch zeigen werde, ist mehr an Lernbarem vorhanden, als gemeinhin angenommen wird. Die meisten Führungskräfte geben sich mit einem kleinen Teil dessen zufrieden, was gelernt werden kann, und sie arbeiten daher auch deutlich unterhalb des Leistungsniveaus, das erreichbar wäre.

Das ist schon heute in allen Gesellschaften ein Problem, ein schlecht verstandenes Problem allerdings, weil Management selbst als gesellschaftliche Funktion noch immer weitgehend unverstanden ist. Die Ursachen von Missständen, Schwierigkeiten und Fehlentwicklungen, seien sie wirtschaftlicher oder gesamtgesellschaftlicher Art, liegen viel häufiger in Managementschwächen, als dies erkannt oder ausgesprochen wird. Man konnte bislang damit leben, und daher ist der Druck auf Führungskräfte, als Manager besser zu werden, eher gering gewesen, selbst in der Wirtschaft, wo er noch am ausgeprägtesten ist. In Zukunft werden Managementmängel aber von der Gesellschaft kaum noch toleriert werden können. Ohne professionelles, vor allem *präzises* Management wird sie in allen ihren Bereichen weitgehend funktionsunfähig sein.

Management *kann* erlernt werden; es *muss* aber auch erlernt werden. Was ein Manager können muss, fällt ihm nicht von allein zu, und es ist kaum jemandem angeboren. Somit unterscheide ich Management nicht nur von einer Berufung, sondern auch von einer zweiten, ebenso häufigen Sichtweise: von einer sozusagen nebensächlichen Amateurstätigkeit, einem Hobby. Dieses Verständnis wird so nie ausdrücklich formuliert, ergibt sich aber aus dem tatsächlichen Verhalten eines Großteils der Führungskräfte und aus ihrer Ausbildung. Bis jetzt konnte man sich das ja auch leisten.

Management muss genauso erlernt werden wie jeder andere Beruf, wie eine Fremdsprache oder eine Sportart. Management ist weder leichter noch einfacher und muss daher geübt werden. Es ist aber auch nicht schwieriger, und deshalb kann jeder zumindest ein gewisses Maß an Kompetenz erwerben, das ihn über den Status des Amateurs hinausbringt, und viele können hochprofessionell werden. Dass es Menschen gibt, die für Management mehr Talent haben als andere, ändert weder an der *Möglichkeit* noch an der *Notwendigkeit* etwas, Management zu erlernen. Damit verbunden ist die Forderung nach Maßstäben und Standards, wie sie jede Profession entwickelt hat. Im Management allerdings fehlen sie bis heute weitgehend.

Einerseits habe ich also eine bescheidenere Vorstellung von Management, die sich nicht in die transzendenten Sphären von Menschen versteigt, die sich zu Höherem berufen wähnen. Andererseits sind deutlich höhere Ansprüche zu stellen, als sie aus der Amateurperspektive und von einem großen Teil der bestehenden Praxis erfüllt werden.

Kann man es aber prinzipiell bei Management als Beruf – also beim *Lernbaren* – bewenden lassen? Braucht man nicht doch zumindest für bestimmte Aufgaben und Positionen *mehr*, eben die angeborene Begabung? Und kann man sich überhaupt mit *Management* begnügen? Braucht es nicht – zumindest gelegentlich – etwas anderes, nämlich *Leadership*? Ich lasse diese Fragen zunächst deshalb offen, weil die Antworten davon abhängen, was man unter Management verstehen will. Dieses Buch ist meine Antwort auf diese Frage.

Meinem Vorschlag zufolge *ist* Management nicht nur ein Beruf, sondern fast jeder Beruf hat einen Managementanteil. Das hängt damit zusammen, dass die Ausübung praktisch jedes Berufs heute – in deutlich sichtbarem Gegensatz zu früher – innerhalb einer *Organisation* stattfindet oder von Organisationen abhängt. Management ist der Beruf, der die *Institutionen* einer modernen Gesellschaft wirksam macht, und es ist der Managementanteil an jedem Beruf, der die *Menschen innerhalb* von Institutionen wirksam werden lässt.

Außerhalb einer Organisation haben die wenigsten Menschen ein Problem mit ihrer Effektivität. Die Organisationen haben das

Problem geschaffen, wie man von bloßer Arbeit zu Leistung kommt, von Anstrengung zu Resultaten und von Effizienz zu Effektivität.

Das wird in der Managementliteratur und der Managementausbildung fast durchgängig übersehen oder ignoriert. Es ist einer der Hauptgründe für deren Irrelevanz. Man spricht entweder über Menschen oder über Organisationen. Worum es aber eigentlich gehen muss, ist etwas ganz anderes: Management handelt von *Menschen in Organisationen* und umgekehrt von *Organisationen mit Menschen.* Dieser Zusammenhang lässt sich nicht auflösen, es sei denn um den Preis der Bedeutungslosigkeit für die Praxis.

Geht man den Gründen nach, warum Führungskräfte in Zusammenhang mit Ausbildungsveranstaltungen etwa sagen, es sei zwar interessant, aber »völlig theoretisch« gewesen, kommt immer auch dieser Fehler zum Vorschein. Es werden die Bedingungen ihres Arbeitens nicht berücksichtigt, die ein wesentlicher Teil der Realität ihrer Situation sind. Wenn man den Kontext ignoriert, in dem Management stattfindet, kommt man fast zwangsläufig zu absurden Vorstellungen.

Der wichtigste Beruf einer modernen Gesellschaft

Ich sagte, dass Management *im Prinzip* ein Beruf wie jeder andere sei. Ein paar Aspekte gibt es aber doch, die ihn von anderen Berufen unterscheiden und die es daher rechtfertigen, ihn besonders ernst zu nehmen.

Es gibt gesellschaftlich wichtigere und weniger wichtige Berufe. Würde es morgen keine Bergführer mehr geben, würde den meisten Leuten nicht viel fehlen. Ich selbst, als leidenschaftlicher Alpinist, hätte ein Problem; doch nur wenige andere würden es überhaupt bemerken. Gäbe es keine Skilehrer mehr, wäre das Problem schon etwas gewichtiger, aber auch kein Drama. Mit Piloten, Anwälten und Ärzten verhält es sich schon anders, ebenso mit Managern.

Fast alles, was uns innerhalb unserer Gesellschaft wichtig sein muss, hängt von Management ab, von der *Professionalität* und *Qua-*

lität, mit der dieser Beruf ausgeübt wird. Das ist keineswegs begrüßenswert, aber es ist Realität. Von Management – der *gestaltenden, steuernden* und *lenkenden* Funktion einer Gesellschaft – hängen die wirtschaftliche *Wertschöpfung* und damit unser *Wohlstandsniveau* ab. Management mobilisiert die Ressourcen einer Gesellschaft oder lässt sie brachliegen, es macht aus Rohstoffen überhaupt erst Ressourcen und transformiert sie in ökonomische Werte.

Von Management hängen *Produktivität* und *Innovationskraft* einer Gesellschaft ab. Ressourcen können produktiv oder unproduktiv genutzt werden, sie können alten und überholten Verwendungszwecken zugeführt werden oder neuen und zukunftsträchtigen. Es ist abhängig von Management, was mit ihnen geschieht.

Von Management hängt es ab, ob eine Gesellschaft und ihre Wirtschaft *konkurrenzfähig* sind. Es ist üblich, von interessanten und uninteressanten, guten und schlechten Branchen zu sprechen. Aber das hat, näher besehen, wenig Sinn. Es gibt in jeder Branche Unternehmen, die gut gehen, und solche, die Schwierigkeiten haben. Die Rahmenbedingungen mögen zwar für verschiedene Branchen jeweils unterschiedlich sein. Innerhalb ein und derselben Branche sind sie aber im allgemeinen recht ähnlich. Wenn die Wettbewerbsbedingungen ähnlich, die Ergebnisse aber doch sehr unterschiedlich sind, kann es eigentlich nur an *einem* Faktor liegen: an der Art, wie die Firmen geführt werden. Die besten Beweise dafür sind die Schweiz und Japan, deren Wettbewerbsfähigkeit und Wirtschaftserfolge fast ausschließlich aus ihrer Managementkompetenz erklärt werden können. In ihrer gesamten Geschichte weisen sie nichts von dem auf, was üblicherweise als Standortvorteil betrachtet wird. Am Fall Japan lässt sich auch gut beobachten, dass und wie *Managementfehler* wieder zum Verlust der Konkurrenzfähigkeit führen können.

Man kann, und ich glaube, man muss diesen Gedanken aber noch ausweiten. Zwar spreche ich in diesem Buch vorwiegend über die entwickelten Länder der westlichen Welt; vor allem die Beispiele nehme ich von dort. Management ist aber weder eine Eigenart dieser Länder noch ist seine Bedeutung darauf beschränkt. Eher das Gegenteil ist der Fall: Für die unterentwickelten Länder und die Schwellenländer ist die Bedeutung von Management noch viel größer. Lässt man die ideologischen und die sozialromantischen Erklärungen für den Zustand der unterentwickelten Welt beiseite, kommt man zu dem Ergebnis, dass die Entwicklung eines Landes vor allem mit seiner Managementqualität zusammenhängt. Dementsprechend gibt es keine unterentwickelten *Länder*, sondern nur unter- oder sogar fehlentwickeltes *Management* in diesen Ländern, wozu auch Nepotismus und Korruption gehören. Wo immer es gelungen ist, Management aufzubauen und einzuführen, hat sich die ökonomische und soziale Lage rasch verbessert.

Das lässt sich gerade an den entwickelten Ländern beobachten und dort am besten in den nicht-wirtschaftlichen Sektoren. Wenn man das Spektrum ausweitet und Management nicht nur eng auf die Wirtschaft bezieht und sich nicht von vordergründigen Bezeichnungen und Titeln den Blick verstellen lässt, dann bestimmt Management nämlich auch unser *Gesundheits- und Bildungsniveau*. Beide hängen von Menschen ab, die de facto Managementfunktionen ausüben, auch wenn sie sich selbst nicht oder nur ungerne als Manager bezeichnen würden. Ihre *Bezeichnungen* lauten anders – Chefarzt, Stationsvorstand, Direktor, Dekan, Institutsleiter oder was auch immer. Ihre *Tätigkeit* besteht aber zu einem erheblichen Teil genauso aus Managementfunktionen wie die eines Marketingleiters in der Wirtschaft, eines Finanzvorstandes oder eines Werksleiters. Diese Tatsache lässt sich verallgemeinern. Im Grunde gibt es keinen gesellschaftlichen Bereich mehr, der ohne Organisationen und daher ohne Management auskäme.

Schließlich wird vom Handeln der Manager auch die *Zufriedenheit* der meisten Menschen berührt und vielleicht sogar die Frage, ob sie im Leben glücklich werden können. Nicht, dass ich es als Aufgabe der gesellschaftlichen Organisationen ansehe – und schon gar nicht denjenigen der Wirtschaft –, Menschen glücklich zu machen. Das habe ich im vorangegangenen Kapitel bereits begründet. Aber jeder, der in der Berufswelt steht, hat erlebt, welche Freude es sein kann, mit einem kompetenten Chef zusammenzuarbeiten, und welche Hölle es ist, einen inkompetenten Versager, möglicherweise sogar mit einem fragwürdigen Charakter als Vorgesetzten zu haben. Man lässt die Dinge, die während des Arbeitstages geschehen, und die Erfahrungen, die man macht, nicht am Abend im Büro zurück. Man nimmt sie mit nach Hause. Und zu jedem berufstätigen Menschen gehören statistisch gesehen noch etwa 2,5 weitere Personen, Ehepartner und Kinder, die von Erfahrungen, Stimmungen und Gefühlen mitbetroffen sind und somit indirekt auch von Management.

Schon diese wenigen Überlegungen zeigen die Bedeutung von Management. Es gibt also kaum einen Grund, es nicht ernst zu nehmen. Daher müssen daran hohe, ja höchste Anforderungen gestellt werden. Management kann weder Amateuren überlassen werden, noch dürfen die leicht und einfach zu lösenden Probleme, etwa im Rahmen günstiger Konjunkturlagen, zum Maßstab erhoben werden. Die *schwierigen* Probleme müssen den Standard bestimmen, an dem die Professionalität von Management gemessen wird. Management ist ein »Allwetter«-Beruf, oder besser noch, man muss ihn als *»Schlechtwetter«-Beruf* verstehen. Wenn alles gut geht, eine Organisation funktioniert und die Wirtschaft floriert, braucht man im Grunde kein Management. Benötigt wird es in den schwierigen Situationen, und darauf müssen Ausbildung und Vorbereitung auf den Beruf des Managers ausgerichtet sein. In allen anderen Berufen ist das selbstverständlich. So werden Piloten ja auch nicht nur für Schönwetter-Flüge ausgebildet, sondern ebenso auf die anspruchsvollen und schwierigen Einsätze und Situationen vorbereitet.

Ein Massenberuf

Eine Besonderheit ist, dass Management zu einem Massenberuf geworden ist. Mehr Menschen als je zuvor in der Geschichte erfüllen heute de facto Führungsfunktionen. Das wird in diesem Buch an mehreren Stellen von Bedeutung sein.

Früher war Management ein *Privileg*, vielleicht auch die *Bürde* einiger *weniger* Menschen. Die Zahl der Leitenden, Führenden, Kommandierenden und Regierenden war klein; die wenigen Führungspositionen waren nur auf ganz bestimmten Wegen erreichbar. Man war dazu *geboren*, weil man etwa adlig war, oder man wurde *berufen*, wenn man beispielsweise der Kirche angehörte.

Eine Gesellschaft brauchte nicht viel Management – sie besaß keine Organisationen. Oder genauer, sie besaß nur wenige, vorwiegend kleine und vor allem einfach strukturierte Organisationen. Regierung, Kirche, Armee – mehr gab es nicht. Selbst die größten davon waren, gemessen an heutigen Organisationen, *klein* und *einfach*. Daher war Management kaum nötig.

Heute ist das ganz anders. Die heutige Gesellschaft ist das, was Peter Drucker schon seit langem die »organisierte Gesellschaft« nennt, oder besser »die Gesellschaft von Organisationen«.[10] Was immer der Mensch tut, er tut es nicht als Individuum, sondern als Benutzer einer Organisation, als deren Kunde oder Mitarbeiter. Management ist eine Folge der Entstehung von Organisationen. Alle Organisationen, nicht etwa nur die Organisationen der Wirtschaft, also die Unternehmen, brauchen Management. Das gilt für die Organisationen des Gesundheits- wie des Bildungswesens, für die öffentliche Verwaltung wie die Non-Government- und Non-Profit-Organisationen. Heute müssen daher in jedem Land viele, Hunderttausende bis Millionen von Menschen – was auch immer sie sonst noch tun – Führungsaufgaben innerhalb von Organisationen erfüllen.

Es wäre ein krasser Fehler, in diesem Zusammenhang nur gerade jene Personen als Führungskräfte zu verstehen, die nach außen hin *sichtbar*, als Organe, für ihre Organisationen handeln, oder jene, die in den Medien vorkommen. Wie ich schon weiter oben gesagt habe: *Jeder, der führt, ist eine Führungskraft.* Auch ein Meister in einer Fabrik erfüllt Führungsaufgaben und ist insofern ein Manager. Er ist wohl nicht so wichtig wie der Vorstand, aber wichtig genug, um auch *seine* Führungsfähigkeiten ernst zu nehmen.

10 In aller Klarheit und explizit kommt der Ausdruck »Society of Organizations« bei Peter F. Drucker in seinem Buch *The Age of Discontinuity*, London 1969, 2. Aufl. 1994, vor. Der Gedanke selbst findet sich bei ihm schon mindestens zehn Jahre früher.

Legt man die allerengsten Kriterien zugrunde, ergibt sich, dass mindestens fünf Prozent der beschäftigten Bevölkerung eines entwickelten Landes Führungskräfte im engeren Sinne des Wortes sind. Auf diesen Anteil kommt man in den klassischen Industriebetrieben, in den im Grunde veralteten Branchen und in den typischen Verwaltungsbehörden. Wenn man moderne Bereiche untersucht, Computer, Informatik, Software Engineering, die Bio-Branche, Consulting, den Finanzbereich, Dienstleistungsorganisationen ganz generell oder die Organisationen der Wissenschaft, von Kunst und Kultur, dann liegt der Anteil wesentlich höher, nämlich bei 20 bis 25 Prozent – mit steigender Tendenz.

Das erklärt, weshalb ich von einem *Massenberuf* spreche. Deutschland beispielsweise hat rund 30 Millionen Beschäftigte. Schon fünf Prozent sind, absolut gesehen, eine bemerkenswerte Zahl, von 20 oder 25 Prozent ganz zu schweigen. Ein Land wie Deutschland hat also mehrere Millionen Menschen, die – ungeachtet dessen, wie sie sich nennen und wie ihr Selbstverständnis ist – de facto Führungsaufgaben zu erfüllen haben, also Manager sind.

Bis vor kurzem hätte man in Zusammenhang mit Management reflexartig an die *Industriegesellschaft* gedacht. Dass hier Management eine wichtige Rolle spielt, ist offensichtlich. Jetzt und für die überschaubare Zukunft wird man von der *Wissensgesellschaft* sprechen müssen, auch wenn vermutlich noch niemand so genau sagen kann, was das wirklich ist, wie sie aussehen und wie sie funktionieren wird.

In einer Wissensgesellschaft aber – soviel jedenfalls lässt sich sagen – wird Management von noch viel größerer Bedeutung sein als in der Industriegesellschaft. Es wird mehr De-facto-Manager geben, wenn auch unter bisher noch gar nicht bekannten und vermutlich sehr schillernden Bezeichnungen, und ihre Aufgaben werden schwieriger sein als heute. Es spielt keine Rolle, ob man den Informations- oder den Dienstleistungsaspekt höher bewertet – wie auch immer die Wissensgesellschaft sich entwickeln wird, sie wird *mehr* und *besseres* Management benötigen als jede andere bisherige Gesellschaftsform. Dieser Umstand führt uns direkt zur nächsten Besonderheit des Managementberufs.

Ein Beruf ohne Ausbildung

Es fällt auf, dass nur wenige Führungskräfte eine *systematische* Ausbildung in Management haben. Management ist der wichtigste Massenberuf einer modernen Gesellschaft, und es ist – leider kommt man um die unangenehme Wahrheit nicht herum – ein Beruf ohne Ausbildung. Damit will ich *nicht* behaupten, dass alle Manager schlecht und unfähig seien. Es gibt gute und sehr gute, solche, die ihr Handwerk beherrschen. Aber sie haben das nicht in einer Ausbildung gelernt, sondern auf anderen Wegen, die ich noch genauer erläutern werde.

In keinem anderen Beruf liegt die Ausbildung so im Argen wie im Management. Niemand würde in ein Flugzeug steigen, wenn die Piloten eine den Managern vergleichbare mangelhafte Ausbildung hätten, und genauso wenig würde sich jemand einer chirurgischen Operation unterziehen, wenn dasselbe für die Ärzte gälte. Gemessen an der *Zahl* von Führungskräften und der *Bedeutung* von Management und gemessen an den *Risiken*, die mit Managementfehlern verbunden sind, ist das ein erstaunlicher Zustand.

Ein erheblicher Anteil der Führungskräfte, wenn nicht sogar die Mehrheit, hat heute zwar ein Universitätsstudium absolviert. Aber an den Universitäten wird man nicht zum *Manager* ausgebildet, sondern man erlernt ein *akademisches Fach* – sei es ein naturwissenschaftliches, ein technisches oder ein wirtschaftswissenschaftliches, sei es Jura, Psychologie oder ähnliches. Und weil man ein guter Fachmann oder eine gute Fachfrau ist, wird man von einer Organisation angestellt, macht Karriere – und findet sich eines Tages in einer Position, die neben den *fachlichen* Kompetenzen auch *Managementfähigkeiten* erfordert. Kaum jemand wird aber systematisch darauf vorbereitet – wie etwa Piloten, die selbstverständlich für die Übernahme einer größeren Maschine trainiert werden.

Im Grunde gibt es nach wie vor nur *zwei* Organisationen, die ihre zukünftigen Führungskräfte wirklich systematisch auf ihre Führungsaufgaben im engeren Sinne vorbereiten und nicht nur auf ihre sachlich-fachlichen Aufgaben: die Armeen und die Kirche. »Systematisch« heißt etwa im Falle der Militärakademien für eine Dauer von vier Jahren und *full time*. Ähnliches gilt für die Pontifikalakademie der Katholischen Kirche. Auch die besten Ausbildungsprogramme in den großen Unternehmen kommen an diesen Standards in bezug auf *Dauer* und *Intensität* bei weitem nicht heran. Zu analysieren ist aber vor allem der *Inhalt*, und hier sieht es selbst in den an sich fortschrittlichen Trainingsprogrammen nicht besonders gut aus.

Mit Ausnahme der Betriebswirtschaftslehre wird in keinem akademischen Studium in nennenswertem Umfang Management unterrichtet. Wenn überhaupt Lehrveranstaltungen dazu angeboten werden, sind es Wahl- und Freifächer, und weil heute schon die Kernfächer jedes Studiums vollen Einsatz verlangen, bleibt den Studenten kaum Zeit, sich auch noch mit Management zu befassen.

95 Prozent aller Hochschulabsolventen üben später aber ihre Tätigkeit genau dort aus, wo man ohne Managementkenntnisse kaum wirksam werden kann – *in einer Organisation*, genau in jenem Umfeld also, das es alles andere als leicht macht, seine erlernten Fähigkeiten und Kenntnisse auch *anzuwenden* und in *Resultate* zu transformieren.

In der privaten Umgebung und dort, wo die Menschen durch Jahrtausende ihr Leben verbrachten und Gewohnheiten und Praktiken geformt wurden – in der Familie, auf dem Bauernhof, im kleinen Handwerksbetrieb – hat, wie schon erwähnt, kaum jemand Schwierigkeiten mit seiner Wirksamkeit, und wenn, dann korrigiert sich das rasch von selbst – weil man die Ergebnisse, auch die Fehler, sofort *sieht*. In den Organisationen einer modernen Gesellschaft sind sie aber viel schwerer sichtbar, und von selbst korrigiert sich dort nichts.

Man wird dagegenhalten, dass im Laufe ihrer Karriere doch eine gewisse Zahl von Führungskräften eine weiterführende Ausbildung mache, etwa ein MBA-Programm absolviere. Das stimmt, aber es ändert am hier dargelegten Zustand nur wenig. Die MBA-Programme tun genau das, was ihren Bezeichnungen entspricht: Es wird Business *Administration* vermittelt, aber kaum *Management*. Diese beiden Gebiete sind keineswegs identisch; sie haben im Gegenteil nur wenig gemeinsam.

MBA-Programme sind ohne Zweifel sehr geeignet dafür, dass nicht-betriebswirtschaftlich Ausgebildete sich relativ zügig betriebswirtschaftliche Kenntnisse aneignen können, und denjenigen, die bereits ein Betriebswirtschaftsstudium hinter sich haben, bieten sie die Möglichkeit, all das nachzuholen, was sie im Studium versäumt haben. Von wenigen Ausnahmen abgesehen, sind sie jedoch keine Ausbildung zum Manager.[11]

Es lässt sich ebenso einwenden, dass vieles in den *internen Ausbildungsprogrammen* insbesondere der großen Unternehmen über Management gelernt werden könne oder dann auf dem freien Seminarmarkt. Es gibt Firmen, die vorbildliche Ausbildungsprogramme haben, aber sie bilden noch immer die Ausnahme. Auch der Seminarmarkt bietet Möglichkeiten, Kenntnislücken aufzufüllen, meistens allerdings nur bruchstückhaft und zusammenhanglos.

Es ist daher kaum zu erwarten, dass sich auf diese Weise ein einigermaßen geschlossenes Ganzes ergibt, das auch nur annäherungsweise an eine systematische Ausbildung herankommt, wie sie für jeden Beruf selbstverständlich ist und wie sie jeder in seinem Fach von einem Universitätsstudium erwartet. Dass durch gelegentliche, meistens Jahre auseinanderliegende Besuche von zwei- oder dreitägigen Seminaren eine wirklich umfassende Kompetenz oder wenigstens Kenntnis entstehen kann, ist kaum zu hoffen. Ganz abgesehen davon, stellt sich noch immer das Problem, eine Auswahl aus dem völlig intransparenten Seminarangebot zu treffen, in einem Markt, auf dem es neben hoher Qualität auch vollmundige Sprüche, leere Versprechungen und ziemlich viel Schrott gibt.

Nun habe ich aber betont, dass es auch *gute* Manager gebe, solche, die nicht nur ihre fachlichen, sondern auch ihre Managementaufgaben mit hoher Kompetenz erfüllen. Wo diese ihr Handwerk gelernt haben, wird Thema eines der folgenden Kapitel sein.

11 Das zeigt sich auch in einer der neuesten Untersuchungen zum Inhalt der MBA-Programme, wo zwar das Wort »Management« sehr häufig vorkommt, inhaltlich aber andere Fachgebiete dominieren. Siehe dazu *Mastering Management – Das MBA-Buch*, Hrsg. IMD Lausanne/LBS London/The Wharton School of the University of Pennsylvania, 1997.

Elemente des Management-Berufs

Jeder Beruf ist im wesentlichen durch *vier Elemente* gekennzeichnet. Wenn Management als Beruf verstanden werden soll und wenn daran dieselbe Anforderung gestellt werden soll wie an jeden anderen Beruf, nämlich Professionalität, dann müssen dieselben Elemente auch hier zu finden sein. Und sie sind es in der Tat.

Aufgaben

Ein Beruf ist *erstens* durch spezifische *Aufgaben* charakterisiert, die in ihm erfüllt werden müssen. Die Aufgaben jedes Berufs können beschrieben und analysiert werden – sei es der Beruf des Schreiners oder Schlossers, des Chirurgen oder des Piloten –, und man kann die kompetente Erfüllung dieser Aufgaben lernen und lehren. Genauso verhält es sich mit dem Beruf des Managers. Um die Aufgaben eines Berufs zu erlernen, benötigt man keineswegs höhere, gar transzendente Begabungen und Talente. Das Erlernen der Aufgaben erfordert vor allem eines, nämlich den Erwerb einiger *Kenntnisse.*

Wenn eine Begabung vorhanden ist, ist vieles leichter. Aber auch Menschen mit einer Begabung für Chirurgie müssen die Aufgaben des Chirurgen *erlernen*. Das bedeutet *nicht*, dass *jeder* Mensch Chirurg werden kann. Ich behaupte auch nicht, dass jede Person Manager werden kann. Aber eine erkleckliche Zahl von Menschen kann es schaffen, brauchbare Chirurgen zu werden, viel mehr als man noch vor 100 Jahren für möglich gehalten hätte. Während die Chirurgie vor der Einführung einer systematischen medizinischen Ausbildung eine hohe Kunst war und nur von wenigen, besonders talentierten und vielleicht auch besonders mutigen Menschen ausgeübt wurde, ist es heute doch möglich, etwa ein Drittel aller Medizinstudenten zu – wie gesagt – *brauchbaren* Chirurgen zu machen. Man beachte, nicht etwa zu internationalen Koryphäen. Um an der vordersten Front der chirurgischen Entwicklung, etwa in der Gehirnchirurgie oder in der Organtransplantation eine maßgebliche Rolle zu spielen, muss auf mehr als bloße »Brauchbarkeit« gezielt werden. Dazu ist mehr und anderes erforderlich, als selbst die beste Ausbildung vermitteln kann.

Aber ein Drittel der Medizinstudenten kann lernen, chirurgische Operationen mit dem üblichen Schwierigkeitsgrad kompetent durchzuführen. Und die zukünftigen Koryphäen benötigen die Ausbildung, um später ihre Begabung vollständig nutzen zu können.

Werkzeuge

Ein *zweites* Element jedes Berufs sind die *Werkzeuge*, die bei der Erfüllung der Aufgaben eingesetzt werden. Auch die Beherrschung von Werkzeugen kann erlernt werden. Dazu – für die übliche Professionalität – bedarf es zunächst ebenfalls keiner besonderen Begabung. Die Beherrschung von Werkzeug erfordert vor allem eines, nämlich *Training*, unermüdliches, fortgesetztes Training. Prinzipiell gilt dasselbe wie bei den Aufgaben: Selbst diejenigen, die begabt sind, müssen trainieren, mit dem Werkzeug umzugehen. Kein Chirurg kommt mit der angeborenen Fähigkeit zur Welt, eine Knochensäge oder ein Laserskalpell zu bedienen. Aber auch Menschen mit großer Begabung müssen den Umgang etwa mit dem Tennis- oder Golfschläger trainieren. Bemerkenswerterweise betreiben gerade die größten Begabungen auch in aller Regel das intensivste Training – und das nicht nur im Sport, sondern auf allen Gebieten. Besonders gut beobachten lässt sich das in der Musik. Warum ist dieser Gedanke im Management kaum zu finden?

Grundsätze

Ein *drittes* Element von Berufen sind *Grundsätze* – Prinzipien, die man bei der Erfüllung von Aufgaben und bei der Anwendung von Werkzeugen einhält. Sie regeln die *Qualität* der Aufgabenerfüllung und des Einsatzes von Werkzeugen. Auch hier gilt: Man benötigt keine Begabung, um Grundsätze zu kennen und einzuhalten. Hingegen braucht man etwas, das man vielleicht als *Einsicht* bezeichnen kann – Einsicht vor allem in zwei Dinge: in die Bedeutung eines Berufs und in die Risiken, die mit Fehlern verbunden sind. Auch das ist lern- und lehrbar. Über Einsicht hinaus ist für die Einhaltung von Grundsätzen außerdem ein gewisses Maß an *Disziplin* erforderlich.

Verantwortung

Das *vierte* Element jedes Berufs ist schließlich die mit seiner Ausübung verbundene *Verantwortung*, die umso größer ist oder sein muss, je wichtiger ein Beruf ist und je höher die mit seiner Ausübung verbundenen Risiken sind. Auch Verantwortung ist nicht eine Sache von Talent und Begabung und schon gar nicht von irgendwelchen transzendenten Aspekten. Für Verantwortung ist etwas erforderlich, wofür ich das Wort »*Ethik*« verwende. Ich meine damit aber nicht die Ethik der großen abendländischen Philosophie. Man muss nicht unbedingt die Schriften von Immanuel Kant studiert haben, um im Sinne einer *beruflichen* Ethik zu handeln. Ich meine etwas Bescheideneres, Schlichteres – eine *Alltagsethik* gewissermaßen. Sie besteht darin, für das, was man tut – und gelegentlich auch für das, was man zu tun versäumt hat –, *einzustehen*.

Die ersten drei Elemente können gelernt und gelehrt werden. Mit der Verantwortung verhält es sich anders. Auch nach über 20 Jahren Lehrtätigkeit ist mir kein Weg bekannt, wie man Verantwortung lehren kann. Man kann *appellieren*; man kann Verantwortung *fordern*; man kann sie gelegentlich auch *erzwingen*, etwa auf juristischem Wege. Aber im Grunde sind das alles Hilfskonstruktionen. Wesentlich scheint etwas ganz anderes zu sein – nämlich eine *Entscheidung*, und zwar eine höchstpersönliche, die man irgendwann in seinem Leben zu treffen hat.

Von den juristisch geregelten Fällen abgesehen kann man niemanden zu Verantwortung zwingen. Es gibt aber Menschen, und es gibt sie glücklicherweise auch im Management und in hohen Positionen, die im Laufe ihres Lebens den *persönlichen Entschluss* gefasst haben, für das, was sie tun, einzustehen. Leider gibt es aber auch die anderen, und deren Zahl scheint im Steigen begriffen zu sein: sie haben auch eine Entscheidung getroffen, aber eine gegenteilige, nämlich *nicht* einzustehen, sondern jeden Fluchtweg aus der Verantwortung zu nutzen, der sich ihnen bietet. Es sind Leute, die ihr Leben sinngemäß nach dem Motto führen: *Ich habe zwar einen Fehler gemacht, aber schön dumm müsste ich sein, dafür auch noch die*

Verantwortung zu übernehmen. Bedauerlicherweise gibt es gerade in den Organisationen unserer Gesellschaft meistens viele und manchmal recht raffinierte Fluchtwege aus der Verantwortung. Sie zu eliminieren wäre eine der Aufgaben einer modernen System- und Organisationsarchitektur.

Jeder muss diese Entscheidung für sich *selbst* treffen, und er *kann* sie letztlich nur selbst treffen. Aber eines ist klar: Wer nicht zu seiner Verantwortung steht, *ist kein Manager*; auch dann nicht, wenn er in die höchsten Positionen der Gesellschaft gelangen sollte - und er wird nie ein Leader sein können. Er ist ein *Karrierist.* Die Menschen werden sich der *Macht* beugen müssen, die de facto aus seiner *Position* resultiert, insbesondere diejenigen, die über keine Optionen verfügen. Aber sie werden ihm keine *Gefolgschaft* leisten. Sie werden wegen ihres Einkommens arbeiten, aber nicht um der *Sache willen.*

Solide Ausbildung ist für jeden möglich

Auf den ersten drei Elementen, den Aufgaben, Werkzeugen und Grundsätzen, lässt sich eine solide Ausbildung für den wichtigsten Massenberuf der modernen Gesellschaft aufbauen. Die in diesem Zusammenhang erforderlichen Kenntnisse können von den meisten Menschen mit gewöhnlicher Intelligenz erworben werden. Sie sind Inhalt der folgenden Teile des Buches. Ich beginne mit den Grundsätzen wirksamen Managements, weil diese, wie erwähnt, die Qualität der Ausübung von Management als Beruf bestimmen.

Mein Anspruch ist nicht zu behaupten, dass allein damit die Voraussetzungen zu *Spitzenleistungen* im Management geschaffen werden könnten. Für die kompetente Erfüllung der allerschwierigsten Managementaufgaben benötigt man ohne Zweifel *mehr*, als sich im Rahmen einer Ausbildung erlernen lässt. Dazu sind auch noch Talent, Begabung, wahrscheinlich auch etwas Glück und vor allem Erfahrung erforderlich. Aber jeder, der sich mit den handwerklichen Elementen von Management ernsthaft befasst, der an sich und seiner Kompetenz arbeitet, wird wesentlich *besser*, als wenn er es nicht tut.

Viel wichtiger aber ist etwas, das häufig übersehen wird: *Ohne* die Beherrschung der beruflichen Elemente bleibt alle Begabung nutzlos. Bemerkenswert ist ja nicht der Fall des offenkundig ungeeigneten Menschen, der aus eben diesem Grund erfolglos bleibt. Nichts anderes war zu erwarten.

Bemerkenswert sind zwei weitere Fälle, die unmittelbar mit den Elementen der beruflichen Professionalität von Management verknüpft sind: Es ist der Fall des Unbegabten, der durch konsequentes Arbeiten an sich selbst oft zu erstaunlichen Erfolgen kommt; und es ist der – tragische – Fall des begabten, oft hochintelligenten und mit größtem Einsatz arbeitenden Menschen, dem mangels Wirksamkeit der Erfolg versagt bleibt.

II
Die Grundsätze wirksamer Führung

Einführung

Die Grundsätze, die ich in diesem Teil behandle, sind das Fundament der Professionalität von Management. Sie regeln, wie die Management-Aufgaben erfüllt und die Management-Werkzeuge eingesetzt werden. Sie sind der Kern managerieller Wirksamkeit. Ich schlage vor, sie auch als das Wesentliche jeder brauchbaren Unternehmenskultur zu verstehen. Den Ausdruck »Unternehmenskultur« habe ich nie für besonders nützlich gehalten, was er bezeichnet hingegen schon. Organisationen brauchen das, was man im Englischen »the spirit of an organisation« nennt; sie brauchen *Werte*, unter anderem solche der Wirksamkeit. Ich denke, dass sie am brauchbarsten und klarsten in Form von Grundsätzen oder Prinzipien zum Ausdruck gebracht werden können. Sie regulieren das Handeln der Menschen.

Bevor ich die Grundsätze im Einzelnen darlege, muss ich einige Vorbemerkungen machen, um Missverständnissen vorzubeugen.

1. Einfach, aber nicht leicht

Die Verhaltensmuster, die ich in Form von Grundsätzen darlegen werde, sind zwar, bevor man sie zu sehen *gelernt* hat, nicht einfach zu *erkennen* und es ist auch nicht ganz einfach, sie sprachlich zu fassen. Wenn man sie aber einmal klar formuliert hat, dann sind sie sehr einfach zu *verstehen*. Um sie zu begreifen, braucht man kein akademisches Studium.

Ihre Einfachheit in intellektueller Hinsicht ist wohl auch der Grund dafür, dass diese Grundsätze selten, wenn überhaupt gelehrt werden. Das gilt besonders für den akademischen Bereich. Die Lehrer sind kaum an ihnen interessiert und unter den Studenten nur diejenigen, die schon ein ansehnliches Maß an praktischer Erfahrung haben. Die anderen sind nicht in der Lage, sie in eine Beziehung zur Praxis zu bringen, weil sie keine haben. Daher können sie die Relevanz der hier vorgeschlagenen Grundsätze nicht erkennen.

Sie sind also – in diesem Sinne – *einfach* zu verstehen; danach zu handeln, fällt vielen schwer. Warum? Dafür gibt es drei Gründe; besonders einer davon, der letzte, ist ernst zu nehmen. *Erstens*, die Anwendung von Prinzipien erfordert Disziplin; man muss sich überwinden – etwas, das viele nicht mögen. *Zweitens*, manche glauben, dass sie durch Grundsätze Flexibilität verlieren. Das ist fast immer ein Irrtum; meistens wird Flexibilität mit Opportunismus verwechselt.

Es gibt aber, *drittens*, einen echten Grund, weshalb die Anwendung von Grundsätzen schwierig ist: Obwohl die Grundsätze als solche – das ist meine These – für alle Organisationen *gleich* und gleichermaßen *gültig* sind, erfolgt ihre Anwendung immer auf einen konkreten *Einzelfall*, und dieser kann immer wieder neu und verschieden sein, ist möglicherweise so überhaupt noch nie aufgetreten oder wurde von einem Manager noch nie erlebt. Ein Grundsatz kann einfach sein, der Einzelfall und seine konkreten Umstände aber sind meistens höchst komplex. Das Verständnis von Grundsätzen ist deshalb etwas anderes als ihre Applikation, weil dafür eben nicht nur der Grundsatz verstanden sein muss. Was ich dafür kennen und verstehen muß, sind vielmehr die vielen konkreten Details der einzelnen Situation. Schon die Frage, ob überhaupt ein Anwendungsfall vorliegt und welcher der Grundsätze für ihn zutrifft, kann Schwierigkeiten bereiten.

Das mag sich alles kompliziert anhören, im Kern ist es aber den meisten bekannt. Die Juristen sind mit diesem Gedanken völlig vertraut; er bestimmt einen wesentlichen Teil ihres Berufes. Die Gesetze zu kennen ist eines, sie anzuwenden, etwas anderes. Aber im Grunde hat jeder diese Situation schon erlebt: Als angehender Autofahrer musste man die Regeln des Straßenverkehrs zuerst in der Theorie erlernen; selbst wenn man sie bestens beherrschte, bedeutete das noch nicht, auch schon ein guter Autofahrer zu sein, der im Rahmen der Straßenverkehrsordnung sicher und routiniert – dieses Wort wird noch öfter eine Rolle spielen – fahren konnte. Die Schlüssel für die Anwendung von Grundsätzen heißen *Ausbildung und Erfahrung.*

2. Nützlich in schwierigen Situationen

Solange man es mit Situationen zu tun hat, die man leicht bewältigen kann, braucht man weder im Management noch anderswo Grundsätze. Nützlich oder gar nötig werden die zu besprechenden Prinzipien dann, wenn man sich in *schwierigen* Situationen befindet, wenn man mit *komplexen* Fragen konfrontiert ist, für die die Lösungen nicht auf der Hand liegen. Man braucht Grundsätze etwa dann, wenn man an einem Freitag spätabends noch an einem schwierigen Problem arbeitend im Büro sitzt, alle anderen schon im Wochenende sind und man sich die Frage stellt: *Was soll ich in dieser Situation tun?*

Das muss deshalb so explizit gesagt werden, weil eine der Strömungen im Management besonders die *Komplexität* von Organisationen und somit der Situation von Führungskräften betont und unter Hinweis darauf gleichzeitig die Nützlichkeit einfacher Grundsätze bezweifelt oder bestreitet. Ich bin insofern damit einverstanden, als ich die Grundannahme hoher Komplexität teile und diese als eines der Hauptprobleme von Management ansehe. Die Meinungen gehen allerdings dann stark auseinander, wenn es um Lösungen für das Problem oder besser um geeignetes, vernünftiges oder richtiges Verhalten im Bereich hoher Komplexität geht.

Ich bin der Auffassung, dass Entstehung und Funktionsweise komplexer Ordnungen, Systeme und Organisationen in erster Linie durch Regeln erklärt werden können und dass erfolgreiches Verhalten in ihnen ebenfalls von Regeln geleitet ist. Das habe ich an anderer Stelle ausführlich dargestellt[12]. Grundsätze sind aber letztlich nichts anderes als Regeln. Es ist genau diese Auffassung, die mich veranlasste, nach eben den komplexitätsbewältigenden Verhaltensregeln von Führungskräften in Organisationen zu suchen – nach

12 Fredmund Malik, *Strategie des Managements komplexer Systeme*, 5. erw. Auflage, Bern / Stuttgart / Wien 1996. Die besten Arbeiten zu diesen Fragen stammen von Friedrich von Hayek.

Grundsätzen wirksamer Führung. Die Grundsätze können sehr einfach sein, obwohl die aus ihrer Anwendung und Befolgung entstehenden Ordnungen hochkomplex sein können. Oder umgekehrt: Hochkomplexe Systeme können aus der Befolgung sehr einfacher Prinzipien resultieren.[13]

3. Niemandem angeboren – alle mussten es lernen

Niemandem, den ich kennenlernen konnte, waren diese Prinzipien oder das ihnen entsprechende Verhalten angeboren. Alle mussten es lernen. Nicht alle haben das sofort oder gerne zugegeben. Wenn ich aber Gelegenheit hatte, hinter die Kulissen zu schauen, hat sich selbst bei denjenigen, die aus irgendeinem Grunde nicht dazu stehen wollten, herausgestellt, dass sie keineswegs Naturtalente waren, sondern Management genauso zu lernen hatten wie alle anderen. Warum sie überhaupt dazu neigten, sich als Naturtalente zu präsentieren, ist mir nie ganz klar geworden.

Wenn es also alle zu lernen hatten, *wo haben sie es dann gelernt?* Immer wieder lassen sich dieselben drei Wege erkennen: Die weitaus größte Mehrheit hat Management – das ist der *erste* Weg – schlicht durch *Versuch und Irrtum* erlernt, durch Herumprobieren. Das ist ein langwieriger und mühsamer Weg, dabei unterlaufen viele Fehler, und man wird relativ alt, bis man die Lektionen gelernt hat. Mit zwanzig weiß niemand, worauf es im Management ankommt. Die meisten waren deutlich in der zweiten Hälfte ihrer Dreißiger und viele waren weit über vierzig, bis sie einigermaßen wussten, was das Wesentliche beim Management ist.

Eine kleine Minderheit – das ist der *zweite* Weg – hatte das große Glück, auf ihrer ersten oder zweiten Stelle – also früh – einen *kompetenten* Chef zu haben. Man beachte, dass ich nicht von einem kooperativen oder angenehmen oder modernen Chef spreche, sondern von einem kompetenten. Es gibt zwar auch angenehme kompetente

13 Das ist im Kern der Gehalt der mathematischen Chaostheorie oder jedenfalls eine ihrer Grundeinsichten, die als solche allerdings keineswegs neu ist. Sie ist der wichtigste Baustein der Gesellschaftstheorie, wie sie von den schottischen Moralphilosphen des 18. Jahrhunderts entwickelt wurde.

Leute, die meisten sind es aber nicht. Sie sind auch nicht aus Prinzip kooperativ oder weil das modern ist. Sie sind es dort, wo es vernünftig und wirksam ist.

Die Angehörigen der zweiten Gruppe hatten also schon am Anfang ihres Berufslebens einen Chef, von dem sie etwas lernen konnten. Bei einigen wenigen ist der Antrieb, manchmal sogar die Leidenschaft, mehr über Management zu lernen und es besser zu machen, aus der Erfahrung mit dem Gegenteil, nämlich einem *inkompetenten* Chef entstanden, aus dem Ärger, den sie mit ihm hatten, oder weil sie unter ihm gelitten haben. Von dort geht aber nur der Impuls aus; gelernt haben sie es dann auf dem ersten oder zweiten Weg.

Die *dritte* Gruppe machen jene Menschen aus, die sehr früh in ihrem Leben, meist schon in der Kindheit, erste Führungserfahrungen sammeln konnten. Typische Beispiele sind Personen, die sich früh in Jugendorganisationen engagierten, solche, die bestimmte Sportarten pflegten, oder andere, die in der Schule immer wieder – nicht nur einmal – von ihren Mitschülerinnen und Mitschülern zum Klassensprecher gewählt wurden. Dieser dritte Weg ist, wie unschwer zu erkennen ist, eine Variante des ersten Weges – es ist Lernen durch Versuch und Irrtum. Aber weil diese Leute etwas früher als andere begonnen hatten, waren sie auch etwas früher fertig damit.

Diese drei Wege, auf denen typischerweise Management erlernt wird, zeichnen sich nicht gerade durch besondere Systematik aus.[14] Es ist langwieriges Erfahrungslernen. Irgendwann kann man dann natürlich genug, um seine Aufgaben einigermaßen erfüllen zu können. Ich vertrete also nicht etwa die Meinung, unsere Organisationen seien mit lauter schlechten Managern bevölkert. Die Wege, auf denen die Leute in wichtige Positionen und teilweise in Spitzenpositionen kommen oder besser hineinstolpern, sind aber oft höchst problematisch. Unvorstellbar, dass man sich in anderen Berufen auf diese Art des Lernens verlassen würde.

14 Nur noch in wenigen Ländern gibt es einen vierten Weg mit einem hohen Maß an Systematik und Gründlichkeit. Es ist die Ausbildung in der Armee. Sie ist traditionell in der Schweiz sehr wichtig gewesen, verliert aber auch hier an Bedeutung.

4. Ideal und Kompromiss

Formuliert man etwas als Grundsatz, erhält es manchmal den Anschein eines Ideals. Wer Erfahrung hat, wird nicht so naiv sein zu glauben, dass man im Management jemals ein Ideal realisieren kann. Immer müssen Kompromisse gemacht werden. Gerade *deshalb* aber braucht man Ideale oder Grundsätze – nicht, um sie zu verwirklichen, sondern um die Chance zu haben, *zwei Arten* von Kompromissen zu unterscheiden: So banal es für manche klingen mag, es gibt *richtige* und *falsche* Kompromisse. Mehr richtige als falsche Kompromisse zu machen, ist eines der Elemente, das gutes von schlechtem Management und Verantwortung von Verantwortungslosigkeit unterscheidet.

Jede Organisation braucht ein paar Personen in den Schlüsselpositionen, die Opportunismus von klugem Verhalten unterscheiden können. Man braucht Führungskräfte, die in schwierigen Situationen nicht nur die oben erwähnte Frage stellen: *»Was soll ich tun?«*, sondern die viel wichtigere und schwierigere Frage: *»Was wäre richtig – in dieser Situation?«*.

Es *gibt* diese Menschen – auch wenn es manchen, die allzu sehr an Klischees hängen, schwer fällt, das zu glauben. Es gibt Manager, die nicht nach dem leichtesten oder dem angenehmsten Weg fragen, nicht danach, was die Medien erwarten oder die Gewerkschaften, was der Karriere am dienlichsten wäre oder dem Einkommen, sondern die ehrlich und ernsthaft nach dem Richtigen fragen.

Das garantiert nicht, dass sie auch immer eine Antwort darauf finden. Auch sie gehen falsche Kompromisse ein. Aber der gelegentliche falsche Kompromiss richtet keinen nachhaltigen Schaden an. Schädlich und gefährlich ist es, wenn es zu einer *Akkumulation* von falschen Kompromissen kommt, und dies geschieht in aller Regel dann, wenn niemand mehr nach dem Ideal fragt und die Grundsätze vergessen oder ignoriert werden.

5. Welcher Typ als Vorbild?

Welchen Typus von Manager meine ich, wenn ich von guten oder kompetenten Führungskräften spreche? Das vorliegende Buch ist die Antwort auf diese Frage, und am Schluss, denke ich, wird das für den Leser recht klar zu verstehen sein. Ich will aber hier am Anfang doch sagen, welchen Typ ich *nicht* meine: Ich habe nicht das im Auge, was man das »Dreijahres-Wunder« nennen könnte. Drei Jahre lang – also kurzfristig – kann fast jeder erfolgreich sein. Das ist relativ leicht. Es sagt aber auch überhaupt nichts aus und ist keinerlei Erfolgsausweis. Früher haben mich solche Leute ebenfalls fasziniert, weil sie Medienereignisse sind. Kurzzeiterfolge sind jedoch bedeutungslos. Über *lange* Zeit erfolgreich zu sein, immer wieder von neuem, trotz aller Rückschläge, die jeden einmal treffen, nicht drei, sondern dreißig Jahre lang; das ist es, was zählt.

Ich habe längst aufgehört, die Medienwunder ernst zu nehmen und mich mit ihnen zu befassen. Entweder verschwinden diese Leute ebenso rasch in der Bedeutungslosigkeit, wie sie aufgetaucht sind. Oder aber es liegt ein ganz anderer, viel gefährlicherer Fall vor: das *multiple* Dreijahres-Wunder. Das sind Leute, die scheinbar eine glanzvolle Karriere machen und manchmal bis in Spitzenpositionen von Wirtschaft und Gesellschaft kommen. Untersucht man ihre Lebensläufe aber etwas genauer, dann zeigt sich, dass sie nur *eine* Fähigkeit haben, diese aber perfekt beherrschen: Sie wissen, wann sie gehen müssen – und sie gehen immer genau ein halbes Jahr, bevor der »Mist« zu riechen beginnt, den sie hinterlassen. Nach außen hin haben sie glanzvolle Karrieren, in Wahrheit aber bleibt überall ein Scherbenhaufen zurück und oft auch eine »Blutspur«. Das sind keine Führungskräfte, schon gar nicht gute – oder gar Führer, sondern es sind *Karrieristen.*

Mindestens zwei Kriterien müssen erfüllt sein, bevor mich eine Führungskraft als potentielles Beispiel interessiert – im Dienste guten Managements interessieren *darf:* Sie muss *erstens* lange genug in ein und derselben Position sein, um die Fehler zu sehen, die sie gemacht hat. Es gibt keinen Manager, der nicht gravierende Fehler begangen hätte. Es gibt nur solche, die das nicht zugeben. Aber das allein genügt natürlich noch nicht. Fehler machen kann ja jeder. Wichtig ist *zweitens*, wie die Person ihre Fehler korrigiert hat. Das ist viel wichtiger: Hat jemand nicht nur Fehler gemacht, sondern auch dazu gestanden, oder hat er die Flucht vor der Verantwortung ergriffen?

Wichtig sind mir auch Menschen, über die ihre Mitarbeiter und Kollegen oft noch Jahre nach ihrem Ausscheiden aus der Organisation sagen: *»Wir haben viel von ihm oder ihr gelernt«*. Es macht nichts aus, wenn sie auch erwähnen: *»Er war schwierig; es war nicht leicht, mit ihm zusammenzuarbeiten; er konnte ein Ekel sein ...«*, solange sie dann sagen: *»... aber wir haben viel von ihm gelernt ...«*. Wenn ich Dinge dieser Art über jemanden höre, dann weiß ich: das ist ein Kandidat für gutes Management.

Schließlich will ich noch auf folgende Aspekte aufmerksam machen, deren Verständnis gelegentlich Schwierigkeiten bereitet: *Erstens*, jeder einzelne der zu besprechenden Grundsätze mag, für sich und isoliert genommen, auf den ersten Blick etwas eng erscheinen. Man muss sie in ihrer Gesamtheit sehen, und vor allem muss man ihre oft weitreichenden Konsequenzen durchdenken. Zum Teil stehen die aus ihnen resultierenden Folgen in diametralem Gegensatz zu dem, was als herrschende Lehre gilt. Es werden also Widersprüche sichtbar.

Das führt, *zweitens*, für jene, die der Meinung sind, dass Widersprüche, wo immer möglich, aufgelöst werden müssen, zur Frage, welche von zwei sich widersprechenden Meinungen die bessere, richtigere, brauchbarere ist. Das halte ich für eine der wichtigsten Wirkungen von Grundsätzen. Sie geben Anlass zu kritischer Auseinandersetzung, und unter Umständen führt das zur Beseitigung von falschen Ideen und Auffassungen. Im Management gibt es, im Gegensatz zu den meisten anderen Disziplinen, kaum so etwas wie eine kritische Diskussion. Das scheint mir einer der wesentlichen Gründe dafür zu sein, warum es in diesem Bereich zwar so viele Moden, aber so wenig Fortschritt gibt.

Die Anwendung der zu besprechenden Grundsätze führt zu einer erheblichen Reduktion der Scharlatanerie. Denn sie haben die Funktion von regulativen Ideen, von Standards und Maßstäben, um richtig von falsch zu trennen, brauchbar von unbrauchbar, gut von schlecht und akzeptabel von inakzeptabel.

Erster Grundsatz
Resultatorientierung

Es kommt – im Management – nur auf die Resultate an.

Ein durchgängiges Muster im Denken und Handeln kompetenter Manager ist ihre Ausrichtung auf *Ergebnisse.* Sie sind vorwiegend – gelegentlich ausschließlich – an Resultaten interessiert. Alles andere ist für sie zweitrangig oder interessiert sie überhaupt nicht. Es soll nicht verschwiegen werden, dass ihre Ergebnisorientierung gelegentlich auch pathologische Züge annehmen kann – was ich weder für gut ansehe noch empfehle, denn es ist zum Teil schwer zu ertragen. Dennoch – es sind die Resultate, die für sie zählen.

Eine Grundaussage dieses Buches ist, dass Management ein Beruf ist. In Zusammenhang mit diesem ersten Grundsatz könnte man sagen: *Management ist der Beruf des Resultate-Erzielens oder Resultate-Erwirkens.* Der Prüfstein ist das Erreichen von Zielen und die Erfüllung von Aufgaben.

Dieser Grundsatz ist nicht immer gleich wichtig. Solange Ergebnisse relativ leicht zu erzielen sind, etwa aufgrund einer besonders günstigen wirtschaftlichen Konjunkturlage, ist Management nicht wirklich gefordert – und unter Umständen nicht einmal nötig. Unter solchen Bedingungen wird dieser erste Grundsatz kaum gebraucht. Nötig, nützlich, ja zwingend wird er dann, wenn sich die Ergebnisse nicht mehr von alleine einstellen; dann, wenn wirkliche Anstrengungen erforderlich sind.

Selbstverständlich bedeutet die Befolgung dieses Grundsatzes nicht, dass auch immer alles erreicht wird, was man sich vornimmt. Dies anzunehmen oder zu unterstellen, wäre naiv. Auch Führungskräfte, die sich das Prinzip der Resultatorientierung zum ehernen Gesetz ihres Handelns gemacht haben, erleiden Rückschläge und müssen Niederlagen in Kauf nehmen. Aber sie geben deswegen nicht auf, sie resignieren nicht, und vor allem geben sie sich nicht mit Erklärungen und Begründungen für das Versagen zufrieden.

Eine Selbstverständlichkeit?

Möglicherweise ist man versucht zu glauben, dass dieser Grundsatz eine Selbstverständlichkeit sei, dass ohnehin jede Führungskraft dementsprechend handle und dass er daher gar keiner Erwähnung bedürfe. Leider ist dem nicht so. Das kann man *erstens* beobachten; man braucht nur darauf zu achten. *Zweitens* wird das jeder erfahrene Manager bestätigen. Und *drittens* wird diese Aussage von einem kleinen Test bestätigt, den ich ab und zu gerne mache. Wenn ich mit Führungskräften zusammen bin und man gelegentlich noch Zeit hat, gemeinsam ein Bier zu trinken, dann frage ich gerne: »*Was tun Sie in der Firma?*« Alle Befragten beschreiben daraufhin ihre Tätigkeit. Das ist nicht anders zu erwarten. Dann aber kommt das Interessante: Rund 80 Prozent beginnen danach zu erzählen, wie hart sie arbeiten, wie sehr sie sich anstrengen, wie viel Stress sie haben und wieviel Mühe sie sich geben. Nur etwa 20 Prozent berichten, nachdem sie ihre Tätigkeit geschildert haben, von den *Ergebnissen* ...

Ich halte das für bedenkenswert. Manche sind vielleicht nur zu bescheiden, um über ihre Ergebnisse zu berichten; sie glauben, es würde ihnen als Selbstlob, Angeberei oder Anmaßung ausgelegt. Selbst wenn man das berücksichtigt, darf die Art der Antworten zusammen mit anderen Beobachtungen zumindest als Indiz dafür gewertet werden, dass die meisten Menschen in ihrem Denken und ihrer Wahrnehmung und daher vielleicht auch in ihrem Handeln eher *input*- als *outputorientiert* sind. Hart zu arbeiten, sich anzustrengen, Stress durchzustehen usw. – all das ist selbstverständlich wichtig. Ohne das geht es nicht im Management. Aber das alles ist *Input*. Darauf kommt es eben gerade nicht an. Was zählt, ist der *Output*.

Man kann die Input-Orientierung auch an einem anderen, sehr typischen Symptom erkennen. Acht von zehn Lebensläufen, die ich in Zusammenhang mit Stellenbesetzungen bekomme, enthalten eine zumeist ziemlich lange und oft beeindruckende Liste von *Positionen* oder *Stellen*, die der Bewerber bisher innehatte. Nur einer von zehn Bewerbern gibt aber auch an, was er oder sie in diesen Positionen *erreichte*, worin seine oder ihre Leistung bestand und worin schließlich die Ergebnisse bestanden, die erzielt wurden.

Man darf somit nicht unterstellen, dass die Menschen von sich aus und selbstverständlich outputorientiert sind. Der Mensch kommt nicht output-, sondern gewissermaßen inputorientiert zur Welt. Das Baby fragt sinngemäß: *Was schuldet mir die Welt – jetzt, wo ich da bin?* Es stellt diese Frage zu Recht, denn nachdem wir es in die Welt gesetzt haben, schulden wir ihm ja einiges – Ernährung, Erziehung, Liebe usw. Für das Baby ist das in Ordnung. Aber irgendwann, sagen wir zwischen dem 15. und dem 25. Lebensjahr, muss der Mensch lernen, diese Frage radikal umzudrehen. Sie darf dann nicht mehr lauten: *Was schuldet mir die Welt?*, sondern umgekehrt: *Was schulde ich dieser Welt – nun, nachdem ich 25 Jahre großgezogen wurde, das Privileg hatte, eine Erziehung und eine Ausbildung zu genießen, und eine Universität absolvieren konnte?*

Für manche mag die so formulierte Frage ein bisschen pathetisch klingen. Aber diese Änderung von Sicht und Haltung ist entscheidend für Führungskräfte und ihre Wirksamkeit. Sie ist einer der Schlüssel für ihren Erfolg.

Sobald man das Prinzip der Ergebnisorientierung ernst nimmt und die Welt von dieser Warte aus sieht, fällt einem auf, wie viele Menschen es gibt, die immerzu in der Lage sind, genau zu sagen – und das auch sehr gut begründen –, was *nicht* geht, *nicht* möglich ist, *nicht* funktioniert. Mein Vorschlag ist, sich damit nicht lange aufzuhalten. Manager müssen ihre Kraft, Energie und Aufmerksamkeit auf jene Dinge richten, die *»gehen«*. Sind es junge Menschen, muss man ihnen die Chance geben umzulernen und mit ihnen Geduld haben. Handelt es sich aber um Leute einer fortgeschrittenen Altersgruppe, so wird man nicht sehr lange zuschauen können.

Missverständnisse

Der Grundsatz, dass es im Management auf die Ergebnisse ankommt, birgt Missverständnisse und Fehlanwendungen. Sie lösen meistens recht emotionale Reaktionen aus. *Erstens* ist zu beachten, dass ich diesen Grundsatz ausdrücklich als *Managementprinzip* bezeichne und *nicht* etwa als ein allgemeines *Lebensprinzip.* Viel zu häufig werden Management- und Lebensprinzipien vermischt, verwechselt oder miteinander gleichgesetzt. Man muss sie aber voneinander trennen können. Was richtig für das Management ist, braucht für das Leben im allgemeinen nicht zu gelten und umgekehrt.

Ob jemand Resultatorientierung auch für sein Leben gelten lassen will, muss er ganz persönlich entscheiden. Ich für mein Teil tue vieles in meinem Leben nicht wegen der Ergebnisse, sondern aus ganz anderen Gründen: Weil ich Freude daran habe, weil es Spaß macht, weil ich etwas schön finde usw. Ich bin ein leidenschaftlicher Skifahrer; aber ich fahre nicht Ski, um Rennen zu gewinnen, sondern weil ich es gerne tue. Management hingegen kann man nicht um des Spaßes oder der Freude willen betreiben. Man muss es an den Ergebnissen ausrichten und seine Wirksamkeit daran messen.

Zum *zweiten* hat dieser Grundsatz – wie alle weiteren – als solcher überhaupt nichts mit *Stil* zu tun. Dies zu verstehen und zu akzeptieren fällt erfahrungsgemäß vielen Führungskräften erstaunlich schwer. Die Diskussion über den Führungsstil, die jahrzehntelang Literatur und Ausbildung beherrscht hat, macht es vielen fast unmöglich, zwischen Form und Substanz, Äußerlichkeit und Inhalt zu unterscheiden. Eine Frage des Stils ist es möglicherweise, wie man einen Grundsatz zur Anwendung oder zum Ausdruck bringt. Man kann das harsch, grob und laut tun; das ist vermutlich kein besonders glücklicher Stil. Man kann es aber auch leise, liebenswürdig und freundlich tun. Das ist ein anderer Stil, wahrscheinlich der bessere. Der Grundsatz als solcher, sein Inhalt, seine Aussage und seine Gültigkeit sind davon aber nicht betroffen.

Die Ausrichtung auf Ergebnisse hat überhaupt nichts mit Brutalität, Menschenschinderei oder ähnlichem zu tun. Daher findet man den Grundsatz der Resultatorientierung keineswegs etwa nur – wie viele meinen – in den Organisationen der *Wirtschaft*, denen ja immer wieder Härte und gelegentlich auch Unmenschlichkeit unterstellt wird. Man findet ihn in *jeder* Organisation, die *gut geführt* ist, in jeder, die *Leistung erbringt*. Schulen müssen genauso Ergebnisse erzielen wie Wirtschaftsunternehmen, nur eben andere. Auch Krankenhäuser müssen Resultate erbringen; das ist der einzige Zweck, für den sie geschaffen wurden. Das gilt genauso für die Heilsarmee, für eine militärische Organisation und einen Verein zur Förderung des Weltfriedens. Selbst eine Vereinigung, die ihr Ziel darin sähe, sich gegen Härte im Management einzusetzen, müsste letztlich Ergebnisse erzielen.

Zwangsläufig taucht die Frage auf, *welche* Resultate denn gemeint seien, wenn es um Resultatorientierung geht? Diese Frage, so wichtig sie ist, ist vom Grundsatz selbst ebenfalls unabhängig. Was ich aus offenkundigen Gründen ausschließe, ist die gelegentlich vorgebrachte – sophistische – Meinung, dass auch die Verfehlung eines Zieles ein Resultat sei. Rein formalistisch mag das zutreffen; es ist aber nicht das, was hier gemeint ist. Eine brauchbare positive Antwort kann allerdings jeweils *nur* dann gegeben werden, wenn man über eine spezielle, konkrete Organisation spricht. Es liegt auf der Hand, dass es in Wirtschaftsunternehmen auf andere Ergebnisse ankommt als bei Verwaltungsbehörden oder den Organisationen des Kultur- und Kunstbereiches.

Zwei Kategorien von Resultaten findet man allerdings immer und bei jeder Organisation: *erstens* Ergebnisse, die mit *Menschen* zusammenhängen, mit ihrer Auswahl, Förderung, Entwicklung und ihrem Einsatz; und *zweitens* Ergebnisse, die sich auf *Geld* beziehen, auf die Beschaffung und Verwendung finanzieller Mittel. Anders formuliert, jede Organisation braucht Geld und sie braucht Menschen. Darüber hinaus lassen sich schwerlich Verallgemeinerungen anstellen. Selbst in bezug auf die beiden genannten Kategorien gibt es von Organisation zu Organisation sehr große Unterschiede. Auch wenn etwa Geld für jede Organisation wichtig ist, so spielt es in den Unternehmen der Wirtschaft doch eine ganz andere Rolle als in den nicht erwerbswirtschaftlichen oder Non-Profit-Organisationen.

Resultate müssen also keineswegs, wie viel zu rasch unterstellt wird, immer und ausschließlich *wirtschaftliche* Resultate sein. Management führt somit auch nicht mit innerer Zwangsläufigkeit zu einer rein materialistisch-ökonomischen Sichtweise, wie insbesondere jene Leute rasch anzunehmen pflegen, die nicht direkt in der Wirtschaft arbeiten und daher zum Teil nur wenig darüber wissen. Sie verwechseln gelegentlich Resultate als solche mit einer speziellen Art von Resultaten, eben jenen, die in der Wirtschaft im Vordergrund stehen. Sobald dieses Missverständnis aufgeklärt ist, wird klar, dass – wie bereits mehrfach gesagt wurde – *jede* Organisation Ergebnisse braucht. Organisationen sind genau deswegen und dafür geschaffen worden.

Der Grundsatz, dass es auf Resultate ankommt – und letztlich auf nichts anderes – gilt also für alle Organisationen. Ganz im Gegensatz zu weit verbreiteten Annahmen, ist er dort noch viel wichtiger – und auch viel schwieriger anzuwenden –, wo es um nicht-wirtschaftliche, nicht-materielle und vor allem um nicht-finanzielle Resultate geht. Der Grundsatz ist insbesondere dort wichtig, wo überhaupt nicht mehr quantifiziert werden kann, was ja im Bereich wirtschaftlicher Resultate fast immer, jedenfalls in hohem Maße möglich ist.

Wirksame Menschen fragen nicht, wieviel oder wie hart sie arbeiten; sie fragen nach den Ergebnissen. Sie kümmern sich wenig bis gar nicht um ihre Motivation, aber sehr stark um die Resultate. Sie sind nach harter Arbeit genauso müde und erschöpft wie alle anderen, aber das genügt ihnen nicht; sie wollen darüber hinaus wissen, ob auch etwas erreicht wurde.

Und wer das nicht akzeptieren kann?

Es stellt sich eine wichtige Frage: *Was tut man mit Menschen, die trotz aller Ergänzungen, Erläuterungen und Differenzierungen mit diesem Prinzip doch nicht leben können?* Es gibt ja Menschen – und möglicherweise machen sie die Mehrheit aus –, die sinngemäß etwa sagen: *»Ich sehe schon, was Sie meinen, aber das ist nicht meine Welt; das kann (oder* *will) ich nicht akzeptieren.«* Sind das unfähige Menschen? Sind es schlechte Mitarbeiter? Sind sie unbrauchbar? Das kann zwar nicht immer ausgeschlossen werden, ist aber eher selten der Fall. Viele von ihnen sind feinfühlige, kultivierte Menschen, die aber ein bisschen »neben den Realitäten von Management stehen«.

Die Konsequenz allerdings ist, dass man solchen Menschen *erstens* nicht die Verantwortung für andere Menschen und *zweitens* auch nicht für eine Organisation und ihre Bereiche übertragen sollte. Sinngemäß muss die Haltung etwa wie folgt sein: *»Sie sagen, dass Sie dieses Prinzip nicht akzeptieren können. Gut, dass Sie mich informieren. Es gehört viel Mut dazu, in unserer heutigen Gesellschaft so etwas zuzugeben. Aber jetzt, wo ich es weiß, ist es meine Aufgabe, als Ihr Chef dafür zu sorgen, dass Sie in dieser Organisation nie eine leitende Position bekommen werden ...«*

Die Folge ist keineswegs – das ist besonders zu betonen –, dass diese Person gehen muss. Vielleicht ist sie ein hochkarätiger Spezialist, dessen Expertise und Sachverstand die Organisation dringend braucht. Aber man muss Personen dieser Art von *Management*-Positionen fernhalten – im Interesse der Organisation, im Interesse der Menschen, die unter ihrer inkompetenten Führung zu leiden hätten, vor allem aber in ihrem eigenen Interesse; denn am meisten leiden sie selbst unter den Zwängen einer Management-Aufgabe. Menschen dieses Typs werden in einer Management-Position krank, sie können nicht mehr schlafen, empfinden sie als Stress, werden nervös und verlieren nicht selten auch ihren Wert als Experten, weil sie unter diesen Umständen keine Leistung mehr erbringen können. Eine solche Last darf man Menschen nicht aufbürden, und sollte das doch einmal geschehen, so muss der Fehler rasch korrigiert werden.

Um Fehler dieser Art gar nicht erst entstehen zu lassen, halte ich es für wichtig, dass man – schon bei sich selbst beginnend – viel öfter als üblich fragt: *Wollen Sie wirklich Manager sein? Wollen Sie das tatsächlich – und sind Sie sich darüber im klaren, was das bedeutet? Und sind Sie sich vor allem dessen bewusst, dass Sie unter Umständen Grundsätze einhalten und Entscheidungen treffen müssen, die Sie als hart und schmerzlich empfinden werden?*

Diese Fragen werden viel zu selten gestellt. Zu viele Menschen streben Management-Positionen in völliger Unkenntnis dessen an, was das tatsächlich bedeutet. Das sind dann keine überlegten, bewussten Entscheidungen, sondern ein Hineinstolpern in eine Situation, die man sich nicht vorstellen konnte. Die meisten werden durch Statussymbole, ein besseres Einkommen und die Aussicht auf Bedeutung und Einfluss verführt.

Ich will hier nicht dafür plädieren, ähnlich klare und strikte Selbstprüfungshürden einzubauen, wie es zum Beispiel bei den kirchlichen Ordensgemeinschaften der Fall war und ist. Das würde vermutlich zu weit gehen. Sinngemäß und vernünftig modifiziert wären solche Kriterien der Eignungsprüfung aber auch für das Management empfehlenswert.

Der Grundsatz der Ergebnisorientierung hat erhebliche Auswirkungen auf einige Überzeugungen, die weit verbreitet sind und unkritisch akzeptiert werden. Sie finden sich in Unternehmensleitbildern, sind Standardaussagen in Vorträgen, werden mit der tiefen Überzeugung von Glaubenswahrheiten vertreten und meistens emotional, gelegentlich auch aggressiv verteidigt. Man empfindet es als Affront, wenn sie in Zweifel gezogen werden.

Eines dieser Glaubensdogmen ist der Satz: *Arbeit soll Freude, soll Spaß machen.* Er tritt in vielgestaltiger Form auf, teils als Forderung, teils als Erwartung, teils als Postulat moderner Personalführung.

Freude oder Ergebnis?

Am besten beides, wird man geneigt sein zu sagen. Aber so einfach ist das nicht. Ich möchte *Skepsis* erzeugen und Führungskräfte dazu ermuntern, diese Aussage nicht vorschnell zu akzeptieren. Ohne Zweifel klingt es sehr *plausibel* und auch *human*, dass Arbeit Freude machen soll. Gerade deshalb möchte ich dazu auffordern, die Sache *kritisch* zu betrachten und vor allem, sie zu Ende zu denken. Das gilt übrigens nicht nur für *diese* Aussage, sondern generell für alles, was sich plausibel und human anhört. Nicht selten sind gravierende

Irrtümer und Missverständnisse mit solchen Aussagen verbunden und manchmal führen sie in ihrer Konsequenz zum *genauen Gegenteil* dessen, was man als Führungskraft letztlich will und wollen muss.

Ich möchte daher einige Überlegungen zur Diskussion stellen: Zunächst einmal möchte ich natürlich schon einräumen, dass es großartig ist, wenn einem die Arbeit Freude macht. Es wäre ja Unsinn, etwas anderes zu fordern, etwa gar das Gegenteil, nämlich dass Arbeit Leid erzeugen soll. Ich will also trotz und gerade wegen meiner Skepsis keinen Zweifel daran lassen, dass überall dort, wo es gelingt, dass Arbeit Freude macht, ein *gewichtiger Fortschritt* vorliegt. Es ist ein großes *Privileg*, wenn jemand eine Arbeit hat, die ihm Freude bereitet. Daher sollte man als Manager auch einiges dafür tun, dass möglichst vielen Menschen im Unternehmen die Arbeit Freude machen kann. Soweit die *vernünftige* Interpretation dieses Satzes.

Problematisch wird die Angelegenheit aber dann, wenn aus einem erstrebenswerten Ziel ein vermeintlicher *Anspruch* – eine Forderung – wird, wenn die Leute zu glauben beginnen, sie hätten ein »Recht« darauf, dass ihnen die Arbeit Freude macht.

Ich schlage vor, folgende Aspekte zu bedenken und den Mitarbeitern klar und unmissverständlich vor Augen zu führen:

Kein Job kann immer nur Freude machen: Manche scheinen zu glauben und zu erwarten, dass ihre Arbeit den ganzen Tag und jeden Tag rund ums Jahr nur Spaß machen soll. Das ist natürlich eine naive Illusion, und die Enttäuschungen sind daher programmiert, wenn man von dieser Erwartung ausgeht.

Man muss froh sein – und das ist sogar schon ein Privileg –, wenn die Arbeit im Großen und Ganzen und während des größeren Teils der Zeit interessant ist und ein gewisses Maß an Befriedigung zu verschaffen vermag. Mehr zu erwarten ist völlig unrealistisch. Daher müssen auch jene Phasen durchgestanden werden, in denen man weniger oder gar keine Freude an der Arbeit haben kann; erst dann kommen die eigentlichen Bewährungsproben, und diese wird man nicht bestehen können, wenn man im Kopf auf die falschen Erwartungen programmiert ist.

Jeder Job weist Elemente auf, die einen nie freuen können: Auch die interessantesten Aufgaben und Tätigkeiten sind mit Nebenwirkungen verbunden, die niemals erfreulich sein können. Zu jeder Arbeit gehören Facetten, die langweilig und lästig sind, aber eben zur Arbeit dazugehören. Auch wenn man sich noch so sehr bemüht, durch sorgfältiges Job-Design die Beschwerlichkeiten auf ein Minimum zu reduzieren, bleiben immer noch genügend übrig, die es erforderlich machen, gelegentlich »die Zähne zusammenzubeißen«.

Selbst jene Berufe, von denen die meisten Leute denken, dass sie zu den interessantesten gehören, wie vielleicht Orchesterdirigent, Flugzeugpilot oder ähnliches, haben ihre langweiligen und geisttötenden Seiten. Die ewigen Orchesterproben oder die mit Tourneen verbundenen Reisen und Hotelaufenthalte machen den wenigsten Dirigenten Freude. Sie gehören einfach dazu. Aber weit mehr: Wenn man dieselbe Mozartsymphonie zum 125. Mal aufgeführt hat, dann ist sie für Orchester und Dirigent Routine; ich kenne Leute, die deshalb Mozart – bei allem Respekt – nicht mehr hören können. Auch die 864. Gallenblasenoperation ist für den Chirurgen lästige Routine – immer das gleiche und kaum mit Freude verbunden. Der Beruf des Piloten hat einen erheblichen Anteil an schierer Routine, die niemandem Spaß macht. Auch den Vorständen der Konzerne macht nicht alles an ihrer Arbeit Freude, und vor allem tut es das nicht jeden Tag.

Es müssen auch jene Jobs erledigt werden, die niemandem jemals Freude machen können: Selbst wenn wir noch so große Fortschritte machen in der Verbesserung der Arbeitsbedingungen und in der Automatisierung menschenunwürdiger Tätigkeiten, werden wir in allen Gesellschaftsformen, unabhängig von ihrem Entwicklungsstand, noch lange (vielleicht immer) Tätigkeiten haben, die beim besten Willen *niemandem* Freude machen können. Es werden Toiletten zu putzen sein; man wird Müllmänner brauchen, und es wird zahlreiche Hilfsarbeiten geben, die selbst jenen Leuten keinen Spaß machen, die mit den niedrigsten Maßstäben zufrieden sind.

Noch viel fragwürdiger ist die Maxime, dass Arbeit Freude machen soll, für jene Menschen, deren Beruf sie täglich mit dem Elend dieser Welt konfrontiert: Flüchtlingshelfer, die nicht wirklich helfen können; Sozialarbeiter, die weder Drogensucht noch Prostitution noch Obdachlosigkeit beseitigen können; Lehrer und Priester in den Slums der Großstädte; Ärzte und Schwestern, die auf den Intensivstationen oder den Krebsabteilungen nur allzu oft einen aussichtslosen Kampf führen.

Was sollen diese Leute mit der hedonistischen Forderung anfangen, mit der vor allem im Wirtschaftsmanagement ständig operiert wird, dass Arbeit Freude oder Spaß machen soll? In vielen Fällen wäre es nichts als abgebrühter Zynismus, wenn man an solchen Arbeiten Spaß empfinden könnte.

Es mag mehrere Motive für Menschen geben, Aufgaben dieser Art zu erfüllen – etwa Mitleid oder Menschlichkeit. Freude, gar Spaß gehören kaum dazu. Sie tun ihre Arbeit nicht aus Spaß, sondern weil sie getan werden muss. Sie tun sie aus *Pflichtbewusstsein* – auch wenn das für viele pathetisch oder altmodisch klingen mag.

Pflichterfüllung ist ein Wort, das man in den letzten zwanzig Jahren immer seltener gehört hat. In der Management- und Motivationsliteratur kommt es so gut wie überhaupt nicht mehr vor. An seine Stelle sind Selbstverwirklichung, Lustprinzip und Wehleidigkeit getreten, unter anderem eine der Erbschaften der vielgepriesenen »68er-Generation«, zu der ich mich selbst zähle. Obwohl ich sie an der Universität miterlebt habe und eine (kurze) Zeitlang davon fasziniert war, halte ich sie heute für eines der größten Übel der zweiten Hälfte des 20. Jahrhunderts.

Pflichterfüllung und Pflichtbewusstsein sind Begriffe, die nicht zum Sprachschatz der sogenannten Intellektuellen zählen. Sie sind aber unverzichtbar für die Führungskräfte einer Gesellschaft, und ebenso unverzichtbar ist der Mut, sie zu fordern, gerade dann, wenn es nicht populär ist.

Es gibt Dinge, die getan werden müssen, weil sie zu tun sind, ohne dass man dafür einen anderen Grund angeben könnte, und völlig unabhängig davon, ob sie Spaß oder Freude machen – ja, gerade dann, wenn sie keine Freude machen.

Diese Überlegungen zeigen, dass man vorsichtig sein sollte mit der Verallgemeinerung der Aussage, dass Arbeit Spaß machen soll. Es kommt noch hinzu, dass man – wenn und solange einem die Arbeit Freude macht – als Führungskraft gar nicht wirklich gefordert und Führung dann generell kaum notwendig ist. Auf dem Prüfstand steht Führung dann, wenn die Lage schwierig ist, wenn man wenig oder gar keine Freude empfinden kann und die Aufgaben dennoch erfüllt werden müssen. So sehr man dem Kern und einer vernünftigen Interpretation dieser Forderung zustimmen kann, so gefährlich ist ihre unkritische Generalisierung. Sie produziert Erwartungen, und als deren Folge Forderungen, die sich niemals erfüllen lassen. Daher bin ich persönlich nicht nur zurückhaltend mit dieser Aussage, sondern verwende sie überhaupt nicht.

Die Forderung, dass Arbeit Freude machen soll, greift aber noch in mindestens drei anderen wichtigen Punkten zu kurz:

Erstens, es ist eine fast allgemein geteilte Auffassung, dass man etwas nicht gut tun könne, wenn man keinen Spaß daran hat, dass eine Voraussetzung für gute Leistung eben die Freude daran sei. Schon die Hinweise auf die Tätigkeit der Ärzte müsste Zweifel an dieser Meinung geweckt haben. Wenn sie stimmte, dürfte man sich kaum einer Operation unterziehen. Ich werde aber bei der Besprechung des vierten Grundsatzes im Einzelnen zeigen, dass und warum diese Auffassung grundfalsch ist, und zwar in zweierlei Beziehung: sie stimmt mit den Tatsachen nicht überein und sie ist völlig inakzeptabel in einer Organisation; sie ist also sowohl empirisch als auch normativ falsch.

Zweitens, die Forderung nach Spaß lenkt die Aufmerksamkeit auf den exakt *falschen* Aspekt. Diese Aussage konzentriert die Leute auf die Arbeit als solche statt auf etwas völlig anderes und viel wichtigeres, das eigentliche Thema dieses Kapitels, nämlich auf die *Ergebnisse* der Arbeit, auf die Leistung.

Mein Vorschlag lautet daher: Wo immer die Arbeit Freude machen kann, ist das gut. Aber selbst dort, wo das nicht immer oder gar nicht möglich ist, ist es gelegentlich noch immer denkbar, dass die *Ergebnisse* Freude machen. Darauf sollte man das Denken und die

Motivation lenken. Das ist auch dann möglich, wenn die Arbeit selbst langweilig, hart oder an der Grenze des menschlich Zumutbaren ist. Toilettenanlagen an Flughäfen zu reinigen, jeden Tag die gleichen Müllkübel zu leeren und Patienten ihre Exkremente und ihr Erbrochenes wegzuputzen, macht selbst den Analphabeten unter den ausländischen Hilfsarbeitern keinen Spaß. Sie wissen, dass sie das Letzte in unserer Gesellschaft sind. Diesbezüglich haben sie keine Illusionen.

Aber selbst solche Tätigkeiten können noch immer mit Ergebnissen, mit einer Leistung verbunden sein, über die man ein Minimum an Stolz empfinden kann. Viel wird es meistens nicht sein, da sollte man sich nichts vormachen; aber ein gewisses Maß an Stolz kann eine Toilettenfrau durchaus empfinden, wenn ihre Toiletten die saubersten des Hotels sind – und wenn das gelegentlich auch von einem Gast oder vom Hoteldirektor anerkannt wird. Ein Hilfspfleger kann eine gewisse Befriedigung, wenn schon nicht aus seiner Arbeit, so doch daraus ableiten, dass er den schwierigsten Pflegefällen ihre Situation ein wenig erleichtern konnte.

Ich empfehle, den Satz »Arbeit soll Freude machen« aus dem Wortschatz von Führungskräften zu streichen und ihn – wenn überhaupt – zu ersetzen durch die Aussage: *»Die Ergebnisse sollen Freude machen«*.

Es gibt Manager, die mir sagen, das sei doch ein und dasselbe. Ich bin da völlig anderer Meinung. Auch wenn die beiden Aussagen ähnlich klingen, der Unterschied zwischen ihnen ist wesentlich. Der Realisierung der *ersten* Forderung sind auch in unserer modernen und entwickelten Welt sehr enge Grenzen gesetzt. Die *zweite* Forderung lässt sich in viel größerem Umfange verwirklichen. Die *erste* Aussage produziert Erwartungen, die nicht erfüllbar sind. Die Erwartungen, die mit der *zweiten* Aussage verbunden sind, können fast immer erfüllt werden. Der *erste* Satz richtet die Aufmerksamkeit auf den Input, der *zweite* richtet sie auf den Output, auf die Resultate.

Unmittelbar damit verbunden ist der *dritte* Punkt, in dem die Forderung »Arbeit soll Freude machen« zu kurz greift. Erst und nur der Blick auf die Resultate führt zur Konzentration auf die *Wirk-*

samkeit, auf die Effektivität der Arbeit. Die Arbeit als solche ist ja nicht das Wesentliche. Man könnte sogar sagen, dass sie ein leider unvermeidlicher und oft lästiger und harter Umweg oder eine Voraussetzung für etwas ganz anderes ist, das nun wirklich wichtig ist, eben die *Leistung* – und genau das hat mit Effektivität zu tun.

Statt auf Freude am Arbeiten sollte man auf Freude an der Wirksamkeit achten. Darin sehe ich eine wichtige und stark vernachlässigte Aufgabe von Führungskräften: den Menschen Freude an ihrer Effektivität zu vermitteln und sie darauf hinzuweisen, dass Wirksamkeit Spaß machen kann.

Das Interessante an der Effektivität ist in der Tat, dass sie selbst zu einer Quelle der Freude und damit der Motivation werden kann. Man kann immer wieder folgende Beobachtungen machen:

- Je effektiver man sich mit etwas befasst und je gründlicher und ernsthafter man es tut, desto *interessanter* wird es. Eine wesentliche Quelle von Langeweile und Frustration ist die Oberflächlichkeit, mit der viele Leute an etwas herangehen.
- Je effektiver man ist, desto *leichter* geht alles. Was vorher noch mit Mühe und Anstrengung verbunden war, geht einem nach der Verbesserung seiner Wirksamkeit leicht und rasch von der Hand. Man beschließt, etwas zu tun – und dann tut man es, und zwar kompetent und effektiv, statt sich ständig damit zu mühen und zu plagen. Man muss, gestützt auf seine Wirksamkeit, keinen ständigen Kampf mehr gegen sich selbst führen.
- Man erlebt die Freude *am Erfolg selbst* und den Stolz darauf, wenn man zurückblickt. Die Arbeit als solche hat sich vielleicht nicht geändert, aber nicht sie ist es, was zählt und worauf man fixiert ist, sondern die Wirksamkeit, mit der man sie erledigt hat, vermittelt einem ein Gefühl der Befriedigung.
- Je effektiver man ist, desto *größer* können die Aufgaben sein, deren Erfüllung man sich zutraut, und das ist es ja, was selbst in schwierigen Zeiten zu Karrierechancen führt.

Zusammenfassend lässt sich sagen: Wo immer die Arbeit Freude machen kann, ist das in Ordnung. Aber noch viel wichtiger ist, dass die Ergebnisse der Arbeit und die Effektivität, mit der sie getan wird, Freude machen und Stolz vermitteln. Gewöhnliche Führungskräfte begnügen sich mit dem Ersten; gute Führungskräfte schauen auf das Zweite. Sie verhelfen damit ihren Mitarbeitern und sich selbst zu einem sehr viel höheren und stabileren Maß an Motivation und Erfüllung. Sie tragen dazu bei, den Menschen, für die sie verantwortlich sind, zu helfen, das vielleicht Wichtigste im Leben zu finden – nämlich Sinn. Und Sinn liegt – wie man von Viktor Frankl[15] lernen kann – nur selten in einer Tätigkeit als solcher. Sinn liegt in den Ergebnissen einer Tätigkeit und in der Wirksamkeit ihrer Ausführung, und zwar auch dort noch, wo die Tätigkeit selbst beim besten Willen für niemanden einen Sinn haben oder machen kann.

Man sieht schon bei diesem ersten Grundsatz wirksamen Managements, dass er viele und wichtige Auswirkungen hat. Seine *erste* Wirkung ist, dass er die Menschen in einer Organisation, ihre Einstellungen, ihr Denken und ihr Handeln auf das hin ausrichtet, was die Organisation braucht, weil sie dazu geschaffen wurde. Die *zweite* Wirkung ist, dass er – richtig verstanden und zu Ende gedacht – mit weit verbreiteten Überzeugungen und Ideen über Management in Widerspruch steht. Darauf habe ich einleitend schon hingewiesen und das wird auch ein Charakteristikum der anderen Grundsätze sein.

15 Viktor Frankl, *Der Mensch vor der Frage nach dem Sinn*, München/Zürich, 3. Auflage 1982.

Zweiter Grundsatz
Beitrag zum Ganzen

Es kommt darauf an, einen Beitrag zum Ganzen zu leisten.

Den zweiten Grundsatz empfinde ich in Vorträgen und Seminaren immer als denjenigen, der am schwierigsten verständlich zu machen ist. Er ist von allen Grundsätzen der abstrakteste, aber er ist wichtig. Die Anwendung dieses Grundsatzes bewirkt eine radikale Änderung in der Einstellung von Führungskräften. Er ist einer der Schlüssel dafür, die größten Leistungsbehinderungen von Organisationen wenigstens erträglich zu machen, und er ist die Grundlage für die Lösung einer ganzen Reihe notorisch hartnäckiger Probleme im Management:

- Er ist der Kern dessen, was man *ganzheitliches* Denken zu nennen pflegt.
- Er ist eine der Voraussetzungen für *unternehmerisches* Handeln.
- Er eröffnet die einzige Möglichkeit, aus Spezialisten die *richtige Art* von Generalisten zu machen.
- Er ist einer der wenigen Wege zu *flachen, hierarchiearmen* Organisationen oder jedenfalls dazu, dass vorhandene Hierarchien sich nicht störend auswirken.
- Er ist einer der Schlüssel zu jener Art von Motivation, die *dauerhaft* ist.

Stoff genug, um diesen Grundsatz ernst zu nehmen und sich mit ihm zu befassen.

Die Grundidee des zweiten Prinzips kommt am besten in der »Geschichte von den drei Maurern« zum Ausdruck. Auf manche Leute wirkt sie zwar ein wenig pathetisch, aber sie ist anschaulich: Ein Mann kommt an eine Baustelle, auf der drei Maurer sehr fleißig arbeiten. Äußerlich ist zwischen ihnen kein Unterschied zu erkennen. Er geht zum ersten und fragt: *Was tun Sie da?* Dieser schaut ihn verdutzt an und sagt: *Ich verdiene mir hier meinen Lebensunterhalt.* Er geht zum zweiten, fragt ihn dasselbe. Dieser schaut ihn mit glänzenden Augen sichtbar stolz an und sagt: *Ich bin der beste Maurer im ganzen Land.* Dann geht er zum dritten und stellt ihm dieselbe Frage. Dieser denkt einen kurzen Moment nach und sagt dann: *Ich helfe hier mit, eine Kathedrale zu bauen* ... Wer von den dreien ist eine Führungskraft – im besten Sinne des Wortes? Diese rhetorische Frage bedarf kaum einer expliziten Antwort; sie liegt für jeden auf der Hand, der die Funktionsweise von Organisationen aus eigener Anschauung kennt.

Manager ist jemand nicht, weil er Rang und Status hat, Einkommen und Privilegien, Befugnisse und Vollmachten. Manager ist jemand, der das Ganze sieht, sich jedenfalls bemüht, es zu sehen, und der seine Aufgabe dann – gleichgültig, von welcher Stelle und welcher Spezialisierung aus – darin sieht, einen Beitrag an eben dieses Ganze zu leisten – die entstehende »Kathedrale« zu sehen und mitzuhelfen, sie zu bauen.

Position oder Beitrag?

Das Entscheidende am zweiten Grundsatz ist, dass wirksame Führungskräfte ihre Aufgabe nicht von ihrer *Position* her verstehen, sondern von dem, was sie mit ihren Kenntnissen, Fähigkeiten und Erfahrungen von eben dieser Position aus *beitragen* können. Rang, Status und Privilegien sind ihnen nicht als solche wichtig; wichtig sind sie ihnen nur insofern, als sie ihnen helfen, einen bestimmten Beitrag zu leisten. Die Position und alles, was dazu gehört, ist Voraussetzung dafür, etwas bewegen und bewirken zu können.

Es sind die Positionen, die die Hierarchie in einer Organisation begründen. Das Wesentliche ist aber nicht die Hierarchie als solche, sondern die Frage, ob sie *hinderlich* ist. Führungskräfte, die sich durch ihren Beitrag leiten lassen, machen die Hierarchie de facto bedeutungslos. Sie ist zwar noch da, sie wurde nicht abgetragen, aber sie wirkt sich nicht aus.

Man mag den Verdacht haben, dass ich ein bisschen zu viel Idealismus unterstelle und dass Manager sehr viel stärker an materiellen Dingen, an Privilegien und an Statussymbolen hängen, als hier angenommen wird. Es wäre natürlich abwegig zu leugnen, dass es solche Leute gibt – vermutlich sind sie sogar in der deutlichen Mehrheit, jedenfalls in den Organisationen der Wirtschaft. Zwei Dinge sind aber zu beachten: *Erstens* ist nicht jeder Manager ein Materialist, der als solcher in den Medien dargestellt wird. Das in der Öffentlichkeit bestehende und mit tätiger Hilfe zumindest eines Teils der Medien gehätschelte Managerbild entspricht nur sehr bedingt der Wirklichkeit. Hier spielen leider viele Elemente von fragwürdigen tiefenpsychologischen Deutungsversuchen, verschwörungstheoretischen Interpretationen, aber auch schlichte Ignoranz hinein. Das *zweite* und sehr viel Wichtigere aber ist der Unterschied, den ich hier zwischen Managern und *guten* Managern, zwischen bloßen Positionsinhabern und an Effektivität interessierten Führungskräften mache.

Ich bin weit davon entfernt, Manager generell zu idealisieren und ihnen hehre Motive zu unterstellen. Dazu kenne ich zu viele von ihnen zu genau. Ich will aber auch nicht ohne weiteres in den weit verbreiteten gegenteiligen Fehler verfallen, nämlich von vornherein von negativen Annahmen auszugehen. Auch wenn es manchen Leuten schwer fällt zu glauben: Es *gibt* Manager, die tatsächlich ausschließlich oder in erster Linie einen Beitrag erbringen wollen. *Sie sind es,* von denen man lernen kann und soll. Genau diesen Typus habe ich für dieses Buch im Sinn, und es waren und sind vorwiegend Menschen dieser Art, die mich interessierten und die ich genauer studierte.

Das braucht nicht zu bedeuten, dass sie ihre eigenen Interessen, auch ihr Einkommen und ihre Machtposition, nicht ebenfalls im Auge behalten. Wenn *beides* erreicht werden kann, umso besser. Das Entscheidende ist aber, dass es Führungskräfte gibt, die im Zweifel und vor die Wahl gestellt, dem *Beitrag* den Vorrang geben. Sie sind nach meiner Erfahrung – wie angedeutet – nicht die Mehrheit; aber sie sind auch nicht so selten, wie manche Zeitgeist-Kommentatoren uns weismachen wollen. Ob häufig oder selten, das ist nur ein vordergründiges Kriterium. Wesentlich ist, dass es die *guten* Leute sind, jene, die die wirklichen Leistungen erbringen, die wirklich etwas bewegen. Das sind nicht immer die, die von außen sichtbar im Glanz der Scheinwerfer stehen. Sie sind für die Medien, jedenfalls für bestimmte, uninteressant; darum hört man wenig von ihnen – und darum glauben viele, dass es sie gar nicht gibt.

Genau diese Unterscheidungen sind zu treffen, um echte Qualität und bloßen PR-Glamour auseinanderzuhalten, um Medienereignisse von wirklicher Leistung zu trennen. An solchen Dingen zeigt sich nicht nur, ob jemand eine echte Führungskraft ist, sondern auch, ob jemand als Consultant und Lehrer etwas von Management versteht. Und genau das ist es, was schließlich erforderlich ist, wenn Management jemals dieselben professionellen Standards erreichen soll, wie sie in anderen Berufen nach und nach entstanden sind.

In dem einleitend verwendeten Gleichnis ist der dritte Maurer somit eine echte Führungskraft im besten Sinne des Wortes – auch wenn er nur ein Maurer ist, nie Prokura, nie ein schönes Büro und nie ein höheres Einkommen haben wird. Der erste Maurer stellt kein Problem dar. Es gibt viele Menschen dieses Typus', es wird sie immer geben, und wir werden sie auch immer brauchen. Es sind Menschen, die ihr Leben nach dem Motto führen: *Für guten Lohn leiste ich gute Arbeit, für mehr Geld etwas mehr und für weniger Geld etwas weniger.* Menschen dieser Art machen selten Schwierigkeiten; sobald man weiß, wie sie denken, sind sie leicht zu führen. Man sollte gar nicht erst versuchen, sie zu ändern, außer es handelt sich um noch sehr junge Menschen. Junge Leute sollte man durchaus fragen, ob das wirklich alles ist, was sie vom Leben erwarten. Wird das aber bejaht, so wird man kaum viel mehr tun können.

Spezialist oder Generalist?

Ein großes Problem ist der *zweite* Maurer. Er ist der Typus des *Spezialisten.* Ein Spezialist ist nicht nur ein Mensch mit besonderen Kenntnissen oder einer besonderen Ausbildung, sondern – und darin liegt das Problem – mit einem darauf gestützten und daraus resultierenden *Selbstverständnis* und *Weltbild*. Es ist jener Typus, der zutiefst davon überzeugt ist, das Universum sei geschaffen worden, damit er seinem Spezialgebiet frönen könne. Er ist brennend – bis hin zur Leidenschaft – an allem interessiert, was in *seinem* Fach passiert – und das ist gut, es ist *Berufsethos*; alles *andere* aber interessiert ihn nicht – und das ist *Indifferenz*. Er ist stolz auf *seine* Expertise – mit Recht; aber ebenso stolz ist er darauf, von allem anderen *nichts* zu verstehen – und das ist *Arroganz*. Arroganz und Indifferenz sind die typischen Untugenden der Spezialisten und bereiten jeder Organisation gravierende Probleme. Sie gehören auf die Liste der Todsünden wider den Geist einer guten Organisation.

In diesem Sinne *falsch* verstandenes Spezialistentum ist eine der, wenn nicht überhaupt die wesentliche Ursache für die so oft beklagten *Kommunikationsprobleme* und für die weniger häufig zitierten, aber mindestens ebenso wichtigen Probleme des *Realitätsverlustes* in so vielen Organisationen. Spezialisten kennen ihre Realität, aber die Realität der *Organisation* interessiert sie nicht. Daher können sie völlig ungeniert mit der Selbstsicherheit des Ahnungslosen an eben dieser Realität vorbeioperieren.

Selbstverständlich bin ich keineswegs gegen Spezialisten oder gegen Spezialisierung. Ganz im Gegenteil: Die Geringschätzung der Spezialisierung halte ich für gefährlich für jede Art von Fortschritt und Leistung, genauso wie ich die übliche Vorstellung vom Generalisten für naiv und romantisch halte. Insbesondere die Meinung, dass man Generalisten bekomme, indem man Spezialisten dazu bringt, statt einem Fachgebiet deren zwei, drei oder vier zu studieren, ist unrealistisch. Dieser Weg ist völlig untauglich; hoffnungslos in zeitlicher Hinsicht, aber auch in bezug darauf, was Menschen überhaupt leisten können.

Spezialisierung ist wichtig und nötig. Eine moderne Gesellschaft hat zum einen nur noch Spezialisten; etwas anderes gibt es praktisch kaum noch; denn jeder ist auf seine Weise ein Spezialist. Zum anderen *braucht* sie auf jedem Gebiet hoch ausgebildete Spezialisten. Anders ist Leistung heute überhaupt nicht mehr zu haben, und vor allem wird es ohne Spezialisierung keine Chance geben, besser zu sein als andere – konkurrenzfähig zu bleiben oder zu werden.

Gemeint ist vielmehr der Spezialist, der sich *ins Ganze integriert*, und das wiederum gelingt praktisch nur, indem man dem zweiten Grundsatz wirksamer Führung Geltung verschafft. Es bleibt also gar keine Wahl. Man muss – weil man nichts anderes hat als Spezialisten – diese *produktiv* und *wirksam* machen. Der Nur-Spezialist ist unbrauchbar, ja er ist gefährlich. Jener Spezialist hingegen, der seinen Beitrag zum Ganzen zu leisten in der Lage ist, ist die vielleicht *wichtigste* Ressource einer modernen Gesellschaft.

Um noch einmal das Gleichnis von den drei Maurern zu bemühen: Der dritte Maurer ist *als Maurer* ja genauso spezialisiert wie der zweite Maurer. Sie unterscheiden sich nicht durch ihre Kompetenz als Maurer oder ihren Spezialisierungsgrad. Sie unterscheiden sich – und das eben fundamental – durch ihre *Einstellung zum Ganzen*, durch das, worauf sie schauen, was sie wahrnehmen und als relevant ansehen. Sie unterscheiden sich in der jeweils sehr unterschiedlichen Regulierung ihres Verhaltens durch jeweils völlig verschiedene Grundsätze.

Ganzheitliches Denken

Ich sagte oben, dass der Grundsatz der Beitragsorientierung der eigentliche Kern des *ganzheitlichen* Denkens sei. Inzwischen ist ja überall die Forderung nach ganzheitlichem und vernetztem Denken zu vernehmen. Ich selbst habe etliche Jahre lang aktiv dazu beigetragen, dass diese Formulierungsweise in die Welt kam und Verbreitung fand. Heute tue ich das nicht mehr. *Denn was ist das, ganzheitliches Denken? Was wird da von den Menschen verlangt?*

Der Mensch denkt, so wie er denkt; anders kann er nicht denken. Man muss schon froh sein, wenn er gelegentlich *richtig* denkt – im Sinne von *logisch korrekt.* Aber ganzheitlich? Diese Forderung ist *unerfüllbar*. Erfüllbar hingegen ist eine *andere* Forderung: nämlich *an* die Ganzheit zu denken. Das ist zugegebenermaßen nicht immer leicht, aber es ist möglich. Der Mitarbeiter kann es lernen; und als Führungskraft gehört es zu den ersten Aufgaben, den Mitarbeitern die Ganzheit vor Augen zu führen, es ihnen leicht zu machen, die Ganzheit zu erkennen.

Am besten lässt sich das vermutlich an guten Orchesterdirigenten beobachten. Jeder Musiker ist ein exquisiter Instrumentalist, und als solcher ein hochgradiger Spezialist. Er bleibt es, ein Leben lang. Der Klarinettist wird nie ein Geiger; und der Hornist wird sich nie der Oboe zuwenden. Die Musiker werden nicht einmal innerhalb ihrer Instrumenten*gruppe* wechseln – weshalb es für die Praxis der Musiker völlig bedeutungslos ist, etwa von »Blasinstrumenten« oder »Streichinstrumenten« zu sprechen. Außer als abstrakte Kategorien existieren sie für sie nicht. Der Posaunist kann einer Trompete keinen brauchbaren Ton entlocken und selbst wenn er es nach langem Üben endlich könnte, wäre er als Posaunist verdorben und außerdem ein schlechter Trompeter.

Für einen Dirigenten stellt das aber überhaupt kein Problem dar. Er wird nie nach einem Generalisten rufen; er braucht genau diese Spezialisten, und er wird daher nie von einem Geiger verlangen, dass er auch noch Trompete spiele. Er wird aber eines tun: Die großen Dirigenten geben sich unendliche Mühe, den Musikern das Musikstück – die Sinfonie – *als Ganzes* verständlich zu machen, und sie verlangen von jedem Instrumentalisten, dass er sich im Hinblick auf die Sinfonie ins Orchester *integriert.* Selbst ein Solo ist Teil des Ganzen und für sich allein bedeutungslos. Die Virtuosität steht nicht im Dienste des Instruments, sondern im Dienste der Musik.

Man beachte, dass ich nicht generell von Integration spreche, sondern mit Bedacht von Integration in Hinblick auf das zu spielende Stück. Integration als solche gibt es nicht – was von vielen, die sie ständig fordern, nicht verstanden wird. Es gibt natürlich auch und gerade in Orchestern die in der Wirtschaft so oft beschworenen »zwischenmenschlichen Beziehungen«, unter denen man durchweg etwas Positives zu verstehen pflegt, was sie aber keineswegs sind; es gibt Freundschaften, ja, aber auch Feindschaften; Kumpanei, aber auch kühle Distanz; Neid und Eifersucht und Freude und Bewunderung – eben so ziemlich alles, was unter Menschen, die zusammenarbeiten müssen, an Emotionen existiert. Aber das alles sind nicht Elemente jener Integration, die erforderlich ist, damit Musik entstehen kann. Ob der erste Trompeter den zweiten mag oder nicht, ist so etwa das Unwesentlichste, was sich vorstellen lässt. Wesentlich ist die Aufgabe; sie mag »Bruckners Siebente« oder, wenn es um Jazz geht, »Take Five« heißen; sie jedoch definiert, was zu tun ist.

Beitrag und Motivation

Zu einem größeren Ganzen beizutragen, bewirkt auch jene Motivation, die man in einer Organisation benötigt – eine Motivation nämlich, die unabhängig ist von irgendwelchen Anreizen oder motivierenden Verhaltensweisen durch Vorgesetzte. Die Kenntnis des Ganzen, der Dienst am Ganzen, das Bewusstsein, etwas Wichtiges zu seiner Entstehung, Erhaltung und zu seinem Erfolg beizutragen, sind vom Wechselspiel der täglichen Motivationskünste weitgehend unabhängig. Auf dieser Basis entsteht eine viel stabilere und größere Motivation, als sie von den meisten anderen sogenannten Motivatoren herbeigeführt werden kann.

Ich behaupte nun keineswegs, dass man *alle* Menschen dazu bringen könne, die Ganzheit im hier diskutierten Sinne zu sehen. Mit dem Grundsatz der Beitragsorientierung ist auch keine derartige Forderung verknüpft, was häufig missverstanden wird. Die Behauptung lautet, dass sich dieser Grundsatz aus dem Denken und Handeln der guten, der *wirksamen* Führungskräfte herauspräparieren lässt und dass es diese Art zu denken und handeln ist, die sie eben wirksam *macht*. Wissen und Können sind für Menschen dieser Art nicht Selbstzweck, genauso wenig wie ihre Positionen und ihre Macht. Es sind Mittel und Voraussetzungen, um für die Organisation, das Unternehmen, das Orchester, das Krankenhaus, die Fakultät, die Abteilung etwas zu erreichen.

Exakt diese Einstellung, oder besser die Anwendung dieses Grundsatzes, oder noch besser der selbst auferlegte Zwang, sich einer

Disziplinierung zu unterziehen, veranlassen Manager beispielsweise, sich statt eines Fachjargons, den sie als Spezialisten ja durchaus auch beherrschen, einer einfachen, verständlichen Sprache zu bedienen. Sie wollen den anderen, vor allem ihren Mitarbeitern nicht beweisen, wie klug sie sind, sondern sie wollen sich verständlich machen und dadurch etwas bewirken. Als Spezialisten sind sie zwar auch in der Lage, ihre Fachkollegen etwa mit einem Vortrag auf einem Kongress zu beeindrucken, wenn es denn unbedingt sein muss. Als Manager innerhalb ihrer Organisation tun sie das aber nicht.

Als Manager und Menschen, die wirksam sein wollen, lassen sie ihren Blick gelegentlich von den Akten weg zum Fenster hinaus schweifen und fragen sich: *Was bedeutet mein Spezialgebiet für die Welt und für diese Organisation? Wem nützt das, was ich hier tue? Und wie muss ich es daher tun, damit es nützt?* Sie sind sich dessen bewusst, dass Nutzen nie am eigenen Schreibtisch entstehen kann, sondern immer nur außerhalb der Organisation, letztlich am Markt und bei den Empfängern einer Dienstleistung. Beitragsorientierung ist die Grundlage jeder Kundenorientierung, sie ist die Voraussetzung für die Entstehung von Kundennutzen und damit auch die Grundbedingung für professionelles Marketing. Das sind die wesentlichen Elemente unternehmerischen Denkens.

Der Grundsatz, dass es auf den Beitrag ankommt, den man leistet, ist auch die Voraussetzung dafür, überhaupt offen zu sein, lernfähig zu bleiben und innovativ zu sein. Die Blindheit, die man beim Nur-Spezialisten vorfindet, ist viel gefährlicher als wirkliche Blindheit; denn der Spezialist *glaubt* zu sehen, und er ist stolz darauf, nur sein Spezialgebiet zu sehen. Der Spezialist sieht die kranke Leber, aber nicht den Patienten; er sieht den Gewinn, aber nicht das Unternehmen; er sieht sein Plädoyer, aber nicht den Angeklagten; er sieht das Produkt, aber nicht den Kunden.

Beitrag statt Titel

Dass man diese Einstellung nicht von allen Menschen verlangen kann, liegt auf der Hand. Man muss sie aber von *Führungskräften* verlangen, und man muss sie daraufhin ausbilden und erziehen. Sie ist den meisten Managern nämlich keineswegs klar, geläufig und bewusst. Ich erwähnte bereits, dass ich, wenn immer möglich, Managern die Frage stelle, was sie innerhalb der Firma tun. Und ich erwähnte ebenfalls, dass jeder daraufhin seine Tätigkeit nennt. Aber *wie* tut er das?

Der erste sagt, er sei Leiter der Marktforschung in der Firma XY. Der zweite berichtet, dass er Direktor der Sowieso-Bank sei. Der dritte ist Chef der Qualitätssicherung, und der vierte sagt, er sei Werksleiter im Unternehmen ABC. Alle vier antworten mit den Überschriften ihrer Stellenbeschreibungen oder ihrer Dienstverträge – sie antworten mit ihren Titeln. Darauf kommt es aber nicht an, und danach wurde auch nicht gefragt. Die Frage lautete nicht: *Wer sind Sie?*, sondern *Was tun Sie?*. Dass jemand den Namen, die Bezeichnung seiner Stelle nennen kann, darf vorausgesetzt werden. Damit ist aber überhaupt nicht gewährleistet, dass er weiß, worum es dort geht, was das Ganze ist und was er dazu beizutragen hat.

Wenn man an Wirksamkeit von Management interessiert ist, dann kann man es nicht dabei bewenden lassen, sondern muss dafür sorgen, dass möglichst viele Mitarbeiter in der Organisation – und zuallererst die Manager – die »Kathedrale« sehen, also größtmögliche *Klarheit* über das Ganze, seinen Zweck und seinen Auftrag haben.

Wie geschieht das? Im Grunde einfach – indem man in regelmäßigen Zeitabständen seinen Mitarbeitern die Frage stellt: *Worin besteht Ihr Beitrag?* Oder noch besser, präziser, etwas weniger höflich und dafür umso wirksamer: *Wieso stehen Sie eigentlich auf der Lohnliste dieser Firma?* Man wird erstaunt sein, wie selten man eine brauchbare Antwort bekommt. Die meisten können mit der Frage zunächst nichts anfangen, nicht zuletzt deshalb, weil sie ihnen nie gestellt wird. Dann muss man das mit ihnen gründlich diskutieren. Man muss darauf hinarbeiten, dass sie Antworten eines ganz bestimmten Typs zu geben lernen. Was sie sagen, darf nicht beginnen mit: *»Ich bin ...«*, sondern mit *»Ich sorge in dieser Organisation dafür, dass ...«*.

Was ist im Kern zum Beispiel die Aufgabe der Marktforscherin, wenn ihre Leistung ein Beitrag zum Ganzen, zum Unternehmenserfolg sein soll? Soll sie Daten sammeln? Soll sie Befragungen durchführen? Soll sie Marktforschungsinstitute beschäftigen? Das alles mag auch zu tun sein, aber es ist mit Gewissheit nicht das Wesentliche. Am Beispiel der Leiterin Marktforschung lautet die vollständige Antwort etwa: *»Ich habe hier dafür zu sorgen, dass unsere Firma ganz genau weiß, was unsere Kunden wirklich wollen ...«* Das ist jedenfalls ein brauchbarer Anfang. Eine Marktforscherin, die das begriffen hat, muss nicht mehr geführt werden; sie führt sich selbst. Sie kann sich und ihren Beitrag *selbständig* in den Dienst des Ganzen stellen, sie braucht keine weitere Anleitung mehr.

Es ist ein weiterer Weg, um Hierarchien zwar vielleicht nicht zu beseitigen, aber sie *de facto* irrelevant zu machen; sie verschwinden nicht, aber sie werden bedeutungslos. Viel wichtiger aber: Die Marktforscherin, die das begriffen hat und so handelt, ist das, was man eigentlich unter einer Networkerin verstehen sollte. Leider macht man sich das nur selten klar. Man redet zwar viel von *Network*, aber was ist das genau? Viel zu oft meint man damit »Leute, die an Computern sitzen«. Diese können aber unter Umständen eine Gefahr und eminente Kostentreiber sein, wenn und solange sie nicht das Ganze kennen und sich – genauso wie der Fagottist im Orchester – in dessen Dienst stellen.

Meiner Ansicht nach sollte man niemals davon ausgehen, dass die Mitarbeiter einer Organisation sich dieser Dinge bewusst sind. Man *meint*, sie seien klar oder müssten doch klar sein. Sie sind es nicht – das muss die Leitprämisse sein, und dementsprechend ist es eine Management-Aufgabe, dafür zu sorgen, dass das auch alles klar wird.

Die Folge von Organisation

Früher war Organisation kein Problem, und das aus einem ganz einfachen Grunde: *Der Job organisierte den Menschen.* Weder vor hundert Jahren noch heute musste dem Bauern jemand sagen, was er tun soll, wann er aufzustehen und wofür er einen Beitrag zu leisten hat. Wenn die Kühe morgens um fünf Uhr unruhig werden, dann ist klar, was zu tun ist.

Die Welt war *konkret*; sie war mit den *Sinnesorganen* wahrnehmbar, sie war begreifbar, weil man sie *anfassen* konnte. Sie war zu spüren, zu hören, zu sehen. Wie aber verhält sich das in unseren heutigen Organisationen – und keineswegs etwa nur in den großen? Beinahe alles hat einen derartigen Abstraktionsgrad erreicht, dass Wahrnehmung mit den Sinnen völlig unmöglich ist. Der moderne Mensch in der modernen Organisation leidet buchstäblich an dem, was in der Fachsprache *sensorische Deprivation* genannt wird – er leidet an Entzug, und man kann es ungeniert sagen, an progressivem Entzug von Sinneserfahrung. Er kann das Ganze nicht sehen – so wie man eine Kathedrale sehen konnte oder zumindest ihren Plan; man kann eine moderne Organisation nicht riechen, nicht hören und nicht betasten. Man kann sie eigentlich nur im Kopf (re-)konstruieren. Das aber ist etwas sehr Ungewohntes, und die wenigsten haben es je gelernt. Daher ziehen sie sich auf ihre kleinen Spezialgebiete zurück, die sie kennen und verstehen.

Während früher der Job den Menschen organisierte, verhält es sich heute umgekehrt: *Der Mensch muss den Job organisieren.* Aber auch dieses hat er nicht gelernt. Daher besteht eine der Management-Aufgaben darin, die Menschen dazu anzuleiten. Wie gesagt, im Kern ist es einfach: Man diskutiert mit ihnen ihren Beitrag. Das zwingt ganz von allein dazu, sich selbst Gedanken über die »Kathedrale« und über die Frage zu machen, wie man sie am besten sichtbar, anschaulich und verständlich macht. Man diskutiert so lange, bis die Menschen reflexartig ihre Antworten beginnen mit *»Ich sorge hier dafür, dass …«*.

Mein Vorschlag ist, das einmal pro Jahr einen ganzen Tag lang zu tun und nur dieses eine Thema zu diskutieren – ohne ein Dutzend weitere Tagesordnungspunkte, wie sich das leider immer wieder beobachten lässt. Einmal im Jahr sollte man das mit den jungen, neuen und unerfahrenen Mitarbeitern tun; und etwa alle drei Jahre mit den älteren und erfahrenen. Für letztere braucht die Sache nicht übertrieben zu werden, aber man darf sie auch nicht gänzlich fallen lassen. Der Grund dafür ist einfach: Innerhalb von etwa drei Jahren verändert sich fast jede Stelle, weil die Wirtschaft und die Welt sich geändert haben. Man redet heute so viel von *Wandel*; man philosophiert darüber. Die praktischen Konsequenzen daraus werden jedoch viel seltener gezogen. Sie bedeuten unter anderem, dass die Jobs sich ändern, meistens unmerklich, schleichend; aber nach einiger Zeit haben sie sich – kumulativ – so stark verändert, dass man es mit einer völlig neuen Situation zu tun hat.

Ich will es zum Schluss auf den Punkt bringen: Fragt man einen Musiker nach einem Konzert: *»Was haben Sie gespielt?«*, und dieser zuckt daraufhin die Achseln und meint: *»... keine Ahnung, ich habe Trompete geblasen ...«*, dann ist in diesem Orchester einiges schief gelaufen. Man muss dafür sorgen – und die guten Orchesterführer tun genau dies –, dass der Trompeter sagt: *»Heute? Heute haben wir Beethovens Dritte wie noch nie zuvor aufgeführt; und dabei war ich erster Trompeter.«* Selbstverständlich kann und soll der Mann stolz darauf sein, ein erstklassiger erster Trompeter zu sein. Wenn er aber *nur* das ist, dann ist er das, was man außerhalb der Musik einen *Technokraten* nennt. Er ist ein Bläser, aber nie ein *Musiker*. Er gehört zu jenen Leuten, die stolz darauf sind, den Minuten-Walzer in 54 Sekunden herunterzuklopfen, weil sie noch nie im Leben den Unterschied zwischen einem Geschwindigkeitsrekord und Musik begriffen haben.

Der Grundsatz der Orientierung am Ganzen und auf den eigenen Beitrag dazu ist, wie ich einleitend sagte, vielleicht von allen Prinzipien am schwierigsten darzustellen und zu begreifen. Wie ich ebenfalls erwähnte, trifft er jedoch ins Zentrum einer Reihe von chronischen Managementproblemen. Er hilft, an einigen sehr wichtigen Weggabelungen die richtige Richtung einzuschlagen, und er schützt davor, in einige der am weitesten verbreiteten Denkfallen zu tappen.

Dritter Grundsatz
Konzentration auf Weniges

Es kommt darauf an, sich auf Weniges, dafür Wesentliches zu konzentrieren.

Viele Führungskräfte und ein großer Teil der Literatur scheinen ständig auf der Suche nach dem »Heiligen Gral« zu sein, nach dem Wunder- und Geheimrezept. Das ist ein nutzloses Unterfangen. Aber wenn schon, dann wäre *Konzentration* einer der ersten Kandidaten. Selbstverständlich ist daran nichts Geheimnisvolles, ebenso wenig wie es überhaupt Geheimnisse im Management gibt, obwohl manche Leute ihren Hang zur Mystifizierung wohl nie aufgeben werden.

Der Schlüssel zum Ergebnis

Der Grundsatz, sich auf das Wesentliche zu konzentrieren, ist *überall* wichtig. Im Management ist seine Bedeutung aber deshalb besonders groß, ja überragend, weil kein anderer Beruf, keine andere Tätigkeit so stark und systematisch der Gefahr der *Verzettelung* und *Zersplitterung* der Kräfte ausgesetzt ist.

Diese Gefahren lauern zwar auch in anderen Tätigkeitsbereichen. Aber nirgends sind sie so *institutionalisiert* wie im Management, so »hoffähig« und so sehr missverstanden als Zeichen besonderer Dynamik und Leistungsfähigkeit. Umgekehrt ist nichts so *typisch für Wirksamkeit* wie die Fähigkeit, die Kunst oder besser die Disziplin, sich zu konzentrieren.

Das Wort »Konzentration« allein genügt aber nicht; es kann noch immer missverstanden werden. Das Wesentliche ist, sich auf *Weniges* zu beschränken, auf eine *kleine Zahl* von sorgfältig ausgesuchten Schwerpunkten, wenn man an Wirkung und Erfolg interessiert ist.

Gelegentlich wird eingewendet, dieser Grundsatz sei dort, wo man es mit komplexen und vernetzten Situationen zu tun hat, nicht anwendbar; er stamme gewissermaßen aus einer veralteten Management-Vorstellung. *Genau das Gegenteil ist aber der Fall.* Gerade weil vieles so komplex, vernetzt und interaktiv geworden ist, ist dieser Grundsatz erst recht wichtig. Er war es früher nicht in dem Maße – aus dem schlichten Grund, weil er in *einfachen* Situationen *gar nicht gebraucht* wird. Dort gibt es wenig Ablenkung, und der Grundsatz ist automatisch erfüllt. Beim Pflügen eines Feldes wird ein Bauer nur von den Mücken und vielleicht einem überraschend aufziehenden Gewitter gestört. Ansonsten ist er ganz auf seine Arbeit konzentriert – nur und ausschließlich auf diese eine Tätigkeit, so lange, bis sie abgeschlossen ist.

Die Sachlage ist recht eindeutig: Man kann sich zwar mit vielen verschiedenen Dingen – sogar gleichzeitig – *beschäftigen*. Aber man kann nicht auf vielen verschiedenen Gebieten *erfolgreich* sein. Einmal mehr ist die Unterscheidung zwischen Input und Output, zwischen Arbeit und Leistung, zwischen Beschäftigung und Erfolg wichtig.

Wo immer man Wirkung, Erfolg und Ergebnis sehen kann, kann man auch beobachten, dass der Grundsatz der Konzentration auf Weniges eingehalten wurde. Fast alle Menschen, die in irgendeiner Weise aufgrund ihrer Leistungen bekannt oder gar berühmt geworden sind, haben sich auf *eine* Sache, auf *eine* Aufgabe, auf *ein* Problem konzentriert. Das ging und geht oft bis zur Besessenheit und manchmal an die Grenze des Krankhaften, was ich natürlich nicht empfehle. Immer gilt aber: *Konzentration ist der Schlüssel zum Ergebnis.*

Das wird von so unterschiedlichen Menschen berichtet wie Albert Einstein und Martin Luther, Bertolt Brecht und Pierre Auguste Renoir, Johann Strauß und Ludwig Wittgenstein und betrifft dementsprechend auch die unterschiedlichsten jeweils von ihnen repräsentierten Gebiete. Besonders lehrreich sind die Beispiele von Menschen, die wirksam und erfolgreich waren, obwohl sie unter besonders erschwerten Bedingungen wie Krankheit, Behinderung oder Überlastung arbeiten mussten. Ohne Ausnahme zeigt sich, dass der Grund für ihren Erfolg im konzentrierten Arbeiten lag, zu dem sie umständehalber gezwungen waren. Einer der bemerkenswertesten Fälle ist Harry Hopkins[16], der als engster persönlicher Berater und Beauftragter von US-Präsident Franklin D. Roosevelt während des Zweiten Weltkriegs die Graue Eminenz in Washington war. Trotz schwerster Krankheit und zum Schluss bereits vom Tode gezeichnet – er konnte nur alle zwei Tage und dann auch nur wenige Stunden arbeiten – hat er durch strikte Konzentration auf die wirklich wichtigen Angelegenheiten und konsequente Abwehr aller zweitrangigen Dinge so viel erreicht wie kaum ein anderer – so viel, dass Churchill ihn als »The Lord of the Heart of the Matter« bezeichnete.

Lehrreich sind auch jene Fälle, in denen Menschen ohne herausragende Begabung vor allem dadurch, dass sie sich konzentrierten, Hervorragendes leisteten. Dazu zählt sicher auch der amerikanische Präsident Harry Truman. Selten waren sich die amerikanischen Zeitungen so einig wie darüber, dass Truman jegliches Talent abging. Niemand hat aber jemals aus einer so schlechten Position heraus so viel erreicht wie er, und dies in einer der schwierigsten Zeiten, die es für die Welt vielleicht je gab. Auch die Begabung Herbert von Karajans ist unter Fachleuten keineswegs unumstritten. Etliche – und nicht nur Neider und Feinde – sind der Meinung, dass sein musikalisches Talent eher begrenzt war. Dass er dennoch die Musikwelt wie kaum ein anderer veränderte, wird darauf zurückgeführt, dass Karajan ein Musterbeispiel systematisch-konzentrierten Arbeitens war. Er hat alles auf ein jeweiliges Ziel hin fokussiert. Manchen gilt er als »Virtuose der Selbstdisziplin«.[17]

In der einigermaßen gut dokumentierten Geschichte der Neuzeit gibt es zwei Personen, die vieles Verschiedene teilweise gleichzeitig angepackt haben und dennoch erfolgreich waren oder jedenfalls als das angesehen werden: Es sind Leonardo da Vinci und Goethe, und in beiden Fällen spricht vieles dafür, dass sie sich im Grunde verzettelt haben und viel mehr und noch Größeres hätten erreichen können, wenn auch sie sich etwas beschränkt hätten.

16 siehe Robert E. Sherwood, *Roosevelt and Hopkins. An Intimate History*, New York 1948.

17 Siehe Frank Welser-Möst, in *Profil*, Nr. 16, 1999, S. 174.

Grundlose Ablehnung

Das Plädoyer dafür, sich auf einige wenige Schwerpunkte, wenn möglich nur auf einen einzigen zu konzentrieren, stößt regelmäßig auf Widerspruch und Ablehnung, nicht selten emotionaler und aggressiver Art. An sachlichen Argumenten kann gegen den Grundsatz der Konzentration kaum etwas vorgebracht werden. Hauptsächlich wird eingewendet: *Erstens*, Konzentration sei in der heutigen Arbeits- und Organisationswelt gar nicht möglich. *Zweitens*, sie verleite zu Einseitigkeit und enger Spezialisierung. *Drittens*, sie schade der Motivation, und *viertens*, der Kreativität. Der erste Einwand ist ernst zu nehmen, die anderen hingegen sind eher Ausreden oder Symptome für Missverständnisse und Irrtümer in bezug auf Management.

In der Tat ist es in der heutigen Arbeits- und Organisationswelt *schwierig* geworden, sich auf etwas zu konzentrieren. Ich sagte oben bereits, dass kein anderer Beruf so sehr der Gefahr der Verzettelung ausgesetzt sei wie Management. Gerade das ist aber der wesentliche Grund *für* die Wichtigkeit dieses Prinzips.

Ich gebe zu, dass es Fälle gibt, in denen auch der disziplinierteste Mensch nicht vernünftig – und das meint hier konzentriert – arbeiten kann, weil sein Umfeld das einfach nicht zulässt. Es gibt Chefs, die ihre Mitarbeiter – zuvörderst ihre Sekretärinnen – alle zehn Minuten wegen einer anderen Sache kontaktieren, anrufen, ins Büro bitten – jedenfalls in ihrer Arbeit unterbrechen. Unter solchen Chefs wird zwar hart *gearbeitet*, aber meistens nur wenig *erreicht*. Gutes Management wird in diesem Fall mit Geschäftigkeit und Betriebsamkeit verwechselt. Unter solchen Voraussetzungen wird man das in Wahrheit leistungszerstörende Verhalten eines Vorgesetzten erleiden oder erdulden müssen – oder man geht, falls man kann. Undisziplinierte *Chefs* sind somit die erste, wichtigste, häufigste und offenkundigste Ursache für die Nichtanwendbarkeit des Grundsatzes der Konzentration.

Das Prinzip selbst wird dadurch aber keineswegs ungültig, ganz im Gegenteil. Hierbei kommt allerdings ein Grund für die bereits erwähnte häufig aggressive Ablehnung zum Vorschein: Bringt in einem Seminar jemand *diesen* Einwand vor, kann ich mir sehr sicher sein, es mit genau diesem Typus des undisziplinierten Managers zu tun zu haben; er fühlt sich – verständlicherweise – in seinem Selbstverständnis getroffen. Natürlich sieht er sich selbst nicht als undiszipliniert, sondern als besonders dynamisch, besonders den Zeitgeistforderungen entsprechend und auf seine Weise als besonders vorbildlich an. Die Wahrheit ist leider gänzlich anders, und der Änderungsbedarf liegt auf der Hand.

Die *zweite* Ursache ist in der Regel die *Organisation.* Es gibt Organisationsformen, die Konzentration eher ermöglichen, und solche, die sie beinahe unmöglich machen. Zu den letzteren gehört die Matrix-Organisation. In einer Matrix-Struktur ist es fast ausgeschlossen, sich auf etwas zu konzentrieren. Daher ist sie eine *Gefahr für die Produktivität.* Sie ist eher das Gegenteil dessen, als das sie gesehen wird. Sie mag modern sein, aber sie stellt alles andere als einen Fortschritt dar.

Gelegentlich gibt es Marktstrukturen und Geschäfte, die die Matrix-Organisation unumgänglich machen, weil es zumindest temporär keine Alternative dazu gibt. Die Matrix sollte aber nie die erste Wahl in Sachen Organisation sein, sondern immer die letzte. Wenn alles andere nachweislich nicht funktioniert, dann ... in Gottes – oder besser des Teufels – Namen. Matrix-Organisationen machen es den Menschen *schwer*, wirksam zu sein. Gutes Management bedeutet aber das Gegenteil – es ihnen *leicht* zu machen.

Der *zweite*, oben aufgeführte Einwand ist nicht stichhaltig. Grundlage dieser Opposition ist die im letzten Kapitel besprochene Unterscheidung von Spezialist und Generalist. Es ist die *falsche* Vorstellung von Generalist und es ist eine *unbegründete* Ablehnung der Spezialisierung. Sobald klar ist, dass Spezialisten gebraucht werden, dass es in Wahrheit überhaupt nichts anderes mehr gibt als Spezialisten, dass Spezialisten aber nur dann ein Problem sind, wenn sie sich nicht im Dienste des Ganzen integrieren, verliert dieser Einwand an Bedeutung.

Der *dritte* Einwand, Konzentration schade der Motivation, beruht sowohl auf falschen Vorstellungen über Motivation als auch auf einem Missverständnis über den Zweck von Organisationen. Organisationen – ich habe das bereits mehrfach erwähnt – haben die Aufgabe, Leistung zu erbringen und Ergebnisse zu erzielen – auf jenem Gebiet, auf dem sie tätig sind, und für jenen Zweck, für den sie gegründet wurden. Nur wenige, falls es überhaupt welche gibt, wurden zu dem Zweck gegründet, Menschen zu motivieren. Die eine Organisation soll Kranke heilen, eine andere will umweltverträgliche Waschmittel produzieren, und der Zweck einer dritten mag es sein, den Strafvollzug in Frauen-Gefängnissen zu humanisieren. Immer ist Konzentration auf die Sache, auf den Zweck erforderlich, sowohl für die Organisation als Ganzes als auch für die in ihr tätigen Menschen. Die erste Aufgabe muss daher Konzentration sein, und ob das in einem Widerspruch zu Motivation steht, ist eine ganz andere Frage.

Da bis heute – im Gegensatz zur allgemeinen Annahme – der Zusammenhang zwischen Motivation und Leistung keineswegs geklärt ist, schlage ich vor, sich *zuerst* um Konzentration zu kümmern. Zwar erwarten die Menschen – insbesondere junge –, dass ihre Arbeit abwechslungsreich sein soll, aber diese Erwartungen können leider nur selten und nur in geringem Umfang in Erfüllung gehen. Es ist nicht Hauptaufgabe von Organisationen, jungen Leuten Abwechslung zu bieten, es sei denn in ihrer Eigenschaft als Kunden.

Zum Schluss noch der *vierte* Einwand: Konzentration schade der Kreativität. Sie mag dem schaden, was man besser als *wilde* Kreativität bezeichnet. Diese ist aber meistens ohnehin unbrauchbar, wenn nicht sogar schädlich. Es mangelt der Welt nicht – wie immer lauthals behauptet wird – an *Ideen*. Woran es mangelt, sind *realisierte* Ideen – das ist etwas ganz anderes, und dazu bedarf es in der Tat wiederum der Konzentration.

Gerade das Leben und die Arbeitsweise solcher Menschen, die *zurecht* als hochkreativ gelten – anerkannte Musiker, Maler, Schriftsteller, Bildhauer und Wissenschaftler – sind voll von Beispielen und Beweisen dafür, dass das *Gegenteil* richtig ist. Mit wenigen Ausnahmen haben sich alle *strikt* auf eine Sache konzentriert und gerade in dieser Gruppe findet man am häufigsten jene bis zur Selbstaufgabe gehende pathologische Form der Konzentration und systematischen Arbeitsweise, neben der nichts anderes mehr Platz hat. Das Werk, die Arbeit, die Aufgabe - das ist das einzige, was zählt, und das bringt den Erfolg - manchmal erst nach vielen Rückschlägen und Niederlagen.

Eines der eindrücklichsten Beispiele ist Thomas Mann, der in seinem aktiven Leben - ausnahmslos und mit systematischer Sturheit - jeden Tag von 9 bis 12 Uhr konzentriert an seinem jeweiligen Werk arbeitete - mit einer erstaunlich geringen Ausbeute von einer bis eineinhalb Seiten pro Tag, die sich jedoch zu einem monumentalen Werk addieren. Auch Michelangelo und Franz Schubert - sowie alle anderen, die Taten und Werke hinterließen und nicht nur schöne Absichten, hehre Vorsätze und imponierende Pläne - wären zu erwähnen. Ihre Arbeitsweise zu studieren lohnt sich, wenn man an Wirksamkeit interessiert ist und sich nicht schon mit dem bloßen Hinweis auf ihr »Genie« zufrieden gibt.[18]

Anwendungsbeispiele

Um die Wirkung des Prinzips der Konzentration so deutlich wie möglich zu machen, will ich sie anhand einiger Anwendungsbeispiele erläutern:

1. Zeitmanagement

Die meisten Führungskräfte, egal in welcher Art von Organisation sie arbeiten, haben Probleme mit der Zeit. Dazu wird später unter der Überschrift »Persönliche Arbeitsmethodik« mehr zu sagen sein. An dieser Stelle will ich nur einen Aspekt herausgreifen. Praktisch unabhängig davon, wie lange und wie hart Manager arbeiten, lautet ihre häufigste Klage, zu wenig Zeit zu haben. Mehr und härter zu arbeiten, ist offensichtlich keine Lösung für dieses Problem. Die einzige Lösung liegt in der Anwendung des Prinzips der Konzentration.

18 Siehe dazu Wolf Schneider, *Die Sieger*, Hamburg 1992, passim.

Der Grund dafür ist ebenso einfach, wie er häufig übersehen wird: Die Zeit, von der Führungskräfte reden, ist nur *scheinbar* »ihre« Zeit. Die Verwendung der Zeit von Managern ist weitgehend *fremdbestimmt.* 70 bis 80 Prozent der Zeit von Managern gehört nicht *ihnen*, sondern *anderen*: ihren Kunden, ihrem eigenen Chef, ihren Mitarbeitern und Kollegen, ihren Sekretärinnen, den Finanzanalysten, immer mehr den Medien. Es bleibt nur ein kleiner Anteil von vielleicht 20 bis 30 Prozent, über den sie selbst so verfügen können, wie sie es im Hinblick auf ihre Aufgaben für *richtig* erachten.

In 20 bis 30 Prozent der Zeit kann man aber nicht mehr *viel* erledigen, selbst wenn man einen Achtzehnstundentag haben sollte, was ohnehin nicht ratsam ist. Man muss sich daher auf einige Schwerpunkte konzentrieren. Das ist leichter gesagt als getan. Es erfordert harte und riskante Entscheidungen. Bezüglich der Frage, *worauf* man sich konzentrieren soll, wird man auch immer wieder Fehler machen. Dennoch muss man sich durchringen, Schwerpunkte zu setzen, wenn man Ergebnisse erzielen will. Man hat nur die Wahl, vieles unerledigt zu lassen und dafür auf einigen wenigen Gebieten ins Gewicht fallende Ergebnisse zu erzielen – oder nirgends etwas zu erreichen.

Der Psychologe George A. Miller[19] hat Untersuchungen zu der Frage gemacht, wie groß die Kontrollspanne von Menschen ist. Seine Ergebnisse hat er in einem lehrreichen Artikel vorgelegt, der den bezeichnenden Titel trägt *»The Magical Number Seven Plus / Minus Two«*. Sieben plus / minus zwei Dinge pro Zeiteinheit – das etwa ist es, was man sich vornehmen, was man unter Kontrolle halten und einigermaßen beherrschen kann. Mehr lässt sich nur sequentiell bewältigen, eines nach dem anderen und das zweite immer erst, wenn das erste erledigt ist.

Mein Vorschlag ist, sich eher auf sieben *minus* zwei als sieben plus zwei Dinge einzurichten, und manchmal müssen es noch weniger sein. Ich kenne Führungskräfte, die sich überhaupt nur *eine* Sache

19 Siehe seinen gleichnamigen Artikel in: *Psychological Review*, 1956, 63, S. 81 u. 97.

pro Zeiteinheit vornehmen. Sie sind bemerkenswert erfolgreich. Auch diese Menschen leiden selbstverständlich darunter, dass sie vieles nicht tun können, dass vieles unerledigt bleibt, wofür sie im Grunde verantwortlich sind und was sie gerne tun würden. Und auch diese Menschen treffen gelegentlich eine Wahl, die sich nachträglich als falsch erweist. Dennoch konzentrieren sie sich auf Weniges, weil sie wissen, dass das der einzige Weg ist, um überhaupt etwas zu erreichen, um in der nun einmal vorhandenen Komplexität, Abhängigkeit und Hektik etwas bewegen und bewirken zu können.

Eigentümlicherweise wollen viele Manager das nie wahrhaben. Manche Führungskräfte sind stolz darauf, permanent in »Vielfrontenkriege« verwickelt zu sein. Ihre *Arbeitsbilanz* ist hervorragend; ihre *Leistungsbilanz* dagegen kläglich. Man kann »Vielfrontenkriege« zwar *führen*; aber man kann sie nicht *gewinnen*.

Der Grundsatz der Konzentration gilt für *alles*. Wenn man jemanden fragt, was für Sport er treibe, und er zählt 15 verschiedene Sportarten auf, dann weiß man nur eines, das aber sehr zuverlässig: dass er auf allen Gebieten eher schlecht oder bestenfalls mittelmäßig ist. Wenn jemand hingegen sagt, dass neben seinem Beruf nicht viel Zeit für Sport bleibe, er daher nur ein bisschen Tennis spiele, so ist er wahrscheinlich kein Weltklasse-Spieler; aber es könnte durchaus sein, dass er gar nicht so leicht zu schlagen ist.

2. Führen mit Zielen

Ein zweiter wichtiger Anwendungsfall für den Grundsatz der Konzentration ist das *Führen mit Zielen*, das Management by Objectives. Wahrscheinlich gibt es keine Organisation, die sich nicht schon in der einen oder anderen Weise mit dieser Management-Methode befasst hat. Es gibt aber leider nicht sehr viele, die sie auch zum Erfolg gebracht haben. Warum? Auch darüber wird im nächsten Teil mehr zu erfahren sein. Der wichtigste Grund liegt darin, dass man sich *zu viel* und zu viel *Verschiedenartiges* vornimmt.

Wenn ich das Führen mit Zielen in einer Organisation einzuführen habe, mache ich zu Beginn eine kleine Übung und bitte die anwesenden Damen und Herren, aufzuschreiben, was sie im nächsten Jahr alles erledigen wollen. Ohne weiteren Kommentar räume ich ihnen etwa eine Stunde Zeit dafür ein. Das Ergebnis ist ausnahmslos immer dasselbe: Acht von zehn kommen nach einer Stunde mit zwei, drei oder vier dicht beschriebenen Seiten zurück. Sie haben sehr fleißig alles aufgeschrieben. Zwei von zehn hingegen kommen mit einer halben Seite zurück, auf der zwei oder drei Dinge stehen. Man kann völlig sicher sein, dass sie die wirklichen *Professionals* und das, was sie notiert haben, die wirklich *wichtigen* Dinge sind – und vor allem jene, die sie auch wirklich realisieren wollen.

Zwar findet sich auch auf den dichtbeschriebenen Blättern der ersten Gruppe Wichtiges; aber es ist versteckt in einem Gestrüpp von Nebensächlichkeiten. Wenn dann, während des Jahres, die Hektik des Tagesgeschäftes über die Leute hereinbricht, verlieren sie die Prioritäten aus den Augen. Sie entschwinden ihrer Aufmerksamkeit. Am Ende haben beide Gruppen hart gearbeitet – daran fehlt es heute ja nicht. Aber die erste Gruppe hat nur *gearbeitet*, während die zweite Gruppe *Ergebnisse* vorzuweisen hat. Erfolg und Wirksamkeit des Führens mit Zielen hängen vom Grundsatz der Konzentration auf Weniges ab.

3. Das neue Produktivitätsproblem

Ein drittes Anwendungsbeispiel für das Prinzip der Konzentration ist die Steigerung der *Produktivität.* Möglicherweise ist es das Wichtigste überhaupt. Um das zu sehen, muss man zwischen der Produktivität der *Handarbeit* und der Produktivität der *Kopfarbeit* unterscheiden. Die Produktivität der manuellen Arbeit oder des Industriearbeiters wurde in den letzten 100 Jahren in sensationeller Weise um etwa 2 bis 3 Prozent pro Jahr gesteigert. Niemand hätte sich das zu Beginn der Auseinandersetzung mit Produktivität auch nur vorstellen können. Der Schlüssel zu diesem Erfolg war sinngemäß die Frage: *Wieviel Zeit darf eine Arbeit maximal benötigen?* Das ist die Kernfrage aller Produktivitätssteigerungsmethoden in der Industrie. Die Betonung liegt dabei auf »maximal«.

Heute ist aber die Produktivität der manuellen Arbeit – wegen des erzielten Erfolges – nicht mehr das Problem. Dieser »Krieg« ist vorbei, und er wurde gewonnen, notabene gegen teilweise erbitterten Widerstand der Gewerkschaften, die lange Zeit nicht verstanden hatten, dass Produktivitätsverbesserung die Voraussetzung für ein höheres Einkommen der Arbeiter war. Der neue »Kriegsschauplatz« ist die Produktivität des *Kopfarbeiters*, jener Leute, deren Kapital nicht mehr ihre Geschicklichkeit ist, sondern ihr Wissen. Sie sind die am schnellsten wachsende Gruppe und werden in den entwickelten Ländern schon bald die Mehrheit oder zumindest die größte Einzelgruppe sein. Ihre Produktivität aber ist nach wie vor *sehr gering*. Man wird sie dramatisch verbessern müssen.

Aber dafür wird man nicht mehr die bisherige Frage einsetzen können, sondern es wird eine radikal andere benötigt. Sie muss lauten: *Wieviel Zeit benötige ich mindestens, um diese Arbeit fertigzustellen?* Die Betonung liegt hier auf »mindestens«. Aber die Frage muss noch ergänzt werden, nämlich um das Wort »ungestört«. Vollständig lautet die Frage somit: »*Wieviel ungestörte Zeit brauche ich mindestens, um diese Arbeit fertigzustellen?*«

Wir wissen noch nicht sehr viel über die Produktivität geistiger Arbeit. Man hat gerade erst begonnen, ihre Relevanz zu sehen. Eines aber ist klar: Geistige Arbeit braucht für ihre Wirksamkeit *große Zeiteinheiten* – Zeitblöcke – *ungestörten Arbeitens*. Für den Industriearbeiter war das kein Problem, schon deshalb nicht, weil ja seine gesamte Arbeitsorganisation gar keine Störung erlaubte. Industriearbeiter, ob am Fließband oder in der selbststeuernden Gruppe, werden während der Arbeit nicht durch das Telefon unterbrochen; und ebenso habe ich noch nie von einem Herzchirurgen gehört, der eine Operation unterbrochen hätte, um an einer Sitzung teilzunehmen. Für den Kopfarbeiter ist aber die ständige Unterbrechung die Regel.

Ein Beispiel: Hat ein Product Manager einen Marketingplan für einen Markt zu machen, dann kann er in der Regel – wenn er berufliche Erfahrung hat – recht genau angeben, wie lange er etwa dafür braucht. Nehmen wir an, er schätzt den Zeitbedarf auf etwa fünf Stunden – weil es ein kleiner Markt ist und weil er ja nicht bei Null beginnen muss, sondern reichlich Material, Daten und Erfahrung schon zur Verfügung hat. Fünf Stunden sind exakt 300 Minuten. Die

Arithmetik stimmt natürlich immer. Aber einmal fünf Stunden konzentriert und ungestört an der Sache gearbeitet, ist etwas radikal anderes, als einen Monat lang jeden Tag zehn Minuten. In beiden Fällen sind 300 Minuten aufgewendet worden. Der erste Weg führt mit Sicherheit zum *Erfolg*, der zweite zum *Desaster*. Es ist genauso viel Zeit vergangen, aber das Ergebnis ist völlig unterschiedlich.

Diese drei, jeweils ganz unterschiedlichen Anwendungsfälle sollten genügen, um die praktische Relevanz des Grundsatzes, sich auf Weniges zu konzentrieren, ausreichend zu illustrieren. Sie zeigen, wie verschieden die Anwendungsgebiete dieses Prinzips sind und wie wichtig es ist. Konzentration ist einer der wichtigsten Schlüssel zu Ergebnissen und zu Erfolg. Es ist der wichtigste Grundsatz, um mit Überlastung und ständig steigenden Anforderungen fertig zu werden. Und es ist die einzige Möglichkeit, auf Dauer jenes Element unter Kontrolle zu bringen, das bei den meisten Führungskräften zuoberst auf ihren Problemlisten steht: Stress. Konzentration heißt nicht »ständig arbeiten« oder »nichts anderes, als arbeiten«, wie das gelegentlich missverstanden wird; Konzentration heißt: dann, wenn man arbeitet, ohne Ablenkung, ohne Störung, nur an einer Sache, also effektiv zu arbeiten. Es ist keine Seltenheit, dass wirksame Menschen längere Perioden der Untätigkeit, Phasen der Lethargie und Unfruchtbarkeit durchzustehen hatten. So war es etwa bei Wolfgang Amadeus Mozart, Richard Wagner und Franz Schubert. Wenn sie aber arbeiteten, taten sie es mit ungeteilter Konzentration. So konnten Mozart und Schubert trotz ihrer Stagnationsphasen und trotz ihres frühen Todes ein monumentales Werk hinterlassen.

Der Grundsatz der Konzentration lässt sich *verallgemeinern*. Wo immer Ergebnisse zu sehen sind, wird man auch Konzentration feststellen. In Krankenhäusern werden nicht einfach Patienten behandelt, sondern *ein Patient nach dem anderen*. Für die Zeit der Behandlung – sie mag kurz genug sein, vielleicht zu kurz – ist die ganze Aufmerksamkeit auf *einen* Patienten gerichtet. Die großen Sinfonieorchester haben *kein großes*, sondern ein sehr begrenztes Repertoire. Man kann schon ein Dutzend verschiedener Komponisten spielen, aber eben nicht mit jener Meisterhaftigkeit, die die Spitzenleistung erfordert und die das kundige Publikum heute – durch Fernsehen und Compact Disk verwöhnt – auch erwartet.

Während meines Studiums hatte ich noch die Vorstellung, gleichzeitig ein Fachbuch studieren und Musik hören zu können, ja hören zu müssen, um überhaupt studieren zu können. Es war eine Illusion. Ich hatte entweder den Text gelesen und verstanden, ohne etwas von der Musik bemerkt zu haben; oder umgekehrt, der Musik wirklich zugehört und dabei den Text überblättert. Meine Kinder ließen sich im selben Alter von denselben Illusionen leiten. Die Grundsätze wirksamen Arbeitens sind eben niemandem angeboren; zunächst und instinktiv neigen die meisten Menschen eher zum Gegenteil.

Wer uns weismachen will, dass er sich mit 15 verschiedenen Dingen gleichzeitig wirksam befassen kann, ist entweder ein Anfänger – und dann kann ihm noch geholfen werden – oder er ist inkompetent – und dann ist ihm nicht mehr zu helfen. Der Grundsatz der Konzentration gilt für Personen; er gilt aber auch für *Organisationen.* Im Wesentlichen sind die Versuche zur Bildung von Konglomeraten und die Diversifikationsstrategien immer wieder gescheitert. Sie werden mit schöner Regelmäßigkeit ausprobiert, viermal in der jüngeren Wirtschaftsgeschichte, und jedes Mal galten sie als das Nonplusultra weitsichtiger Strategie. Jedes Mal gingen sie schief und meistens dramatisch. Gegen dieses Argument wurden immer wieder die scheinbaren Erfolge der japanischen Konglomerate angeführt, etwa von Mitsubishi. Aber auch dieses Unternehmen hat die entscheidende Bewährungsprobe der japanischen Wirtschaft nicht überstanden und musste seine viel zu große Palette an Geschäftstätigkeiten radikal reduzieren.

Wirksame Organisationen, gute Institutionen, sind *Ein-Zweck-*Systeme. Sie sind Single Purpose Tools, so wie jedes brauchbare Werkzeug ebenfalls ein Ein-Zweck-Gerät ist. Alles andere führt zu faulen Kompromissen, bestenfalls zu Mittelmäßigkeit und letztlich zum Scheitern. Und das alles *trotz* oft übermenschlicher Anstrengungen. Die Ursache des Scheiterns ist ja nicht das Fehlen von Anstrengung und Einsatz, sondern die *Zersplitterung der Kräfte.* Die Tragik liegt in der Erfolglosigkeit trotz großer Anstrengung.

Vierter Grundsatz
Stärken nutzen

Es kommt darauf an, bereits vorhandene Stärken zu nutzen.

Die Betonung liegt auf »bereits vorhandenen« Stärken, und nicht auf solchen, die man erst noch aufbauen und entwickeln muss; und das Wesentliche besteht darin, »Stärken zu nutzen«, und nicht darin, »Schwächen zu beseitigen«. Das muss deshalb betont werden, weil die meisten Führungskräfte – und, wie es scheint, ganz besonders die Personalexperten – überwiegend mit dem Gegenteil dessen befasst sind, was dieser Grundsatz fordert: einerseits mit der Entwicklung von etwas statt mit der Nutzung dessen, was schon da ist, und andererseits mit der Beseitigung von Schwächen statt dem Einsatz von Stärken.

Meiner Meinung nach sind alle hier behandelten Grundsätze gleichermaßen wichtig. Wäre ich aber gezwungen, nur über einen einzigen Grundsatz zu sprechen, würde ich wohl diesen auswählen – deshalb, weil gegen ihn am häufigsten verstoßen wird, und die Folgen davon gravierend sind. Der Grundsatz der Stärkennutzung hat größte Konsequenzen für alles, was mit Menschen zu tun hat – für die Auswahl von Menschen und deren Ausbildung, für die Stellenbildung und Stellenbesetzung, für die Leistungsbeurteilung und für die Potenzialanalyse. Die Konsequenzen sind höchst positiv, wenn man diesen Grundsatz *beachtet*, und sie sind *zerstörerisch*, wenn man ihn nicht beherzigt oder gar aktiv dagegen arbeitet, was meistens in bester Absicht geschieht, in der Wirkung aber desaströs ist. Ein erheblicher Teil dessen, was als Tragik im existenziellen Sinne bezeichnet wird, hängt mit der Missachtung oder Unkenntnis dieses Grundsatzes zusammen.

Ich behaupte, dass sich ein Ignorieren dieses Grundsatzes mit nichts aufwiegen oder kompensieren lässt, und weiter, dass er praktisch durchgängig ignoriert *wird* – dass ein großer Teil des Personalwesens trotz oder gerade wegen seiner Raffinesse und scheinbaren Wissenschaftlichkeit auf einer falschen Fährte ist.

Das ist umso bemerkenswerter, als praktisch jeder dem Grundsatz beipflichtet, sobald er ausgesprochen wird. An Lippenbekenntnissen fehlt es ohnehin nicht; aber die Zustimmung dazu ist ernst gemeint und lässt sich ja auch ohne Schwierigkeiten begründen. Es gibt also keine Gegnerschaft zu diesem Prinzip, und dennoch steht die *Praxis* des Handelns so sehr in Widerspruch dazu, dass man von einem veritablen Paradoxon sprechen kann.

Wird der Grundsatz der Orientierung an Stärken konsequent befolgt, kann ein erheblicher Teil des üblicherweise eingesetzten und als unverzichtbar angesehenen Instrumentariums des Personalwesens aufgegeben werden; es kann einfacher, schlanker und nicht nur kostengünstiger, sondern auch wirksamer werden. Wird der Grundsatz hingegen nicht befolgt, verpufft die Wirkung auch des bestausgebauten Human Ressources-Managements weitgehend.

Auf Schwächen fixiert

In Gesprächen mit Führungskräften stelle ich nicht nur die bisher schon erwähnten Fragen, sondern fordere sie auch immer wieder dazu auf: »*Erzählen sie doch ein wenig von Ihren Mitarbeitern. Was haben Sie für Leute? Was haben Sie für Kollegen und was für einen Chef?*« Als ob man Schleusen geöffnet hätte, sprudelt es nur so heraus, und sie berichten mir – über die Defizite und Schwächen; darüber, was die Leute alles nicht können, was die Kollegen für Idioten sind und welcher Versager der Chef ist …

Das menschliche Gehirn und vor allem unsere Wahrnehmung scheinen auf eigentümliche Weise negativ oder destruktiv zu arbeiten. Was *nicht* funktioniert, fällt uns auf – *weil* es nicht funktioniert und weil es daher Schwierigkeiten bereitet. Die Defizite brennen sich ins Bewusstsein, weil sie Probleme schaffen, Maßnahmen erfordern, Mühe machen. *Dass* menschliche Wahrnehmung selektiv ist, ist eine altbekannte Tatsache. Nicht immer ganz klar ist, *was* wir als wahrnehmungsrelevant auswählen. Im hier vorliegenden Kontext sind es die Schwächen und Mängel der Menschen.

Man kann aber ganz sicher sein: Ständiges Jammern und Klagen über die Defizite von Menschen – seien es Mitarbeiter, Kollegen oder Chefs, Kunden oder Lieferanten oder gar man selbst – ist ein starkes Indiz dafür, dass man es entweder mit einem Anfänger in Sachen Management zu tun hat, mit jemandem, der noch nicht weiß, worauf es wirklich ankommt; oder mit einer inkompetenten Person. Dem Anfänger – ich sagte das bereits in anderem Zusammenhang – kann man noch helfen, indem man ihn neu und richtig orientiert; dem Inkompetenten kann man nicht mehr helfen. In Zusammenhang mit Menschen bedeutet er eine *Gefahr*.

Wenn man Menschen vor dem Hintergrund der Stärkenorientierung beobachtet, wird man – es ist fast zu trivial, um erwähnt zu werden – praktisch ohne Ausnahme zu dem Ergebnis gelangen, dass jeder – auch der scheinbar Unfähigste – Stärken hat, wahrscheinlich wenige, meistens nur eine einzige. Und man wird weiter herausfinden, dass auch die fähigsten Leute, die Spitzenkönner, große und viele Schwächen haben. Nicht trivial, sondern tragisch ist es, dass man sich in erster Linie auf das Erkennen von Schwächen konzentriert und dann die gesamten Kräfte einsetzt, um diese zu beseitigen.

Das ist eine *erfolgreiche* Strategie; sie ist aber leider auf eine teuflische Weise erfolgreich. Da hat jemand Defizite – etwa in seiner kommunikativen Kompetenz oder seiner Teamfähigkeit oder in einer der anderen Qualitäten, die heute – zu Recht oder Unrecht – verlangt werden. Man konzipiert ein Förderungs- und Entwicklungsprogramm, schickt ihn auf Seminare oder lässt ihn coachen. Selbstverständlich zeigt das seine Wirkung: Nachdem einige dieser Maßnahmen absolviert worden sind, wird er hier große Fortschritte gemacht haben und dort wird man Verbesserungen erkennen, jenes Manko ist geringer geworden und dieses Problem gemildert. Der Mann ist *besser* geworden – aber in welchem Sinne? Er ist besser geworden im Sinne von *»weniger schwach«*. Er hat einen deutlich sichtbaren Schritt – wohin? – gemacht. Zur *Mittelmäßigkeit*. Er ist als Mitarbeiter »pflegeleicht« geworden; vorher hat er jeden Tag dreimal Schwierigkeiten bereitet, jetzt nur noch jeden dritten Tag einmal. Das wird als Fortschritt gewertet, und man sieht sich in dieser Strategie bestätigt.

Stärken mit Aufgaben zur Deckung bringen

Noch viel schwerer aber wiegt, dass man mit größter Wahrscheinlichkeit, eben weil man so sehr auf die Schwächen und ihre Ausmerzung fixiert war, zu fragen versäumt hat, wo der Mitarbeiter seine *Stärken* hat, was er also *kann*. Das ist die erste Pflicht des Managers. Und die zweite ist es, die Aufgaben für diese Person so zu gestalten, dass bestmögliche Deckung entstehen kann zwischen dem, was die Person kann, und dem, was sie zu tun hat.

Das ist es, was mit dem Grundsatz der Stärkenorientierung und Stärkennutzung gemeint ist und durch seine Anwendung herbeigeführt wird: *die Menschen dort einzusetzen, wo sie bereits etwas können.* Das ist es auch, was man bei allen wirksamen, erfolgreichen, guten Führungskräften beobachten kann. Sie kümmern sich wenig bis gar nicht um die Schwächen der Menschen. Diese interessieren sie nicht, weil sie darauf nichts aufbauen und aus ihnen nichts herausholen können. Sie interessieren sie auch deshalb nicht, weil sie erhebliche Zweifel haben, daran etwas ändern zu können. Sie suchen die Stärken, die schon da sind, und dann gestalten sie die Stellen, Aufgaben und Jobs so, dass die Stärken zur Nutzung gelangen können.

In Lehre und Praxis wird zwar viel über Anpassungsfähigkeit und Flexibilität geredet – meistens wird die Last der Anpassung aber den Menschen aufgebürdet. Von den Menschen wird erwartet und verlangt, dass sie sich ändern, nicht von der Organisation. Wenn es darum geht, die Organisation im hier behandelten Sinne zu modifizieren, dann ist die Bereitschaft für Wandel schon viel geringer. Dann wird eher mit organisationstheoretischen Dogmen operiert, z. B. damit, dass man personenunabhängig organisieren müsse.

Zugegeben, was der Grundsatz der Stärkenorientierung verlangt, ist meistens *nicht einfach* zu verwirklichen; aber es ist *hochwirksam*. Es wird wahrscheinlich auch nie zu 100 Prozent gelingen. In dem Maße aber, in dem es gelingt, Stärken und Aufgaben zur Deckung zu bringen, darf man sicher sein, dass zwei Ergebnisse eintreten werden: *Erstens*, plötzlich kommen die »berühmten« Spitzenleistungen. Ich habe schon zu Beginn dieses Buches gesagt, dass es mir darauf zwar nicht ankommt und ich wenig vom permanenten Gebrauch von Superlativen im Management halte; aber, wenn schon, dann können die Spitzenleistungen dort und nur dort eintreten, wo eben Stärken vorhanden sind. Dort, wo ein Mensch seine Schwächen hat, können sie jedenfalls nicht erwartet werden.

Und man wird etwas *zweites*, vielleicht Wichtigeres beobachten: Man wird nie wieder ein Motivationsproblem haben und daher muss auch keines mehr gelöst werden. Die Motivationsprobleme *verschwinden* ganz einfach. Man braucht nämlich niemanden zu motivieren, dort gut zu sein, wo er gut ist, wo er seine Stärken hat. Umgekehrt behaupte ich, dass es absolut keinen Weg gibt, jemanden zu motivieren, dort gut zu sein und zu leisten, wo er seine Schwächen hat.

Notabene lösen sich damit – gewissermaßen als Nebenwirkung – auch das Problem und der Vorwurf der »Menschenschinderei« auf: Es ist überhaupt nichts dabei, dort große Leistungen zu fordern, wo die Menschen etwas können. Aber es ist unmenschlich, es dort zu tun, wo die Menschen ihre Schwächen haben.

Die Unmenschlichkeit beginnt schon damit, von Menschen überhaupt die Beseitigung ihrer Schwächen zu verlangen. Das allein erfordert fast immer enorme und gelegentlich übermenschliche Anstrengungen. Das wäre an sich noch nicht das entscheidende Problem, denn man könnte ja hoffen, dass der Aufwand durch die damit erzielten Ergebnisse zu rechtfertigen sei. Diese Hoffnung aber erweist sich meistens als falsch. Keine Schwächen als Folge ihrer Ausmerzung zu haben, ist etwas gänzlich anderes, als Stärken zu besitzen. Die Beseitigung einer Schwäche bedeutet *nicht* automatisch, dass dadurch eine Stärke entsteht, obwohl viele das anzunehmen scheinen; vielmehr führt es lediglich zum Fehlen der Schwäche. Wenn jemand nach schulischen Maßstäben keine Schwäche in einer

Fremdsprache hat, so heißt das noch lange nicht, dass hier seine ausgesprochene Stärke liegt, dass er oder sie zu schriftstellerischen oder besonders bemerkenswerten übersetzerischen Leistungen fähig ist.

Eigentümlich oft wird die Frage gestellt, in der fast immer eine Behauptung oder mindestens eine Hoffnung mitschwingt, ob es nicht möglich sei, dass genau dort, wo jemand schwach zu sein scheint, eine besondere Stärke verborgen liegen kann. Ganz grundsätzlich lässt sich das zwar nicht ausschließen, aber jede Erfahrung zeigt, dass das eine sehr seltene Ausnahme ist. Dass, wie wir aus der Bibel erfahren, aus dem Saulus ein Paulus wurde, ist kein Hinweis auf die häufige Wandelbarkeit von Schwächen in Stärken, sondern bekanntlich ein Bericht über ein Wunder. Dazu kann jeder stehen, wie er mag. Ich will – um des Argumentes willen – nicht einmal ausschließen, dass es Wunder gibt, und wenn sie passieren, soll man sie nützen; ich schließe aber aus, dass man sich auf sie verlassen und im Management mit ihnen rechnen kann.

Es kann natürlich sein, dass sich jemand mit seiner Annahme, eine bestimmte Schwäche zu haben, im Irrtum befand. Wir haben ja meistens, und besonders in jungen Jahren, keine sehr zuverlässige Information über unsere Stärken und Schwächen, nicht einmal begründete Vermutungen, sondern eher Hoffnungen, Wünsche und Illusionen. Die Selbstbeurteilungsfähigkeit der meisten Menschen ist bezüglich ihrer Realitätsnähe fragwürdig bis miserabel, und je mehr Erziehung und Schule sich auf den Pfad vermeintlichen pädagogischen Fortschritts begaben und demzufolge auf Leistungsbeurteilung, unmissverständliche Ziel- und Ergebnisvergleiche und das Setzen klarer Grenzen und Maßstäbe verzichteten, desto mehr war damit zu rechnen, dass Menschen immer weniger zu realistischer Selbsteinschätzung in der Lage sein würden. Sie können daher die vielleicht wichtigste Frage für persönlichen Erfolg im Leben, nämlich die nach ihren individuellen Stärken und Schwächen, nicht nur nicht mehr beurteilen, sondern sie begreifen oft die Bedeutung der Frage selbst nicht. Es ist also möglich, dass in Wahrheit nur eine vermeintliche Schwäche vorliegt, und in diesem Falle kann es natürlich auch sein, dass sich dahinter sogar eine Stärke verbirgt. Das ist aber ein ganz anderer Fall als das Vorhandensein nicht einer vermeintlichen, sondern einer echten Schwäche.

Kommen wir zum Gegenteil: Im Gegensatz zu den Anstrengungen und den meistens nur kläglichen Ergebnissen, die mit der Schwächenbeseitigung verbunden sind, lässt sich regelmäßig beobachten, dass mit vergleichsweise viel geringerem Aufwand aus einer wenigstens ansatzweise schon vorliegenden Stärke wirklich etwas gemacht werden kann. Wenn man auf einem Gebiet schon gut ist, erfordert, dort noch besser und vielleicht sehr gut zu werden, normalerweise sehr viel weniger Aufwand, als dort, wo man schlecht ist, auch nur Mittelmäßigkeit zu erreichen.

Diese fast durchgängig gegebene Asymmetrie ist im Management zu nutzen. Man beachte einmal mehr, dass ich von Management und von Menschen in Organisationen spreche. Wenn sich jemand als *Privatperson* vornimmt, seine Bemühungen auf die Beseitigung seiner Schwächen zu konzentrieren, statt seine Stärken zu nutzen, so ist das seine private und persönliche Entscheidung. Ich würde allerdings auch in diesem Fall davon abraten.

Schwächen ignorieren?

Bedeutet die Orientierung an Stärken, dass man Schwächen ignorieren soll? Keineswegs, das wäre naiv. Schwächen muss man kennen; aber nicht aus dem Grund, aus dem die meisten Leute sie kennen wollen: um sie zu beseitigen. Man muss sie aus einem ganz anderen Grunde kennen: um *nicht den Fehler zu begehen, Menschen dort einzusetzen, wo sie ihre Schwächen haben.* Die Orientierung an Stärken bedeutet somit nicht, unrealistisch, naiv und idealistisch zu sein.

Gutes Personalmanagement, also alles, was mit Human Ressources zu tun hat, muss im Prinzip genauso ausgerichtet und aufgebaut sein wie das Training von Sportlern. Ein Sportlehrer, der mit Kindern oder Jugendlichen zu arbeiten hat, wird sie eine Zeitlang alle in Frage kommenden Sportarten ausprobieren lassen, und er wird ihnen dabei zuschauen. Nach dieser Probephase wird er mit jedem

Einzelnen sprechen. Zum ersten wird er vielleicht sagen: *»Du bist ein Sprinter«*, und dann wird er ihn in die Sprintwettbewerbe dirigieren. Sein Trainingsprogramm wird immer wieder das Üben des Startens vorsehen, weil dies in den Sprintdisziplinen erfolgsentscheidend ist. Zu einer zweiten wird er vielleicht sagen: *»Eine Sprinterin bist Du nicht. Deine Disziplin sind eher die langen Strecken. Ich weiß noch nicht genau, welche Distanzen Dir am besten liegen, aber die kurzen sind es jedenfalls nicht.«* Das Trainingsprogramm dieses Kindes wird weniger das Starten beinhalten, weil das bei Langstreckenläufen unwesentlich ist. Noch nie hat jemand einen Marathonlauf gewonnen, weil er »gut vom Start weggekommen ist«. Der Trainer wird der Sportlerin zeigen, wie man Ausdauer aufbaut und ein Rennen taktisch einteilt, jene Dinge also, die für die langen Distanzen wichtig sind.

Dabei wird eine bestimmte Art von scheinbarer Schwächenbeseitigung vorkommen, die immer wieder Anlass zu Missverständnissen gibt: Das Training wird sich mit jenen Mängeln befassen und sie zu beseitigen versuchen, die der vollen Entfaltung und Nutzung der Stärken im Wege stehen. So muss wahrscheinlich immer an der Starttechnik eines Sprinters gearbeitet werden, mit dem Ziel, sie zu optimieren. Das macht ihn aber nicht zum Marathonläufer. Ein guter Trainer wird Hochspringer nie in Laufwettbewerben einsetzen und Schwimmer nicht beim Kugelstoßen. Sportler werden *stärkenorientiert* ausgewählt, und ihre Disziplin wird mit ihren Stärken zur Deckung gebracht. Das schließt Perfektionierung im Detail und im Hinblick auf die wirkliche Hochleistung nicht aus.

Keine Persönlichkeitsreform

Alles, was ich bisher sagte, ist ein Plädoyer *gegen die Veränderung* von Menschen, vor allem gegen die Veränderung ihrer *Persönlichkeit.* Viel zu viele Manager sind ständig damit beschäftigt, Menschen zu verändern. Man sagt das nicht explizit; vielmehr wird es vornehm als Persönlichkeits*entwicklung* bezeichnet. In Wahrheit aber läuft das meiste auf den Versuch einer Veränderung der Persönlichkeit hinaus.

Ich halte das aus einer Reihe von Gründen für *falsch.* Zum *ersten* würde sich die *moralische* Frage stellen, ob man dazu überhaupt legitimiert ist. Ich meine, nein. Vielleicht hält man aber diese Frage nicht für besonders wichtig. Ich will sie hier auch nicht vertiefen. Sicher muss man aber an der *praktischen* Frage interessiert sein, nämlich: Ist es *überhaupt* möglich, und ist es innerhalb einer *vernünftigen Zeitspanne* möglich?

Dann, wenn Menschen in eine Organisation als Mitarbeiter eintreten – etwa in der zweiten Hälfte ihrer Zwanziger – und insbesondere dann, wenn sie in einem Alter sind, in dem sie langsam für Führungsaufgaben in Betracht kommen – in den Dreißigern – sind die Persönlichkeitsstrukturen weitgehend gefestigt und geprägt. Um der Behauptung vieler Psychologen willen und obwohl ich meine diesbezüglichen Zweifel habe, will ich akzeptieren, dass Persönlichkeits- und Charaktermodifikationen in den frühen Kindheitsjahren möglich sind. Dies wird dann aber mit zunehmendem Alter progressiv schwieriger und ist, wie gesagt, mit dreißig so gut wie unmöglich geworden.

Man beachte, dass ich nicht behaupte, der Mensch könne *sich* nicht ändern. Das kann er, wenn er es wirklich *will.* Aber auch das passiert selten genug und nur unter ganz bestimmten Umständen, am ehesten unter dem Einfluss von Schicksalsschlägen und unter Druck, selten aus Einsicht. Wenn jemandes Ehe in die Brüche gegangen ist, kann es vorkommen, dass er sich fragt, ob es nicht auch an ihm gelegen haben mag und ob er nicht das nächste Mal gewisse Dinge anders machen sollte. So lange man aber »Live and Business as usual« hat, sehen die wenigsten einen Grund, sich zu ändern, zumal das recht anstrengend ist. Ebenso akzeptiere ich, dass es Berufsgruppen gibt, die sich – trotz aller Schwierigkeiten – die Veränderung von Menschen zum Ziel gesetzt haben, Theologen beispielsweise und Psychotherapeuten. Die Ergebnisse scheinen mir jedoch nicht sonderlich überzeugend zu sein.

Immer wieder wird dieser Versuch auch von Seiten der Politik unternommen. Man kann aber nicht darüber hinwegsehen, dass einige der größten und blutigsten Desaster der Geschichte aus dem Versuch entstanden sind, die Menschen zu verändern. So wollten etwa der Kommunismus in der früheren Sowjetunion und die Kulturrevolution Maos in China ebenso wie die Katholische Kirche unter anderem in Lateinamerika den »Neuen Menschen« schaffen. Es gibt also Berufe und Institutionen, die sich als legitimiert betrachten, Menschen zu verändern. Das will ich hier nicht weiter kommentieren.

Ganz sicher fällt es aber nicht in die Aufgaben von Management. Selbst wenn es, was ich bezweifle, prinzipiell möglich wäre, dauert es aller Erfahrung nach viel zu lange, bis die Wirkungen eintreten. *Die Aufgabe von Management ist es, Menschen so zu nehmen, wie sie sind, ihre Stärken herauszufinden und ihnen durch entsprechende Gestaltung ihrer Aufgaben die Möglichkeit zu geben, dort tätig zu werden, wo sie mit ihren Stärken eine Leistung erbringen und Ergebnisse erzielen können*. Alles andere lässt sich weder *moralisch* noch *ökonomisch* rechtfertigen. Man kann aus einer Milchkuh kein Wollschaf machen. Daher wird von der Kuh verlangt, dass sie Milch gibt – gute und in ausreichender Menge –, ohne sie dafür zu kritisieren, dass sie keine Wolle liefert.

Warum schwächenorientiert?

Warum sind die meisten Menschen auf ihre Schwächen fixiert, statt sich umgekehrt an ihren Stärken zu orientieren? Das hat wohl in erster Linie folgende Gründe: *Erstens* ist es *leichter*, Schwächen zu entdecken, als die Stärken eines Menschen herauszufinden. Die Schwächen fallen einem auf, schon deshalb, weil sie störend sind. Es bedarf weder besonderer Intelligenz noch besonderer Erfahrung, um herauszubekommen, was eine Person *nicht* kann. Vor allem muss man sich mit einem Menschen nicht besonders intensiv befassen, um das zu sehen. Umgekehrt ist aber all das – oft in hohem Ausmaß – erforderlich, um Stärken zu identifizieren. Man muss sich für den Menschen, für das Individuum interessieren, um herauszufinden, was an Stärken vorhanden ist. Unter anderem ist das zeitaufwendig.

Ein *zweiter* Grund ist wohl die Prägung durch die Schulzeit. Die Schule ist, ich sage das ohne Kritik, als Institution auf die Beseitigung von Schwächen fokussiert. Sie muss es deshalb sein, weil niemand wissen kann, wo die Kinder als Erwachsene später tätig sein werden. Daher muss jedes Kind mit einem Minimum an jenen Fähigkeiten ausgestattet werden, die es später mutmaßlich überall brauchen wird, oder präziser, deren Beherrschung es überhaupt erst in der Arbeitswelt einsetzbar machen. Etwas einfacher ausgedrückt: Man muss eben lesen, schreiben und rechnen können, um Mitglied einer heutigen Gesellschaft zu sein. Wenn ein Kind Schwächen z. B. im Rechnen hat, dann wird jeder Lehrer diese Schwäche zu beseitigen versuchen und das Kind dazu anhalten, mehr Rechnen zu üben. Das ist auch gut so.

Durch die Schulbildung wird man also *brauchbar*, aber nicht *gut*. Niemand wird allein deshalb erfolgreich, weil er schulbildungskonform lesen, schreiben und rechnen kann. Der Erfolg von Menschen und ihre Wirksamkeit resultieren nicht aus dem Fehlen von Schwächen, sondern aus dem Vorhandensein und der Nutzung von Stärken. Die wirklich *großen* Lehrer werden daher auch – wohl oder übel – Schwächen etwas mildern und abschleifen müssen. Sie werden aber in erster Linie darauf achten, was ein Kind wirklich kann. Sinngemäß kommt ihre Haltung etwa dadurch zum Ausdruck, dass sie sagen: *»Ihr kleiner Sohn ist leider nicht besonders gut im Bruchrechnen, und daher muss er ein bisschen üben, damit er das Klassenziel erreichen wird. Ein großer Mathematiker wird er wohl kaum werden. Was mir aber aufgefallen ist, Ihr Kind ist ausgezeichnet in den Sprachen. Achten Sie darauf und sorgen Sie dafür, dass es später dort besonders aktiv werden kann …«*

Lernen von den Großen

Die sogenannten »großen« Menschen – wie auch immer man das ungemein missbrauchte, abgenutzte und letztlich nichtssagende Wort »groß« verstehen mag – waren in aller Regel sehr *limitierte* Menschen. Sie hatten markante und zahlreiche Schwächen, und die meisten konnten eigentlich nur eines – das aber *vorzüglich*.

Thomas Mann konnte schreiben – und sonst nichts; dasselbe gilt für die meisten anderen Schriftsteller. Picasso konnte malen, sonst nichts, was auch das »Schicksal« der meisten anderen Maler ist. Mozart konnte komponieren – und sonst nichts; und das gilt auch für die meisten anderen Komponisten. Für das Alltagsleben war Mozart recht ungeeignet – aber das spielt keine Rolle; denn niemand hat je etwas anderes von ihm erwartet als Musik. Geschichten über Mozarts Unfähigkeiten sind für jedermann langweilig, weil das alles neben seiner herausragenden Stärke nicht zählt.

Praktisch auf allen Gebieten findet man dieselbe Situation vor: ob Musik, Malerei, Bildhauerei, Literatur, Politik, Wissenschaft oder Sport – Menschen, die herausragende Leistungen erbrachten, taten dies fast immer auf einem *eng begrenzten* und meistens nur auf einem *einzigen* Gebiet. Die berühmten Physiker waren – und blieben – in erster Linie Physiker, die Mathematiker waren gut in Mathematik und die Chemiker in Chemie.

Zugegebenermaßen findet man ein paar Multitalente, aber sie sind selten, und nur von ganz wenigen lässt sich sagen, dass sie auf mehreren verschiedenen Gebieten ausreichend große Stärken für ins Gewicht fallende Leistungen besaßen. Für die einigermaßen gut rekonstruierbare Geschichte kommt man vielleicht auf drei Dutzend Personen, denen Stärken auf mehreren Gebieten attestiert werden, darunter Julius Cäsar, Benjamin Franklin, E. T. A. Hoffmann, Friedrich II., und – unvermeidlich – Goethe und Leonardo da Vinci. Das bedeutet allerdings noch lange nicht, dass sie auch imstande waren, dementsprechende Erfolge zu erzielen.

Es ist weder möglich noch für den Zweck dieses Kapitels nötig, hier ins Detail von ohnehin ziemlich problematischen Bewertungsversuchen zu gehen. Cäsar scheint tatsächlich ein Mensch gewesen zu sein, der auf mehreren, sehr verschiedenen Gebieten Großes geleistet hat, desgleichen der Stauferkaiser Friedrich II., falls alle »Zuschreibungen«, die zum Teil sehr großzügig gemacht werden, auch wirklich zutreffend sind. Friedrich Nietzsche, der in der Liste als Philosoph und Musiker auftaucht, hat als Pianist und Komponist Achtungserfolge errungen – bei seinen Freunden … Franklin war wahrscheinlich in der Tat ein eher außergewöhnlicher Mensch, und von Goethe und Leonardo kann – wie schon im letzten Kapitel erwähnt – recht zuverlässig gesagt werden, dass etwas mehr Beschränkung für ihr Werk von Vorteil gewesen wäre. Goethes Farbenlehre, auf die er selbst sehr stolz war – aber worauf war er das nicht ? – ist eher peinlich und war es auch zur damaligen Zeit, insbesondere seine damit verbundene Kontroverse mit Isaac Newton. Und von Leonardo hat schon sein früher Biograph, Georgio Vasari, lapidar gesagt, er habe vieles begonnen und wenig zu Ende geführt – ein, wie ich meine, treffendes Urteil – auch Jahrhunderte später.

Wohltuend weise und vertraut mit den Voraussetzungen für Effektivität hebt sich dagegen ein anderes historisches Multitalent ab: Michelangelo, der sich – obwohl er mehrerlei konnte – seiner wirklichen Stärke, der Bildhauerei, so klar bewusst war, dass er sich, so gut es nur ging, gegen jede Versuchung zur Wehr setzte, außerhalb derselben tätig werden zu müssen. Die Unterschrift, mit der er nach zähem Widerstand gegen Papst Julius II. schließlich doch 1508 den Vertrag für die Ausmalung der Sixtinischen Kapelle unterschrieb – *»Michelagniolo, Scultore«* – beweist das besser als jede gelehrte Abhandlung.

Was für die »Großen« als Regel mit nur wenigen Ausnahmen gilt, gilt für die weniger »Großen« desto mehr. Wer Leistung erbringen will oder muss, muss sich darauf beschränken, was er kann und wo er seine Stärke hat. Selbst dann ist es noch schwierig genug, Leistung zu erbringen und erfolgreich zu sein. Sich mit seinen Schwächen und ihrer Reduktion oder Ausmerzung zu beschäftigen, läuft, von wenigen Ausnahmen, die ich noch behandeln werde, abgesehen, auf Zeitverschwendung hinaus und führt, selbst wenn es gelingt, in der Regel zu *objektiver* Ergebnis- und Leistungslosigkeit, auch wenn das damit verbundene Maß an Anstrengung eine große Leistung im subjektiven Sinne sein mag.

Auch auf die Gefahr hin, penetrant zu wirken, mache ich nochmals darauf aufmerksam, dass hier von Management und von Menschen *in* Organisationen die Rede ist. Ich mache immer wieder die Erfahrung, dass nur zu leicht der Kontext, für den ich Gültigkeit und Relevanz beanspruche, aus den Augen verloren wird und stillschweigend Übertragungen in den privaten Bereich vorgenommen werden.

Ob sich jemand privat das Ziel setzt, eine »wohlabgerundete Persönlichkeit« zu werden und deshalb an der Eliminierung seiner Schwächen arbeitet, ist seine persönliche Entscheidung, die hier nicht zur Diskussion steht. Ich würde nicht dazu raten; denn allzu oft ist »abgerundete Persönlichkeit« gleichbedeutend mit »rundum Mittelmaß, aber sehr nett«.

Wie erkennt man Stärken?

Nach allem bisher Gesagten ist es wohl wenig verwunderlich, aber umso tragischer, dass es im Management wenig Hilfestellungen gibt, die es den Menschen ermöglichen oder sie dazu anhalten, ihre Stärken herauszufinden. Wird es überhaupt einmal zum Thema gemacht, dann führt der Weg, auf dem man Stärken zu finden glaubt, systematisch in die Irre.

Der Grund dafür liegt in der fast universell akzeptierten Meinung, dass jemand dann gut sei, wenn er etwas gerne tut. Das ist auch die Standardfrage von Berufsberatern: *Was würdest Du denn gerne tun?*, werden die Kinder gefragt, in der Annahme, dass die Antwort Hinweise auf die Berufswahl erlaube. Diese Auffassung erscheint den meisten als so plausibel, dass kaum jemand auf die Idee kommt, sie in Zweifel zu ziehen. Dennoch ist sie falsch. Es gibt nicht die geringste Korrelation zwischen *gern tun* und *gut tun*.

Wie kommt man trotzdem auf diese Idee? Es gibt eine starke Korrelation zwischen *ungern tun* und *schlecht tun*. Tut man etwas ungern, so führt das selten zu großen Leistungen – aus sehr banalen Gründen: Man schiebt es dann vor sich her, befasst sich nicht damit, geht nicht in die Tiefe, gewinnt daher auch keine Sachkenntnis und keine Erfahrung; weil sich das Problem aber dennoch nicht von allein löst, greift man es zum letztmöglichen Termin auf und bringt es schnell, schnell, mit Improvisation und einem Minimum an Aufwand, »über die Bühne«. Aus der unbestreitbaren Tatsache dieser Korrelation schließt man – *e contrario* – dass das Gegenteil, eben *gern tun* und *daher gut tun* ebenfalls seine Richtigkeit habe.

Man muss aber auf etwas ganz anderes achten und die Frage folglich auch anders formulieren. Manchmal lässt sich die Beziehung umdrehen: *Weil man etwas gut kann, tut man es gern.* Mit dieser Einsicht ist schon etwas gewonnen. Aber es ist noch nicht das wirklich Entscheidende. Die richtige und für die meisten Menschen schicksals-, weil erfolgsentscheidende Frage lautet: *Was fällt Dir leicht?* Die Korrelation, die wirklich wichtig ist, besteht zwischen *leicht fallen* und *gut tun.*

Das beste Beispiel ist vielleicht Albert Einstein. Es wird immer wieder behauptet, Einstein sei ein schlechter Schüler gewesen. Das gibt stupiden Eltern einen scheinbar guten Grund, die schlechten Schulleistungen ihrer Kinder mit dem Hinweis zu entschuldigen, dass Einstein trotzdem den Nobelpreis erhalten habe. Größerer Unfug ist kaum denkbar. Einstein war ein *guter* Schüler; besonders gut war er in Physik und Mathematik. Er hatte – zugegebenermaßen – Schwierigkeiten mit einigen seiner Lehrer, weil er ein unbequemer Schüler war, aber keinesfalls weil er ein schlechter Schüler gewesen wäre. Mathematik und Physik sind ihm leicht von der Hand gegangen und in diesen Fächern hat er seine großen Erfolge erzielt, fast ohne jede Anstrengung. Was aber hat er gerne gemacht, was ließ sein Herz höher schlagen, was war der Brennpunkt seiner Leidenschaft? Es war die Musik und ganz besonders die Geige. Er hätte vieles dafür gegeben, ein großer Violinist zu sein. Aber alles Üben hat kaum zur Mittelmäßigkeit geführt. Die koordinative Geschicklichkeit, die die Violine erfordert, war Einstein nicht gegeben.

Das Beispiel Einsteins illustriert den Sachverhalt gut, aber eigentlich muss man ihn dafür gar nicht bemühen. Man muss nur etwas tun, was leider gerade viele Personalexperten nie tun: man muss die Menschen *beobachten.* Es gibt zahllose Menschen, die mit der Leidenschaft Einsteins für die Violine etwa Tennis spielen oder Golf oder sonst einen Sport oder ein Hobby treiben – ohne es je über achtbares Mittelmaß hinauszubringen. Sie tun es gerne – und gemessen an echten Leistungen – bemitleidenswert schlecht. Andererseits kann man bei den wirklichen Profis sehen, dass sich das »Gern tun«, der Spaß an der Sache, oft und mit zunehmender Routine immer stärker in Grenzen hält und sie trotzdem gut sind. Oder, anders formuliert, sie brauchen das »Gern tun« eben nicht, um gut und erfolgreich zu sein, weil ihnen die Sache leicht fällt. Weder für Flugzeugpiloten noch für Ärzte ist es wesentlich, ob sie ihre Arbeit gern tun – weil sie Profis sind. Sie werden nicht danach gefragt; das interessiert den Fluggast ebenso wenig wie den Patienten.

Eminent wichtig wird die Frage danach, was einem leicht fällt, nicht nur durch die Wahrscheinlichkeit, dort auch erfolgreich zu sein, sondern auch durch das Risiko, statt dessen die falsche Korrelation im Auge zu haben. Das nachgerade Teuflische ist ja, dass das, was einem *leicht* fällt, einem *nicht auffällt* – eben *weil* es einem leicht fällt. Und weil es einem nicht auffällt, achtet man nicht darauf – und nützt es nicht. Man übersieht das Wichtigste, das, was Wirksamkeit und Erfolg – sogar relativ leichten und raschen Erfolg – und möglicherweise aufgrund des Erfolges auch Erfüllung, Glück und Sinn zu erlangen erlaubt, gerade weil es eine Stärke ist.

Ich erwähnte schon, dass die Missachtung oder das Ignorieren des Grundsatzes der Stärkenorientierung eine der Ursachen existenzieller Tragik sei. Die Tragik liegt darin, dass Menschen in Unkenntnis der hier besprochenen Zusammenhänge ihre Stärken übersehen oder gering schätzen und gleichzeitig unter ihren Schwächen leiden bzw. ihre Kraft darauf verwenden, diese zu eliminieren. Dort, wo sie leichten Erfolg haben könnten, versuchen sie es nicht einmal; und dort, wo sie mit oft großen Anstrengungen an sich arbeiten, bleibt er ihnen dennoch versagt.

An dieser Stelle sei nochmals der erste Grundsatz in Erinnerung gerufen: dass es im Management auf die Ergebnisse ankommt. Ich hatte in diesem Zusammenhang ein paar Überlegungen zum Thema »Arbeit soll Spaß machen« angestellt. Es wird unschwer erkennbar sein, dass es einen unmittelbaren Zusammenhang zwischen dieser Forderung und der Frage gibt, wie man Stärken erkennt, also zwischen »Spaß haben« und »gern tun« – und dass beides ein tragischer Irrtum und, soweit es sich in Managementbüchern und -seminaren findet, eine zerstörerische Irrlehre ist.

Arten von Schwächen

Um die Bedeutung des Grundsatzes der Stärkenorientierung klar zu sehen, sind vielleicht einige zusätzliche Anmerkungen nützlich. Insbesondere sind einige Unterscheidungen zu machen. Nicht alles, was als Schwäche erscheint, *ist* eine Schwäche im hier gemeinten Sinne. Es gibt Defizite, die man beseitigen kann und soll. Im Wesentlichen treten fünf Arten von Mängeln als Schwächen in Erscheinung. Vier davon lassen sich eliminieren oder zumindest in hohem Maße verbessern.

Als *erstes* sind Lücken an *Wissen* und an *Kenntnissen* zu nennen. Ein erheblicher Teil solcher Defizite lässt sich durch Ausbildung und Lernen aus der Welt schaffen. Wer Englisch können muss für seine Tätigkeit, kann es erlernen. Wenn man gar kein Sprachtalent hat, wird man wahrscheinlich nicht besonders gut, man wird immer eine miserable Aussprache haben und Shakespeare nie im Original lesen können, aber das ist meistens auch nicht erforderlich. Auch Menschen, die über wenig Sprachbegabung verfügen, können im allgemeinen eine der üblichen Fremdsprachen für praktische Zwecke ausreichend gut erlernen. Ebenso kann man – selbst wenn man nicht Betriebswirtschaftslehre studiert hat – ein Minimum an Kenntnissen in den Bereichen Organisation, Strategie und Rechnungswesen erlernen, Wissensgebiete, ohne die man sich heute in einem Unternehmen, aber auch in vielen anderen Organisationen schwer tut.

Als *zweites* sind *Fertigkeiten*, Skills zu nennen. Man kann lernen, eine Computertastatur zu bedienen, eine Tagesordnung für eine Sitzung zu erstellen, einen brauchbaren Report zu schreiben und eine Präsentation zu machen. Man kann ein Minimum an rhetorischen Fertigkeiten erwerben, auch wenn es nie zum großen Redner reichen wird. Eben das, was man in einer Organisation heute typischerweise braucht – so wie man vorteilhafterweise Autofahren lernt, wenn man in eine moderne Gesellschaft hineingeboren wurde, auch wenn man nie ein Formel 1-Rennen fahren wird.

Zum *dritten* kann man ein gewisses Maß an *Verständnis* für und *Einsicht* in andere Aufgaben und Fachgebiete erlangen. Auch Biochemiker können akzeptieren lernen, dass selbst die Pharmaindustrie Marketing betreiben muss und daher Marketingspezialisten braucht, auch wenn sie selbst mit den Werbeslogans ein Leben lang nichts anfangen können. Human Ressources-Spezialisten können Verständnis dafür erlangen, dass man in einem Unternehmen für gewisse Zwecke Zahlen braucht. Sie werden nie eine Bilanz lesen können, und Buchhalter werden ihnen immer suspekt bleiben. Aber jenes Minimum an Verständnis, aus dem letztlich gegenseitige Akzeptanz und vielleicht Achtung erwachsen können, kann und sollte erworben werden.

Viertens schließlich sind gewisse Eigenarten, die als Schwächen in Erscheinung treten, oft nur *schlechte Gewohnheiten.* Auch diese lassen sich bis zu einem gewissen Grade aus der Welt schaffen. Dazu gehören etwa Dinge wie chronische Unpünktlichkeit, der Hang zu Schlamperei und Nachlässigkeit oder etwa die Unart, nie etwas wirklich zu Ende zu bringen.

Mit dieser letzten Kategorie kommt man aber bereits in die Nähe dessen, was ich hier unter den nicht oder nur schwer zu beseitigenden Schwächen verstehe. Es gibt beispielsweise Menschen, die regelmäßig Schwierigkeiten mit anderen Personen haben und mit ihren Mitmenschen nur schwer zu Rande kommen. Das wird man – auch mit noch so viel Training – nicht wesentlich verändern können. Aus einem typischen Eigenbrötler kann man kaum einen wirklich guten Teamplayer machen. Zum Glück spielt das aber auch gar keine Rolle, es fällt nicht ins Gewicht, wenn und solange man eine solche Person mit Aufgaben betraut, die sie im wesentlichen allein lösen kann. Die Behauptung, dass heute jeder ein Teamplayer sein müsse und dass es keine Aufgaben mehr gebe, die allein bearbeitet werden können, klingt zwar sehr modern und zeitgeistkonform, ist aber schlicht falsch und ein Indiz für einen eklatanten Mangel an Nachdenken und die unkritische Übernahme bloßer Behauptungen. Meistens ist es auch ein Anzeichen für fehlende Vertrautheit mit der Praxis. Es gibt Menschen, die im Team hervorragend sind, ja ein solches brauchen, um überhaupt in Form zu kommen, auf sich allein gestellt aber weitgehend hilflos sind. Umgekehrt gibt es Menschen, die Teams keineswegs als das Nonplusultra der Leistungsfähigkeit und Produktivität betrachten, sondern eher als umständlich, langsam, unproduktiv und schwerfällig empfinden. Sie fügen sich zwar der Teamdisziplin, wenn es von ihnen verlangt wird, sind jedoch im Team nicht besonders gut, während sie allein Ausgezeichnetes leisten, wenn sie konzentriert und ohne Rücksicht nehmen zu müssen, an einem Problem arbeiten können.

Einen typischen Denker, einen eher analytisch oder konzeptionell veranlagten Menschen, dessen Stärke das geistige Durchdringen eines Problems oder der Entwurf von Lösungen ist, wird man selten in einen besonders wirksamen Macher verwandeln können, dessen Stärke in der Realisierung besteht. Organisationen brauchen beides, aber beide Kompetenzen sind so selten in ein und demselben Menschen vereinigt, dass man praktisch nicht darauf bauen kann. Es gibt Menschen, die selten Konflikte mit anderen haben, sich aber ein Leben lang schwer tun mit Zahlen; und es gibt umgekehrt diejenigen, die eine besondere Beziehung zu Zahlen haben, aber zu sonst gar nichts, schon gar nicht zu Menschen. Manche brauchen, um wirksam zu sein, eine ausgeprägt systematische, fast algorithmische Arbeitsweise, die für andere die bare Strangulierung bedeuten würde.

Aus der Bibel erfahren wir, dass Gott den Menschen schuf; aber das stimmt nicht – und zwar nicht wegen Darwin und der Evolutionstheorie. Das wäre ein Thema für sich. Wie auch immer: Ob es der liebe Gott oder die Evolution war – entstanden sind *Individuen*. Keine zwei Menschen sind gleich, keine zwei Menschen arbeiten gleich und keine zwei Menschen erbringen auf dieselbe Art Leistung. Was hier also als Schwächen der wirklich wichtigen, nämlich kaum zu beseitigenden Art bezeichnet wird, sind vielmehr Eigenarten der Persönlichkeit, des Charakters, des Temperamentes – alles wenig präzise Begriffe und weniger gut erforschte Gebiete, als dies wünschenswert wäre. Glücklicherweise spielt das in diesem Zusammenhang aber keine entscheidende Rolle.

Die zwei Quellen der Spitzenleistung

Sobald Führungskräfte den vierten Grundsatz akzeptieren und dementsprechend handeln, verschwinden zahlreiche hartnäckige Probleme, die man umgekehrt, wenn das Prinzip missachtet wird, auch mit noch so viel Aufwand kaum lösen kann.

Aber es geschieht noch weit mehr: Plötzlich werden Leistungen möglich, die vorher außerhalb jeder Reichweite lagen. Unter anderem zeigt sich, auf welchem Wege die schon erwähnten *Spitzenleistungen* möglich werden. Wenn man der Frage nachgeht, wie wirklich große Leistungen tatsächlich zustande gekommen sind oder erbracht wurden, fallen immer wieder zwei Dinge auf: Das erste ist *eine klar erkannte* Stärke und das zweite die *kompromisslose Konzentration darauf.* Die Spitzenleistung resultiert, wie man sieht, aus der Verbindung des dritten mit dem vierten Grundsatz.

Wer Ergebnisse erzielen will, *muss Stärken nutzen.* Wer Stärken nutzen will, muss viele und meistens auch große Schwächen *in Kauf nehmen.* Er muss versuchen, sie zu *kompensieren*, was nicht heißt, sie zu beseitigen. Man muss Schwächen bedeutungslos, irrelevant machen. Das ist der Zweck von Organisation. Was immer sonst noch mit Organisation erreicht werden kann, ihre primäre Funktion besteht darin, Stärken zum Einsatz zu bringen und Schwächen bedeutungslos zu machen. Das gilt auch für die vielleicht wichtigste Untereinheit jeder Organisation, das Team.

Um es unmissverständlich auszudrücken: Wenn und solange in einer Organisation die Einstellung – vielleicht sogar die Kultur – dadurch geprägt ist, dass man etwa sagt: *»Herr Müller ist zwar ein ausgezeichneter Getriebekonstrukteur, aber er ist ein schwieriger Mensch, er ist nicht kooperativ, nicht teamfähig, nicht motiviert …; wir wollen uns von ihm trennen …«*, hat man einen fundamentalen Fehler wider den Geist guten Managements gemacht. Man muss die Sache umdrehen: *»Herr Müller!? Ein furchtbar schwieriger Mensch, nicht kooperativ, nicht teamfähig, nicht motiviert …; aber der Mann ist ein so exquisiter Getriebeingenieur, dass es meine Aufgabe als sein Chef ist, dafür zu sorgen, dass er Tag und Nacht Getriebe konstruiert. Wenn er mit der Welt nicht auskommt,* *dann übernehme ich das für ihn. Dieser Mann steht nicht auf unserer Lohnliste, weil er ein angenehmer Mensch ist, sondern nur aus einem einzigen Grunde: damit er uns durch seine Konstruktionen gegenüber der Konkurrenz einen Vorsprung von drei Jahren verschafft ...«*

Von dem Grundsatz, die Stärken zu nutzen, gibt es *eine* wichtige Ausnahme, die ich in Zusammenhang mit dem fünften Prinzip wirksamer Führung noch behandeln werde.

Fünfter Grundsatz
Vertrauen

Es kommt auf das gegenseitige Vertrauen an.

Der fünfte Grundsatz hängt zwar direkt mit Motivation und Unternehmenskultur zusammen, ist aber eher eine *Widerlegung* der diesbezüglich vorherrschenden Meinungen als deren Bestätigung. Ja mehr, man kann an diesem Beispiel zeigen, wie sehr die allgemein verbreiteten Denkweisen einerseits in die Irre gehen, andererseits aber – noch schlimmer – etwas viel Wichtigeres fast vollständig übersehen wurde.

Wie ist es zu erklären, dass es Führungskräfte gibt, die – wenn man das Lehrbuch als Maßstab nimmt – alles falsch machen und trotzdem in ihren Abteilungen ein gutes, oft ausgezeichnetes Betriebsklima haben? Und wie ist es andererseits zu erklären, dass es Führungskräfte gibt, die – wieder lehrbuchgemäß – alles richtig machen, alle Motivationstheorien kennen und ihr Führungsverhalten auch danach ausrichten, aber trotzdem ein schlechtes, oft miserables Betriebsklima in ihren Bereichen haben?

Jedesmal wenn ich dieser Frage auf den Grund ging, kam als des Rätsels Lösung der Faktor *Vertrauen* ans Tageslicht. Wenn und insoweit es einem Manager gelungen war, das Vertrauen seiner Umgebung, seiner Mitarbeiter und Kollegen zu gewinnen und zu bewahren, waren auch das Betriebsklima oder die Unternehmenskultur im wesentlichen in Ordnung. Wenn *keine* Vertrauensbasis vorhanden war, nützten sämtliche Bemühungen um die Unternehmenskultur oder die Motivationslage gar nichts – sie wurden sogar nicht selten ins Gegenteil verkehrt; die Mitarbeiter empfanden diesbezügliche Maßnahmen als unehrlich, als manipulativ und häufig als eine besonders raffinierte Form von Zynismus.

Man kann daraus den fünften Führungsgrundsatz ableiten: *Wo-*

rauf es in letzter Konsequenz ankommt, ist das gegenseitige Vertrauen! Es ist das Vertrauen, das zählt, und gerade *nicht* all die anderen, so oft beschriebenen und geforderten Dinge wie Motivation, Führungsstil und Unternehmenskultur.

Merkwürdigerweise ist über Vertrauen in Organisationen fast nichts oder jedenfalls nur sehr wenig geforscht und geschrieben worden – um ein Vielfaches weniger als über die gesamten anderen Aspekte der Unternehmenskultur, die im Grunde von viel geringerer Bedeutung sind. Es scheint, als hätten die Humanwissenschaften dieses Problem schlichtweg übersehen. In der klassischen deutsch- und englischsprachigen Motivationsliteratur und in den Schriften zur Unternehmenskultur hat man sich praktisch nicht mit diesem Thema befasst[20], in den meisten Schriften fehlt es vollständig und in einigen wenigen existieren zaghafte Hinweise, eher nur Erwähnungen, die wie etwa bei Leavitt kaum Substanz haben oder wie bei Warren Bennis konfus sind und letztlich – für die Praxis unbrauchbar – in metaphysischen Sphären enden.

Erst in jüngster Zeit – etwa seit Mitte der neunziger Jahre – lässt sich eine intensivere Auseinandersetzung mit dem Thema Vertrauen feststellen, vorwiegend in den USA und dort inzwischen – wie fast immer – mit der Tendenz zum Modischen, was allein natürlich noch keineswegs Substanz in der Sache bedeutet. Offenbar sehen sich jetzt viele bemüßigt, noch schnell etwas über »Trust in Organisations« zu schreiben, nicht um das Problem zu lösen oder einen Beitrag dazu zu leisten, sondern um das Themenfeld zu besetzen. In den deutschsprachigen Ländern wird sich wohl rasch beobachten lassen, dass man von Vertrauens*kultur* zu reden beginnen wird, weil hier ja seit einiger Zeit offenkundig alles gleich zu einer »Kultur« hochstilisiert werden muss, womit dann noch weniger deutlich wird, was eigentlich gemeint sein soll. Gewonnen wird damit rein gar nichts, aber das Wort klingt ja so schön …

Das Gros des in diesen Schriften Gesagte fällt übrigens in die Kategorie der in Teil I behandelten *Psychologisierung*, womit verkannt

20 Eine Ausnahme ist Dale E. Zand, *Wissen, Führen, Überzeugen*, Heidelberg 1983, S. 46 ff.

wird, dass Vertrauen in Wahrheit fast gar nichts mit Psychologie zu tun hat und schon gar nicht mit irgendwelchen Gefühlslagen, die zwar begleitend mit Vertrauen oder Misstrauen auftreten können – so wie fast alles von Gefühlen begleitet wird –, aber keinen kausalen Zusammenhang damit haben.

Wichtig ist mir die Feststellung, dass ich nicht behaupte, Vertrauen solle oder könne an die Stelle von Motivation treten. Meine Behauptung ist vielmehr, dass es keine Motivation geben kann, wenn Vertrauen fehlt.

Robustheit der Führungssituation

Wenn und insoweit es einer Führungskraft gelungen ist, das Vertrauen ihrer Umgebung zu gewinnen und zu erhalten, hat sie etwas extrem Wichtiges erreicht – nämlich eine *robuste* Führungssituation herzustellen: robust, im Gegensatz zu zerbrechlich; belastbar, im Gegensatz zu empfindlich.

Robust wogegen? Gegen die vielen Führungsfehler, die trotz aller Bemühungen, aller Disziplin und allem Können immer wieder unterlaufen. Auch die besten Manager, da darf man sich nichts vormachen, begehen jeden Tag mehrere schwere Führungsfehler – ohne es zu *wollen* und meistens auch ohne es zu *merken*. Manager sind in der Praxis, das mag man bedauern, nicht ganz so sensitiv, wie die besonders von der Human Relations-Schule geprägten Experten in Wissenschaft und Ausbildung sie gerne hätten. Das darf für alle Arten von Organisationen angenommen werden, bis das Gegenteil im Einzelfall bewiesen ist, und es gilt – wie mir scheint – sowohl für Manager als auch für Managerinnen. Dies einzusehen und als weitgehend unveränderbar zu akzeptieren, scheint vielen außerordentlich schwer zu fallen.

Die entscheidende Frage ist also nicht, ob man Führungsfehler macht oder nicht; sie passieren ganz einfach in der Hektik des Tagesgeschäftes. Die entscheidende Frage ist vielmehr, wie schwer diese Fehler *wiegen*, ob sie zählen, ob sie sich auswirken oder nicht.

Eine auf Vertrauen basierende Führungssituation ist robust genug, Führungsfehler aushalten und verkraften zu können. Die Mitarbeiter werden gelegentlich murren, aber sie wissen, dass sie sich im Ernstfall auf ihren Chef verlassen können. Es herrscht also auch in Organisationen mit Vertrauen nicht jeden Tag Jubel und Freude. Es gibt auch dort Missstimmungen, Unzufriedenheiten und Konflikte; aber diese zählen nicht wirklich, solange Vertrauen vorhanden ist.

Ähnliches scheint mir übrigens – das nur nebenbei – auch für zwei andere Formen des menschlichen Miteinanders zu gelten: für die Ehe und die Freundschaft. Gute Ehen sind genauso wenig wie gute Freundschaften konfliktfrei. Ihre Qualität zeigt sich nicht darin, dass es keine Schwierigkeiten gibt, sondern darin, dass Konflikte lösbar sind, dass man sie austragen kann – sie sind robust genug, das alles zu verkraften.

Wie schafft man Vertrauen?

Weil die Vertrauensfrage bislang weitgehend übersehen wurde, ist darüber leider noch nicht viel bekannt. Ich kann daher nur einige wenige Punkte behandeln. Zum Teil sind es Hinweise auf Fehler, die man vermeiden sollte, weil sie das Vertrauen nachhaltig zerstören. Schon damit ist viel gewonnen, denn den meisten Managern wird ja gerade am Anfang von den Mitarbeitern durchaus ein gewisser Vertrauensvorschuss zugestanden.

Niemals das »Verliererspiel« spielen.

Es gibt Leute, die ein Leben lang nicht lernen, Fehler zuzugeben. Wenn sie zu Führungskräften gemacht werden, erhalten sie leider auch noch Macht und Mittel, ihre Fehler gegenüber ihren Mitarbeitern zu verschleiern und zu vertuschen oder sie jedenfalls mit rhetorischem Geschick zu überspielen und den Mitarbeitern in die Schuhe zu schieben. Das bleibt natürlich nicht unbemerkt.

Nicht *alle* merken es *sofort*; aber wenn ein Manager das zur Methode erhebt, kommen mit der Zeit selbst die Dümmsten darauf, welches Spiel hier mit ihnen gespielt wird. Generell sind die Menschen schon bereit dazu, Niederlagen wegzustecken. Wenn ihnen aber ein »Spiel« zugemutet wird, in dem sie nicht nur *gelegentlich* die Verlierer sind, sondern überhaupt und systematisch nicht mehr gewinnen *können*, dann akzeptieren sie das nicht.

Wenn sie immer und ohne Ausnahme die Dummen sind, und zwar deshalb, weil ihr Chef ständig die Spielregeln zu seinem eigenen Vorteil verändert, sind die Folgen programmiert: Die guten Leute und jene, die Optionen haben, werden die Organisation verlassen; und die anderen, die nichts dagegen machen können, weil sie zum Beispiel aus Altersgründen keine Alternative haben, gehen in die innere Kündigung. Sie sind dann physisch noch anwesend, arbeiten aber nur noch des Geldes und nicht mehr der Aufgabe wegen. Man hat nur noch »Zuschauer«, aber keine »Mitspieler« mehr – und das Vertrauen ist irreparabel zerstört.

Daraus lassen sich ein paar einfache Regeln ableiten:

Fehler der Mitarbeiter sind Fehler des Chefs – jedenfalls nach außen und nach oben. Er kann seine Leute nicht ohne Vertrauensverlust »im Regen stehen lassen«. Ich betone, nach außen und nach oben; *nicht nach innen.* Wenn ein Mitarbeiter einen Fehler macht, dann muss man ihm das sagen, und er muss ihn korrigieren. Das kann durchaus mit harscher Kritik und gelegentlich auch mit Sanktionen verbunden sein. Nach außen und oben hingegen muss er sich auf die Loyalität und Unterstützung seines Chefs verlassen können.

Fehler des Chefs sind Fehler des Chefs – und zwar ohne Ausnahme. Er muss die Größe haben, sie zuzugeben, oder er muss lernen, es zu tun. Er kann durchaus von seinen Leuten verlangen, dass sie ihm helfen, Fehler zu korrigieren; aber er kann nicht die eigenen Fehler seinen Mitarbeitern in die Schuhe schieben – jedenfalls nicht, ohne die Vertrauensbasis zu unterminieren.

Diese Regeln lassen sich noch erweitern:

Erfolge der Mitarbeiter »gehören« den Mitarbeitern: Als Chef schmückt man sich nicht mit »fremden Federn«.

Erfolge des Chefs, falls er im Alleingang solche haben sollte, kann er für sich beanspruchen: Die guten Manager, und vor allem die Leader, sagen allerdings auch dann noch: »*Wir* haben es erreicht«.

Das alles mag ein wenig idealistisch klingen, aber gute Manager handeln nach diesen Regeln, weil ihnen das Vertrauen ihrer Mitarbeiter wichtiger ist als ihr eigenes Image. Ich weiß natürlich, dass es genügend Manager gibt, die das genaue Gegenteil tun und damit sogar in hohe Positionen gekommen sind. Sie mögen damit also vordergründig Karriere gemacht haben. Sie werden aber niemals das Vertrauen ihrer Umgebung haben, und auf lange Sicht richten sie katastrophalen Schaden an.

Wer Vertrauen schaffen will, muss zuhören.

Manager haben in der Regel nicht viel Zeit. Aber auch wenn sie nur zehn Minuten für ihren Mitarbeiter erübrigen können, so hören sie in diesen zehn Minuten aufmerksam und konzentriert zu. Manager sind außerdem meistens ziemlich ungeduldige Menschen, und Zuhören fällt ihnen nicht gerade leicht. Die guten Führungskräfte zwingen sich dazu. Man kann durchaus den Mitarbeiter ermahnen, sich kurz zu fassen. Aber man kann das, was er zu sagen hat und was er insbesondere seinem Chef sagen will, nicht einfach ignorieren, ohne sein Vertrauen zu verlieren.

Wer an Vertrauen interessiert ist, muss echt sein.

Gute Führungskräfte verzichten darauf, ihren Mitarbeitern ein X für ein U vorzumachen. Sie versuchen nicht, eine »Rolle« zu spielen, die sie nämlich auf Dauer ohnehin nicht durchhalten können, und sie achten daher auch nicht sonderlich auf ihren Führungsstil – sie sind echt, mit allen ihren »Ecken« und »Kanten«. Sie stehen nicht nur zu ihren Fehlern, sondern auch zu ihrer Persönlichkeit, was nicht heißt, dass man diese nicht entwickeln kann.

Ich halte daher auch wenig von jener Literatur, in der die »Rollen« des Managers im Vordergrund stehen. Es ist mir zwar bewusst, dass es in der *Soziologie* den Fachbegriff der Rolle gibt, und ich akzeptiere, dass er dort nützlich ist; aber ich halte diesen Ausdruck im *Management* nicht für zweckmäßig. Rollen werden im Theater oder in Filmen – von Schauspielern – gespielt, und genau dieses Verständnis des Rollenbegriffes haben wir auch im Alltag, weil die meisten von uns keine Soziologen sind. Von Schauspielern gespielte Rollen sind das Paradebeispiel für etwas Unechtes; für etwas, was eben *nur gespielt*, aber *nicht wirklich* ist. Selbst kleine Kinder haben für diesen Unterschied ein feines Gespür. Auch wenn sie gebannt und fasziniert einem Film im Fernsehen folgen, so ist doch danach völlig klar, dass es eben *nur* ein Film, etwas Gespieltes, war.

Meine Kollegen aus der Soziologie sagen mir gelegentlich: *»Aber Du spielst doch zuhause auch die Rolle des Vaters!«* Meine Antwort darauf ist: *»Genau das tue ich nicht! Ich erfülle die Aufgaben eines Vaters – so gut es nur geht. Und das ist etwas viel Ernsthafteres, als eine Rolle zu spielen.«* Führungskräfte haben Aufgaben zu erfüllen und nicht Rollen zu spielen.

Führungsstil ist nicht wichtig.

Was ich eben zur »Rolle« sagte, steht in engem Zusammenhang mit dem Führungsstil, und was ich in dieser Überschrift sage, steht in krassem Widerspruch zur herrschenden Meinung. Für die meisten Manager und vor allem für die vielen Seminartrainer steht völlig außer Zweifel, dass *erstens* Führungsstil *sehr* wichtig ist und dass *zweitens* nur ein *bestimmter* Stil, nämlich kooperatives Verhalten zulässig sein darf.

Nachdem auch ich ein Jahrzehnt lang Führungsstil für etwas Wichtiges gehalten habe, bin ich mittlerweile zu der Überzeugung gelangt, dass er in Wahrheit *nicht wichtig* ist – jedenfalls bei weitem nicht so wichtig, wie die unzähligen Bücher und Untersuchungen zu diesem Thema glauben machen wollen.

Ich habe dafür folgende Gründe:

Erstens, es gibt keinen Zusammenhang zwischen Führungsstil und Ergebnissen, außer in sehr *künstlichen* Spiel- oder Experimentiersituationen. Wenn wir zwischen einem autoritären und einem kooperativen Führungsstil einerseits und zwischen guten und schlechten Resultaten andererseits unterscheiden, so lässt sich folgendes beobachten:

(1) Es gibt kooperative Führungskräfte, die *auch* hervorragende Resultate erzielen. Das ist großartig, und man kann jeder Organisation nur wünschen, möglichst viele solcher Leute als Manager zu haben.
(2) Aber es gibt eben auch diejenigen, die zwar äußerst kooperativ sind, aber leider *keine* Ergebnisse erzielen. Sie sind zwar nette, angenehme und vielleicht sogar liebenswürdige Menschen, aber sie bleiben ohne Wirkung.
(3) Und dann gibt es natürlich auch autoritäre Führungskräfte, die *keine* Resultate vorweisen können. Diese sind eine Katastrophe für jede Organisation, und man sollte sich möglichst rasch von ihnen trennen.
(4) Aber ich habe eben auch Manager kennengelernt, die sehr direktiv und im landläufigen Sinne durchaus autoritär waren, aber sehr wohl *hervorragende* Resultate erzielten.

Die Fälle eins und drei sind klar. Leute der ersten Kategorie muss man »auf Händen tragen«, und von der dritten Kategorie muss man sich rasch befreien. Die Schwierigkeiten treten in den Fällen zwei und vier auf. Hier steht man vor der Entscheidung, dem Führungsstil oder den Resultaten den Vorzug zu geben. Meine Entscheidung fällt zugunsten der Resultate aus, auch wenn das mit unangenehmen und gelegentlich harten Konsequenzen verbunden ist.

Ich empfehle, sich in diesem Zusammenhang nicht von gewissen Rollenspielen und Übungssequenzen in Seminaren täuschen zu lassen. Es gibt wunderbare Übungen für die »Ausbildung« von Managern, mit denen »bewiesen« werden soll, dass kooperatives Verhalten *immer* und direktives Verhalten *nie* mit Resultaten verbunden ist. Diese Übungen beeindrucken und wirken sehr überzeugend. Die anderen Übungen, die es auch gibt und mit denen sich das genaue Gegenteil zeigen lässt, werden leider nie durchgeführt, teilweise deshalb, weil viele Seminartrainer vom Dogma des kooperativen Führungsstils so sehr überzeugt sind, dass sie es nicht mehr hinterfragen; teilweise aber auch deshalb, weil Ideologie betrieben wird.

Um nicht falsch verstanden zu werden: Auch ich finde kooperative Menschen angenehmer und sympathischer als andere; und ich arbeite an sich lieber mit den ersteren als mit den zweiteren zusammen. Aber im Management und in einer Organisation geht es nicht um die Frage, was wir als angenehm und sympathisch empfinden, sondern es geht um Wirksamkeit und um Richtigkeit.

Ich gebe gerne zu, dass man autoritär das Falsche machen kann. Aber man kann eben auch kooperativ das Falsche tun. Autoritär, aber in den Resultaten richtig ist besser als kooperativ, aber falsch.

Es gibt noch einen *zweiten* Grund, Führungsstil nicht für besonders wichtig zu halten. Ich wage die Behauptung, dass 90 Prozent dessen, was man sinnvoll und praktisch unter »Führungsstil« verstehen kann – der Begriff selbst ist ja nicht gerade ein Musterbeispiel an Klarheit und Prägnanz –, etwas *ganz anderes* ist, als in Büchern und Seminaren gefordert und vermittelt wird. Nicht ein angelernter und polierter »Stil« ist wichtig; *wirklich wichtig* ist etwas viel Einfacheres, nämlich ein Minimum an *elementaren Manieren*. Ich meine hier nicht hochgezüchtete Höflichkeitsrituale, sondern das, was man unter »Kinderstube« zu verstehen pflegt: ein Minimum an *Anstand*.

Leider kann man heute nicht mehr davon ausgehen, dass alle Leute dies als Voraussetzung mitbringen. Daher muss man jenen, die keine Kinderstube hatten, diese Manieren beibringen. Dazu bedarf es keiner Seminare, man muss sie einfach verlangen. Man darf rüpelhaftes Verhalten nicht dulden. Manieren sind natürlich nicht der Treibstoff, nicht die Energie einer Organisation; aber sie sind der »Schmierstoff«, der das Zusammenleben und -arbeiten überhaupt erst ermöglicht.

In der Physik gibt es ein Naturgesetz, wonach durch das Aufeinandertreffen fester Körper Reibung entsteht. Organisationen sind Orte, an denen »feste Körper« – Menschen – »sich treffen«, und dadurch entsteht Reibung – Konflikt. Auch die bestkonstruierten Motoren brauchen etwas Schmieröl für einen runden Lauf. Unsere Organisationen sind bei weitem nicht so gut »konstruiert« wie Motoren, und daher brauchen sie sogar etwas mehr »Schmierstoff« als diese.

Leute ohne Manieren müssen gelegentlich geduldet werden, aber sie werden nie respektiert. Wer herumbrüllt, wem es nie in den Sinn kommt, »bitte« oder »danke« zu sagen, wer nicht einmal ein Minimum an Anstand aufzubringen vermag, hat auf Dauer keine Achtung, und er wird auch kein Vertrauen schaffen können. Die Beziehungen zu ihm sind mit Skepsis, Zweifel, Misstrauen und Ablehnung belastet.

Manieren im hier verwendeten Sinne haben übrigens nichts mit Etikette und Protokoll zu tun. Diese sind im Management gelegentlich auch von Bedeutung, und wenn jemand in eine Spitzenposition kommen will, so tut er gut daran, sich rechtzeitig die Grundlagen dafür anzueignen. In Top Management-Positionen muss man gelegentlich Empfänge geben, ein guter Gastgeber sein und repräsentieren können.

Im allgemeinen kommt es aber *nicht* darauf an, ob jemand Fisch oder Schalentiere richtig essen kann oder ob er mit einer Artischocke zurechtkommt. Die Manieren, die ich hier meine, betreffen nicht die »höfischen Sitten«, sondern den Grundbestand eines zivilisierten – ich möchte nicht einmal sagen kultivierten – Umgangs mit Menschen. Man lässt seine Launen nicht an seiner Umgebung aus; man fällt seinen Mitarbeitern nicht ins Wort, wenn sie gerade sprechen, sondern lässt sie ausreden; man nörgelt nicht an den Schwächen der Mitmenschen herum; man macht sie nicht »fertig« usw.

Immer wieder wird mir in diesem Zusammenhang entgegengehalten, das gerade sei ja »Stil«, und ich werde gefragt, warum ich denn dagegen sei? Es hat wenig Sinn, über Worte zu streiten. Wenn es jemandem beliebt, das als Stil zu bezeichnen, so mag er das tun. Es ist jedenfalls nicht das, was in Büchern und Seminaren unter Stil behandelt wird, und es ist auch nicht das, was die Menschen im allgemeinen darunter verstehen.

Wer Vertrauen schaffen will, muss charakterlich integer sein.

Noch wichtiger als alles bisher Gesagte ist vielleicht *Charakter* oder präziser, *charakterliche Integrität.* Die meisten werden dem wohl zustimmen können, obwohl es ebenfalls nicht zu den zentralen Themen in der Managementausbildung gehört. Aber was ist mit charakterlicher Integrität gemeint? Was ist eine integre Persönlichkeit? Darüber lassen sich Bücher schreiben, und diese sind auch geschrieben worden. Vieles, was dazu gesagt wurde, ist furchtbar wolkig, dunkel und metaphysisch – und sehr kompliziert. Wenn man alles Philosophieren zu diesem Thema auf den Punkt zu bringen versucht, kommt etwas sehr Einfaches zutage: *Man muss meinen, was man sagt – und so handeln.*

Konsistenz ist ebenso entscheidend wie *Prognostizierbarkeit.* Die meisten Menschen verstehen unter Vertrauen ein allgemeines, etwas diffuses Gefühl oder Empfinden. Mit Vertrauen mögen auch Gefühle verbunden sein; sie sind es aber nicht unbedingt, und vor allem sind sie nicht verlässlich. Die Basis sind immer *Vorhersehbarkeit* und *Verlässlichkeit.* Man muss wissen, woran man mit seinem Chef und seinen Kollegen ist, und sich darauf verlassen können. Daher braucht man Spielregeln, die gelten, und ebenso muss ein Wort gelten.

Auch hier können Missverständnisse auftreten. *»Meinen, was man sagt«*, bedeutet nicht, dass ein Manager *alles* sagen soll, was er *meint.* Das wäre naiv. Jede Führungskraft wird gelegentlich gute Gründe haben, über gewisse Dinge nicht zu reden, nicht hier und nicht jetzt. *Wenn* man aber etwas sagt, dann muss es auch so gemeint sein.

Die Forderung beinhaltet natürlich nicht, dass man seine Meinung nie wieder ändern darf. Selbstverständlich darf man das, und sehr oft muss man es auch. Nur muss man es eben den Leuten auch sagen. Ich sehe keinen Grund, weshalb ich meinen Mitarbeitern und Kollegen nicht sagen sollte: *»Bis gestern war ich der Auffassung, dass X richtig ist; ich bin jetzt zum Ergebnis gekommen, dass Y besser ist.«* Man muss es nur sagen und darf die Leute nicht im Unklaren lassen oder glauben, sie würden es schon irgendwann merken. Wer ein moderner Manager sein will, wird auch erklären und begründen, warum er seine Meinung geändert hat. Früher war das nicht nötig. Heute erwartet man es.

Wo immer man auf Menschen trifft, denen ihre Umgebung fast blind vertraut, stellt sich heraus, dass ihr Leben von Konsistenz und Geradlinigkeit geprägt war. In diesem Zusammenhang höre ich immer wieder, das funktioniere nur in einfachen Situationen, nicht aber in den komplexen Verhältnissen einer Chefetage oder zum Beispiel in der Politik. Diese Auffassung ist sehr weit verbreitet, ich halte sie jedoch für *falsch*, sogar für grundfalsch.

Ein Beispiel, um diese unsinnige Meinung zu widerlegen, ist die Art, wie einer der besten Manager des 20. Jahrhunderts seine höchst komplexen Aufgaben erfüllt hat. Ich meine General George C. Marshall, Generalstabschef der amerikanischen Armee von 1939 bis 1945, danach Außenminister und Verteidigungsminister im Kabinett Truman.

Als Stabschef der US-Armee des Zweiten Weltkriegs hat er die bisher größte Mobilisierungsaktion der Weltgeschichte meisterhaft konzipiert und geleitet und die bisher wahrscheinlich schwierigste militärische Aufgabe erfolgreich erfüllt. Als Außenminister war er der Vater des berühmten Marshall-Planes, dem Europa seinen Wiederaufbau und zu einem erheblichen Teil den Wohlstandszuwachs der Nachkriegszeit zu verdanken hat.

Marshall musste seine Funktionen unter schwierigen politischen Verhältnissen ausüben, er war mit massiver Gegnerschaft und zum Teil (in der McCarthy-Ära) mit gehässiger Feindschaft konfrontiert. Marshalls Leben, und die Art, wie er gearbeitet hat, wie er mit Untergebenen, Kollegen und Vorgesetzten, mit den Politikern in Kongress und Senat, mit den Generälen der alliierten Streitkräfte, mit schwierigen Persönlichkeiten wie Roosevelt, Churchill und de Gaulle und den noch schwierigeren wie Stalin, Tschiang Kai-schek, Tschou Enlai und Mao umging, war von äußerster Geradlinigkeit und Offenheit, kurz von Integrität gekennzeichnet.

Marshall hat nie jemanden getäuscht, er hat nie taktiert – und er wurde von allen, wie kein anderer, respektiert. Er hatte Gegner und Feinde, aber selbst diese hatten größte Achtung vor ihm. Es lohnt sich, seine Biographie zu lesen.[20a]

Wer Vertrauen schaffen will, muss sich von Intriganten trennen.

Dies ist mein letzter Hinweis, und er bildet die Ausnahme zum Grundsatz der Nutzung von Stärken, die ich am Schluss des letzten

20a Ed Cray, *General of the Army. George C. Marshall – Soldier and Statesman*, New York 2000.

Kapitels erwähnte: Man darf keine Intriganten um sich dulden – auch wenn es Leute mit noch so großen Stärken sind; man muss sich von ihnen trennen, so rasch es nur geht, oder selbst gehen, wenn man auch nur die geringste Chance dazu hat.

Man kann mit Intriganten nicht und niemals zusammenarbeiten. Sie vergiften jeden Brunnen, verseuchen jedes Klima und unterminieren jeden Versuch, Vertrauen zu schaffen. Auch zu diesem Punkt findet sich kaum eine wissenschaftliche Untersuchung; er wurde, wie mir scheint, übersehen.

Aber es gibt genügend Anschauungsmaterial im Alltagsleben, und wer das Phänomen der Intrige studieren will, falls er es nicht schon Dutzende Male selbst erlebt haben sollte, braucht nur einige wenige Werke der Weltliteratur zu lesen oder sich im Theater ein Stück von Shakespeare anzusehen.

Nach meinem Kenntnisstand weiß man bisher nicht, wann und wodurch ein Mensch zum Intriganten wird. So viel ich sehen kann, wurde das überhaupt noch nicht untersucht. Aber man kann sich darauf verlassen, dass ein Mensch, der einmal die Erfahrung gemacht hat, dass man durch Intrige leichter vorankommt als durch Leistung, dies immer wieder versuchen wird.

Man darf sich nicht das Elend antun, mit ihm zusammenzuarbeiten. Zum Glück gibt es noch immer genügend anständige, geradlinige und aufrechte Menschen, mit denen man zusammenarbeiten kann. Das Leben ist zu kurz, um es mit Intriganten zu vergeuden.

Und wenn es schwierig ist?

Immer wieder wird danach gefragt, ob es, insbesondere in einer Großorganisation, überhaupt möglich sei, vertrauensorientiert zu führen. Geradlinige Führungskräfte seien dort doch gar nicht erwünscht.

Ich meine, man *kann* vertrauensorientiert führen, in jeder Organisation. Man kann Vertrauen aufbauen, gewinnen und erhalten – und man kann es ruinieren. Dass es möglich ist, habe ich anhand von Marshall illustriert. Dabei habe ich bewusst einen Fall genommen, der zu den schwierigsten zählt, zu jenen, bei denen man am ehesten erwarten würde, auf viele Kompromisse zu stoßen und darauf, was man unter »Macchiavellismus« zu verstehen pflegt.

Ich behaupte keineswegs, dass Aufbau und Erhaltung von Vertrauen leicht seien. Ich gebe zu, dass es ziemlich schwierig sein kann, unter den typischen Bedingungen eines Großkonzerns offen, ehrlich und geradlinig zu handeln; es bestehen zahlreiche Hindernisse, und es gibt Schwierigkeiten; vor allem gibt es die stete Versuchung, es anders zu machen und die scheinbar leichteren Wege zu wählen. Aber so schwierig das Umfeld auch sein mag, ich sehe keinen Grund, warum ich in meinem *unmittelbaren* Einflussbereich nicht vertrauensorientiert führen können sollte.

Die Frage ist nicht, ob etwas leicht und ohne Schwierigkeiten vor sich geht, sondern ob es *richtig* ist. Natürlich gibt es Unternehmen oder andere Organisationen, in denen Geradlinigkeit und Offenheit nicht erwünscht sind. Zwar wird niemand in solchen Unternehmen es zugeben, aber die Realitäten sind rasch erkannt. Die Tatsache, dass es solche Organisationen gibt, ist aber kein Argument dafür, Dinge, die man als falsch erkannt hat, weiterhin zu tun.

Erstens lassen sich die Dinge gelegentlich tatsächlich verändern. Neben all den gescheiterten Reformen und Reformern gibt es auch erfolgreiche. Man muss nicht gleich die Welt verändern und verbessern wollen; es genügt, schon in seinem unmittelbaren Einflussbereich, so gut es geht, Vertrauen zu schaffen oder besser, entstehen zu lassen. Im übrigen kann man ein Unternehmen, in dem dieses Verhalten unerwünscht ist, ja auch verlassen, insbesondere solange man jung ist und mehrere Optionen hat.

Zweitens verstehen manche Leute unter Vertrauen »blindes Vertrauen«. Das meine ich allerdings nicht; dafür sehe ich in einer Organisation keinen Platz. Blindes Vertrauen ist schlichtweg naiv. Es mag Situationen im Leben geben, in denen man jemandem tatsächlich blind vertrauen *muss* – weil man keine andere Wahl hat. Aber das kann nicht der Regelfall sein; darauf ließe sich keine Organisation aufbauen. Was ich meine, ist *gerechtfertigtes* Vertrauen, begründetes Vertrauen. Das bedarf wahrscheinlich einer näheren Erläuterung.

Wie ich in Diskussionen und Seminaren immer wieder erfahren

muss, tut sich in Zusammenhang mit Vertrauen ein ganzes Minenfeld von Missverständnissen auf. Die einen verstehen unter Vertrauen, wie gesagt, blindes Vertrauen. Für sie sind Enttäuschungen programmiert. So einfach und vor allem so gut (im moralischen Sinne) ist die Welt nicht. Andere interpretieren Vertrauen nach dem Lenin zugeschriebenen Motto: *Vertrauen ist gut; Kontrolle ist besser!* Das ist die zynische Variante, und sie meine ich allerdings auch nicht; denn sie führt direkt zu zerstörerischem Misstrauen – mit das Katastrophalste, was in einer Organisation entstehen kann. In einer von Misstrauen geprägten Organisation können weder menschliche Zusammenarbeit noch Leistung entstehen. Misstrauen ist eine der gefährlichsten »Krebserkrankungen« einer Organisation, und sie ist, außer in einem sehr frühen Stadium, unheilbar.

Was aber dann? Gibt es noch eine dritte Möglichkeit? Ich meine, ja. Leider ist sie eine Spur komplizierter und anspruchsvoller. Aber genau das zeichnet gute Führungskräfte aus: sie tappen nicht einfach in die Falle der üblichen Missverständnisse; sie denken etwas gründlicher nach als andere. Deswegen ist gutes Management auch nicht ausschließlich »gesunder Menschenverstand«. Gesunder Menschenverstand ist zwar wichtig, man kommt mit ihm in einem Unternehmen sehr weit, und man muss froh sein, wenn er einem etwa im Laufe eines Universitätsstudiums nicht aberzogen wird. Er allein aber reicht nicht aus.

Mein Vorschlag zur Lösung der hier vorliegenden Probleme lautet folgendermaßen:

Vertraue jedem, soweit du nur kannst – und gehe dabei sehr weit, bis an die Grenze. Das ist die Grundlage und die Ausgangsbasis.

Nun aber kommen vier wichtige Ergänzungen:

(a) Stelle jedoch sicher, dass Du jederzeit erfahren wirst, ab wann Dein Vertrauen missbraucht wird;
(b) stelle weiterhin sicher, dass Deine Mitarbeiter und Kollegen wissen, dass Du das erfahren wirst;
(c) stelle ferner sicher, dass jeder Vertrauensmissbrauch gravierende und unausweichliche Folgen hat;

(d) und stelle schließlich sicher, dass Deine Mitarbeiter auch das unmissverständlich zur Kenntnis nehmen.

Was meine ich praktisch damit? Jeder vernünftige Mensch wird alles daran setzen, zum Beispiel seinen Kindern in vollem Umfange zu vertrauen. Man weiß, wie wichtig das für ein Kind ist, wie sensibel schon kleine Kinder in aller Regel auf Misstrauensbekundungen reagieren und wie schnell die Atmosphäre verseucht ist.

Aber man weiß natürlich auch, dass man dabei in die Falle des blinden Vertrauens tappen kann. Man ist also gut beraten, seinem Kind sinngemäß und seinem Alter entsprechend folgendes zu sagen: *»Ich vertraue Dir, so gut ich nur kann (etwa wenn Du abends mit Deinen Freunden ausgehst, in bezug auf Alkohol und Drogen oder in bezug auf die Schule usw.). Du wirst Deine Fehler machen, und es werden Missgeschicke passieren. Das ist alles nicht so schlimm, wir werden das ausbügeln. Aber tue eines nie und unter gar keinen Umständen: Missbrauche mein Vertrauen niemals. Ich werde das über kurz oder lang merken, und es wird diese und jene unausweichlichen Folgen haben. Verheimliche mir nichts; komme rechtzeitig, wenn etwas passiert ist, und dann werde ich Dir nach Kräften helfen. Und wenn Dir unklar ist, wo die Grenzen sind, dann frage mich früh genug, und wir werden einen Weg finden …«*

Das in etwa muss die Haltung sein, und so sehen sinngemäß die Spielregeln aus. Und dann muss man konsequent dementsprechend handeln: Man wird seine Kinder ein bisschen beobachten und auf Anzeichen und Hinweise achten. Wenn man vereinbart hat, dass das Kind um halb zwölf Uhr abends zuhause sein muss, dann ist das 23.30 h und nicht 0.30 h; und wenn man vereinbart hat, »kein Alkohol«, dann heißt das »kein Alkohol« und nicht, »es waren ja nur zwei Bier«.

Was man mit seinen Kindern vereinbart, muss jeder selbst entscheiden, und dazu kann und wird man sicherlich, abhängig von der Altersgruppe, von den Schulleistungen des Kindes, von seiner Persönlichkeit und von vielem anderen, verschiedene Meinungen haben. Man wird das auch immer wieder mit den Kindern diskutieren müssen und ihnen zu erklären haben, warum man etwas noch akzeptiert und etwas anderes nicht mehr. Auch seinen Mitarbeitern muss man heute aufgrund des Informations- und Bildungsstandes die Dinge erklären und begründen. Das ist eine Folge der Demokratisierungsbemühungen unserer offenen und pluralistischen Gesellschaft – und ich, für mein Teil, begrüße diese Entwicklung.

Aber ist einmal etwas vereinbart, gilt es auch. Man tut gut daran, diese Dinge gelegentlich zu kontrollieren, nachzuschauen, nachzufragen und sicherzustellen, dass das Vertrauen nicht missbraucht wird.

Um ganz klar zu machen, was ich meine, ein letztes Beispiel: Wenn ich meinen zwölfjährigen Sohn frage: *»Wie geht's denn in der Schule?«*, so wird er mir vielleicht antworten: *»Ausgezeichnet, Papa, es läuft alles bestens.«* Ich glaube es ihm; ich will es ihm glauben, und ich freue mich darüber. Keinesfalls werde ich davon ausgehen, dass er mich anlügt. Aber ich kann auch nicht unbedingt davon ausgehen, dass ein Zwölfjähriger immer und unter allen Umständen eine richtige Realitätsbeurteilung hat. Ich werde also doch gelegentlich einmal seinen Lehrer anrufen und auch ihn fragen: *»Wie läuft's denn mit meinem Junior?«*, und ich werde nicht damit zuwarten, bis das schlechte Zeugnis am Ende des Schuljahres auf dem Tisch liegt und wir dann ein möglicherweise nur noch schwer oder gar nicht mehr zu lösendes Problem haben. Mein Sohn weiß im voraus, dass ich das tun werde, dass es als Vater meine Pflicht und mein Recht ist.

Als Folge dessen werden wir sehr gut und sehr vertrauensvoll miteinander auskommen. Wir werden unsere gegenseitigen Auffassungen und Interpretationen immer besser kennenlernen; die Zahl der Missverständnisse (*»ich habe gemeint, Du habest gemeint ...«*) wird abnehmen; er wird immer größere Spielräume und Freiheiten bekommen, und er wird lernen, diese vernünftig und reif zu nutzen. Ich werde mich auf ihn verlassen können. Und eines Tages wird er kommen und sagen: *»Du, Papa, ich hab' da ein Problem; ich glaube, ich habe einen Fehler gemacht ...«*, und dann wird er wissen, dass er sich seinerseits voll und ganz auf seinen Vater verlassen kann, dass es keine Vorwürfe und keinen Streit geben wird, sondern dass er ihm dabei helfen wird, eine Lösung zu finden.

Um mögliche Missverständnisse auszuschließen: Natürlich lässt sich die Vater-Kind-Beziehung als solche nicht auf funktionierende Ehen und Freundschaften oder auf das Verhältnis zwischen Mitarbeitern und Vorgesetzten und zwischen Kollegen in Organisationen übertragen. Gleichwohl lässt sich den Beispielen entnehmen, was gerechtfertigtes Vertrauen heißen soll und darf – und die diesbezüglichen Regeln sind in der Tat übertragbar.

Ich gebe zu, dass die Vermeidung der Misstrauensfalle und die Herstellung gerechtfertigten Vertrauens nicht immer ganz einfach ist; dass es Offenheit und Geradlinigkeit verlangt, Disziplin und Integrität – all jene Dinge eben, die ich in diesem Kapitel behandelt habe. Und ich gebe auch zu, dass nicht alle Menschen dazu imstande sind.

Allerdings spreche ich hier auch nicht von »allen Menschen«, sondern von *Führungskräften.* An diese sind höhere Anforderungen zu stellen – nicht jene übertrieben hohen, über die man immer wieder in Büchern und Magazinen lesen kann und die letztlich nur von Heiligen erfüllt werden können; aber eben doch höhere als an »jedermann«.

Es ist mir nur allzu bewusst, dass das in vielen Unternehmen und von vielen Managern nicht so gesehen wird, ja dass man über diese Dinge viel zu häufig überhaupt nicht nachdenkt. Das sind dann eben schlecht geführte Organisationen und schlechte Manager. Dass es sie gibt und sogar ziemlich häufig, ist für mich kein Grund, von den Regeln abzuweichen.

Wer nicht bereit ist, sich mit diesen Dingen etwas gründlicher als andere auseinanderzusetzen und nach Kräften eine saubere Haltung und Linie zu diesen Fragen zu erarbeiten, gehört nicht in eine Führungsposition, und er darf auch nicht in eine solche befördert werden. Das ist man den Menschen in einer Organisation und der Organisation selbst schuldig.

Sechster Grundsatz
Positiv denken

Es kommt darauf an, positiv oder konstruktiv zu denken.

Der sechste Grundsatz kann leicht missverstanden werden. Es existiert in diesem Zusammenhang ungeheuer viel Scharlatanerie. Das darf aber nicht dazu verleiten, »das Kind mit dem Bade auszuschütten«. Richtig verstanden sind Disziplin und Praxis des konstruktiven Denkens von hohem Wert, oder umgekehrt: negatives Denken – und diesem entsprechendes Verhalten – sind derart zerstörerisch, dass sie in keiner Organisation um sich greifen dürfen.

In der einen oder anderen Form findet man die diesem Grundsatz entsprechende Haltung immer bei wirksamen Führungskräften. Es gibt diejenigen unter ihnen, die eine fast schon übertriebene Philosophie daraus machen, wovon ich abrate, weil das auf andere Menschen schnell penetrant wirken und daher möglicherweise sogar ins Gegenteil umschlagen kann. Die meisten Leute aber, die diesen Grundsatz befolgen, reden nicht darüber. Sie *tun* es ganz einfach.

Chancen statt Probleme

In einem großen Teil der Managementliteratur werden Manager als *Problemlöser* gesehen. Folgerichtig wurden und werden noch immer Problemlösungsverfahren in unterschiedlichen Varianten entwickelt, die den Führungskräften in ihrer vermeintlichen Kernfunktion helfen sollen. Ich habe selbst[21] längere Zeit diese Auffassung vertreten

21 P. Gomez / F. Malik / K. H. Oeller, *Systemmethodik: Grundlagen einer Methodik zur Erforschung und Gestaltung komplexer soziotechnischer Systeme*, 2 Bände, Bern / Stuttgart 1975 sowie F. Malik, *Strategie des Managements komplexer Systeme*, Bern / Stuttgart/Wien 1984, 5. erw. Auflage 1996.

und maßgeblich an der Konzipierung einer Problemlösungsmethodik mitgewirkt.

Nach wie vor halte ich die Fähigkeit, *Probleme* zu lösen, für sehr bedeutend. Aber ich habe meine Meinung insoweit geändert, als ich sie nicht mehr für die erste und wichtigste Aufgabe von Managern ansehe. Noch wichtiger als Probleme zu lösen erscheint mir das Erkennen und Nutzen von *Chancen* zu sein. Wenn alle Probleme in einer Organisation gelöst sind, heißt das noch lange nicht, dass auch die Chancen genutzt wurden. Insbesondere in der Praxis ist es wenig hilfreich, in diesem Zusammenhang zu der beliebten Wendung zu greifen, auch die Nutzung von Chancen sei nichts anderes als die Lösung eines Problems. Ich halte das für Sophisterei.

Der Grundsatz, positiv zu denken, hat die Funktion, die Aufmerksamkeit von Führungskräften auf die Chancen zu richten. Das bedeutet nicht, dass die Probleme ignoriert werden dürfen, dass man sie hinwegphilosophiert, leugnet oder verdrängt. Genau das ist eine der Formen, in denen die Scharlatanerie und »Gesundbeterei« in Zusammenhang mit dem positiven Denken auftritt. Sie fordert dazu auf, die Augen vor den Problemen zu verschließen. Das ist hier nicht gemeint.

Wirksame Menschen sind, auch wenn sie gelernt haben, konstruktiv zu denken, nüchterne Realisten; sie sehen den Problemen und Schwierigkeiten klar ins Auge, sie neigen weder zu Beschönigung noch zu Verdrängung. Aber sie suchen vor allem nach Möglichkeiten und Chancen – selbst bei noch so großen Problemen: »*Was liegt selbst in diesem Problem für eine Chance?*«, das etwa ist ihre Haltung. Damit sei nicht unterstellt, dass ihnen das leicht fällt. Wenn es nicht anders geht, zwingen sie sich zu dieser Einstellung. Das bedeutet nicht unbedingt, dass sie immer fündig werden. Aber *falls* es eine Chance in einer verzwickten und vielleicht sogar aussichtslos erscheinenden Lage gibt, werden diejenigen, die so denken, sie am *ehesten* finden. Die Wahrscheinlichkeit, eine Lösung – falls es sie überhaupt gibt – aufzuspüren, ist bei ihnen größer. Das allein ist schon ein ins Gewicht fallender Konkurrenzvorteil.

Von Motivation zu Selbstmotivation

In engem Zusammenhang mit dem Bemühen, noch in den größten Schwierigkeiten Chancen zu sehen, steht die Disziplin, nicht auf Motivation durch Dritte oder von außen zu warten, sondern *sich selbst* zu motivieren. Ich spreche auch hier, wie an vielen anderen Stellen, nicht von einer *Fähigkeit*, gar einer *angeborenen* – von etwas also, das es den Menschen *leicht* machen würde, sich selbst zu motivieren. Auch mit Kenntnis und Anwendung dieses Grundsatzes erfordert Selbstmotivation eine gewisse Überwindung und Anstrengung. Mit der Zeit mag es ihnen dann zu einer Art *Gewohnheit* werden. Ob es eine natürliche Begabung zur Selbstmotivation gibt, vermag ich nicht zu sagen, und es spielt auch keine Rolle. Es scheint weit eher eine Praktik, eine *Disziplin* zu sein. Nicht selten ist es – auch hier – ein selbst auferlegter Zwang, dem man sich unterwirft, weil Einsicht, Vernunft und Verstand es einem gebieten.

Das schließt wiederum nicht aus, dass nicht auch diese Menschen unter Phasen der Frustration, der Niedergeschlagenheit und unter Umständen der Depression zu leiden hätten. Es ist keinesfalls so, dass sie Niederlagen und Enttäuschungen *leicht* wegstecken würden oder – wie vielleicht ein Psychoanalytiker vermuten könnte – diese gar bräuchten. Sie ärgern sich, leiden genauso wie die meisten anderen Menschen und haben gelegentlich das Bedürfnis, sich zurückzuziehen, um ihre »Wunden zu lecken«. Aber sie *verharren* nicht in ihrem Leid – und schon gar nicht in *Selbstmitleid*.

Die praktische Version dieses Grundsatzes kommt in der folgenden Aussage wohl am anschaulichsten zum Ausdruck. Einer der bekanntesten Top-Manager des deutschsprachigen Raumes, der lange Zeit an der Spitze eines der größten Unternehmen stand, meinte einmal en passant während eines Abendessens: »Wissen Sie, ich musste im Laufe meines Lebens einfach lernen, aus den höchstens zehn Prozent Erfolgserlebnissen, die ich am Tag habe, so viel innere Kraft zu schöpfen, dass ich die 90 Prozent Mist, die täglich passieren, ertragen kann.«

Die Beachtung beider Aspekte, sowohl desjenigen, in den Problemen die Chancen wahrzunehmen, als auch des anderen, wo immer möglich und vor allem, wo immer *nötig*, sich selbst zu motivieren, haben letztlich damit zu tun, dass Menschen dieses Typs vor allem die Dinge *verändern* wollen, sie wollen handeln – und nicht einfach nur etwas erkennen, analysieren, verstehen und passiv akzeptieren. Ihr Tun mag gelegentlich in Aktionismus ausarten, vielleicht sogar in blinden Aktionismus. Dieser wird aber vom hier thematisierten Grundsatz weder verlangt noch ist er seine unausweichliche Konsequenz.

Im Normalfall ist die Anwendung des sechsten Prinzips recht einfach – wenn auch, wie ich immer wieder betone, nicht leicht. Man steckt in Problemen, hat Schwierigkeiten und leistet sich nicht den Luxus, diese zu ignorieren. Aber man erduldet sie auch nicht einfach, sondern tut etwas, damit die Lage sich ändert.

Meiner Meinung nach sprechen genügend Indizien dafür, dass genau diese Haltung bei anderen den Eindruck hervorruft, es mit einer *reifen Persönlichkeit* zu tun zu haben. Jemanden, der Probleme überhaupt nicht sieht, der sie beschönigt und Zweckoptimismus betreibt oder die Probleme zwar sieht, aber dann an ihnen verzweifelt oder in Untätigkeit erstarrt, kann man nicht als reif und als Persönlichkeit ansehen. Als reife Persönlichkeit werden Menschen wahrgenommen, die mit vollem Realismus und oft früher als andere und mit größerem Scharfsinn Probleme erkennen, aber es dabei nicht bewenden lassen, sondern sich dann fragen: *Was kann ich jetzt tun, damit es sich ändert?*

Angeboren, erlernt oder erzwungen?

Ist positives Denken angeboren? Kommt man damit schon zur Welt? Vermutlich wird es auch solche Menschen geben, aber das liegt genauso im Dunkeln wie die Herkunft der Selbstmotivation.

Die meisten, die konstruktiv denken, haben sich, soweit ich sie kennenlernen konnte, diese Haltung antrainiert, sich selbst dazu angehalten und teilweise sogar gezwungen, nachdem sie verstanden hatten, wie wichtig dies gerade in schwierigen Situationen sein kann. Die entsprechende Methode kann sehr verschieden sein. Es gibt Leute, die einfach einen Zettel in ihrer Jackentasche mit sich tragen, auf dem steht: *»Denk positiv, Du Idiot …«* Wenn sie ihre Hand in die Jackentasche stecken, müssen sie den Zettel gar nicht mehr herausnehmen. Die bloße Berührung genügt schon, um ihr Denken, falls es abzudriften droht, wieder auf Kurs zu bringen. Nicht jedem allerdings wird diese vielleicht ein wenig primitive Methode auch als hilfreich erscheinen. Die meisten wenden eine der vielfältigen Methoden des *mentalen Trainings* an, mal mit mehr, mal mit weniger Systematik und Regelmäßigkeit.

Ich will diese Methoden hier nicht im einzelnen schildern; denn *erstens* gibt es ziemlich viele davon, und *zweitens* sehe ich es nicht für besonders wesentlich an, welche der verschiedenen Methoden man anwendet. Für mich selbst war und ist autogenes Training recht hilfreich. In meinen frühen Zwanzigern geriet mir durch Zufall ein kleines Büchlein von einem gewissen Lindemann – dem ersten Einhand-Weltumsegler – in die Hand.[22a] Darin beschrieb er, wie es ihm gelang, die ungeheuren Strapazen seiner monatelangen einsamen Seereise durchzustehen – ohne Kontakt mit Menschen, ohne je richtig schlafen zu können, oft tagelang im Salzwasser sitzend, Hunger, Durst, Erschöpfung, Einsamkeit und nicht zuletzt die Ungewissheit ertragend, ob das Unternehmen überhaupt Erfolg haben kann. Unter anderem verwies er auf eine damals soeben bekannt gewordene Methode eines deutschen Arztes[22b], das autogene Training, das ihm geholfen habe, durch bewusste Beeinflussung bestimmter Körperfunktionen diese sportliche Leistung zu erbringen. So konnte er seinem Bericht zufolge unter anderem seine Körpertemperatur willentlich beeinflussen, was ihm half, Kälte und Nässe auszuhalten; und er war in der Lage, sich in einer Art Halbschlaf so weit zu rege-

22a Wie ich durch aufmerksame Leser erfahren habe, handelt es sich um Dr. Hannes Lindemann und sein Buch *Allein über den Ozean. Ein Arzt in Einbaum und Faltboot*, Berlin 1993. Siehe dazu auch die Hinweise im Vorwort zur 8. Auflage.

22b I. H. Schultz, *Das autogene Training*, New York 1932, 18. Auflage 1987.

nerieren, dass er wieder voll einsatzfähig war. Diese Methode interessierte mich, und ich habe sie mir in der Folge im wesentlichen selbst beigebracht. Als Entspannungs-, Konzentrations-, Regenerations- und Selbstbeeinflussungsmethode hat sie mir bis heute wertvolle Dienste geleistet.

Damit will ich aber keineswegs eine Empfehlung aussprechen. Das autogene Training ist für *mich* nützlich und – Berichten zufolge – für viele andere ebenfalls. Aber es gibt Menschen, denen es weniger liegt und auf die es keine Wirkung hat. Es gibt andere Methoden und Techniken, von einfacher Gymnastik über Atemtechnik und Yoga bis hin zur transzendentalen Meditation, die – obwohl sie im Einzelnen sehr unterschiedlich sind und auch mit sehr verschiedenen Ansprüchen vertreten werden – doch insofern einen *gemeinsamen Kern* haben, als sie neben anderen Wirkungen, die versprochen werden, auch der Selbstbeeinflussung dienen.

Hinsichtlich der transzendentalen Anteile dieser Methoden mag sich jeder seine eigene Meinung bilden. Es gibt Menschen, denen das sehr wichtig zu sein scheint. Ich persönlich vermag dem wenig abzugewinnen.

Ich beschränke mich daher auf das, was man vielleicht – wie schon gesagt – am klarsten und unverfänglichsten als *mentales Training* bezeichnen kann. Von diesem halte ich nun in der Tat sehr viel. Die *Ursachen* der Wirkung sind, soweit mein Kenntnisstand reicht, noch nicht besonders klar; für die *Tatsache* der Wirkung hingegen gibt es genügend Indizien. Kein Sporttrainer würde heute auf die Methoden des mentalen Trainings verzichten wollen, und dasselbe gilt für die Sportler selbst.[23]

Fast jeder Sportler, Künstler oder Artist, generell also jeder, der Spitzenleistungen erbringen will oder muss, hat sich auf seine Weise eine Methode zurechtgelegt, die ihm für die Vorbereitung, das Trai-

23 Siehe dazu die reichhaltige Sportliteratur, z. B. Stefan Schaffelhuber, *Inner Coaching*, Frankfurt/Berlin 1993; Fritz Stemme/Karl-Walter Reinhardt, *Supertraining*, Düsseldorf 1988, 3. Auflage 1990; Lorenz Radlinger/Walter Iser/Hubert Zittermann, *Bergsporttraining*, München 1983, sowie die dort zitierte Literatur.

ning und den Aufbau seiner Fähigkeiten und Fertigkeiten hilft und es ihm dann in den entscheidenden Momenten erleichtert, sich zu konzentrieren, Lampenfieber und flatternde Nerven unter Kontrolle zu bringen, letzte Energien zu mobilisieren und alles auf *einen Punkt* - eben die *Leistung* - zu konzentrieren.

Die Methoden variieren in den Details und spiegeln in hohem Maße die naturgemäß stark ausgeprägte Individualität solcher Menschen wider. Ihnen allen gemeinsam aber ist das Element der *bildhaften Vorstellung*. Im Sport spricht man von »vorwegnehmender Bewegungsvorstellung«[24], und darauf beruhen letztlich alle Trainingsmethoden, die mit dem Begriff der »Inner Games« zusammenhängen, z. B. The Inner Game of Tennis, of Golf, of Climbing usw. Die Grundidee ist, dass der Bewegungsablauf, der vor dem geistigen Auge, in der Vorstellung perfektioniert wurde, sich auch motorisch leichter und besser vollziehen lässt.

Mentales Training kann meiner Auffassung nach als die Umkehrung des Weges verstanden werden, auf dem - nach heutigem Kenntnisstand - das Gehirn geistige - mentale - Einheiten, wie Konzepte und Begriffe durch die sogenannte Interiorisierung von Handlungen zu bilden scheint. Die Erforschung dieses Vorganges verdanken wir den ebenso genial einfachen wie phantasievollen Experimenten und Beobachtungen des großen Genfer Entwicklungspsychologen Jean Piaget.[25] Diesen zufolge führt das Kleinkind in seiner sogenannten sensomotorischen Entwicklungsphase einen Bewegungsablauf, etwa das Greifen nach einem Gegenstand, so lange aus, bis das geistige Äquivalent, der Begriff oder die mentale Operation, im Gehirn entstanden ist, womit gleichzeitig auch - ausgehend von den ersten unbeholfenen Anfängen - die Bewegungskoordination beherrscht wird. Durch den Vollzug der wirklichen Handlung entsteht also deren geistige Vorstellung. Warum sollte nicht auch umgekehrt durch geistige Vorstellung, zu der das sich entwickelnde Kind zwar noch nicht, der

24 Z. B. Radlinger / Iser / Zittermann, *Bergsporttraining*, S. 14 ff.

25 Jean Piaget, z. B. *Einführung in die genetische Erkenntnistheorie*, Frankfurt am Main 1973. Man beachte, dass die Entwicklungsphasen Piagets mit denen der Psychoanalyse überhaupt nichts gemeinsam haben.

Erwachsene aber wohl fähig ist, ein Bewegungs- oder Handlungsablauf ermöglicht oder perfektioniert werden können?

Die Verbesserung körperlicher Bewegungskoordination durch mentales Training findet ihre Anwendung vorwiegend im Sport und in der Artistik. Der Gedanke lässt sich aber prinzipiell und zumindest ansatzweise auf physiologische Vorgänge als solche und desweiteren auf Einstellungen, Haltungen, Meinungen und so fort ausweiten. Von einem Teil dieser Möglichkeiten macht jeder Mensch ständig Gebrauch, ohne sich darüber Gedanken zu machen, nämlich in Form der willentlichen Handlung. Ich will meinen Arm ausstrecken, um ein Glas zu ergreifen; die gedanklichen Elemente der Vorstellung und des Befehls sind die Voraussetzungen und in gewissem Sinne die Ursachen oder Gründe des erfolgreichen Vollzugs der Handlung. Dasselbe Prinzip kann auch angewendet werden, um – innerhalb gewisser Grenzen – beispielsweise den Pulsschlag oder die Körpertemperatur zu verändern.

Außerdem weiß jeder, dass man sich bestimmte Dinge, wie man alltagssprachlich so schön sagt, »einreden« kann – etwa Emotionen, wie Angst oder Freude, gute oder schlechte Laune, Sympathie oder Antipathie. Warum sollte man diesen Umstand nicht nützen, um sich etwa Motivation, Durchhaltekraft, die Überwindung von Angst oder die Überzeugung, dass man etwas vollbringen kann, einzureden?

Es gibt zahlreiche Berichte darüber, dass Menschen Extremsituationen auf genau diese Weise bewältigt haben, etwa die eindrucksvollen Schilderungen von Pionier-Alpinisten wie Walter Bonatti, Hermann Buhl, Reinhold Messner, Hans Kammerlander und etlichen anderen oder von Ausdauer-Athleten und -Athletinnen – Marathonläufern, Triathlonisten, Ironman-Teilnehmern usw. Es gibt aber auch Berichte aus anderen existenziellen Situationen, etwa von Menschen in jahrelanger Einzelhaft, Kriegsgefangenen, Überlebenden von Konzentrationslagern und solchen, die schwere Unfälle und Krankheiten oder andere Krisen und Schicksalsschläge meisterten. Auch wenn in bezug auf das eine oder andere autobiographische Detail in solchen Berichten etwas Skepsis angebracht sein mag, ist in allen doch dasselbe Grundmuster präsent: *mentale Selbstbeeinflussung als Voraussetzung für physische und psychische Höchstleistungen.*

Man muss aber keineswegs Extremsportler sein, um sich das zunutze zu machen. Was für die extreme Leistung gilt, kann jeder gewöhnliche Mensch an sich selbst ausprobieren. Man kann sich bei Auftreten des ersten »toten Punktes« gehen lassen, seinen Emotionen und Emotiönchen nachgeben und ihnen freien Lauf lassen; man kann sich aber auch einreden, dass man noch lange nicht am Ende seiner Kräfte ist, sich überwinden und weitermachen.

Befreiung von Abhängigkeiten

Alle Menschen, die Hoch- und Höchstleistungen erbringen, gleichgültig, auf welchem Gebiet – in diesem Sinne also alle »Grenzgänger« – wissen, dass die Grenzen jedes Menschen *zuerst und vor allem* im Kopf bestehen und dass sich diese Grenzen *verschieben* lassen. Ebenso sind sie sich dessen bewusst, dass man nicht zwangsläufig Sklave seiner Gefühle, Launen, Empfindungen, Stimmungen und genauso wenig seiner Motivation zu sein braucht, sondern dass man darauf Einfluss nehmen und sich davon – zumindest teilweise – *unabhängig* machen kann.

An bestimmten Arten der Verwendung von Psychologie im Management (was ich in Teil I als Psychologisierung bezeichnet habe), lehne ich unter anderem die Verbreitung der pseudowissenschaftlich verbrämten Meinung ab, man müsse motiviert sein, um etwas zu leisten, oder bevor man etwas leisten könne, müsse man motiviert sein, oder ohne Motivation sei keine Leistung möglich. Diese Auffassung tritt, wie zu sehen ist, in den verschiedensten Variationen auf, läuft aber immer auf dasselbe hinaus: auf *Abhängigkeit von Stimmungslagen.* Statt die Menschen zu emanzipieren, wie sie vorgeben, erreichen die psychologisierenden Schriften und die sie vertretenden Trainer und Personalleute das Gegenteil: sie produzieren *Abhängigkeit.*

Dass die meisten Menschen – möglicherweise alle – in der einen oder anderen Weise von Stimmungen beeinflusst werden, braucht von niemandem gelehrt zu werden. Dagegen gilt es zu vermitteln, dass man etwas *dagegen tun kann*. Das bedeutet nun *nicht* – und hier scheint mir die Trennlinie zwischen dem haltbaren und nützlichen Bereich und der Scharlatanerie zu verlaufen –, dass man mit ein wenig positivem Denken Berge versetzen kann, wie immer wieder versprochen wird. Um Berge zu versetzen, braucht man Bulldozer. Unser Denken verändert jedoch die *Einstellung* zu den Bergen. Es bestimmt, ob wir in ihnen Gefahren oder Chancen sehen, und das wiederum bestimmt unser Verhalten wesentlich.

Selbst wenn die Wirkung auf einen placeboähnlichen Effekt zurückzuführen wäre, spielte das keine Rolle. *Dass* es hilft, ist entscheidend, selbst wenn das *Wie* bislang noch nicht bekannt ist. Ich meine aber, dass es sich weder ausschließlich noch überwiegend um Placebo-Effekte handelt, wie gelegentlich behauptet wird.

Dass geistige Vorstellungen physiologische Reaktionen auszulösen vermögen, ist im Grunde eine Banalität. Der gedankliche Biss in die vorgestellte Zitrone und die allein daraus resultierenden physiologischen Reaktionen sind ausreichend Beweis dafür. Die genauen biochemischen und neurophysiologischen Wirkungsmechanismen sind noch weitgehend unklar, denn sie betreffen eines der schwierigsten Probleme: die Interaktion zwischen Geist und Gehirn.

Abgesehen von den schon erwähnten Arbeiten Piagets gibt es dazu interessante und ernstzunehmende Untersuchungen aus einer Reihe von Wissenschaften – etwa der Philosophie, der Gehirnforschung und der Psychologie, wobei zum Teil Erkenntnisse aus den Computerwissenschaften und aus den modernen Richtungen der Biologie, der Kybernetik und der Systemwissenschaften eine Rolle spielen. Es handelt sich um eines jener faszinierenden Probleme, zu dessen Erhellung viele Disziplinen zusammenwirken müssen. Wahrscheinlich wird daraus schließlich eine neue grenzüberschreitende Wissenschaft entstehen.[26]

26 siehe dazu u.a. Dieter E. Zimmer, *Die Elektrifizierung der Sprache*, München 1997; John Searle, *Minds, Brains and Science*, Cambridge 1984; John C. Eccles, *Die Evolution des Gehirns – die Erschaffung des Selbst*, München 1989, 3. Auflage 1994; Karl R. Popper/John C. Eccles, *The Self and its Brain*, New York 1977 sowie dort jeweils angegebene, weiterführende Literatur.

Dieses Gebiet ist wohl wegen seiner Faszination auch eines der beliebtesten Tummelfelder für pseudowissenschaftlichen Schwachsinn. Daher gibt es gerade hier eine besondere *Verantwortung* für Führungskräfte, zwischen Sinn und Unsinn zu unterscheiden und nicht leichtfertig oder gedankenlos der Verbreitung von sektiererischem Unfug Vorschub zu leisten. Das war und ist noch immer reichlich der Fall – etwa in Zusammenhang mit Kreativität, Intuition oder der Gehirnhälftentheorie. Neuerdings feiert das in der Variante der emotionalen Intelligenz[27] sein Comeback und fasziniert die Management-Schickeria.

Auch wenn intellektuelle Redlichkeit und sokratische Bescheidenheit es gebieten, immer wieder das Ausmaß unserer Unkenntnis zu respektieren, darf doch auch gelegentlich darauf hingewiesen werden, dass man auf diesen Gebieten *mehr* – und zwar *viel mehr* – weiß, als die Verbreiter von Scharlatanerien und esoterischem Gefasel sich offenbar vorzustellen vermögen. Intellektuelle Bescheidenheit darf nicht dazu führen, dass Halbwissen und Aberglauben umso leichteres Spiel haben. Wir wissen genug, um Unsinn als solchen zu erkennen, und wer nichts gegen seine Verbreitung unternimmt, ist zumindest moralisch verantwortlich.

Sein Bestes geben

Positives Denken erfüllt – ungeachtet aller Magie, die man damit verbunden leider auch findet – eine bedeutsame Funktion. Es ist die Grundlage, um die *Chancen* zu sehen und sich von den letztlich *selbstauferlegten Abhängigkeiten* von seinen Stimmungslagen zu befreien.

Ergebnis einer grundsätzlich positiven und konstruktiven Einstellung ist es auch, dass man dort, wo man ist, wo man durch Schicksal, Zufall oder eigene Entscheidung hingestellt wurde, sein

27 siehe dazu die aufschlussreiche Rezension des neuesten Goleman-Buches von Kathy Zarnegin, in: *Neue Zürcher Zeitung*, Nr. 115, 21. 5. 1999 (www.nzz.ch).

Bestes gibt. Ob es eine Spitzenleistung im absoluten Sinne ist, sei dahingestellt; es ist jedenfalls *mein Bestes.*

Das ist deshalb wichtig, weil viel zu viele Menschen aus den immer vorhandenen Begrenzungen der Umstände, den Limitationen der konkreten Situation, in der sie sich befinden, eine *Berechtigung* abzuleiten scheinen, selbst nur *begrenzt* oder auch *überhaupt nicht zu leisten*; oder – umgekehrt – erst dann selbst zu leisten, wenn die Begrenzungen der Umstände beseitigt sind. Dazu fühlen sie sich aber nicht selbst aufgefordert, sondern sie warten so lange, bis andere es tun.

Solche Leute haben immer gleich – hier trifft sich der letzte Grundsatz mit dem ersten – Feststellungen darüber parat, was in einer Situation *nicht* möglich ist, was man *nicht* tun kann, was *nicht* erreichbar ist. Sie verweisen auf die vielen Schwierigkeiten, die sie sehen, oder darauf, dass die Mittel – etwa die Budgets – nicht ausreichen, um dieses oder jenes zu tun. *Nicht hier, nicht jetzt und nicht mit dem, was vorhanden ist* – so lautet ihre Devise.

Dem kann und muss eine andere Einstellung entgegengehalten werden: *Tu, was Du tun kannst mit dem, was Du hast, und dort, wo Du bist* … Dass man vieles nicht tun kann, was man tun möchte oder müsste, ist klar und hat im Grunde für jede Situation Gültigkeit. Der Fehler liegt darin, das zum Anlass zu nehmen, überhaupt nicht zu handeln. *Tu wenigstens das, was Du tun kannst* …, muss dem erwidert werden.

Dass die Mittel nie ausreichen, um all das zu tun, was wünschenswert wäre, ist ebenso richtig. Es gilt – relativ – für jede Person und jede Organisation. Auch die größten Organisationen stehen immer unter den Zwängen begrenzter Mittel, sei es Geld oder seien es Menschen. *»Mach' das Beste aus dem, was da ist, und hör' auf, Dich darüber zu beklagen, dass es nie genug ist«* – das in etwa ist dieser Einstellung entgegenzuhalten.

Schließlich gibt es noch diejenigen, die zwar bekunden, handeln zu wollen, aber es immer auf *später* verschieben wollen: Nicht jetzt, sondern dann, wenn sie befördert sein werden; nicht auf ihrer jetzigen Stelle, sondern auf ihrer nächsten; nicht in dieser Firma, sondern in einer anderen. Das sind meistens *faule Ausreden*. Leute dieses Typs *wollen* ganz einfach nicht handeln.

Daher schlage ich vor, seine Zeit nicht mit ihnen zu vergeuden. Man kann ihnen eine oder zwei Chancen geben, eine positivere Haltung anzunehmen. Wenn es junge Menschen sind, bemüht man sich etwas mehr, aber ebenfalls begrenzt. Glücklicherweise gibt es noch immer genügend Menschen, die leisten *wollen*, denen man nicht erst lange erklären und beibringen muss, positiv zu denken. Auf sie muss man setzen, mit ihnen muss man zusammenarbeiten, und ihnen muss die Möglichkeit gegeben werden, Leistung zu erbringen. Sie müssen als Vorbilder *sichtbar* gemacht und als Maßstab *aufgebaut* werden.

Organisationen, gleich welcher Art, in denen immer »motiviert« werden muss, in denen die Menschen immer »Gründe« brauchen, um etwas zu tun, um sich überhaupt zu bewegen, können nicht funktionieren.

Zusammenfassung
Qualität der Führung

Jeder Beruf ist, wie ich in Teil I dargelegt habe und hier nochmals in Erinnerung rufe, durch vier Elemente charakterisiert: Grundsätze, Aufgaben, Werkzeuge und Verantwortung. Berufliche Grundsätze regulieren – so die in diesem Buch vertretene Position – die Qualität, mit der in einem Beruf Aufgaben erfüllt und die für ihre Erfüllung erforderlichen Werkzeuge eingesetzt werden. Die Grundsätze wirksamer Führung regulieren demzufolge die Qualität, mit der die Management-Aufgaben erfüllt werden. Sie bilden den Kern dessen, was vernünftigerweise unter Unternehmenskultur verstanden werden kann, oder sollten ihn jedenfalls bilden. Unter Umständen mögen im Einzelfall andere Elemente dazukommen, die sich aus den Besonderheiten einer wirtschaftlichen Branche, den strukturellen Bedingungen einer Organisation, ihrer Geschichte und ihrem Zweck herleiten. Ich glaube jedoch nicht, dass es in der Mehrzahl der Fälle weiterer Aspekte bedarf. Was verallgemeinerungsfähig ist, glaube ich für alle Arten von Organisationen und alle Arten von Situationen mit den hier behandelten sechs Grundsätzen abgedeckt zu haben.

Diese Grundsätze sind der Kern von Unternehmenskultur, oder um es weniger prätentiös zu formulieren, als es im Management heute üblich geworden ist, sie sind der Kern guten, kompetenten und wirksamen Managements. Und dies in zweifacher Hinsicht: *Erstens*, mehr als diese sechs Grundsätze sind im Regelfalle nicht erforderlich; ohne ihre Beachtung aber kann es gutes Management und eine brauchbare, auf Dauer und auch durch Schwierigkeiten hindurch tragfähige Unternehmenskultur nicht geben. *Zweitens*, wichtiger aber noch, ohne diese Grundsätze wird man dauerhaft keine Organisation erfolgreich führen können, gleichgültig welche anderen Elemente man noch als erforderlich ansehen mag.

In beiden Fällen ist der Aspekt der Dauerhaftigkeit wichtig. Selbstverständlich lässt sich nicht ausschließen, dass kurzfristig, eine gewisse Zeit lang, wenn die Umstände günstig sind, auf diese Grundsätze einzeln oder in ihrer Gesamtheit verzichtet wird, dass man sie vernachlässigen und erodieren lassen kann, ohne dass unmittelbar gravierende Konsequenzen zu sehen sein werden. Die Langfristprognose ist meiner Auffassung nach aber ausnahmslos negativ.

Die sechs Grundsätze sind im Zusammenhang zu sehen und zu befolgen. Man kann sie nicht gegeneinander austauschen; es gibt keinen Trade Off zwischen ihnen. Sie bilden einen Satz von verhaltenssteuernden Regeln mit dem Zweck der Etablierung wirksamen, professionellen Managements.

Darüber hinaus schließen diese Grundsätze zahlreiche überflüssige und unnötige »Theorien« aus. Sie sind daher auch die Basis für eine gewisse Ökonomie des Verstandes, weil man weder alles lesen und lernen kann, was über Management gesagt und geschrieben wird, noch die Notwendigkeit dafür besteht. Für die Entscheidung, was zu beachten ist und was nicht, braucht man Kriterien. Die Grundsätze wirksamer Führung sind Standards für die kritische Prüfung von Managementtheorien.

Wie man unschwer erkennen kann, sind diese Grundsätze lernbar. Sie sind, wie ich schon einleitend zu diesem Teil sagte, einfach zu verstehen, wenn auch nicht leicht anzuwenden. Aber man kann sie sich zu eigen machen und man kann lernen, sie anzuwenden. Bis zu einem gewissen Grad ersetzen sie fehlendes Talent; dort, wo Talent hingegen vorhanden ist, erlauben sie es, dieses voll zu nutzen. Ihre Anwendung führt zu beobachtbarem Verhalten. Daher lässt sich relativ leicht prüfen, ob sie verstanden und befolgt werden.

III
Aufgaben wirksamer Führung

Vorbemerkungen

Grundsätze sind ein *erstes* Element wirksamer Führung. Ein *zweites* sind die Aufgaben, die Führungskräfte zu erfüllen haben. Sie sind Thema des folgenden Teils.

Was hier zur Diskussion steht, ist nicht die Tätigkeit von Managern schlechthin. Somit verfolge ich ein ganz anderes Ziel als etwa der kanadische Managementautor Henry Mintzberg, der vor etlichen Jahren Aufmerksamkeit erregte durch seine Aussage, dass die wirkliche Tätigkeit von Managern wenig bis gar nichts mit dem zu tun habe, was in Teilen der Literatur, etwa von Peter Drucker, gefordert werde. Damit hatte er einerseits Recht; andererseits geht es aber auch völlig am Problem vorbei.

Es geht in diesem Buch nicht darum, was Führungskräfte den lieben langen Tag *tatsächlich* tun, sondern um das, was sie tun *sollen* oder *müssen*, wenn sie als Manager *wirksam* sein wollen. Der Tagesablauf von Führungskräften umfasst – da stimme ich mit Mintzberg überein – vieles, was mit Management und dessen Effektivität in keinem Zusammenhang steht. Es sind unter anderem Verpflichtungen, die mit der Erfüllung – manchmal auch nur der vermeintlichen – von *Sachaufgaben* zusammenhängen, etwa die Erledigung von Korrespondenz, Verhandlungen, Geschäftsessen, Repräsentation, Zeitungslektüre usw.

Es muss zwischen Sachaufgaben und Management-Aufgaben unterschieden werden. In den folgenden fünf Kapiteln behandle ich jene Aufgaben, von denen ich meine, dass sie die Wirksamkeit von Management in erster Linie und so maßgeblich bestimmen, dass sie im Zentrum der Diskussion über Effektivität stehen müssen: für Ziele sorgen, organisieren, entscheiden, kontrollieren und Menschen fördern und entwickeln. Ohne die handwerklich-professionelle Erfüllung dieser Schlüsselaufgaben wird es keiner Organisation möglich sein, Ergebnisse zu erzielen.

Was ich schon bei den Grundsätzen sagte, gilt auch für die Aufgaben und später auch für die Werkzeuge: Das *Was* von Management ist überall gleich; das *Wie* kann, wird und muss gelegentlich sehr verschieden sein. Wird das übersehen, kommt es zu Verwirrung sowohl in logischer als auch inhaltlicher Beziehung.

Die Erfüllung von Management-Aufgaben erfordert naturgemäß nicht nur *Managementkenntnisse*, sondern auch *Sach- und Fachwissen.* Während die Management-Aufgaben selbst überall *gleich* sind, ist das für ihre Erfüllung notwendige Sachwissen sehr *verschieden.* Es ist abhängig von einer Reihe von Umständen: etwa von Zweck und Tätigkeit einer Organisation; bei Wirtschaftsunternehmen von der Branche; vom geographischen Gebiet, in dem man aktiv ist; gewisse Dinge werden von der Größe einer Institution bestimmt, und nicht zuletzt hängt das erforderliche Sachwissen von der organisatorischen Stufe ab, auf der ein Manager tätig ist. All das müsste auf der Hand liegen; es wird in Abhandlungen über Management und im allgemeinen Managementverständnis aber häufig übersehen.

Um Klarheit zu schaffen, einige Beispiele: Die erste der gleich zu besprechenden Managementaufgaben heisst »Für Ziele sorgen«. Diese Aufgabe ist in *jeder* Organisation zu erfüllen. Die *Inhalte* der Ziele sind jedoch in einem Aluminiumunternehmen andere als in einer Pharmafirma; sie sind in einer Verwaltungsbehörde des Innenministeriums andere als im Verteidigungs- oder Aussenministerium; und eine gemeinnützige Organisation, die Jugendlichen hilft, von Drogen unabhängig zu werden, hat andere inhaltliche Ziele als eine, die sich um pflegebedürftige, alte Menschen kümmert.

Ähnliches gilt für unterschiedliche organisatorische Stufen: Es ist offensichtlich, dass auf der obersten Ebene etwa eines Unternehmens, auf der es um strategische Fragen und daher auch strategische Ziele geht, andere inhaltliche Überlegungen anzustellen sind und dementsprechend andere Sachkenntnisse nötig sind als etwa auf der Ebene eines Werksleiters desselben Unternehmens, auf der auch die Sachfragen andere sind als an der Unternehmensspitze.

Eine weitere Frage ist, ob die hier vorgeschlagenen und behandelten Managementaufgaben im Prinzip ausreichen. Das will ich zunächst noch offen lassen und am Schluss diskutieren. Für den weitaus größten Teil gesellschaftlicher Institutionen und den typischen Fall wird man die Frage mit Ja beantworten können. Es geht jedoch nicht darum, hier Neues zu kreieren. Im Grunde sind die notwendigen und hinreichenden Aufgaben im Management bekannt. Die Bemühungen gewisser Autoren, immer wieder Neues zu erfinden, sind nicht einmal mehr belustigend, sie sind ärgerlich. Der Schwerpunkt muss auf einem klaren und präzisen Verständnis des Inhalts jeder Management-Aufgabe liegen, nicht auf der Kreation immer neuer Worthülsen.

Das ist besonders wichtig für die immer zahlreicher werdenden Organisationen, für die *Information* und *Wissen* die wichtigsten Ressourcen darstellen. Obwohl deren Mitarbeiter – verglichen mit den klassischen Industrien – andersartige und neue Sachaufgaben zu erfüllen haben, die auch andere methodische und inhaltliche Kenntnisse erfordern, sind die Managementaufgaben inhaltlich dieselben. Eine Änderung, die fast durchgängig unterschätzt oder ignoriert wird, hat sich allerdings ergeben: Management muss in den Informations- und Wissensorganisationen fast virtuos beherrscht werden. Man braucht kein anderes Management, sondern *präziseres*, fast *perfektes* Management. Die klassischen Industrie- und Handelsorganisationen waren in hohem Maße robust gegen Managementfehler; die neu entstehenden Organisationen hingegen sind sehr empfindlich; sie verzeihen Managementfehler nur in den seltensten Fällen.

Für den folgenden Teil setze ich Basiswissen über die Aufgaben eines Managers und ein gewisses Maß an Erfahrung voraus. Bei jeder einzelnen Aufgabe sind es nur einige wenige Aspekte, auf die es wirklich ankommt. Fast bin ich versucht, von »Geheimnissen« zu sprechen. Wenn ich aber meinen Grundsätzen treu bleiben will, muss ich darauf verzichten. Es sind keine Geheimnisse. Aber es ist auch nicht allgemein bekanntes und verbreitetes Wissen. Inhalt dieses Teils sind jene Praktiken, die man von den wirksamen Leuten lernen kann. Sie erfüllen dieselben Aufgaben wie andere, aber sie erfüllen sie *anders*.

Erste Aufgabe
Für Ziele sorgen

Die erste Aufgabe wirksamen Managements ist es, für Ziele zu sorgen. Das wirft sogleich eine beinahe weltanschauliche Frage auf, die ich aber noch zurückstellen will, ob nämlich Ziele *vorzugeben* oder zu *vereinbaren* sind. Diese Frage ist bei weitem nicht so wichtig, wie sie in der allgemeinen Diskussion genommen wird. Die Management-Aufgabe muss lauten, dafür zu sorgen, dass *überhaupt* Ziele vorhanden sind. Der Weg, auf dem sie zustande kommen, muss der Aufgabe als solcher nachgeordnet sein.

Das Führen mit Zielen ist eine der am frühesten erkannten und auch beschriebenen Managementaufgaben. Es findet sich bereits 1955 in Druckers erstem Buch über Management im engeren Sinne[28]; in Schriften über militärische Führung taucht die Idee schon früher auf. Das *Grundprinzip* des »Führens mit Zielen« ist im Großen und Ganzen unbestritten. In zahlreichen Unternehmen, insbesondere in den stark dezentralisierten, ist es die einzige Art zu führen. Dennoch funktioniert das Management by Objectives (MbO) in der Praxis *eher schlecht* als recht. Woran liegt das?

Es hat mehrere Gründe: Ein *erster* Grund ist, dass man das Führen mit Zielen oft als Methode der Führung eines Unternehmens oder einer Institution *als Ganzes* ansieht (was sie natürlich auch ist) und weniger als Aufgabe jedes *einzelnen* Managers. Die generellen, das Ganze betreffenden Ziele sind selbstverständlich erforderlich, aber sie gehen ins Leere, wenn nicht auf der Ebene jeder einzelnen Führungskraft nach demselben Prinzip gearbeitet wird.

Ein *zweiter* und wahrscheinlich *wichtigerer*, wenn auch banaler Grund ist, dass die Erfüllung dieser Aufgabe in Arbeit ausartet, wenn

28 Peter F. Drucker, *The Practice of Management,* New York 1955, 17. Auflage 1995. Drucker ist der Vater des Managements by Objectives.

man sie ernst nimmt. Das Führen mit Zielen ist vom Grundsatz her wirklich nicht schwierig zu verstehen. Normalerweise ist es auch im intellektuellen Sinne nicht besonders schwierig, sich vernünftige Ziele auszudenken. Es ist vor allem *arbeitsintensiv*, sie soweit zu durchdenken, auszuarbeiten, zu diskutieren und zu präzisieren, dass sie tatsächlich praktisch brauchbar sind und ihre Funktion erfüllen können.

Vielleicht hilft eine Analogie zur Musik, das zu veranschaulichen: Wenn man Mission und Strategie eines Unternehmens gleichsetzt mit dem Motiv einer Symphonie, lässt sich die Erarbeitung von Zielen mit dem Niederschreiben der Töne auf Notenpapier vergleichen. Das Motiv erforderte möglicherweise das Genie; das Schreiben der Partitur ist höchst profan und vor allem mühsam. Aber selbst die größten Genies mussten sich dieser Mühsal unterziehen – und sie mussten es selbst und höchstpersönlich tun. Keiner konnte einen anderen damit beauftragen, das, was ihm vorschwebte und was er vielleicht nur grob skizziert hatte, nun aufzuschreiben. Auch die Manager müssen dies selbst tun. Bestimmte Dinge lassen sich nicht delegieren.

Der *dritte* Grund dafür, dass das Führen mit Zielen meistens nicht besonders gut funktioniert, ist Gegenstand dieses Kapitels: Es gibt ein paar Praktiken, die zwar nicht allgemein bekannt sind, aber die Wirksamkeit des Führens mit Zielen maßgeblich bestimmen.

Keine Systembürokratie

Ein Fehler, der einen beträchtlichen Teil der so oft zu beobachtenden Unwirksamkeit erklärt, besteht darin, aus einem vernünftigen und recht einfachen Prinzip ein kompliziertes, bürokratisches Programm oder System zu machen. Das bedeutet für die Manager Zeitaufwand und Papierkrieg. Noch schlimmer: Es führt fast immer dazu, dass Form an die Stelle von Inhalt tritt; dass das System mehr zählt als die Substanz. Was man braucht, sind die richtigen *Ziele*; auf ein MbO-*Programm* oder -*System* hingegen kann man verzichten.

Man muss also von Managern, besonders den Linienchefs verlangen, dass sie vor allem das *Prinzip* des Führens mit Zielen anwenden. Das Wort »verlangen« verwende ich hier übrigens mit Bedacht. Es gibt Dinge, über die man nicht diskutiert und in bezug auf die man nicht kooperativ ist. Außerdem muss man die Stabsleute und Systemexperten daran hindern, eine vielleicht gut gemeinte, aber schädlich wirkende Bürokratie daraus zu machen.

Persönliche Jahresziele

In Organisationen, allen voran den Wirtschaftsunternehmen, gibt es mehrere und sehr verschiedene Arten von Zielen. Sie unterscheiden sich nach ihrer zeitlichen Wirkung (lang-, mittel-, kurzfristig), nach ihrem Inhalt (strategische Ziele, operative Ziele), nach ihrem Gültigkeitsbereich (Gesamtziele, Bereichsziele, persönliche Ziele etc.) und nach ihrem Konkretheitsgrad (allgemeine Ziele, konkrete Ziele). Im Englischen gibt es sprachliche Möglichkeiten der Unterscheidung: die Wörter »aim«, »objective«, »target« und »goal« erlauben es, wenigstens grob verschiedene Arten von Zielen zu unterscheiden. Im Deutschen haben wir diese Möglichkeit nicht oder nur sehr eingeschränkt.

Daher muss in jeder Organisation klargestellt sein, was gemeint ist, wenn man von »Führen mit Zielen« spricht. Mein Vorschlag ist, das »Management by Objectives« zu verstehen als das *Führen mit persönlichen Jahreszielen*. Ich reserviere den Begriff »MbO« also für einen ganz bestimmten Typ von Zielen und schränke seinen Gebrauch damit ein. Das ist eine Entscheidung im Dienste der Präzisierung. Dieses Kapitel bezieht sich in erster Linie auf das so verstandene Management by Objectives. Im übertragenen Sinne gilt es aber auch für alle anderen Zielarten.

Die generelle Richtung

Beinahe regelmäßig wird versäumt, die mit Zielen zu führenden Mitarbeiter ausreichend über die *grundsätzlichen* Absichten – die prinzipielle »Marschrichtung« – für die nächste Periode zu unterrichten. Man kann kaum erwarten, dass Menschen sich gute Ziele setzen oder an deren Zustandekommen mitwirken, wenn sie uninformiert sind.

Daher muss man die Schlüsselmitarbeiter knapp und prägnant über die grundlegende Richtung unterrichten, in die das Unternehmen, die Organisation, der Geschäftsbereich, das Profit Center etc. gehen soll. Eine *mündliche* Unterrichtung hat Vorteile, aber man kann es – im großen Unternehmen – auch *schriftlich* machen. Jedenfalls sollte man nach einer mündlichen Unterrichtung den Mitarbeitern auch eine schriftliche Fassung nachreichen. Der mündliche Weg ist wirksamer und motivierender; der schriftliche präziser, und das gilt nicht nur für den Augenblick, sondern auch für spätere Zeitpunkte; denn er lässt sich rekonstruieren und ist daher weniger anfällig für willkürliche Interpretationen.

Grundregeln für das Führen mit Zielen

Unabhängig davon, wie die Ziele im Einzelnen erarbeitet werden, schlage ich vor, auf folgende Dinge besonders zu achten:

Wenige Ziele – und nicht viele

Fast immer nimmt man sich *zu viel* und zu viel *Verschiedenes* vor. Die Festlegung von Zielen ist einer der wichtigsten Anwendungsfälle des Grundsatzes der Konzentration. Ich habe das bereits in Teil II anhand von Beispielen erwähnt.

Die Ziele und insbesondere die hier gemeinten persönlichen Jahresziele sind neben der Aufgabe, die man zu erfüllen hat, das wichtigste Mittel, um Menschen in einer Organisation, beginnend mit sich selbst, auf etwas zu konzentrieren, zu fokussieren oder ganz einfach: sie zu führen.

Wer an Wirksamkeit interessiert ist und am Jahresende Ergebnisse sehen will, muss das genaue Gegenteil von dem machen, was das Gros der Führungskräfte in Zusammenhang mit Zielen tut: Nicht immer noch mehr »auf den Wagen laden«, sondern dafür sorgen, dass man sich *wenige* Ziele vornimmt. Man muss immer wieder die Frage stellen: *Ist das wirklich wichtig? Was passiert, wenn wir das nicht machen?*

In diesem Zusammenhang ein Wort zu den Prioritäten. Im Gegensatz zu dem, was man immer wieder hört, ist das Festlegen von Prioritäten nicht besonders schwierig, es sei denn, es fehlt einem an jeglicher Erfahrung. Jemand, der ein Unternehmen kennt und einiges an praktischer Erfahrung hat, kann meistens ziemlich gut sagen, was wirklich wichtig ist. Das Schwierige hingegen bleibt meistens unbeachtet und besteht darin, das *Gegenteil* von Prioritäten – man kann es *Posterioritäten* nennen oder einfach Nachrangigkeiten – davon abzuhalten, immer wieder das »Getriebe« zu blockieren. Ich meine damit all jene Dinge, die den Anschein erwecken, wichtig zu sein und sich auf unseren Schreibtischen oder auf den Computerbildschirmen breit machen. Diese muss man unter Kontrolle bringen und unter Kontrolle halten.

Hier ist der Ort, an den Altmeister auf diesem Gebiet, Peter Drucker, zu erinnern: *»Effective executives do first things first and second things –?«* Eben nicht »second«, wie die meisten Leute sagen, wenn man sie bittet, den Satz zu Ende zu führen, was ich unzählige Male ausprobiert habe. Nicht *»second«*, sondern *»not at all!«*.

Nach meiner persönlichen Erfahrung als Manager und Leiter von Hunderten von Seminaren, die ich zu diesem Thema gehalten habe und in denen diese Frage immer wieder diskutiert wurde, handelt es sich dabei um den vielleicht am schwierigsten zu »verdauenden Bissen aus dem Apfel der (Management-)Weisheit«. Er will und will den Managern nicht munden; ich selbst hatte daran zu kauen – und dennoch ist er der wichtigste.

Man muss das vorbehaltlos akzeptieren – ich bin versucht zu sagen mit kindlicher Gläubigkeit, sonst wird man immer wieder Schwierigkeiten mit seiner Effektivität haben. Zu viel, zu viel Verschiedenes, alles angerissen, nichts wirklich zu Ende gebracht, lauter Kompromisse und Halbheiten – das wird andernfalls immer wieder die Situation am Ende eines Jahres sein. Warum ist das so schwierig? Vielleicht, weil es in einigen Ländern dem anerzogenen Arbeitsethos entgegensteht. Viel ist gut, meint man ja noch immer. Falsch: *Gut ist das Richtige, und das dafür richtig*, muss die Maxime lauten. Der wichtigere Grund aber ist natürlich die Alltagssituation von Organisationen mit ihrer Hektik, die sich als Dynamik präsentiert, ihrer Emsigkeit, die man mit Wirksamkeit verwechselt, und ihren Ritualen, die man für Substanz hält.

Und noch ein *dritter* Grund: Natürlich muss man sich mit vielen Dingen beschäftigen, die mit den wirklich wichtigen Zielen eigentlich nichts oder nur wenig zu tun haben und ihnen in Wahrheit im Wege stehen. Das alles – die Nachrangigkeiten, der tägliche Kleinkram – muss irgendwie erledigt und abgearbeitet werden. Auch das bleibt wirksamen Menschen selbstverständlich nicht erspart. Aber sie entledigen sich dieser Dinge so rasch es nur irgendwie geht und mit einem Minimum an Zeit und Aufwand, verwenden darauf vielleicht die ersten oder die letzten zwei Stunden im Büro oder sie erledigen es über Mittag – damit sie sich danach wieder den wirklich entscheidenden Prioritäten zuwenden können. Sie messen sich selbst also nicht – man erinnere sich an Grundsatz eins – an der Arbeit, die sie bewältigt, sondern an der Leistung, die sie erbracht haben, und diese beziehen sie nicht auf den Tageskram, sondern auf die ein, zwei oder drei entscheidenden Ziele.

Wenige Ziele – aber dafür große

Sich Weniges vorzunehmen, heißt natürlich nicht – wie gelegentlich unterstellt wird – wenig arbeiten, faul sein und »herumhängen«. Die Maxime lautet: *Wenige Ziele, dafür aber große – solche, die ins Gewicht fallen, die etwas bedeuten, wenn sie erreicht werden.*

Es sind, wie ich in einem späteren Kapitel dieses Teils noch erläutern werde, die *großen* Aufgaben, an denen Menschen sich entwickeln, die sie motivieren, die sie ihre Grenzen überschreiten lassen. Das darf kein abstraktes Wort bleiben, sondern muss sich in den

Zielen jedes Jahres niederschlagen. Wo, wenn nicht hier, soll es sonst zum Tragen kommen?

Die meisten Menschen haben zu viele, dafür aber zu *kleine* Aufgaben. Damit werden sie verdorben, sie kümmern vor sich hin, verzetteln sich und haben zwar viel Arbeit, jedoch kein Ergebnis, daher keine Erfolgserlebnisse – weshalb man sie dann »motivieren« muss. Diese systemischen Teufelskreise muss man durchbrechen, aber nicht durch sophistische »Development-Programme«, sondern durch *große Ziele*. Die Aufgabe, der Job, das Ziel soll den Menschen führen – nicht der Chef. Das Ziel soll die Quelle von Autorität, Direktion und Kontrolle sein, nicht ein Vorgesetzter.

Was nicht mehr?

Auch dieser dritte Punkt steht, wie die ersten beiden, in Widerspruch zu gängigen Auffassungen. Normalerweise geht man an die Bestimmung seiner Ziele mit der Frage heran: *Was soll ich, muss ich, will ich tun?* Wirksame Menschen beginnen aber mit dem Umgekehrten: *Was sollte ich und will ich – nicht mehr tun?*

Am Anfang muss das Ausmisten stehen, das systematische Aufgeben bisheriger Gewohnheiten, Tätigkeiten und Aufgaben. Die jährliche Zielsetzung ist nicht nur der Ort der Fokussierung, sondern auch die beste Gelegenheit, das Unternehmen systematisch zu entschlacken, es schlank zu machen, es von innen heraus zu »entgiften«, den angesammelten Müll wegzuräumen und Platz zu schaffen für Neues. Im Teil über die Werkzeuge werden sich noch spezielle Hinweise zur praktischen Realisierung dieses Gedankens finden.

Ich schlage vor, die Mitarbeiter dazu anzuhalten, die wichtigsten dieser Dinge aufzuschreiben. Etwas *nicht* mehr zu tun, ist genauso ein Ziel, wie etwas *zusätzlich* zu tun. Das Aufgeben von Bisherigem hat oft Konsequenzen bis tief in die Organisation hinein, und man benötigt daher unter Umständen ein paar flankierende Maßnahmen, damit es gelingt – zumindest entsprechende Information an andere. Wichtiger aber: Schreibt man es nicht auf, dann bleibt es bei vagen Vorsätzen und schönen Absichten, getan wird aber nichts.

Quantifizierung – aber nicht dogmatisch

Man muss die Mitarbeiter verpflichten, Ziele, wo immer möglich, zu quantifizieren. Dabei wird man immer auch nachfassen und insistieren müssen. Es lässt sich *viel mehr* quantifizieren, als die meisten Leute glauben. Sie haben es ja niemals systematisch gelernt, mit Ausnahme von denjenigen, die eine exquisite naturwissenschaftliche oder technische Ausbildung haben. Die meisten geben zu schnell auf, sie durchdenken die Möglichkeiten zu wenig und verwenden auch keine Phantasie darauf; viele glauben ja, Kreativität und Quantifizierung stünden in naturgesetzlicher Kollision. Das Gegenteil ist der Fall: Eine gelungene Quantifizierung von etwas, das bis dahin nicht quantifizierbar war, ist das Paradebeispiel einer hochkreativen Leistung. Das absolute Minimum ist Quantifizierung in der Zeitdimension, d. h., es darf kein Ziel ohne Termin geben.

Ich spreche bewusst von *Quantifizierung* und nicht etwa nur von *Messung*. Der englische Kybernetiker Stafford Beer hat das treffend formuliert: *»There is more to quantification than numeration.«* Man soll mit Quantifizierung soweit wie nur möglich, jedenfalls über den Punkt hinaus, an dem man üblicherweise abbricht, gehen, aber – und das ist ein wichtiges Aber – man darf kein Dogma daraus machen.

Das Dogma, dem man zu erliegen droht, lautet: *»Was nicht quantifizierbar ist, ist nicht wichtig – und bedarf daher keiner Beachtung.«* Das wäre außerordentlich gefährlich – für jedes Unternehmen und jede andere Organisation. Es ist der Fehler, der aus *missverstandener* Quantifizierung resultiert – Folge einer völlig falsch verstandenen *vermeintlichen* Wissenschaftlichkeit, die in der Erkenntnislehre unter der Bezeichnung »Szientismus« bekannt ist.

Jede Erfahrung zeigt: *Je wichtiger ein Ziel für ein Unternehmen ist, desto weniger ist es im engeren Wortsinn quantifizierbar.* Umsätze, Marktanteile, Produktivitäten, Cashflow u. v. m. können heute quantifiziert werden (das wurde nicht schon immer für möglich gehalten). Wie sieht es aber aus mit Qualität, Kundennutzen, Kundenzufriedenheit, Innovationskraft usw.? Dass nicht quantifizierbare Dinge noch wichtiger sind als die quantifizierbaren, gilt übrigens noch in viel stärkerem Ausmaß für Nicht-Wirtschafts-Organisationen.

Es handelt sich also um eine Art Gratwanderung: So viel Quantifizierung wie möglich, doch nicht so stur, dass sie den Blick von den anderen Dingen ablenkt, die ebenso wichtig, aber nicht quantifizierbar sind. Es gibt keine allgemeine Formel, die einem dabei helfen könnte, das richtige Maß zu finden. Im Einzelfall, nämlich dann, wenn Umstände, Situation, Produkt, Markt, Technologie und vor allem die Leute bekannt sind, lässt sich aber oft ziemlich zutreffend sagen, wie weit man mit der Quantifizierung gehen kann und muss.

Auf jeden Fall verlangen muss man größtmögliche *Präzisierung*. Das ist auch dann noch möglich, wenn keine Quantifizierung im engeren Sinne mehr möglich ist. *Woran wollen wir am Ende der nächsten Periode feststellen und beurteilen können, ob wir dem Ziel näher gekommen sind oder nicht?* – das muss die Leitfrage sein. Daher muss man die Leute dazu erziehen, die angestrebten Endzustände so präzise wie möglich zu beschreiben. Als kleinen Trick kann man bei der sprachlichen Formulierung die Perfektform verlangen: Nicht, *was wollen wir erreichen?*, sondern, *was soll erreicht sein?* Die Meister der sprachlichen Präzisierung sind die guten Juristen, auch wenn sie ihre Kunst gelegentlich dazu einsetzen, Verwirrung zu erzeugen.

Widersprüchliche Ziele

In den Lehrbüchern wird man lesen: *Machen Sie widerspruchsfreie Zielsysteme!* Das klingt plausibel, ist aber zu schön, um wahr sein zu können. Je wichtiger Ziele sind, desto widersprüchlicher sind sie (leider) auch. Damit muss man leben.

Gute Ziele zu setzen erfordert immer die Kunst des Abwägens und Balancierens. Peter Drucker hat dazu gesagt[29]: »Es gibt nur wenige Dinge, die ein fähiges Management so deutlich von einer unfähigen Unternehmensleitung unterscheiden, wie die Fähigkeit, Zielsetzungen gegeneinander abzuwägen. Ein Rezept dafür gibt es nicht;

29 Peter F. Drucker, *Management*, New York 1974, 5. Auflage 1994, S. 112.

das Einzige, was sich sagen lässt, ist, dass dieses Abwägen nicht mechanisch-rechnerisch erfolgen kann.«

Es gibt also leider keine Formeln dafür, und wir können diese Aufgabe daher auch nicht an Stabsleute oder Computer delegieren. Es bleibt eine der elementaren Führungsaufgaben, für deren kompetente Erfüllung man Erfahrung und nicht nur Wissen braucht.

Ziele oder Maßnahmen?

In Lehrbüchern wird man auch lesen: *Setzen Sie Ziele und keine Maßnahmen!* Diese Regel ist an sich so richtig, leider lässt sie sich aber nicht immer einhalten. Man darf daraus auch *kein Dogma* machen. Es gibt Fälle, in denen man zwar kein ausreichend präzises Ziel bestimmen kann, wohl aber eine *Maßnahme*, von der wir nach allgemeiner Lebenserfahrung annehmen dürfen, dass sie uns in die erwünschte Richtung bringt. In solchen Fällen darf man sich also durchaus auch Maßnahmen anstelle von Zielen vornehmen. Wichtig ist nicht theoretischer Purismus, sondern praktische Wirkung. Was mir hilft, dem Ziel näherzukommen, ist brauchbar und zulässig.

Das ist *ein* Aspekt. Es gibt aber noch einen *zweiten*, der die Befassung mit Maßnahmen wichtig macht: Maßnahmen können illegitim sein, auch wenn die Ziele es nicht sind, sie können ethisch oder sozial umstritten oder mit dem Image der Organisation unverträglich sein. Man kann also Maßnahmen nicht einfach aus der Bestimmung von Zielen ausklammern.

Ressourcen

Lehrbuch-Purismus herrscht häufig auch in Hinblick auf die Behandlung von Ressourcen. Es ist zwar immer richtig, eine begriffliche Unterscheidung zu machen zwischen Zielen, Mitteln und Maßnahmen. Das bedeutet aber nicht, dass man sie nicht gemeinsam behandeln darf. Ich vertrete im Gegenteil die Auffassung, dass man sie im Prinzip *gemeinsam* behandeln *muss*. Das schließt nicht aus, gewisse Teilprobleme auch in einem abgetrennten Planungsverfahren lösen zu können.

Mein Vorschlag lautet, von den Mitarbeitern nicht nur die Ziele zu verlangen, sondern auch die Angaben über die wichtigsten Ressourcen, die sie mutmaßlich für deren Erreichung benötigen. *Erstens* verbessert das ihr Verständnis für das Geschäft oder die Tätigkeit einer Organisation und deren innere Zusammenhänge. Zum *zweiten* entspricht genau das ganzheitlichem und unternehmerischem Denken. Es gibt keinen Unternehmer, zumindest keinen, der sich erfolgreich behauptet und nicht gleichzeitig immer an alle drei Dinge denkt: Ziele, Mittel und Maßnahmen. Und *drittens* ist es die einzige Möglichkeit, nicht nur zu Zielvorstellungen zu kommen, sondern dazu, was man wirklich braucht – zu *realistischen* Zielen.

Ziele festzulegen ist keine Kunst, solange man nicht überlegen muss, wie und womit man sie erreichen kann. Das Gefährliche an der in den letzten Jahren mit übertrieben viel Aufwand geführten Visionsdiskussion – und einer der wesentlichen Gründe für mich, sie abzulehnen – ist, dass sie oft losgelöst von jeder Realität erfolgte.

Napoleon war ein Meister auf dem Gebiet der Ressourcenplanung: Jedesmal, wenn ihm seine Generäle großartige Offensivstrategien vortrugen, lehnte er sich zurück und fragte sinngemäß, wie viele Pferde man denn wohl dafür brauche. Meistens hatten die Generäle diese Frage nicht gründlich genug durchdacht. Die Ressourcenfrage kann man aber nicht subalternen Stellen überlassen. Sie ist »kriegsentscheidend«.

Personen, nicht Gruppen

Zu jedem Ziel muss man den Namen einer *Person* hinzufügen können. Wirksame Ziele sind *persönliche* Ziele. Ob die betreffende Person, die die Verantwortung für das Ziel trägt, dann für die Realisierung eine Gruppe, ein Team etc. braucht, ist eine andere Frage. Die Antwort darauf kann man oft dem Verantwortlichen, wenn er ausreichend kompetent dafür ist, überlassen. Aber man muss eine Person verantwortlich machen und *nicht eine Gruppe.* Eine der wichtigsten Funktionen von Zielen in einer Organisation ist es, die Verantwortung zu *individualisieren.* Gerade weil Organisationen Kollektive sind, muss die Verantwortung personalisiert werden, so gut es nur irgendwie geht.

Sollte das aus irgendeinem Grunde nicht möglich sein – ich will nicht prinzipiell ausschließen, dass dieser Fall nicht eintreten kann – und man auch nach ernsthaftem Versuchen nicht darum herumkommt, eine Gruppe statt einer Person einzusetzen, rate ich zu großer Skepsis und zu sehr zurückhaltenden Erwartungen in bezug auf den Realisierungserfolg; aus diesem Grund muss man in solchen Fällen besonders gut *kontrollieren*, sehr »dicht am Ball bleiben« und auf die geringsten Anzeichen reagieren, dass die Sache »aus dem Ruder läuft«.

Alle Mitarbeiter oder nur ausgewählte?

Man neigt in Führungsfragen leider viel zu stark zu *falsch verstandener* Gleichbehandlung. Dass die Menschen vor dem Gesetz gleich sind, ist zwar ein wichtiger rechtsstaatlicher Grundsatz und ein Fortschritt. Das bedeutet aber noch lange nicht, dass alle auch vor ihrem Chef gleich sein sollen oder können. Ich erlebe immer wieder, dass man glaubt, nur weil es für bestimmte Mitarbeiter sinnvoll ist, Ziele zu haben, müsse es für *alle* so sein. So wird dann zwanghaft auch für den Portier und für jede Hilfskraft nach Zielen gesucht. Das führt meistens zu grotesken Situationen, die das gesamte Prinzip des Führens mit Zielen lächerlich und unglaubwürdig machen.

Ich schließe natürlich nicht aus, dass es auch Fälle geben mag, in denen ein Portier sinnvolle Ziele haben kann, z. B. wenn neue Sicherheitssysteme eingeführt werden, mit denen er umzugehen lernen muss. In der Regel wird er aber keine brauchen, um seine Aufgabe gut zu erfüllen.

Man muss daher genau überlegen, welche Mitarbeiter wirklich Ziele haben sollen und welche nicht. Das ist eine echte Führungsentscheidung, die sich von Jahr zu Jahr verändern wird.

Individuelle Anwendung

Noch wichtiger ist es, eine zweite Art von Individualisierung zu beachten, nämlich das Führen mit Zielen individuell *anzuwenden*. Dieser Gedanke gilt praktisch durchgängig für das gesamte Management.

Erfahrene Mitarbeiter kann und darf man nicht auf die gleiche Weise führen wie unerfahrene. Bei den noch *Unerfahrenen*, sei es, dass sie noch zu jung sind, um Erfahrung haben zu können, oder dass sie neu im Unternehmen sind, muss man sehr genau prüfen, was sie sich als Ziele vornehmen, wo sie die Prioritäten sehen und was sie als nachrangig betrachten. Hierbei ist großer Wert auf Präzisierung und Quantifizierung zu legen. Man muss mit ihnen die Ziele sehr gründlich diskutieren und die betreffenden Ressourcen-Überlegungen genau prüfen. Ziele sind ein wertvolles Mittel, vielleicht das beste Vehikel, um die gegenseitigen Erwartungen und Überlegungen kennenzulernen.

Erfahrene Leute, die man seit acht oder zehn Jahren kennt und von denen man weiß, wie sie reagieren und vor allem wie sie arbeiten, erfordern hingegen weit weniger Führungsaufwand. In diesen Fällen kann man es bei weniger Präzision und auch weniger Diskussion bewenden lassen. Also *keine falsche Gleichmacherei!* Für einen erfahrenen Mitarbeiter ist es ungeheuer demotivierend, ja beleidigend, sich den gleichen Prozeduren wie die Jungen und Unerfahrenen stellen zu müssen. Schließlich hat er ja bereits bewiesen, wozu er fähig ist und dass man sich auf ihn verlassen kann.

Je schwieriger, desto kurzfristiger

Wie erwähnt, ist in diesem Kapitel in erster Linie das Führen mit Jahreszielen gemeint. Diese bestimmen nur sekundär die *Richtung*, den Kurs einer Organisation. Das muss eher von den langfristigen Zielen geleistet werden. Jahresziele aber bestimmen die *Wirksamkeit der Realisierung* von langfristigen Zielen. In schwierigen Situationen, etwa Turnaround-Fällen, Sanierungen, der Bewältigung von Akquisitionen und Fusionen oder Führungskrisen, muss mit zum Teil wesentlich kurzfristigeren Zielen operiert werden. Generell gilt: Je schwieriger die Situation ist, in der sich eine Organisation befindet, desto kurzfristiger müssen die Ziele sein. In Extremfällen kann und muss man zu Wochen- und Tageszielen und gegebenenfalls zu noch kürzeren Zeiträumen greifen.

Die Situation verhält sich analog zur Bewältigung extremer körperlicher Leistung. Wenn es ums Überleben geht, sei es im Kontext von Unfällen, Katastrophen, sei es generell in existenziellen Situationen, ist das Denken nicht auf langfristige Zeiträume gerichtet, sondern darauf, das unmittelbar vor einem liegende Problem zu lösen, die nächste Stunde, den nächsten Tag zu erleben. Weniger dramatisch, aber genauso anschaulich kann das jeder erleben, der zum Beispiel im Sport an die Grenzen seiner persönlichen Leistungsfähigkeit stößt. Wenn man sich bei einem Ausdauersport – Laufen, Ski-Langlauf oder Radfahren – der Erschöpfungsgrenze nähert, denkt man als erfahrener Sportler nicht »noch weitere 20 Kilometer«, sondern »noch bis zur nächsten Kurve …« Kommt man dort an, lautet der Gedanke: »… nur noch bis zum nächsten Baum …« Auf diese Weise, in kleinsten, gerade noch zu bewältigenden Einheiten, lassen sich große Ziele auch dann noch erreichen, wenn man sich schon am Ende glaubt.

Ziele müssen schriftlich fixiert sein

Bemerkenswert viele Manager haben eine Abneigung gegen Schriftlichkeit. Sie assoziieren sie mit Bürokratie. Das mag in manchen Fällen seine Berechtigung haben, bei der Zielformulierung jedoch ist sie nicht angebracht. Die Ziele jeder Person müssen schriftlich dokumentiert sein, und zwar so präzise wie nur irgend möglich. Das bedeutet keineswegs Mehrarbeit, wie immer wieder eingewendet wird, sondern es spart im Gegenteil zusätzliche Arbeit, nämlich die spätere Mühe des Ausräumens von Missverständnissen, Irrtümern und Kommunikationsproblemen. Außerdem ist die schriftliche Dokumentation von Zielen eine unabdingbare Voraussetzung für eine spätere Leistungsbeurteilung.

Man braucht dafür keinen großen Aufwand zu betreiben. Eine Seite genügt normalerweise, wenn man sich an die hier vorgeschlagenen Praktiken hält. Wenn man deutlich mehr benötigt, ist das ein Indiz dafür, dass die Ziele nicht professionell durchdacht und bestimmt wurden – und das wiederum gibt Anlass zu Skepsis in bezug auf die Realisierungserfolge.

Ziele vorgeben oder vereinbaren?

Zu der einleitend ausgeklammerten Frage, ob man Ziele vereinbaren oder vorgeben soll, sind Bibliotheken von Büchern geschrieben worden. Aber diese Frage ist bei weitem nicht so wichtig, wie man es aufgrund des Umfangs dieser Bibliotheken annehmen könnte. Der Auftrag lautet: *Dafür sorgen, dass Ziele da sind!* – das ist die Führungsaufgabe.

Aus offensichtlichen Gründen spricht vieles dafür, dass man sie *vereinbart*, wo immer das möglich ist. Wir wissen um die motivierende Wirkung dessen; die Menschen sind eher bereit, sich für etwas voll einzusetzen, an dessen Entstehung sie mitwirken konnten.

Vernünftige Zielvereinbarungen haben aber *zwei Voraussetzungen*, die *kumulativ* erfüllt sein müssen: *gute Mitarbeiter und viel Zeit.* Fehlt auch nur eine der beiden Bedingungen, wird es sehr schwierig, zu Vereinbarungen zu kommen, die mehr als Pseudokonsens sind. Wichtig ist jedenfalls, dass man das Vereinbaren von Zielen nicht zu einem Dogma macht. Es wird immer wieder Situationen geben, bei denen man sich irgendwann sagen muss: *»Wir haben jetzt sechs Wochen über diese Ziele diskutiert und leider keinen Konsens gefunden, obwohl ich alles getan habe, was in meiner Kraft stand.«* Was nun? Dann ist genau jene Situation eingetreten, in der die Ziele als solche noch wichtiger sind als ihre Vereinbarung. Dann muss man sie *vorgeben*, auch wenn das als nicht besonders zeitgemäß gilt. Jedenfalls darf auf keinen Fall die Situation eintreten, keine Ziele zu haben, nur weil es nicht möglich war, sich auf etwas zu einigen.

Kooperatives Führen ist – fast – immer besser als direktives; aber es gibt auch, wie ich in Teil II dargelegt habe, Kooperation, die keine Ergebnisse zeitigt. Die Betonung muss auf Führen liegen. Partizipation – das wird häufig falsch verstanden – ist kein Selbstzweck. Sie steht im Dienste eines Zwecks, der nicht darin besteht, ein »Gefühl der Mitsprache« zu vermitteln. Ihr Zweck ist es, *Verantwortung zum Bestandteil der Aufgabe zu machen.*

Es gibt also gute Gründe für Partizipation. Aber noch einmal: sie ist kein Selbstzweck. Man kann zu wenig partizipieren, man kann aber auch zu viel partizipieren. Zu wenig Partizipation führt in der Regel zu einem Mangel an Verantwortung. Zuviel Partizipation dagegen führt häufig zu einem Mangel an Leistung. Man kann eben alles auch endlos diskutieren und zerreden. Leider wird einmal mehr auch hierfür niemand eine allgemeine Formel angeben können, nach der das »Zuviel« oder »Zu wenig« bestimmbar wären. Im Einzelfall wiederum lässt sich meistens recht gut sagen, wie breit der Grat zwischen den beiden Extremen ist.

Ein Unternehmen ist keine Demokratie, und das gilt auch für die meisten anderen Organisationen der Gesellschaft, sogar für jene, die glauben, sich deshalb besonders demokratisch geben zu müssen, weil sie sich politisch für Demokratie einsetzen, also etwa Parteien und Gewerkschaften. Der Umstand, dass wir eine Gesellschaft als solche, einen Staat, nach demokratischen Regeln gestalten, besagt so gut wie nichts über die optimale Form anderer Arten von Organisationen. Diese Dinge werden immer wieder verwechselt oder durcheinandergebracht, mit ebenso schädlichen Folgen für Staat und Gesellschaft wie für ihre Organisationen. In Verbindung mit dem Treffen von Entscheidungen werde ich die Frage der Partizipation nochmals aufgreifen. Dort ist sie fast noch wichtiger als an dieser Stelle.

Ziele sind unverzichtbar für jede Organisation. Die Management-Aufgabe, für Ziele zu sorgen und mit Zielen zu führen, bestimmt in maßgeblicher und durch nichts zu kompensierender Weise die Effektivität einer Organisation. Sie bestimmt auch die Wirksamkeit jedes Menschen, und zwar keineswegs nur in der Wirtschaft. Ziele definieren überhaupt erst, wann Arbeit zu Leistung wird. Ohne Ziele kann im Grunde gar nicht von Leistung gesprochen werden. Ziele geben menschlicher Anstrengung Richtung und Sinn.

Welche Ziele?

Ziele zu setzen, ist eine Frage von Management. *Welche* Ziele man allerdings hat, hängt nicht direkt mit Management als solchem zusammen, sondern ist eine Frage der konkreten Organisation, um die es im Einzelfall geht, ihrer Zwecke und ihrer Situation. Das habe ich bereits in Zusammenhang mit dem Grundsatz der Resultatorientierung in Teil II besprochen und will es hier nochmals in Erinnerung rufen.

Selbstredend kann es nicht einfach um *irgendwelche* Ziele gehen; man braucht die für die spezifische Organisation *richtigen* Ziele. Wirtschaftsunternehmen haben andere Ziele als gemeinnützige Organisationen; international operierende Institutionen andere als national oder lokal aktive. Ob jemand als Führungskraft und Organ der Institution, für die er oder sie tätig ist, große oder kleine Ziele wählt, abstrakte oder konkrete, visionäre oder bodenständige, ergibt sich weniger aus der Logik von Management als aus jener der Situation, in der sich eine Organisation befindet, zu der ihre Zwecke gehören, ihre bisherigen Ziele und Resultate, ihre Geschichte, ihre Konkurrenten und Partner, ihre Kunden und Leistungsempfänger sowie das Selbstverständnis der handelnden Personen und deren Situation.

Aus diesen Gründen kann über die Ziele von Organisationen nur bedingt Allgemeines gesagt werden. Wie ich in Teil II erwähnte, braucht jede Art von Organisation mindestens zwei Arten von Zielen: solche die sich auf die Menschen beziehen, also auf die Ausstattung der Organisation mit Humanressourcen, und solche, die mit Geld zu tun haben; denn jede Organisation benötigt Menschen und Geld.

Typische Zielfelder, die für Wirtschaftsunternehmen gelten, im übertragenen und vernünftig modifizierten Sinne aber auch für viele andere Organisationen, sind die folgenden: Marktstellung, Innovationsleistung, Produktivität, Attraktivität für fähige Leute, Liquidität und Cashflow sowie das Gewinn- bzw. Renditeerfordernis. Das ist das Minimum an Gebieten oder Dimensionen, für die ein Unternehmen Ziele benötigt; weitere können hinzukommen, etwa umweltbezogene, gesellschaftliche und politische.

Zweite Aufgabe
Organisieren

Die zweite Aufgabe wirksamen Managements ist das Organisieren. Effektive Menschen warten nicht darauf, bis sie organisiert *werden*, sie tun es selbst, für sich und ihre unmittelbar persönliche Aufgabe und für ihre Verantwortungsbereiche.

Auch hier beschränke ich mich auf die allerwichtigsten Dinge, auf jene, die erfahrungsgemäß die Effektivität der Erfüllung dieser Aufgabe bestimmen, und zwar weitgehend unabhängig von den konkreten Umständen. Die Strukturierung von Unternehmen und den meisten anderen Institutionen der Gesellschaft wird, wenn die Anzeichen nicht trügen, eines der wichtigsten Themen der nächsten Jahre sein, ein Dauerproblem, für das sich zur Zeit keine wirklichen Lösungen abzeichnen. Viele Organisationen experimentieren; in den meisten herrscht große Verunsicherung. Mit Ausnahme jener Firmen, die ein ganz einfaches Geschäft betreiben, und jener Institutionen, die eine ganz einfache Aufgabe haben, sind alle in irgendeiner Weise mit Organisation befasst. Die Veränderungen, die sich in Wirtschaft und Gesellschaft abspielen, zwingen dazu, die Strukturen in immer kürzeren Abständen zu überdenken. Zur Zeit hat aber, wie mir scheint, niemand eine Lösung parat.

Dieses Kapitel handelt daher nicht von den zukünftigen Makrostrukturen einer Institution, sondern davon, was organisatorisch *immer* zu beachten ist, unabhängig davon, in welcher Phase der Entwicklung oder Umstrukturierung sich ein Unternehmen oder eine andere Institution gerade befindet.

Warnung vor »Organisitis«

Eine wachsende Zahl von Managern verfolgt eine Strategie des ständigen Reorganisierens und Umstrukturierens – damit »die Dinge in Bewegung bleiben«. Dafür habe ich kein Verständnis; ich halte es für falsch. Das hat mit vernünftigem Organisieren nichts zu tun, sondern ist eine Krankheit – »Organisitis«. Sie tritt vorwiegend bei Leuten auf, die glauben, um jeden Preis »dynamisch« sein zu müssen, oder solchen, die dadurch in die Medien kommen wollen. Jedenfalls handelt es sich von Seiten der Unternehmens- und auch der Menschenführung um einen Fehler.

Die Menschen können zwar Veränderungen und Wandel durchaus verkraften, aber sie brauchen *auch* Phasen von Ruhe und Stabilität, um *produktive Leistungen* zu erbringen. Wer ständig um des Änderns willen ändert und reorganisiert, riskiert eine deutlich sichtbare Verschlechterung seiner Geschäftsergebnisse und produziert Attentismus, Lethargie und Angst.

Organisatorische Veränderungen sind vergleichbar mit chirurgischen Eingriffen in einen Organismus – in einen *lebenden* Organismus und *ohne Betäubung*. Die Chirurgen selbst sind in einer wesentlich komfortableren Lage als die Manager: sie können den Patienten durch Narkose wenigstens für die Dauer der Operation stilllegen. *Der Manager kann das nicht.* Sein »Patient« nimmt hellwach wahr, was da auf ihn zukommt, und entsprechend reagiert er.

Die guten Chirurgen haben gelernt, dass man nicht ohne Not schneidet. Nur wenn alle anderen Mittel untauglich erscheinen, werden sie zum Messer greifen. So handeln auch gute Manager. *Sie reorganisieren nie ohne Not* – und *wenn* sie es tun müssen, dann nur nach bester Vorbereitung und nachdem das Vorgehen gründlich durchdacht und alle notwendigen flankierenden Maßnahmen getroffen wurden.

Es gibt keine »gute« Organisation

Die meisten Leute, vor allem die unerfahrenen, haben die Vorstellung im Kopf, es gebe so etwas wie *friktionsfreie* Organisationsformen. Ob die Management- oder Betriebswirtschaftslehre jemals eine solche finden wird, bleibe dahingestellt. Bis heute kennen wir diese Organisationsform jedenfalls nicht.

Alle Organisationen sind *unvollkommen: alle* produzieren Konflikte, Koordinationsaufwand, Informationsprobleme, zwischenmenschliche Reibungsflächen, Unklarheiten, Schnittstellen und alle möglichen anderen Schwierigkeiten. Meines Erachtens ist man gut beraten, davon auszugehen, dass man nicht die Wahl zwischen guten und schlechten Organisationen, sondern nur die zwischen *mehr* oder *weniger schlechten* hat. Alle Organisationen erfordern *Kompromisse.*

Darüber hinaus kann man auch nur selten eine »reine« Organisationsform wählen. Diese gibt es nur in den Lehrbüchern. Reale Organisationen sind praktisch immer Mischungen mehrerer »reiner« Formen; sie sind *Hybridgebilde.* Das ist übrigens auch gar nichts Negatives, es sei denn, man ist Purist. Es gibt überhaupt keinen Anlass zu erschrecken, wenn man beim Durchdenken eines Organisationsproblems auf eine Mischform als beste Lösung kommt. Viele tun das aber, in der irrigen Meinung, sie müssten einer Theorie folgen. In Wahrheit bewegen sie sich immer weiter von einer praktisch brauchbaren Organisationsweise weg.

Viel zu häufig wird übersehen, dass es für Probleme, die den Anschein haben, organisatorisch gelöst werden zu müssen, auch andere Lösungen geben kann. Am häufigsten wird übersehen, dass die meisten Probleme durch besseres Management, also durch die in diesem Buch gemachten Vorschläge, vielleicht nicht gerade gelöst, aber doch gemildert werden können, und zwar viel rascher und leichter als durch Strukturveränderungen.

Ich schlage in diesem Zusammenhang folgende Regel vor: Das *Optimum* liegt selbstverständlich da vor, wo »gute« Organisation (ich verwende dieses Wort jetzt trotz der soeben gemachten Vorbehalte doch, aber in Anführungszeichen) in Verbindung mit gutem Management auftritt. Aber das ist eben ein eher *seltener* Fall. Sind *beide* Faktoren negativ, tritt also schlechte Organisation in Verbindung mit schlechtem Management auf, handelt es sich dagegen beinahe immer um einen hoffnungslosen Fall. Das also sind die beiden klaren Fälle.

Wie sieht es aber aus, wenn nur einer der beiden Faktoren gut, der andere hingegen schlecht ist? Ist das Management, die handwerkliche Professionalität schlecht, so lässt sich das meiner Beobachtung nach *niemals* durch »gute Organisation« beheben oder kompensieren. Umgekehrt hingegen kann oft Bemerkenswertes erreicht werden. Ich habe es immer wieder erlebt, dass gute Manager selbst innerhalb schlechter Strukturen noch Hervorragendes geleistet haben.

Es gibt Führungskräfte, die sich auch durch miserable Organisation nicht daran hindern lassen, ihr Bestes zu geben, und damit allen Widrigkeiten zum Trotz Ergebnisse erzielen. Natürlich regen sie sich über die Schwerfälligkeit, die Bürokratie, die Langsamkeit oder was sonst das Problem sein mag auf (meistens sind es mehrere Probleme gleichzeitig), aber sie kämpfen bzw. wursteln sich durch.

Die drei Grundfragen des Organisierens

Auf allen Gebieten lauert die Gefahr, vor lauter Bäumen den Wald nicht mehr sehen. Gerade beim Organisieren kann man sich in einem Gestrüpp von Zielen und Kriterien, die die Organisation erfüllen soll, hoffnungslos verlieren. Das schlechteste, was man tun kann, ist, eine Organisation mit Anforderungen zu *überladen*. Je *zahlreicher* die Anforderungen sind, desto *weniger* kann eine Organisation *leisten*.

Wirksame Organisationen sind, wie ich bereits in Teil I ausgeführt habe, *Einzweck*-Gebilde. Ob sie *einfach* sein können, ist eine andere Frage. Wenn es so ist, ist es von Vorteil; aber auch Einzweck-Geräte oder -Maschinen können von erheblicher Komplexität sein. »Einfach« und »Einzweck« wird häufig miteinander verwechselt. Beispielsweise ist ein Kampfflugzeug ein Einzweck-System, aber es ist sicherlich nicht einfach. Seine Einsatzmöglichkeit ist sehr beschränkt, diese erfüllt es aber besser als jedes andere Gerät.

Im Kern gilt es, *genau drei Fragen* zu beantworten; es sind die Grundfragen allen Organisierens. Sie bewahren davor, eine Organisation zu überladen und zu überfordern. Die Fragen sind hier mit Blick auf ein Wirtschaftsunternehmen formuliert, sinngemäß modifiziert gelten sie aber allgemein:

1. Wie müssen wir uns organisieren, damit das, wofür der Kunde uns bezahlt, im Zentrum der Aufmerksamkeit steht und von dort nicht wieder verschwinden kann?

2. Wie müssen wir uns organisieren, damit das, wofür wir unsere Mitarbeiter bezahlen, von diesen auch wirklich getan werden kann?

3. Wie müssen wir uns organisieren, damit das, wofür die Firmenspitze, das Top-Management, bezahlt wird, von diesem auch wirklich getan werden kann?

Die Organisation bildet gewissermaßen die Brücke zwischen diesen drei Fragen. Dazu einige Hinweise: In jeder Firma gibt es heute zahlreiche Bekenntnisse zur Kundenorientierung. Realisiert ist sie deswegen aber noch lange nicht. Denn *erstens* ist es gar nicht so leicht herauszufinden, wofür der Kunde ein Unternehmen *wirklich* bezahlt. Und selbst wenn man es weiß, gibt es *zweitens* noch immer sehr viel mehr Möglichkeiten, am Kunden vorbei zu organisieren, als den Kunden tatsächlich ins Zentrum zu stellen. Ein Beispiel, das gleichzeitig Frage 1 und 2 verdeutlicht, sind jene Versicherungsgesellschaften, deren Außendienstmitarbeiter außer zu verkaufen auch noch administrative Aufgaben zu erledigen haben. Jede Analyse zeigt, dass die Außendienstmitarbeiter sehr vieler Versicherungsgesellschaften höchstens 40 Prozent ihrer Zeit dem Kunden widmen können; der andere, größere Teil muss für die verschiedensten Verwaltungsarbeiten aufgewendet werden. In Wirklichkeit steht also weder der Kunde im Zentrum noch kann der Mitarbeiter das tun, wofür er tatsächlich bezahlt wird.

Was die zweite Grundfrage betrifft, so lohnt es sich, in regelmäßigen Abständen seine Mitarbeiter nach deren Beiträgen zu fragen. Man erinnere sich an die in Teil II formulierte Frage: Warum stehen

Sie eigentlich auf der Lohnliste dieser Firma? In bemerkenswert vielen Fällen erhält man darauf *überhaupt keine* oder sehr *verschwommene* Antworten. Immer wieder stellt man aber auch fest, dass Organisationen die Mitarbeiter in ihrer Arbeit *eher behindern,* als sie darin wirklich zu unterstützen. Nicht selten ist man als Chef selbst der »Zapfen im Flaschenhals«.

Die *dritte* Grundfrage des Organisierens bezieht sich darauf, wofür das Top-Management tatsächlich seine wertvolle Zeit einsetzt. Werden wirklich die *echten* Top-Management-Aufgaben erfüllt? Oder versinkt die Firmenspitze im Tagesgeschäft? Werden die obersten Führungskräfte tatsächlich durch die Organisation in die Lage versetzt, jene Probleme zu lösen, die man nur aus Sicht und in Kenntnis des Ganzen vernünftig bearbeiten kann? Oder erfordert das Inganghalten der Organisation selbst so viel Zeit und Kraft, dass darüber hinaus kaum noch etwas übrig bleibt?[30]

Symptome schlechter Organisation

Ich sagte einleitend, dass man erstens nicht leichtfertig reorganisieren sollte und es zweitens nur die Wahl zwischen mehr oder weniger schlechten Organisationsformen gibt. Wann soll man unter dieser Voraussetzung aber *doch* an eine Änderung der Organisation denken? Anhand welcher Symptome kann man erkennen, ob *tatsächlich* ein Organisationsproblem vorliegt?

Es gibt Leute, die bei *jeder* Schwierigkeit reflexartig ein Organisations- oder Strukturproblem sehen und sofort nach organisatorischen Änderungen rufen. Diesem Reflex darf man als Führungskraft *keinesfalls* nachgeben. Natürlich gibt es jeden Tag in jedem Unternehmen irgendwelche Schwierigkeiten, Probleme und Friktionen. Nur *wenige* haben aber ihre *Ursache* in der Organisation. Bei genauer Untersuchung wird man fast immer (oder jedenfalls sehr häufig) zu

30 Siehe dazu mein Buch *Wirksame Unternehmensaufsicht. Corporate Governance in Umbruchszeiten,* Teil 2, 2. Auflage, Frankfurt am Main 1999.

dem Ergebnis kommen, dass es weit eher an der *Führung* als an der Organisation liegt.

Organisationen dürfen nicht primär nach den Problemen beurteilt werden, die sie produzieren, sondern man muss sie nach jenen Problemen bewerten, die sie gerade *nicht* produzieren. Die Organisation, die wir heute haben, produziert Schwierigkeiten; welche anderen Schwierigkeiten würde aber jede andere Organisation produzieren? Durch Reorganisation löst man fast immer dieses eine, gerade vorliegende Problem. *Wie viele neue und andere Probleme wird man dadurch aber schaffen?*, sollte die alle diesbezüglichen Überlegungen begleitende Frage sein.

Es gibt einige wenige Symptome, die ein starkes Indiz dafür sind, dass die Probleme tatsächlich in der Organisation begründet liegen. Liegen diese Symptome vor, sollte man ernsthaft an organisatorische Veränderungen denken:

Vermehrung der Managementebenen

Dies ist das *eindeutigste* und *ernst zu nehmendste* Symptom für schlechte und veränderungsbedürftige Organisation. Diese Einsicht hat sich im Laufe der neunziger Jahre durchzusetzen begonnen und ist heute akzeptiert und relativ weit verbreitet. Aber es hat lange bis dahin gedauert. Wie sonst wäre es erklärbar, dass man derart lautstark nach dem Abbau von Hierarchien ruft und drei, vier oder fünf Ebenen auf einen Schlag eliminiert? Zuvor müssen diese Ebenen ja offenbar entstanden und zugelassen worden sein, sonst bestünde kein Anlass, sie jetzt zu beseitigen. Sie hätten jedoch gar nicht erst entstehen dürfen.

Die Regel lautet: *Geringstmögliche Zahl von Ebenen und kürzestmögliche Wege!* Jeder Versuchung, zusätzliche Managementebenen zu schaffen, muss man *entschiedenen Widerstand* entgegensetzen. Es *kann* zwar sein, dass man nach gründlichem Durchdenken aller Umstände doch zu dem Ergebnis kommt, dass eine weitere Ebene tatsächlich notwendig ist. Das sollte aber die *letzte* Lösung sein, die man ins Auge fasst.

Jede zusätzliche Ebene macht das gegenseitige Verständnis schwieriger, produziert mehr »Rauschen« in den Kanälen, verzerrt die Information, verfälscht die Ziele und steuert die Aufmerksamkeit der Mitarbeiter in die falsche Richtung. Jede Ebene bedeutet zusätzlichen Stress und ist eine neue Quelle von Trägheit, Reibung und Kosten.

Ständiges Reden über »bereichsübergreifendes Arbeiten«

Das ist ebenfalls ein Warnsignal und ein Hinweis auf mutmaßliche Organisationsprobleme. »Bereichsübergreifendes Arbeiten« *klingt* sehr modern; hinzugefügt wird dann meistens noch, man müsse halt »vernetzt« denken.

In der Tat wird »vernetztes Denken« immer notwendiger, weil unsere Welt immer komplexer wird. Begrüßenswert ist es aber keineswegs. Es ist nämlich außerordentlich schwierig, und nur wenige Leute beherrschen es. Selbst intensives Training bringt keine berauschenden Erfolge in dieser Hinsicht. Für die meisten stellt bereichsübergreifendes Arbeiten und vernetztes Denken Anforderungen, die sie einfach nicht oder doch nur sehr schwer erfüllen können.

Die *Grundregel* muss daher *ganz anders* lauten: *Die Organisation stimmt dann, wenn möglichst wenig bereichsübergreifendes Arbeiten notwendig ist.* Richtig organisiert ist man dann, wenn bereichsübergreifendes Arbeiten gar nicht erforderlich ist.

Ich bin mir dessen bewusst, dass das nicht immer leicht und manchmal auch gar nicht zu erfüllen ist. Man muss ziemlich intensiv über organisatorische Lösungen nachdenken, um dieser Regel zu entsprechen. Aber es sollte die Richtschnur sein, an der dann die unvermeidlicherweise erforderlichen Kompromisse gemessen werden. Die prozessorientierten Organisationsformen weisen in diese Richtung, und der kluge Einsatz der Informationstechnologie wird brauchbare Lösungen ermöglichen.

Viele Sitzungen mit vielen Leuten

Der »Sitzungszirkus«, der in so vielen Organisationen zu beobachten ist, ist ebenfalls ein starkes Anzeichen dafür, dass mit der Organisation etwas nicht stimmt, und man sollte dieses Indiz ernst nehmen.

Beinahe naturgesetzlich scheinen immer mehr Sitzungen erforderlich zu sein. Das ist keineswegs eine wünschenswerte und auch keine notwendige Entwicklung. Nur selten wird in einer Sitzung wirklich gearbeitet. Die eigentliche Arbeit findet vor oder nach der Sitzung statt. Und jede Sitzung (insbesondere eine produktive) produziert drei weitere Sitzungen, die danach notwendig sind.[31]

Auch hier gibt es eine *klare Regel*; sie wird zwar häufig missverstanden, aber gerade deshalb ist sie wichtig. Die Regel lautet: *Minimiere die Notwendigkeit persönlicher Kontakte, um etwas zu erreichen.*

Ich spreche ausdrücklich davon, dass die *Notwendigkeit* zu minimieren sei und nicht etwa die *Möglichkeit.* Die Mitarbeiter sollen selbstverständlich *ausreichende*, ja sogar *viele* Möglichkeiten haben, Kontakte zu pflegen – untereinander, zu ihren Kollegen, zu den Vorgesetzten usw. Daher ist es angebracht, meistens sogar notwendig, diese Kontaktmöglichkeiten zu schaffen, etwa durch eine entsprechende Gebäudearchitektur, die Anordnung der Arbeitsplätze, die Cafeteria oder Kantine, durch Betriebsanlässe und auch dadurch, dass man gelegentlich »ein Auge zudrückt«. Wenn aber für die Erledigung jeder Angelegenheit immer acht oder zehn Leute zusammenkommen müssen – weil man so organisiert ist –, um sich zu koordinieren und abzustimmen, bevor überhaupt etwas getan werden kann, dann ist man eben *falsch* organisiert.

Personelle Überbesetzung

Die produktivste Ressource ist noch immer ein fähiger kompetenter Mitarbeiter, den man *arbeiten lässt* und der durch *nichts darin behindert* wird. Ich weiss, dass das im Zeitalter von Arbeitsgruppen und Teamarbeit unmodern klingt. Ich schlage dennoch vor, darüber nachzudenken. Entscheidend ist nicht, ob etwas *modern*, sondern ob es *richtig* ist.

Wenn immer *mehrere* Leute mit derselben Aufgabe befasst sind, hat man eine *schlechte* Organisation. Glücklicherweise sind die schlimmsten Exzesse durch die Rezessionsjahre der jüngsten Vergan-

31 Siehe Teil IV.

genheit weitgehend korrigiert worden. Der durch die Wirtschaftslage erzwungene Personalabbau hat hier vielen die Augen geöffnet. Aber es bleibt noch immer viel zu tun. Korrigiert wurden bisher nur die ins Auge springenden Überbesetzungen, doch noch längst nicht alle, die durch kluge Reorganisation noch zu beseitigen wären.

Notwendigkeit von Koordinatoren und Assistenten

Wahrscheinlich benötigt man heute in jeder Firma, insbesondere natürlich in den großen, den einen oder anderen Koordinator, und es gibt Manager, die einen Assistenten tatsächlich und nicht nur als Statussymbol brauchen. Aber die Anzahl dieser Jobs sollte *immer minimiert* werden. Sie müssen die *Ausnahme* sein. Alles andere ist ein Zeichen von *falscher* Organisation. Die Leute beginnen sich rasch an Status- und Rangfragen, an akademischen Titeln und Diplomen statt an Resultaten zu orientieren. Sie werden sich mit Interessantem statt mit Wichtigem befassen. Und die Kosten werden steigen, aber nicht in erster Linie deshalb, weil die Assistenten und Koordinatoren selbst Geld kosten, sondern weil *diese allen anderen Mitarbeitern die Zeit stehlen* und sie vom *Arbeiten abhalten.* Statt zu handeln werden dann Analysen gemacht.

Viele Jobs mit »ein bisschen von allem«

»Ein bisschen von allem« ist schon keine gute Devise für die Zusammenstellung einer Mahlzeit. Sie ist *desaströs für die Arbeit von Menschen* – und ein ernsthaftes organisatorisches Problem.

Jobs müssen im Idealfall den Mitarbeiter auf *eine* Aufgabe konzentrieren und fokussieren – allerdings auf eine *große* Aufgabe. Eine gut konzipierte und organisierte Stelle lenkt die *ganze* Aufmerksamkeit und Kraft eines Menschen auf die Erreichung *eines* Ziels. Alles andere führt zu Verzettelung und zur Zersplitterung der Kräfte.

Ich weiß, dass auch das unpopulär ist, aber es hat sich als richtig herausgestellt – und es ist die *einzige* Möglichkeit, den Menschen zu echten, überzeugenden, sichtbaren und vorzeigbaren *Erfolgen* zu verhelfen.

Über Vielfalt braucht man sich meistens keine Sorgen zu machen.

Selbst die besten Jobs mit der größten Konzentrationswirkung lassen genug Spielraum und bringen Tag für Tag genügend Überraschungen mit sich, so dass es dem Mitarbeiter kaum langweilig werden wird.

Jobs mit »ein bisschen von allem« führen zur *Flucht vor der Leistung* und *der Verantwortung*. Sie machen es dem Mitarbeiter unmöglich, das *Wichtigste* zu erlangen, das er braucht, um motiviert zu sein, respektiert zu werden und möglichweise sogar zufrieden und glücklich zu werden, und das ist nur eines: *sichtbare, vorzeigbare Resultate*, auf die er stolz sein kann und derentwegen allein er auf Dauer von seinen Kollegen, Vorgesetzten und Mitarbeitern *geachtet* und *anerkannt* sein wird.

Wenn eines oder mehrere dieser Symptome vorliegen, sollte man ernsthaft damit beginnen, die Organisation neu zu durchdenken. Es gibt darüber hinaus *noch weitere* Gründe, Strukturüberlegungen anzustellen, wie etwa Wachstum und Größe einer Institution, Akquisition neuer Firmen, die Notwendigkeit von Allianzen und Joint Ventures, die Regelung von Nachfolgefragen an der Spitze usw. Diese eher von außen kommenden Probleme werden meistens mehr beachtet als die in diesem Kapitel behandelten.

Zum Schluss noch einmal: Wenn man aufgrund der dargelegten Symptome zu dem Ergebnis kommt, dass eine Reorganisation nötig ist, dann müssen die erforderlichen Änderungen sorgfältig im voraus durchdacht – und danach *rasch* und *kompromisslos* durchgezogen werden. Zögerlichkeit und Unschlüssigkeit entmutigt die Befürworter und stärkt die Gegner der erforderlichen Maßnahmen.

Geschwindigkeit ist dabei wichtig, damit nach einer Strukturänderung alle wieder *ungestört arbeiten können, die Produktivität wiederhergestellt wird, die während einer Restrukturierung immer leidet, und damit auch wieder Humanität einkehren kann, die Menschen brauchen, um vernünftig zu arbeiten*. Ein Unternehmen lebt nicht vom Zweck seiner eigenen permanenten Reorganisation, sondern allein von der Leistung, die *nach* der Reorganisation hoffentlich wesentlich höher sein wird als vorher. Man muss aber darauf vorbereitet sein, dass auch danach keine friktionsfreie Situation vorhanden sein wird. Kompetentes, auf Effektivität gerichtetes Management ist auch danach erforderlich.

Dritte Aufgabe
Entscheiden

Eine der wesentlichen Aufgaben von Führungskräften ist das Entscheiden. Es ist zwar nicht die einzige ihrer Aufgaben, wie das etwa die Entscheidungsorientierte Betriebswirtschaftslehre im deutschsprachigen Raum impliziert oder in den USA Herbert Simon nahegelegt hat. Manager haben etliche andere Aufgaben, die mit Entscheiden wenig oder gar nichts zu tun haben. Aber Entscheiden ist doch die für Führung *typischste* Aufgabe.

Nur Führungskräfte entscheiden. Wer entscheidet, *ist* eine Führungskraft, unabhängig von Rang, Titel und Stellung. Und umgekehrt – gleichgültig, welche Position jemand hat, welcher Status, welche Privilegien und welche Kompetenzen damit verbunden sein mögen: wer *nicht* entscheidet, ist *keine* Führungskraft.

In der Entscheidung läuft alles zusammen, wird alles gewissermaßen auf den Punkt gebracht. Entscheiden ist nicht die einzige, aber es ist die *kritische* Aufgabe der Führungskraft – *the task which makes or breaks the manager*. Ich werde dieser Aufgabe daher etwas mehr Raum geben und vor allem jene Aspekte behandeln, die nicht oder nur selten in den einschlägigen Büchern und auch nicht in den beliebten Fallstudien zu finden sind. Dazu zählen etwa der richtige Gebrauch von Partizipation und Konsens sowie Fragen der Realisierung von Entscheidungen.

Missverständnisse und Irrtümer

Man sollte meinen, dass alle Manager sich aufgrund seiner Wichtigkeit intensivst mit dem Thema Entscheidungsfindung *auseinandersetzen*, dass sie das Entscheiden *trainieren*, sich einer brauchbaren

Entscheidungs*methodik* befleißigen und an diese Aufgabe mit allergrößter Sorgfalt herangehen. Das ist leider nur sehr bedingt der Fall. Hinzu kommen einige weitverbreitete *Irrtümer, Missverständnisse* und *Fehler*, die sich negativ auf die Qualität von Entscheidungen auswirken. Sie sind *leicht zu vermeiden*, wenn man sich ihrer bewusst ist und sich von einigen Klischees befreit.

Die Illusion, das Problem sei klar

Die meisten Manager gehen *viel zu schnell* zur Entscheidung im engeren Sinne über. Sie glauben, es sei klar, *worüber* zu entscheiden ist und worin das Entscheidungs*problem* besteht. Ich mache den Vorschlag, sich von der Prämisse leiten zu lassen, *dass das Problem nie klar ist, sondern man es erst herausfinden muss.*

Das ist die erste und wichtigste Aufgabe in Zusammenhang mit Entscheidungsprozessen. Ich spreche hier natürlich nicht von kleinen, belanglosen Entscheidungen, die keine Folgen haben. Hier sind die großen, wirklich wesentlichen und folgenreichen Entscheidungen gemeint, bei denen das Problem am Anfang *nie* wirklich klar ist. Es muss herauspräpariert oder herausdestilliert werden, meistens aus einem Gestrüpp von Daten, Vermutungen, Behauptungen und vagen Vorstellungen.

Die Umsätze gehen zurück: Liegt ein Marketingproblem vor, oder hängt das mit der Qualität der Produkte zusammen? Sind die Preise falsch, oder ist die Werbung schlecht? Liegt es an den Konkurrenzprodukten, an der Wirtschaftslage, an der Schlagkraft des Außendienstes? Liegt es an einem einzelnen Faktor, oder sind mehrere zusammen die Verursacher, und wenn ja, in welchem Mix?

Lehrbücher geben den gutgemeinten Rat: *Beginne mit den Tatsachen!* Aber was sind in Zusammenhang mit einer kritischen Entscheidung Tatsachen? Man kann nicht mit Tatsachen beginnen, sondern bestenfalls mit *Meinungen* über Tatsachen, und das ist etwas völlig anderes als die Tatsachen selbst.

Ist das Problem falsch begriffen, kann es niemals eine richtige Entscheidung geben. Auch noch so raffiniertes Bearbeiten, Analysieren und Berechnen der einzelnen Entscheidungselemente kann nicht zu einer richtigen Lösung führen, wenn das Problem selbst nicht verstanden wurde.

Die meisten Menschen erinnern sich nur ungern an das Lösen von Textaufgaben in der Schule. Viele hatten damit Schwierigkeiten, und zwar weniger mit dem Rechnen als mit dem Verstehen der Aufgabe. Daher arbeiten auch alle guten Lehrer bei der Bewertung von Textaufgaben mit zwei Punktekategorien: die eine für »Problem richtig verstanden« und eine zweite für »Gleichung richtig gelöst«, und die Zahl der zu erreichenden Punkte ist im ersten Fall immer größer als im zweiten.

Wurde die Gleichung falsch gerechnet, so lässt sich der betreffende Fehler leicht finden und korrigieren. Aber noch so viel Herummanipulieren an der Gleichung führt zu nichts, wenn die Gleichung selbst falsch formuliert wurde.

Worum geht es hier wirklich?, das muss die erste und wichtigste Frage sein, und man sollte sich, wenn immer möglich, Zeit damit lassen und die Dinge gründlich durchdenken.

Die Illusion, wer viele *und* schnelle *Entscheidungen trifft, sei eine gute Führungskraft*

Zu dieser Meinung neigt die Mehrheit der Führungskräfte. Sogar in den Top-Etagen gibt es Leute, die die Hollywood-Vorstellung jenes Managers im Kopf haben, der sieben Telefone auf seinem Schreibtisch stehen hat, einen Hörer zwischen Ohr und Schulter geklemmt, einen zweiten in der Hand, einen dritten gesprächsbereit vor sich und rund um die Welt kauft und verkauft, Weisungen erteilt und Aufträge gibt. Das mag bei einem Devisenhändler so sein – ansonsten aber handelt es sich um Hollywood und hat *nichts* mit gutem Management und guten Entscheidungen zu tun. Es ist die Karikatur einer Führungskraft.

Wirklich gute, effektive Manager treffen *wenige* Entscheidungen, aber diese treffen sie *mit Bedacht* und *wohlüberlegt.* Sie wissen, dass Entscheidungen mit Risiken verbunden sind und dass sie Folgen haben, und zwar nicht nur die erwünschten Folgen, sondern *immer auch unerwünschte.* Und sie wissen auch, dass die *Korrektur* von Entscheidungs*fehlern* viel mehr Arbeit, Energie und Zeit kostet, als auch für die arbeitsintensivste Entscheidung selbst nötig ist.

Natürlich sind selbst die guten Manager gelegentlich zu einer schnellen oder zu einer improvisierten Entscheidung gezwungen. Nun gut, dann treffen sie sie. Aber sie *vermeiden* diese Situation, so gut sie nur können. Sie lassen sich nicht in Entscheidungszwänge manövrieren.

Schnelle und daher meistens spontane Entscheidungen werden oft mit *Intuition* begründet, und es ist natürlich auch für die besten Führungskräfte sehr verlockend, auf ihre Intuition stolz zu sein.

Aber die wirklich guten Manager haben ein sehr gespaltenes Verhältnis zur Intuition.[32] Zweifellos gibt es so etwas wie Intuition und mit ihr verbunden ein starkes *Gefühl der subjektiven Gewissheit.* Das Problem ist aber nicht, ob es Intuition gibt oder nicht, sondern das Problem besteht darin, *im voraus* zu wissen, welche unserer Intuitionen *richtig* sind und welche sich als *falsch* erweisen werden. Subjektive Gewissheit ist zwar oft ein sehr *starkes* Gefühl, aber sie ist ein *gefährlicher* Ratgeber. Sie kann genauso gut falsch wie richtig sein.

Gute Führungskräfte haben daher durchaus, wie alle anderen Menschen, ihre Intuitionen, sind sich jedoch dessen bewusst, dass sie sich *nicht* auf sie *verlassen dürfen.* Das ist es, was sie von den gewöhnlichen Leuten unterscheidet, und nicht etwa ein höheres Maß an Intuition.

Der amerikanische General George S. Patton war berühmt und berüchtigt für seine schnellen Entscheidungen, die, von außen betrachtet, spontan, intuitiv und eben blitzschnell waren. Man hat ihm einen »sechsten Sinn« zugeschrieben, und im nachhinein kann man sogar sagen, dass dieser ihn selten getäuscht hat. Seine »Snap Decisions« waren fast immer richtig. Sie spielten eine entscheidende Rolle für den Erfolg der von ihm während des 2. Weltkriegs kommandierten 3. US-Panzerarmee in Europa nach der Invasion.

Was befähigte Patton dazu? War es ein natürliches Talent, eine

32 Vgl. dazu die lehrreichen Ausführungen in Edgar F. Puryear Jr., *Nineteen Stars. A Study in Military Character and Leadership*, 1971, S. 361 ff.

angeborene Fähigkeit? Nein, es war etwas *ganz anderes*: Patton hat sich ein Leben lang in seinem Metier ausgebildet und auf seine Aufgabe – von der er im voraus nicht wissen konnte, ob und wann sie zu erfüllen sein und wie sie im Einzelnen aussehen wird – *vorbereitet*, und zwar so gründlich wie kaum ein anderer.

Patton war schon im Ersten Weltkrieg Oberst im amerikanischen Expeditionskorps gewesen. Er kannte die Verhältnisse in Frankreich in- und auswendig. Im Rahmen seiner Ausbildung war er bereits 1913 für einige Zeit in Frankreich an der Ecole de Cavalerie. Er hat die Schlachtfelder früherer Kriegsereignisse auf französischem Boden persönlich besucht, ist mit den Landkarten das Gelände abgegangen, kannte die geographische Situation auswendig und hatte eine dreidimensionale Vorstellung des Geländes im Kopf. Zur Ausbildung in West Point hatte gehört, dass den Kadetten Aufgaben der folgenden Art gestellt wurden: *Es ist der 2. Juli 1863, 16.30 h in Gettysburg. Wie sieht die Kriegssituation aus, und was geschieht in den nächsten zwei Stunden?*

Patton hat diese Aufgaben mit pedantischer Gründlichkeit gelöst. Seine scheinbar intuitiven »Snap Decisions« waren nicht die Folge einer natürlichen Begabung, sondern das Ergebnis härtester Arbeit, gründlichster Sachkenntnis und einer lebenslangen Beschäftigung mit der Frage, wie man eine Panzerarmee kommandiert.

Als Patton während des Zweiten Weltkriegs einmal wegen seiner schnellen Entscheidungen harsch kritisiert wurde, sagte er: *»Ich habe das Kriegshandwerk mehr als 40 Jahre lang studiert. Wenn ein Arzt während einer Operation sich entschließt, seine Ziele zu ändern, diese Arterie zu schließen, tiefer zu schneiden oder ein zusätzliches Organ zu entfernen, das ebenfalls erkrankt ist, dann trifft er keine Schnellschuss-Entscheidungen, sondern solche, die auf Wissen, Erfahrung und jahrelangem Training beruhen. Genau das tue ich auch.«*[33]

Wie man sieht, gibt es also durchaus Leute, die schnell *und* sogar richtig entscheiden können. Es gibt sie natürlich auch in der Wirtschaft. Aber wie viele können guten Gewissens von sich behaupten,

33 Siehe Edgar F. Puryear Jr., *Nineteen Stars. A Study in Military Character and Leadership*, 1971, S. 382.

dass sie *wirklich* jenen *Vorbereitungsgrad* besitzen, der dafür notwendig ist, und jene *Detailkenntnis* des Geschäfts, die dann eventuell so etwas wie einen *zuverlässigen* »sechsten Sinn« ermöglichen?

Sicher nicht die Jung-Manager, die frisch aus der Ausbildung kommen, und sicher nicht jene Manager, die in hochdiversifizierten Konzernen 26 grundverschiedene Geschäftsbereiche zu »führen« glauben; und ganz sicher auch nicht die Verwaltungs- oder Aufsichtsräte, die 17 Mandate in völlig verschiedenen Branchen haben und jedes Unternehmen von lediglich drei bis vier Sitzungen her kennen.

Man kann *zu langsam* entscheiden und das Unternehmen damit lähmen – das ist mir bewusst. Man kann aber auch *zu schnell* entscheiden und damit ein Desaster anrichten. Das Abwägen von Tempo und Gründlichkeit ist eines jener Managementprobleme, für dessen Lösung sich *keine* Formel angeben lässt. Dazu sind *Urteilskraft* (die man schärfen kann), *Erfahrung* (deren Erwerb Zeit braucht) und sehr viel *Sachkenntnis* nötig (die man nicht durch flotte Sprüche ersetzen kann).

Insbesondere *zwei Arten* von Entscheidungen empfehle ich *immer nur* auf eine Weise zu treffen, nämlich *langsam* und *sehr gründlich*: *Personalentscheidungen* und Entscheidungen über *Entlohnungssysteme*. Schnelle Entscheidungen auf diesen beiden Gebieten sind *fast immer falsche* Entscheidungen. Und die Folgen sind katastrophal.

Zu wenig Alternativen

Ein dritter Fehler, der oft gemacht wird, besteht darin, dass man sich viel zu schnell mit den vorliegenden Alternativen zufrieden gibt.

Wirksame Führungskräfte gehen von der Prämisse aus: *Es gibt immer noch mehr Alternativen, als wir bisher kennen.*

Natürlich wissen auch sie, dass man irgendwann mit der Suche nach Alternativen aufhören muss und dass man in dieser Hinsicht übertreiben kann. Aber sie geben sich niemals zufrieden mit den erstbesten Varianten, die ihnen einfallen oder die ihnen vorgelegt werden. Sie haben keine Hemmungen, selbst die scheinbar besten Analysen ihrer Mitarbeiter zurückzuweisen mit der Frage: *Gibt es nicht noch mehr Alternativen?* Sie wissen, dass sie sich damit nicht gerade beliebt machen; aber sie wissen ebenfalls, dass dieses Vorgehen ein wesentliches Element gewissenhafter Führung ist.

Ich möchte noch einmal betonen, dass ich hier nicht von bedeutungslosen, sondern von den wirklich wichtigen Entscheidungen spreche. Eine – so gut es geht – vollständige Prüfung *aller* Alternativen ist naturgemäß zeitraubend und aufwendig. Das ist auch einer der Gründe dafür, dass gute Führungskräfte nur *wenige* Entscheidungen treffen. Sie konzentrieren sich auf die Grundsatzentscheidungen, gerade deshalb, weil sie wissen, dass gute Entscheidungen mit einem erheblichen Arbeits- und Zeitaufwand verbunden sind.

Die Meinung, die Entscheidung als solche sei wichtig

Natürlich sind Entscheidungen wichtig, sonst würde sich dieses Kapitel ja erübrigen. Und gute Entscheidungen sind auch schwierig.

Die Entscheidung als solche ist aber noch immer – relativ – viel *weniger* wichtig und auch *weniger* schwierig als etwas ganz anderes, was die meisten viel zu wenig beachten: das ist – die *Realisierung* der Entscheidung.

Bekäme man auch nur einen Dollar für jede Entscheidung, die an einem einzigen Tage in irgendeinem Land in den Führungsetagen *zwar getroffen*, aber *nie realisiert* wird, wäre man ein reicher Mann. Entscheidungen werden getroffen, protokolliert und verkündet – und dann verflüchtigen sie sich in den Kapillaren der Organisation und führen nie zu Resultaten.

Effektive Führungskräfte machen die Realisierung einer Entscheidung *zum Bestandteil des Entscheidungsprozesses* selbst. Ihre Vorstellung über eine gute Entscheidung endet *nicht* mit der Entschlussfassung, sondern sie umfasst *auch noch* die Umsetzungsphase.

So schwierig eine Entscheidung auch sein mag – ihre Realisierung ist noch um ein Vielfaches schwieriger. Selbst die beste Entscheidung kann in der Realisierungsphase und durch die Art der Umsetzung falsch werden. Sie kann missverstanden, verfälscht, pervertiert und sabotiert werden.

Gute Führungskräfte denken daher bei jedem einzelnen Schritt eines Entscheidungsprozesses immer schon an die spätere Realisierung. Sie durchdenken *im voraus*, welche Personen in der Organisation in der Realisierungsphase mit der Entscheidung konfrontiert sein werden, was diese Leute wissen müssen, damit sie die Entscheidung verstehen und dann richtig umsetzen können.

Daher beziehen sie diese Personen auch in die Entscheidungsfindung mit ein. Sie tun es in erster Linie nicht aus irgendwelchen Motivationsgründen oder einem diffusen Demokratiestreben heraus, sondern um die Realisierung überhaupt zu ermöglichen und um sicherzustellen, dass die Umsetzung *so wirksam wie möglich* sein wird. Partizipatives Entscheiden ist für gute Führungskräfte also wichtig, aber aus völlig *anderen* Gründen als denen, die gewöhnlich in der Literatur genannt werden.

Gute Führungskräfte legen darüber hinaus größtes Gewicht auf Follow-up und Follow-through. Sie vergewissern sich, dass die entscheidenden Dinge auch wirklich *getan* werden; sie verlassen sich nicht auf mündliche oder schriftliche Berichte, sie gehen hin und schauen selbst nach.

Daher gehen sie mit besonderer Gewissenhaftigkeit an jene Entscheidungen heran, die schon im voraus erkennbar ein hohes Maß an *Neuerung* beinhalten und deren Realisierung veränderte Verhaltensweisen bei den Mitarbeitern erfordern; und sie treffen solche Entscheidungen nicht, bevor nicht klar ist, welches Training die Mitarbeiter brauchen, um die Entscheidung verwirklichen zu können, welche Informationen und welche neuen Werkzeuge sie dazu benötigen.

Die Meinung, Konsens sei wichtig

Ein weiterer Fehler oder Irrtum ist die weit verbreitete Meinung, für die Führung einer Organisation sei *Konsens* wesentlich. Vor allem bestehen große Irrtümer in bezug darauf, *wie* Konsens herzustellen sei.

Natürlich ist in *letzter Konsequenz* und *am Schluss* eines Entscheidungsprozesses *Konsens* wichtig. Konsensierte Entscheidungen werden immer ein beträchtlich grösseres Maß an Realisierungschance haben als andere. Viele Führungskräfte besitzen aber ein ausgeprägtes Harmoniestreben und gewisse psychologische Lehren bestärken sie noch darin. Auch die besten Manager sind, wie ich immer wieder betone, nur gewöhnliche Menschen, und viele von ihnen gehen einem Streit, einem Konflikt lieber aus dem Weg. Sie versuchen daher, viel *zu schnell* und *zu früh* einen Konsens herbeizuführen. Das trifft sich noch mit der Mode, von Konsens-*Kultur* zu sprechen.

Wirklich wichtig ist aber nicht Konsens, sondern *Dissens. Tragfähiger* Konsens, der dann, wenn Realisierungsschwierigkeiten auftreten (und sie treten immer auf) auch wirklich hält, entsteht nicht aus allgemeinem Harmoniestreben, sondern nur aus *ausgetragenem* Dissens. Es gibt lediglich *drei* Methoden, Dissens auszutragen, und zwar *erstens offen, zweitens offen* und *drittens offen*. Es gibt keine andere Möglichkeit, so schwierig und lästig dies gelegentlich auch sein kann.

Alfred Sloan[34], der schon erwähnte langjährige Chef von General Motors, hatte das glasklar begriffen. Er hat *Dissens* zu einer *systematischen Methode* der Entscheidungsfindung bei General Motors gemacht. Normalerweise ging es in den Sitzungen jener Entscheidungsgremien, in denen Sloan den Vorsitz hatte, ziemlich hitzig zu. Auf einer dieser Sitzungen konstatierte Sloan aber allgemeine Zustimmung zu einer wichtigen Entscheidung. Er vergewisserte sich nochmals, dass in bezug auf diese Frage offenbar alle einer Meinung seien. Als Antwort folgte allgemeines Kopfnicken. Daraufhin Sloan sinngemäß: *»Wenn das so ist, dann schlage ich vor, dass wir die Sitzung hier unterbrechen – und uns Zeit nehmen, zu unterschiedlichen Meinungen zu gelangen ...!«*

Sloan wusste ganz genau, dass per Akklamation getroffene Entscheidungen kaum richtige Entscheidungen sein können, dass der Konsens nur deshalb vorhanden war, weil niemand seine Hausaufgaben gründlich genug gemacht hatte. Er wollte den Dissens, und er hat ihn aktiv herbeigeführt. Sein Vorgehen hatte also *Methode*; und Sloan war sich darüber im klaren, dass man Führungskräfte nachgerade dafür bezahlt, dass sie in wichtigen Dingen *unterschiedlicher* Meinung sind. Nach Dutzenden von Diskussionen mit den »Kon-

34 Siehe zum Folgenden Peter F. Drucker, *Adventures of a Bystander*, New York 1978, 2. Auflage 1994, S. 256 ff. und besonders S. 287.

sens-Kultur-Aposteln« muss ich feststellen, dass diese das einfach nicht begreifen können. Bezeichnenderweise hat keiner von ihnen jemals ein Unternehmen zu führen gehabt; ja, sie hatten überhaupt noch nie an einer wesentlichen Entscheidung mitzuwirken. Ich habe diese Diskussionen inzwischen als sinnlos aufgegeben.

Guten Führungskräften ist schneller Konsens nachgerade *unheimlich*. Sie trauen dem »Frieden« nicht. Sie wissen ganz genau, dass im Hintergrund und sobald man sich gründlicher mit einer Frage befasst, in Wahrheit die unterschiedlichsten Auffassungen bestehen; und sie wissen, dass diese spätestens in der Realisierungsphase auftauchen werden. Sie wollen im voraus wissen, wer wofür und wogegen ist, wie die Leute die Dinge wirklich sehen, wo die »Oppositionsnester« sind und warum. Sie produzieren *systematisch Dissens*, um dann, wie gesagt, zu jenem Konsens zu kommen, der auch in der Umsetzungsphase einer Entscheidung *noch trägt*.

Das kostet Zeit und Arbeit und ist gelegentlich mit Emotionen verbunden, und man macht sich auf diese Weise nicht gerade beliebt. Aber es führt zu *besseren* Entscheidungen, und es führt in der Realisierung zu *besseren* Ergebnissen. Das aber ist es, was zählt.

Der Irrtum, nur komplizierte Methoden *würden zu guten Entscheidungen führen*

Für diesen Fehler sind besonders junge, frisch ausgebildete Akademiker anfällig, die im Rahmen ihrer Ausbildung komplizierte Methoden wie Nutzwertanalyse, Operations Research-Methoden usw. erlernt haben.

Manche lassen sich von den komplizierten Methoden *faszinieren*, andere lassen sich dadurch *bluffen*. Viele sind von ihnen *beeindruckt*. Die Frage ist aber nicht, ob etwas faszinierend oder beeindruckend ist, sondern ob es *wirksam* ist. Es gibt Probleme, deren Lösung komplizierte Methoden erfordert; aber sie sind die *Ausnahme* und nicht die Regel.

Die meisten Entscheidungen kann man mithilfe eines *einfachen* Verfahrens, einer einfachen Schrittfolge treffen. Wichtig ist lediglich, dass man keinen dieser Schritte systematisch auslässt und jeder

Schritt sorgfältig, gründlich und gewissenhaft vollzogen wird. Bestimmte Methoden und Techniken können bei jedem einzelnen Schritt sehr hilfreich sein, aber sie ersetzen weder die Entscheidung noch den Weg dorthin. Ihr größter Nutzen besteht nicht darin, dass sie an die Stelle der Entscheidungen treten, sondern dass mit ihrer Hilfe Information organisiert werden kann, oder besser, Daten so aufbereitet und organisiert werden können, dass aus ihnen überhaupt erst Information entsteht.

Der Entscheidungsprozess

In neun von zehn Fällen kommt man durch Einhaltung einer einfachen Vorgehensweise, einer Abfolge von Schritten, zu guten Entscheidungen.

Die Schritte sind:

1. Die präzise Bestimmung des Problems
2. Die Spezifikation der Anforderungen, die die Entscheidung erfüllen muss
3. Das Herausarbeiten aller Alternativen
4. Die Analyse der Risiken und Folgen für jede Alternative und die Festlegung der Grenzbedingungen
5. Der Entschluss selbst
6. Der Einbau der Realisierung in die Entscheidung
7. Die Etablierung von Feedback: Follow-up und Follow-through

1. Die Bestimmung des Problems

Der erste Schritt jedes Entscheidungsprozesses muss die *gründliche* und *vollständige* Bestimmung des *wirklichen* Problems sein. Man darf sich weder mit Symptomen noch mit Meinungen zufrieden geben. Man muss zu den Tatsachen und Ursachen hinter den Symptomen und Meinungen vorstoßen.

Es gibt Leute, die es schick finden, mit sorgenzerfurchter Stirne oder dem erhobenen Zeigefinger der scheinbaren Wissenschaftlichkeit zu behaupten, man könne keine Tatsachen und Ursachen finden, weil alles so komplex oder so vernetzt sei oder weil philosophische Fragen im Wege stünden. Ich kann nur dringend davon abraten, sich von solchen modischen Behauptungen beeindrucken zu lassen.

Man *kann* – wenn man wirklich will – die Tatsachen und die Ursachen finden, jedenfalls in vielen Fällen und für praktische Zwecke auch ausreichend präzise. Manche Leute versuchen hinter ihrem Komplexitätsgerede und Philosophieren nur ihren Mangel an Ausbildung und Sachkenntnis und gelegentlich ihre Faulheit zu verbergen, die sie daran hindert, die Arbeit auf sich zu nehmen, die erforderlich ist, um Tatsachen und Ursachen zu ermitteln.

Ich glaube, lange genug auf dem Gebiet komplexer Systeme gearbeitet zu haben, um dies sagen zu können. Es ist für die meisten praktischen Fälle nicht nötig, eine zugegebenermaßen vorhandene Schwierigkeit zu einem unüberwindbaren Hindernis hochzustilisieren.

Die größte Schwierigkeit ist *nicht* die Komplexität; es ist auch nicht die *falsche* Bestimmung des Problems. Falsches Problemverständnis erkennen die meisten Führungskräfte ziemlich rasch. Die größte Falle ist die zwar *plausible*, aber *unvollständige* oder nur *teilweise* richtige Definition des Problems sowie das häufig zu beobachtende Verhalten, sich damit, oft aus Zeitmangel, vorschnell zufrieden zu geben. Hier muss jene Haltung Platz greifen, die die guten Führungskräfte von den anderen unterscheidet: Verantwortungsbewusstsein, Pflichtgefühl, Sorgfalt und Gewissenhaftigkeit.

Das mindeste, was bei einer Problembestimmung zu bedenken ist, ist die *Klassifizierung* des Problems: Handelt es sich um einen *Einzelfall*, oder liegt ein *Grundsatzproblem* vor? Die Bedeutung dieser Unterscheidung liegt darin, dass je nach dem, ob es sich um das eine oder das andere handelt, die jeweilige Art der Problemlösung und der zu treffenden Entscheidung *grundverschieden* sind. Das Einzelfall- bzw. Ausnahmeproblem kann man *pragmatisch* und ad hoc, eben nur auf diesen Einzelfall bezogen lösen. Hierbei lässt sich meistens auch improvisieren. Das Problem wird ja so nie wieder auftreten, *wenn* es sich wirklich um einen Einzelfall handelt.

Ein Grundsatzproblem hingegen erfordert auch eine *Grundsatzentscheidung*. Man muss eine Politik, ein Prinzip oder eine Regel finden oder bestimmen, um es zu lösen. Entscheidungen dieser Art sind mit viel größeren Konsequenzen verbunden als das Einzelfallproblem, und sie müssen daher auch mit viel größerer Sorgfalt getroffen werden. Der pragmatische »Schnellschuss« und die Improvisation richten hier meistens Folgeschäden an.

Worum geht es hier wirklich?, muss, wie schon erwähnt, die Leitfrage lauten, und für ihre Beantwortung sollte man *sich Zeit lassen*. Einer der typischen Fehler vieler Manager besteht darin, die Antwort *zu schnell* und *zu leichtfertig* zu geben. Die für diesen Schritt aufgewendete Zeit ist bestens investiert. Es ist bekannt, dass die Japaner, die ich ansonsten keineswegs, wie es eine Zeitlang Mode war, als vorbildlich ansehe, sich in dieser ersten Phase des Entscheidungsprozesses enorm viel Zeit lassen und die Dinge sehr gründlich abklären. Im Gegensatz zu oft gehörten Behauptungen gibt es nicht sehr viele *echte* Unterschiede zwischen japanischem und westlichem Management. Hier aber liegt ein solcher Unterschied vor.

Es gibt *nur eine* Möglichkeit, nicht in die Falle einer falschen Problembestimmung zu laufen: *Man muss jede Problemdefinition immer und immer wieder gegen alle verfügbaren Fakten halten*. Wenn eine Umschreibung des Problems nicht alle beobachteten Tatsachen umfasst, ist sie noch nicht gut genug.

Ein typischer und lehrreicher Fall von Problemverkennung ist das von Drucker[35] zitierte Beispiel der US-Autoindustrie aus den sechziger Jahren, als es – zuletzt sogar in Kongress-Hearings – um die Sicherheit des Autos ging, und die Manager nicht oder erst sehr spät zu erkennen vermochten, dass es nicht um »safety if used correctly« ging, sondern um etwas ganz anderes, nämlich »safety even if used incorrectly«. Andere studierenswerte Beispiele sind fast alle militärischen Konflikte von Troja bis Vietnam, um mit Barbara Tuchman[36]

35 Siehe Peter F. Drucker, »The Effective Decision«, in: *Harvard Business Review*, January/February 1967, S. 94.

36 Barbara Tuchman, *Die Torheit der Regierenden*, Frankfurt am Main, 3. Auflage 1984.

zu sprechen, und heute können einige weitere von Grenada bis Tschetschenien hinzugefügt werden, die regelmäßig mit der Fehlbeurteilung des echten Problems auf mindestens einer Seite einhergingen. Aus jüngster Zeit muss wohl auch die Behandlung der Entschädigungsforderungen für Holocaust-Opfer unter die Fälle eingereiht werden, in denen das Erkennen des wirklichen Problems zumindest große Schwierigkeiten verursachte und manchem überhaupt nicht gelungen ist.

2. Die Definition der Spezifikationen

Der zweite Schritt muss darin bestehen, so präzise wie möglich herauszuarbeiten, welche *Anforderungen* die Entscheidung zu erfüllen hat. Die Leitfrage dieses zweiten Schrittes muss lauten: *Was wäre richtig?*

Zwei Punkte sind hierbei wesentlich: *Erstens* darf sich die Bestimmung der Spezifikationen *nicht* am *Maximum* der zu erfüllenden Anforderungen orientieren, sondern muss auf deren *Minimum* ausgerichtet sein. Das Minimum an Anforderungen, die die Entscheidung zu erfüllen hat, muss klar und präzise definiert werden. Alles, was die Entscheidung darüber hinaus noch bringt, ist willkommen; man wird es gerne entgegennehmen. Die Überlegung muss aber lauten: *Wenn die zu treffende Entscheidung nicht einmal das definierte Minimum erfüllt, ist es besser, sie nicht zu treffen.* Der Grund dafür ist sehr einfach: Jede Entscheidung ist mit Arbeit, Risiken und Schwierigkeiten verbunden. Sie bringt Unruhe in die Organisation. Ist das vorausbestimmte Minimum an Wirkung fraglich, stehen die Risiken dazu in einem klaren Missverhältnis.

Der *zweite* Punkt, den man beachten muss, betrifft die Handhabung von *Kompromissen.* Ich habe dazu schon in Teil II einiges gesagt. Die Falle, in die man hier laufen kann, besteht darin, *zu früh* Kompromisse in die Entscheidung einzubauen. Die Frage muss lauten: *Was wäre richtig?*, und *nicht: Was passt mir am besten?, Was ist akzeptabel?, Was ist am angenehmsten oder am leichtesten?, Was kann man am besten durchsetzen?*

Das Eingehen von Kompromissen geschieht immer früh genug. Zuerst muss durchdacht werden, was richtig wäre und das Problem wirklich lösen würde. Insbesondere in der Politik scheint dieser Grundsatz nur selten verstanden zu werden. Dass man *am Ende* (fast) immer Kompromisse machen muss, ist klar und braucht nicht eigens betont zu werden. Es bedeutet aber nicht, dass man schon mit Kompromissen *anfangen* darf.

Die Spezifikationen müssen diese beiden Punkte kombinieren und das definieren, was man den *minimalen Idealzustand* nennen kann, den die Entscheidung herbeiführen soll. Gerade *weil* man in einer späteren Phase der Entscheidung und vor allem bei der Realisierung *gezwungen* sein wird, Kompromisse zu machen, ist diese Vorgehensweise erforderlich.

Ich erinnere daran, dass es *zwei Arten* von Kompromissen gibt: *richtige* und *falsche*. Die Unterscheidung zwischen beiden kann man aber *nur* treffen, wenn vorher die Frage durchdacht wurde: *Was wäre in dieser Situation richtig für dieses Unternehmen?*

Ein *gelegentlicher* falscher Kompromiss fällt meistens nicht besonders in Gewicht. Gefährlich dagegen ist eine *Akkumulation von falschen Kompromissen*, denn das führt in ein Gestrüpp von Sachzwängen. Organisationen, in denen niemand mehr die Frage stellt, was richtig ist, und man immer schon mit Kompromissen beginnt, befinden sich auf einer schiefen Bahn. Eines Tages wird man X, Y und Z sagen müssen, weil man früher leichtfertig A, B und C gesagt hat. Die berühmten »Sachzwänge« werden ja permanent als Alibi und Ausrede für weitere faule Kompromisse herangezogen werden. In Wahrheit haben Leute, die in Sachzwänge geraten sind, häufig nicht begriffen, wie man Entscheidungen trifft.

Man beachte, dass ein und dieselbe Verhaltensweise einmal ein richtiger und ein anderes Mal ein falscher Kompromiss sein kann. Wenn zwei Menschen hungern, dann ist das Teilen eines Brotes ein richtiger Kompromiss. Das Teilen eines Babys wäre aber ein falscher Kompromiss. Schon König Salomon wusste dies, als er zwei Frauen, von denen jede behauptete, das aufgefundene Baby sei ihr Kind, genau diesen Kompromiss vorschlug und damit herausfand, welche der Frauen die richtige Mutter war. Echte Mütter gehen auf solche Kompromisse nämlich nicht ein.

Nur weniges unterscheidet gute von schlechten und kompetente von inkompetenten Managern so sehr wie die Fähigkeit, richtige und falsche Kompromisse auseinanderhalten zu können. Der Schlüssel dazu ist die präzise und gewissenhafte Bestimmung des minimalen Idealzustandes.

3. Die Suche nach Alternativen

Der dritte Schritt im Entscheidungsprozess ist die Suche nach Alternativen. Hierbei werden zwei Fehler gemacht: *Erstens*, man begnügt sich mit den ersten Alternativen, die gefunden werden. Wirksame Führungskräfte wissen jedoch, dass es immer noch mehr Alternativen gibt, und sie zwingen daher sowohl sich selbst als auch ihre Mitarbeiter, sich nicht sofort zufrieden zu geben.

Der *zweite* Fehler besteht darin, die *Nullvariante*, den Status quo, als Alternative auszuklammern. Der Status quo, die jetzige Situation, ist aber selbstverständlich *auch* eine Alternative. Oft ist sie nicht die beste; deshalb hat man ja ein Problem und muss eine Entscheidung treffen. Aber das ist nicht immer so.

Manche Führungskräfte lassen sich von ihrer Umgebung unter Entscheidungs- und Änderungs*zwang* setzen. Sie glauben, dass sie ihre Aufgabe nur dann erfüllt hätten, wenn sie immer etwas Neues und Anderes veranlassen. Das kann aber grundfalsch sein.

Der Status quo mag zwar Unvollkommenheiten aufweisen und mit Schwierigkeiten verbunden sein. Aber er hat den *großen Vorteil*, dass wir diese Schwierigkeiten wenigstens *kennen*. Eine neue Alternative mag den Anschein erwecken, als würde sie alle Schwierigkeiten beseitigen. Sie tut dies vielleicht sogar, doch selbstverständlich muss man immer davon ausgehen, dass sie ihrerseits Schwierigkeiten und Probleme produzieren wird; diese kennen wir aber *noch nicht*, und darum sieht alles so perfekt aus. Die Schwierigkeiten zeigen sich dann umso sicherer in der Realisierungsphase.

Als ich als Österreicher in jungen Jahren in die Schweiz kam, ist mir der relativ häufige Gebrauch eines Wortes aufgefallen, das ich zuvor in Österreich nie gehört hatte. Dieses Wort ist »Verschlimmbesserung«. Es bezeichnet eine nur *scheinbare* Verbesserung, die in

Wahrheit zu einer *Verschlimmerung* der Zustände führt. Es lohnt sich, Alternativen daraufhin zu testen, ob sie nicht zu einer Verschlimmbesserung führen.

4. Das Durchdenken der Folgen und Risiken jeder Alternative

Der vierte Schritt ist meistens der arbeitsintensivste Teil der Entscheidungsfindung: das systematische, gründliche und sorgfältige Durchdenken aller Folgen und Risiken, die mit *jeder* Alternative verbunden sind.

Folgende Punkte sind dabei wichtig:

(1) Man muss als erstes durchdenken, wie lange die einzelnen Alternativen das Unternehmen *zeitlich* festlegen würden, und wie *reversibel* die Entscheidung wäre.

Entscheidungen, die ein Unternehmen nur sehr *kurzfristig* binden, bzw. solche, die sich *leicht* revidieren lassen, kann man vielleicht mit lockerer Hand treffen. Umgekehrt sind aber solche Entscheidungen, die das Unternehmen für lange Zeit auf einen Kurs festlegen und schwer oder gar nicht korrigiert werden können, mit umso größerer Gewissenhaftigkeit zu treffen. Ein Beispiel dafür, das auf der Hand liegt, sind die Investitionsentscheidungen in einem Unternehmen.

(2) Jede wesentliche Entscheidung – und nur von solchen ist hier die Rede – ist mit *Risiken* verbunden. Das lässt sich nicht vermeiden. Es ist gerade deshalb von größter Wichtigkeit, die *Art* des Risikos zu erkennen, vor dem man steht.

Dabei geht es nicht in erster Linie und im Grunde überhaupt nicht um komplizierte und sophistische wahrscheinlichkeitstheoretische Analysen, die seltener gebraucht werden, als die Spezialisten wahrhaben wollen. Wichtig ist, vier Arten des Risikos zu unterscheiden: *erstens* das Risiko, das mit allem Wirtschaften ohnehin immer verbunden ist; *zweitens* das darüber hinausgehende Risiko, das man sich *leisten kann*, das einen nicht umbringt, wenn es eintritt, und das man daher auch eingehen kann; *drittens* das Risiko, welches man sich *nicht* leisten kann, weil es zur Katastrophe führt, wenn der damit verbundene Sachverhalt eintritt, und das man daher unter gar keinen Umständen eingehen darf; und schließlich *viertens* das Risiko, welches *nicht* einzugehen man sich *nicht* leisten kann, weil man keine Wahl mehr hat, keine Optionen – jenes Risiko also, das man schicksalhaft einzugehen hat.

Darüber hinaus müssen für jede Alternative die sogenannten *Grenzkonditionen* festgelegt werden. Man kann dazu auch Annahmen oder Prämissen sagen.

Irgendwann wird man zwangsläufig mit dem Suchen und Analysieren von Alternativen aufhören müssen. Dennoch ist es in praktischen Fällen sehr unwahrscheinlich, dass man dann alles weiß, was man eigentlich wissen müsste, um die Entscheidung auf sogenannte »rationale« Weise zu treffen – nämlich über jeden Zweifel hinaus begründet.

Selbst bei noch so ausführlicher Analyse wird es am Ende immer noch Dinge geben, die man *nicht* kennt, und man wird sich diesbezüglich mit *Annahmen* begnügen müssen. Diese Annahmen bilden die *Grenzbedingungen* jeder Alternative. Sie müssen sauber herausgearbeitet und dokumentiert werden, weil sie eine unverzichtbare Rolle für die Erkenntnis spielen, wann eine Entscheidung, die ursprünglich richtig gewesen sein mochte, aufgrund der Umstände falsch und unhaltbar wird.

Tritt nämlich eine Grenzbedingung ein, so hat das gravierende Konsequenzen: In diesem Fall darf man – selbst mit geringfügigen Korrekturen nicht – an der ursprünglichen Entscheidung festhalten, sondern hat dann mit einer *völlig neuen* Entscheidungssituation, einer gänzlich *neuen Lage* zu tun, die in aller Regel auch eine *neue* und *andere* Entscheidung erfordert.

Ein Beispiel: Selbst die besten Experten können nicht sagen, wo der Dollar in zwölf Monaten stehen wird. (Wüsste es jemand, würde er kaum länger auf der Lohnliste einer Organisation, weder einer Bank noch einer anderen Institution, stehen.) Das einzige, was man durch noch so viel Analysieren erreichen kann, sind begründete *Meinungen* über den zukünftigen Trend oder über eine Bandbreite etc.

Irgendwann kommt der Zeitpunkt, an dem man die Analysen abbrechen und eine Annahme machen muss. Sie könnte lauten:

Nach allem, was wir wissen können, sollte der Dollar nicht unter xy Euros fallen. Das ist die Grenzbedingung. Fällt der Dollar nun aber tatsächlich unter die festgelegte Marke, so liegt eine neue Entscheidungssituation vor. Es hat dann meistens wenig Sinn, an der Entscheidung und ihren Folgen »herumzudoktern«, sondern es muss unter den *geänderten* Umständen eine *neue* Entscheidung getroffen werden. Zu diesem Zweck müssen die Grenzbedingungen schriftlich festgehalten werden.

Die Frage, die zur Bestimmung der Grenzkonditionen führt, lautet: *Bei Eintreten welcher Umstände wollen wir akzeptieren, dass wir uns getäuscht haben?* Es ist ein Zeichen von Unfähigkeit, seine Entscheidungen gegen alle veränderten Umstände zu verteidigen und zu rechtfertigen.[37] Gute Führungskräfte reagieren rasch und sensibel auf das Eintreten von Grenzbedingungen. Sie haben damit zwar auch ein Problem, aber vor allem sehen sie, dem sechsten Grundsatz entsprechend, darin eine *Chance*, nämlich die, prinzipiell neu zu entscheiden.

Es gibt zahllose Beispiele dafür, dass fehlendes Analysieren, Festlegen, Dokumentieren bzw. Nichtbeachten von Grenzkonditionen zu Katastrophen geführt hat, die man hätte vermeiden können, etwa das Vietnam-Desaster der Amerikaner, der Schlieffenplan des Ersten Weltkriegs, das Verhalten des deutschen Generalfeldmarschalls von Rundstedt und des Generalstabs in Zusammenhang mit der Invasion der Alliierten in der Normandie. Auch in der Brent Spar-Affäre war zumindest von außen nicht erkennbar, dass die Shell-Manager Grenzkonditionen festgelegt hatten. Sie haben erst reagiert, als das Desaster perfekt war. Die zunächst wohl durchaus richtige Entscheidung wurde aufgrund der Umstände zu einer falschen Entscheidung.

37 Das ist mein Vorschlag, wie man das Falsifikationskriterium aus der Wissenschaft für die Managementpraxis nutzen kann. Wer mit den Schriften Karl Poppers oder Hans Alberts vertraut ist, wird den Zusammenhang unschwer erkennen.

5. Der Entschluss

Wenn alle diese Schritte sorgfältig gemacht wurden, *muss* man *entscheiden*, und man *kann* es auch, weil man alles getan hat, was Sterbliche tun können, um zu einer Entscheidung zu gelangen.

Man trifft diesen Entschluss nicht aufgrund irgendwelcher methodischer Spielereien, aufgrund etwa von Punktzahlen, die einem vorgelegt werden, sondern weil man das Problem, seine Spezifikationen, die Alternativen und Folgen gründlich und gewissenhaft durchdacht hat. Deswegen hat man auch gute Gründe für die Annahme, dass weiteres Analysieren und Studieren keine zusätzlichen Informationen von Bedeutung mehr zutage fördern können.

Nun gibt es natürlich immer Leute, die auch *dann* noch nicht entscheiden. Sie sind *entschlusslos*. Entschlusslosigkeit ist eine häufig anzutreffende Schwäche von Führungskräften. Sie wollen immer *noch mehr* Untersuchungen und Studien, sie holen immer *noch weitere* Berater ins Haus und wollen immer mit *noch mehr* Experten die Angelegenheit besprechen. In Wahrheit handelt es sich aber um das *Kaschieren der eigenen Entschlusslosigkeit.*

Solche Leute gehören nicht ins Management. Möglicherweise erfüllen sie andere Aufgaben sehr gut, in der für Führungskräfte spezifischen und kritischen Aufgabe aber versagen sie – sie treffen keine Entscheidung. Dieser Fall ist also klar und einfach, weil die Lösung dafür bekannt ist und weil es keine andere Lösung gibt.

Eine Empfehlung, die für diesen fünften Schritt des Entscheidens nützlich ist, möchte ich aber dennoch aussprechen. Ich rate meinen Klienten, nach Abschluss aller Analysen sich selbst die Gelegenheit zu geben, auf einen speziellen und ganz billigen Berater zu hören – *auf ihre innere Stimme.*

Wie man das macht, hängt von der einzelnen Person ab. Manche müssen »noch einmal darüber schlafen«, wie schon der Volksmund empfiehlt. Andere machen einen langen und einsamen Spaziergang, um sich alles noch einmal durch den Kopf gehen zu lassen. Wieder andere gehen vielleicht in eine leere Kirche (ohne Handy), um ungestört noch einmal alles zu reflektieren und Revue passieren zu lassen, vielleicht auch, um Zwiesprache mit etwas zu halten, an das sie glauben (im Gegensatz zu vielen sogenannten Intellektuellen habe ich nichts dagegen einzuwenden, weil es vielen Leuten hilft).

Wie man es macht, mag also von Person zu Person verschieden sein. Wenn aber meine innere Stimme deutlich sagt: *»Hier stimmt etwas nicht«*, würde ich jede Möglichkeit wahrnehmen, noch einmal von vorne zu beginnen. Natürlich ist mir bewusst, dass man diese Möglichkeit *nicht immer* hat. Die Dinge sind vielleicht schon zu weit fortgeschritten, und es *muss* nun entschieden werden.

Ich weiß auch, dass genau diese Empfehlung manchen eine willkommene Ausrede für ihre Entschlusslosigkeit sein wird; ich mache sie trotzdem. Der Grat zwischen »Hören auf die innere Stimme« und »Rechtfertigung von Entschlusslosigkeit« ist schmal und er lässt sich missbrauchen. Ich kann keine Formel angeben, mit deren Hilfe man diese Situation bewältigen könnte. Es ist wiederum eine jener Situationen, in denen Erfahrung, Urteilsvermögen, Selbsteinschätzungsfähigkeit und ein Quantum Bescheidenheit zählen.

Diese innere Stimme kann man auch als *Intuition* bezeichnen. Wie schon erwähnt, gebe ich durchaus etwas auf Intuition. Allerdings verwende ich sie in meinen Management-Konzepten mit äußerster *Zurückhaltung*:

Erstens, weil sämtliche Forschungsergebnisse auf diesem Gebiet zeigen, dass Intuition ebenso oft *falsch* wie richtig ist. Ich habe das bereits erwähnt.

Zweitens, weil ich Intuition *nicht* für Mangelware halte, wie das all jene Leute offenbar tun, die ständig nach Intuition rufen. Jeder Mensch hat etwas, das er Intuition nennt, Ahnungen, Gefühle, Stimmungen, Eingebungen. Das ist nicht das Problem. Das Problem ist, *im voraus* zu wissen, wessen Intuition sich als *richtig* erweisen wird. Auch darauf habe ich schon hingewiesen.

Drittens verwende ich Intuition nicht als Ersatz für Nachdenken und harte Arbeit. Intuition steht *nicht am Anfang* eines Entscheidungsprozesses, sondern an dessen *Ende*. Dann, wenn alle Hausaufgaben gemacht sind und weitere Arbeit keinen zusätzlichen Nutzen mehr bringen würde, ist Intuition angebracht.

6. Die Realisierung der Entscheidung

Die meisten glauben, bereits mit dem Entschluss eine Entscheidung getroffen zu haben. An dieser Stelle sind auch die Lehrbücher mit ihrem Latein am Ende. Der wirklich wesentliche Teil einer Entscheidung kommt aber erst mit den Schritten sechs und sieben. Hier versagt leider noch einmal ein großer Teil selbst jener Führungskräfte, die ihre Aufgaben in bezug auf die Schritte eins bis fünf äußerst gewissenhaft erfüllen.

Mein Vorschlag ist, nicht schon dann von einer Entscheidung zu sprechen, wenn der Entschluss gefasst ist, sondern erst in dem Moment, wenn der Entschluss in sichtbare und richtige Ergebnisse transformiert ist. Die Ergebnisse müssen, so meine Anregung, *per definitionem* im Begriff der Entscheidung mit eingeschlossen sein, auch wenn das unüblich ist.

Der sechste Schritt besteht somit darin, *erstens* die für die Realisierung des Entschlusses kritischen Maßnahmen festzulegen und schriftlich festzuhalten; *zweitens* muss für jede Maßnahme eine *Person* bestimmt werden, die die *Verantwortung* für sie trägt; und *drittens* müssen *Termine* festgelegt werden.

Entschlüsse werden durch den termingebundenen Vollzug von Maßnahmen durch Personen realisiert. Es gibt keinen anderen Weg. Ohne diesen Schritt hat man keine Entscheidung. Man hat genau genommen nicht einmal einen Entschluss. Man hat lediglich gute Absichten, fromme Wünsche und sich gut anhörende Illusionen.

Es müssen nicht viele und schon gar nicht detailliert ausgearbeitete Maßnahmen sein. Ich sagte, dass die *kritischen* Maßnahmen festzulegen sind. Das sind meistens nur sehr wenige. Wer an Realisierung und Ergebnissen interessiert ist, überlässt das nicht nachgelagerten Organisationsebenen und subalternen Stellen. Diesen überlässt man die Detaillierung und den Feinschliff, aber nicht das Grundsätzliche.

Zu den Maßnahmen, die festzulegen sind, gehören vor allem Antworten auf die folgenden Fragen:

(1) *Wer muss in die Realisierung einbezogen werden?*
(2) *Wer muss daher bis spätestens wann und in welcher Weise über die Entscheidung informiert werden?*
(3) *Wer braucht welche Informationen, welche Werkzeuge und welches Training, damit er die Entscheidung, ihre Realisierung und deren Konsequenzen versteht und einen aktiven Beitrag leisten kann?*
(4) *Wie wollen wir den Vollzug der Entscheidung überwachen, kontrollieren und steuern? Wie muss das Reporting über die Entscheidung aussehen?*

Man muss *klare* und *eindeutige Verantwortlichkeiten* festlegen. Das heißt, dass hinter jede Maßnahme der Name einer *Person* zu stehen hat – und nicht etwa eines *Teams*. Ob diese Person dann ein Team braucht, um die Maßnahme zu vollziehen, ist eine zweite Frage. Immer häufiger wird das der Fall sein. Die Verantwortung muss aber bei einem Individuum liegen, und damit stellt sich dann auch sofort sehr konkret die Frage, was diese Person wissen und können muss und welche Kompetenzen sie braucht, um die Verantwortung auch tatsächlich übernehmen zu können. Das ist die *praktisch wirksame* Art, Organisationen zu bewegen und zu führen, und nicht etwa die abstrakte Bestimmung von Aufgaben-, Kompetenz- und Verantwortungspaketen, also die Stellenbildung. Diese ist zwar auch wichtig, aber Stellen sind nicht das, was eine Organisation bewegt und steuert.

Auch die kritischen *Termine* gehören zur Entscheidung. Das richtige Timing ist ein wichtiges Element jeder Entscheidung. Meine Empfehlung ist, Termine *knapp* zu setzen. Der Grund dafür ist einfach: Man kann *jeden* Termin strecken, aber *keinen* verkürzen.

Wer einen zu knappen Termin *verlängert*, wird jedem in der Organisation herzlich willkommen sein; wer einen *verkürzt*, schafft Stress und Chaos, gleichgültig, aus welchem Grund er die Terminverkürzung verlangen muss. Und wenn er es nur deshalb tun muss, weil er vorher nicht nachgedacht oder die obige Empfehlung ignoriert hat, riskiert er darüber hinaus seine Glaubwürdigkeit als Führungskraft.

Schritt 6 ist also das *Aktionsprogramm: Was, wer, bis wann?* Das

Aktionsprogramm ist an jener Stelle, an der die Entscheidung getroffen wurde, in *Evidenz* zu halten oder auf Pendenz zu legen, wie man in der Schweiz sagt.

7. Die Etablierung von Feedback: Follow-up und Follow-through

Eine Entscheidung und ihre Realisierung darf man nicht mehr aus den Augen lassen. Wirksame Führungskräfte behandeln Entscheidungen, die sie getroffen haben, wie ein Foxterrier seine Beute.

Sie gehen der Sache ständig nach; sie lassen sich über die Realisierungsfortschritte und -schwierigkeiten und über die Ergebnisse berichten. Vor allem gehen sie aber selbst hin und überzeugen sich davon, wie die Realisierung vorankommt. Sie betreiben konsequentes *Follow-through*, bis die Sache erledigt, bis sie *finalisiert* ist.

Von Zeit zu Zeit unterrichten sie alle Betroffenen und Beteiligten über den Stand der Dinge; sie machen Ergebnisse und Erfolge, auch wenn sie am Anfang klein sind, *sichtbar*, weil sie wissen, dass einer der größten Motivatoren sichtbare Erfolge sind.

Sie reden nicht abstrakt über Feedback, wie das heute so modern ist, sondern verkörpern Feedback in ihrer eigenen Person. Wirksame Manager misstrauen abstrakter »Kommunikation« zutiefst: Sie gehen hin und schauen und reden mit den Leuten; sie wollen die Dinge mit eigenen Augen sehen und wenn möglich, mit ihren Händen greifen. Damit verschaffen sie sich über die Zeit ein Maß an Sachkenntnis und Vertrautheit mit der Situation, das durch nichts anderes erreicht werden kann.

Partizipation im Entscheidungsprozess

In allem, was man zu Entscheidungen sagt, schwingt die Frage nach der *Mitwirkung* von Betroffenen an diesem Vorgang mit, die Frage also nach *partizipativen* oder gar demokratischen Entscheidungsprozessen.

Diese Frage hat zumindest *zwei* Aspekte:

(1) Im *ersten* Fall ist für das Treffen der Entscheidung juristisch oder per Geschäftsordnung nicht eine einzelne Person, sondern ein *Gremium* zuständig, z. B. eine mehrköpfige Geschäftsführung.

Normalerweise ist bei diesem Fall in den entsprechenden Bestimmungen auch geregelt, wie allenfalls bestehende Uneinigkeit in einem solchen Gremium zu behandeln ist, anders gesagt, welche Stimmenverhältnisse für das Zustandekommen eines Entschlusses notwendig sind. Bei wirklich wichtigen Entscheidungen sollte man aber ungeachtet der formalen Regelungen alles daransetzen, dass sie *einstimmig* getroffen werden. Den dazu erforderlichen Konsens herzustellen, braucht Zeit.

Wird eine Entscheidung nicht einstimmig getroffen, sondern nur mit einer Mehrheit, stellt sich die Frage nach dem Verhalten der *unterlegenen Minderheit.* Mein Verständnis dieser Situation ist, dass die unterlegene Minderheit sich in diesem Falle *loyal* zu verhalten hat und alles tun muss, damit die Entscheidung plangemäß realisiert werden kann. Aktive oder passive Opposition, ja schon bloße Hinweise darauf, dass man selbst eigentlich nicht für diese Entscheidung gewesen sei, richten meistens großen Schaden an, auch wenn diese Hinweise noch so subtil gehalten sind. Kann jemand überhaupt nicht mit der Entscheidung leben, wird das Problem wohl nicht anders zu lösen zu sein, als dass er aus der Organisation *ausscheidet.*

(2) Der *zweite* Fall betrifft die generelle Frage der *Partizipation von Mitarbeitern* einer Organisation, insofern sie an der Realisierung mitwirken müssen bzw. von den Konsequenzen der Entscheidung betroffen sind. Partizipatives Entscheiden und, allgemeiner, partizipative Führung gehören zu den am meisten diskutierten Themen der letzten Jahrzehnte. Ein erheblicher, wenn nicht gar der überwiegende Teil dieser Diskussion ist *ideologisch* und führt in die falsche Richtung. Ein anderer Teil hängt mit *Motivationsfragen* zusammen. Obwohl es keine überzeugende Evidenz dafür gibt, dass Partizipation eine positive Motivationswirkung hat, erscheint es zumindest plausibel.

Allerdings existiert *ein* äußerst triftiger Grund für Partizipation:

Sie ist der einzige Weg, möglichst viel *Wissen*, das i[illegible] sation vorhanden ist, in eine Entscheidung einflie[illegible] Eine Entscheidung kann ja kaum besser sein als das W[illegible] ihrem Zustandekommen genutzt wurde. Daher liegt e[illegible] sten Interesse jener Führungskräfte, die gute und richti[illegible]ntscheidungen treffen wollen, möglichst viel von dem Wissen und der Urteilskraft, die bei den Mitarbeitern vorhanden sind, zu nutzen.

Die *Regeln* dafür sind einfach, das *Vorgehen* allerdings nicht immer:

(a) Möglichst viele jener Personen, die in der *Realisierung* einer Entscheidung eine Schlüsselrolle zu spielen haben, müssen an den einzelnen Schritten des Entscheidungsprozesses mitwirken können, so bei der Bestimmung des Problems, der Erarbeitung der Spezifikationen, bei der Suche nach Alternativen, bei der Analyse von Folgen und Risiken sowie schließlich bei der Bestimmung der Realisierungsmaßnahmen.

(b) Die wesentlichen Fragen lauten aber sinngemäß nie: *»Wie würden Sie entscheiden?«* oder *»Was würden Sie an meiner Stelle tun?«* Die Mitarbeiter *sind nicht* an der Stelle des Managers und *können* daher diese Frage auch gar nicht guten Gewissens beantworten. Selbst in bester Absicht gegebene Antworten sind irrelevant. Sinngemäße Fragen dieser Art sind sogar ein deutliches Zeichen von *Führungsschwäche.*

Die *wesentliche* Frage muss ganz anders lauten: *»Wie sehen Sie die Lage, aus Ihrer Perspektive, aus der Sicht Ihrer Funktion, Ihrer Ausbildung und Erfahrung?«* Das ist der einzige, der schnellste und wirksamste Weg, um die fast immer gegebene *Vieldimensionalität* eines Entscheidungsproblems zu berücksichtigen und mit der Zeit zu etwas zu kommen, das einem *ganzheitlichen* und *vernetzten* Verständnis für das Problem und seine Lösungsmöglichkeiten entspricht.

Der amerikanische Präsident Harry Truman, ein Meister des Entscheidens, hat das mit größter Konsequenz praktiziert. In wichtigen Angelegenheiten pflegte er sorgfältig zu durchdenken, welche der Ministerien, Behörden und Institutionen etwas zur Lösung eines Problems beitragen können oder müssen. Dann hat er die betreffen-

..eute zusammengerufen und jeden, beginnend mit dem Dienst-ungsten, gefragt: *»How do you see this situation?«*, und er hat immer betont: *»Don't give me a recommendation, give me a description of how the problem looks from your perspective.«* Die Anwendung dieser Methode ist nicht besonders schwierig; aber sie erfordert Zeit, und das bedeutet, dass man so früh wie möglich den Entscheidungsprozess einleiten muss.

(c) Die Entscheidung selbst muss jedoch von dem- oder denjenigen Managern selbst getroffen werden, die die *Verantwortung* tragen. Truman hat daran nie einen Zweifel gelassen, dass es seine höchstpersönliche Aufgabe war, die Entscheidung als solche zu treffen. *»I will have to make the decision«*, pflegte er zu sagen, *»and I will take as many of your opinions as possible into consideration. But it is my job to make the decision and I will let you know what it is.«*

Das war seine Methode, zu wirksamen Entscheidungen zu kommen, und möglicherweise war er der wirksamste Präsident Amerikas im 20. Jahrhundert. Zu seiner Methode gehörte auch, möglichst früh zu erkennen, wo die Widerstände in den Regierungsorganisationen, den Gewerkschaften, den Industrieverbänden, in Kongress und Senat und in den Medien zu erwarten waren. Aufgrund dessen konnte er diese Dinge berücksichtigen und, wenn nötig, mit der richtigen Information und geeigneten Argumenten mehr Verständnis erzeugen, einen vernünftigen Kompromiss erzielen und der Realisierung dort besondere Aufmerksamkeit zuwenden, wo sich die größten Widerstände befanden. Selbst bei seinen Gegnern und denjenigen, gegen deren Interessen er letztlich entscheiden musste, gewann er mit dieser Vorgehensweise Vertrauen, Respekt und Glaubwürdigkeit.

Nur wenige Menschen in der Geschichte waren schlechter auf eine Aufgabe dieser Größe und Schwierigkeit vorbereitet als Truman, der am 12. April 1945 als Vizepräsident die Nachfolge Roosevelts antreten musste. Roosevelt hatte nie etwas mit seinem Vizepräsidenten besprochen. Truman war für den Stab Roosevelts, den er zunächst übernehmen musste, ein völlig unbeschriebenes Blatt und hatte im Umgang mit den Problemen, die sich ihm unmittelbar stellten, keinerlei Erfahrung, weder was die Briten noch was die Russen noch was überhaupt die Außenpolitik betraf. Er kannte weder Churchill noch Stalin persönlich, er war keinem der wichtigen ausländischen Politiker je persönlich begegnet.

Truman brachte keinerlei Voraussetzung mit und schon gar kein Talent. Außerdem hatte er praktisch vom ersten Tag an die einflussreichsten Zeitungen Amerikas gegen sich, und niemand, vor oder nach ihm, wurde derart verspottet und heruntergemacht. Aber keiner war auch je so *effektiv* und hat sich *schneller* in seine Aufgabe und ihre zahlreichen Facetten eingearbeitet als Truman. Im fehlte Erfahrung in diesen Dingen und auch Talent, aber er wusste, *wie* man zu *Entscheidungen* kommt; seine *Methode* und seine *Prinzipien* der Entscheidungsfindung waren ausschlaggebend für seine Wirksamkeit.

Trumans Methode ist die *aller wirksamen Entscheider.* Sie stellen sich ihrer Aufgabe und der damit verbundenen Verantwortung, selbst wenn sie sich dabei gelegentlich etwas einsam fühlen. Weder durch fragwürdige Motivationsüberlegungen noch durch ein sozialromantisches Demokratie-Missverständnis verwässern sie die Verantwortlichkeiten in einer Organisation.

Vierte Aufgabe
Kontrollieren

Die vierte Aufgabe ist die unbeliebteste und in gewissem Sinne auch die umstrittenste. Die meisten Führungskräfte kontrollieren nicht gerne – im Gegensatz zu einem weitverbreiteten Meinungsklischee. Daher sind Leute, die von Kontrolle abraten, unabhängig von der Qualität ihrer Begründungen, in der Regel recht willkommen.

Stellvertretend für eine breite Strömung sei hier nur ein Beispiel genannt. In einem seiner Bücher hat ein deutscher Autor, der in den achtziger und noch in der ersten Hälfte der neunziger Jahre Kultstatus besaß (inzwischen hört man wenig bis gar nichts mehr von ihm) seitenlang von Kontrolle abgeraten und die Vorzüge einer »von Kontrolle befreiten Organisation« beschrieben. Wohl ahnend, was im Leser vor sich gehen mag, stellte er selbst die rhetorische Frage, ob das nicht alles viel zu schön sei, um wahr sein zu können. Ebenso rhetorisch verneint er diese Frage dann und untermauert seine Antwort auch gleich mit einem praktischen Erfolgsbeispiel: der BCCI-Bank. Auch von ihr spricht heute kaum noch jemand. Damals aber war sie in aller Munde – als der bis dahin größte und verbrecherischste Fall eines planmäßig angelegten Bankkonkurses, durch den Tausende von Sparern um ihr Geld betrogen wurden …

Kontrolle muss sein

Wenn man an Qualität von Management interessiert ist, kann man *nicht* guten Gewissens von Kontrolle abraten. *Ob* man kontrollieren soll oder nicht, darf nicht zur Diskussion gestellt werden. *Wie* man jedoch am besten kontrolliert, *ist* selbstverständlich ein Thema.

Häufig vorgebrachte Gründe gegen Kontrolle sind, dass Menschen es nicht mögen, kontrolliert zu werden, dass es der Motivation schade und dass Kontrolle Freiräume einenge, die heute doch so wichtig seien.

Dem ersten ist zuzustimmen: Viele Menschen *mögen* es in der Tat nicht besonders gerne, kontrolliert zu werden. Daraus kann aber selbstverständlich nicht abgeleitet werden, auf Kontrolle verzichten zu sollen oder zu können. Menschen mögen vieles von dem nicht so gern, was dennoch oder gerade deswegen wichtig und daher zu tun ist. Viele Wirtschaftsskandale wären nicht möglich gewesen, hätte man etwas sorgfältiger kontrolliert; dasselbe gilt für Unfälle, etwa im Flug- oder Bahnbetrieb, oder auch für Katastrophen, etwa in Kraftwerksanlagen oder in Tunneln. Mit schöner Regelmäßigkeit sind mangelhafte Kontrollen dabei jedenfalls Mitverursacher.

Kontrolle *kann* der Motivation schaden, auch das ist richtig. Sie *muss* ihr aber nicht schaden. Man kann demotivierend kontrollieren, und ich muss zugeben, dass das öfter als nötig zu beobachten ist. Die Gründe dafür sind meistens ebenso leicht zu erkennen wie zu beseitigen: Fast immer ist es pure Gedankenlosigkeit, manchmal auch ein mangelndes Verständnis der betreffenden Management-Aufgabe. Natürlich gibt es auch die – allerdings eher seltenen – Fälle von absichtlichem Missbrauch und Schikane, und gelegentlich mag das bis zum Sadismus gehen. Das alles steht jedoch in keinerlei kausalem Zusammenhang mit der Aufgabe des Kontrollierens an sich. Es sind Fehler, die gemacht werden, fast durchweg vermeidbare Fehler.

Schließlich noch das Argument, das sich auf Freiräume bezieht: es greift ganz eindeutig zu kurz. Kontrolliert zu werden bedeutet ja nicht, »keine Freiräume« zu haben. Ob Freiräume nötig sind, wo sie zu schaffen sind, für wen sie gelten sollen, wo sie nicht eingeräumt werden dürfen usw., das alles sind Fragen, die mit Kontrolle fast gar nichts zu tun haben. Sie haben mit Organisation zu tun und leider viel zu häufig auch mit Ideologie.

Selbst wenn man, aus welchen Gründen auch immer, ein Maximum an Freiräumen schafft, muss immer noch kontrolliert werden – nämlich *erstens*, ob die Freiräume *überhaupt* genutzt werden, und *zweitens*, ob sie *richtig* genutzt oder etwa missbraucht werden. Wenn in einer Organisation auffallend häufig über Freiräume geredet wird, ist immer Skepsis angebracht. Nicht selten zeigt sich, dass die Leute nicht einmal jene Freiräume nutzen, die sie haben. In fast allen Fällen bin ich zu dem Ergebnis gekommen, dass die Freiräume, die *de facto* vorhanden waren, viel größer waren, als die, die genutzt wurden.

Kontrolle muss also sein. Das Beste wäre wahrscheinlich, sie in Form von *Selbstkontrolle* auszuüben, also möglichst viele Menschen in einer Organisation in die Lage zu versetzen, sich weitestgehend selbst zu kontrollieren.[38] Schon die Frage, wie man das erreichen könnte, ist von großem Wert. Sie zu durchdenken führt zu einem oft radikal veränderten und besseren Verständnis einer Organisation. Aber selbst das würde die Notwendigkeit von Kontrolle nicht beseitigen, denn gelegentlich müsste man ja auch kontrollieren, ob die Menschen sich wirklich und wirksam selbst kontrollieren. Das vielleicht beste Beispiel sind die Geschwindigkeitskontrollen im Straßenverkehr. Aufgrund der Ausstattung jedes Fahrzeugs mit einem Tachometer wäre ja jeder Autofahrer völlig problemlos in der Lage, sein Tempo selbst zu kontrollieren. Nicht alle tun es, wie man weiß.

Vertrauen als Grundlage

Über die Bedeutung von Vertrauen war schon in Teil II die Rede. In diesem Zusammenhang spielt sie nun eine besonders wichtige Rolle.

Grundlage von Kontrolle muss Vertrauen sein, vor allem und zuerst in zwei Dinge: In die *Leistungsfähigkeit* eines Menschen und in seine *Leistungsbereitschaft*. Wenn man nicht einmal darauf vertrauen kann, dass diese beiden Voraussetzungen erfüllt sind, dann hat man kein Kontrollproblem, sondern ein ganz anderes, vielleicht ein Stellenbesetzungs- oder ein Personalproblem.

38 Das ist übrigens keineswegs eine neue Einsicht. Peter F. Drucker, der der »Erfinder« des Management by Objectives ist, hat das von allem Anfang an, nämlich schon 1955 in seinem Buch *The Practice of Management* klar gesehen. Kapitel 11 seines Buches heißt nicht etwa nur »Management by Objectives«, sondern »Management by Objectives and Self-Control«.

Auch hier zeigt sich für mich einer der Gründe, Motivation nicht ständig zu bemühen: Wenn es an Leistungsfähigkeit und an Leistungsbereitschaft fehlt, kann mit Motivation nichts erreicht werden. Vertrauen in das Vorhandensein dieser beiden Bedingungen von Leistung ist also sowohl aus Motivationsgründen als auch aus Kontrollgründen notwendig.

Selbstverständlich darf auch dieses Vertrauen kein blindes Vertrauen sein. Es muss gerechtfertigt sein. Was unter gerechtfertigtem im Gegensatz zu blindem oder naivem Vertrauen zu verstehen ist, habe ich ebenfalls in Teil II dargelegt und will daher hier nur kurz die wichtigsten Aspekte in Erinnerung rufen: Man soll vertrauen, so weit man nur kann, wenn möglich sogar über jene Grenze hinaus, die einem gefühlsmäßig leicht fällt; aber man muss sicherstellen, dass man dahinterkommt, ob und wenn Vertrauen missbraucht wird; und man muss sicherstellen, dass die Mitarbeiter wissen, dass man dahinterkommen wird und dass dies schwerwiegende und nicht verhandelbare Folgen hat.

Wie kontrollieren?

Wie schon gesagt, kann auf sehr unterschiedliche Art und Weise kontrolliert werden. Wenn die Notwendigkeit von Kontrolle einmal akzeptiert ist, dann ist das »Wie« in mehrfacher Hinsicht von entscheidender Bedeutung – sowohl hinsichtlich ihrer Wirkung auf Motivation und Unternehmenskultur als auch in bezug auf das Kosten-Nutzen-Verhältnis. Viel zu viele Kontrollen, insbesondere in der Wirtschaft, gehen völlig ins Leere, verursachen aber enormen Aufwand und teilweise sogar Schaden.

Die kleinste Zahl von Kontrollpunkten

Früher musste man diesen Punkt nicht besonders betonen, denn es war schwierig genug, überhaupt zu kontrollieren. Es war fast unmöglich oder doch sehr aufwendig, die für sinnvolle Kontrolle erforderliche Information zu beschaffen. Daher waren Übertreibungen kaum zu befürchten. Eher das Gegenteil war der Fall: zu wenig Kontrolle. Heute ist es umgekehrt. Information oder zumindest Daten sind im Überfluss zu haben. Der Aufwand für deren Beschaffung ist im Vergleich zu früher vernachlässigbar geworden. Heute muss gegen die Übertreibung aktiv vorgegangen werden.

Es ist notwendig, sich auf die *kleinstmögliche* Zahl an Kontrollgrößen beschränken. Alles andere schafft *erstens* Konfusion und *zweitens* hält es die Leute vom Arbeiten ab. Eine Organisation existiert schließlich nicht um der Kontrolle willen; dafür wird ein Unternehmen nicht bezahlt. Die Frage darf daher nicht lauten: *Was könnten wir alles kontrollieren?*, sondern: *Was müssen wir – unbedingt und unverzichtbar – kontrollieren, um ausreichend gerechtfertigtes Vertrauen haben zu können, dass nichts Wesentliches »aus dem Ruder« laufen kann?* Leitvorstellung darf also nicht die Leistungsfähigkeit von Computern sein, die in Zusammenhang mit Kontrolle so gut wie unlimitiert ist, sondern die für praktische Zwecke ausreichende Sicherheit.

Was hier gemeint ist, lässt sich sehr gut beobachten, wenn man Führungskräften dabei zuschaut, wie sie mit voluminösen Controller-Reports umzugehen pflegen. Sie beginnen zu blättern, ihr Blick stoppt an einer bestimmten Stelle; dann fahren sie fort und halten bei einer anderen Stelle an. Und so geht es weiter. Es sind fünf, sechs oder vielleicht zehn Größen, die sie auf diese Weise herausfiltern. Mit ihnen steuern sie ihren Verantwortungsbereich. Warum legt man ihnen also hundert Zahlen vor, wenn sie nur ein knappes Dutzend wirklich benutzen – und das im allgemeinen auch genügt? Der größte Teil eines typischen Controllerberichts enthält für den einzelnen Manager bestenfalls *Daten*. Aus ihnen filtert er das heraus, was für ihn *Information* ist. Alles andere benötigt er nicht nur *nicht*, sondern es *verwirrt* ihn auch und stiehlt ihm seine Zeit. Aus gutem Grunde hat man im Auto nicht mehr Anzeigeinstrumente als man wirklich benötigt. Kontrolle muss also in erster Linie unter Berücksichtigung ergonomischer Grundsätze aufgebaut sein.[39]

39 Hier erinnere ich an den schon in Teil II zitierten Artikel von George A. Miller über die Kontrollspanne. Was deutlich über der von ihm festgestellten »magischen Zahl sieben plus minus zwei« liegt, führt zu »overload«, hier

An dieser Stelle wird mir immer wieder entgegengehalten, dass man es den Leuten nicht immer selbst überlassen könne, wie viele Kontrollgrößen sie verwenden. Das ist natürlich richtig. Es wird daher auch immer wieder Fälle geben, in denen man etwa einem Werksleiter sagen muss, dass das bisher von ihm verwendete halbe Dutzend Kontrollgrößen zwar ausgereicht hat, man in Zukunft aber aus bestimmten Gründen noch weitere drei, vier oder fünf Faktoren berücksichtigen müsse. Ist das wirklich nötig, teilt man es dem Mitarbeiter eben mit, und muss ihn gegebenenfalls im Umgang mit den zusätzlichen Faktoren auch noch ein wenig schulen. Trotzdem gilt: *Das nötige Minimum und nicht das mögliche Maximum.* Das ist umso wichtiger, als man aufgrund der Leichtigkeit, mit der das Datenmaterial zu haben ist, immer eher zur Übertreibung tendiert.

Stichproben statt Vollerhebung

Wo immer möglich, sollte man mit Stichproben arbeiten. Auf wenigen Gebieten sind in den letzten Jahrzehnten so große Fortschritte gemacht worden wie in der Statistik. Zur Zeit meines eigenen Universitätsstudiums war es noch mühsam, die für den Einsatz statistischer Methoden erforderlichen Rechenoperationen auszuführen. Mithilfe von Computern ist das heute kein Problem mehr, und vor allem ist es ein Gebiet, auf dem Computer tatsächlich ihre ganze Stärke ausspielen können, während sie sonst ja nicht immer unbedingt vernünftig eingesetzt werden.

Ein Beispiel: Dass man aus buchhalterischen oder besser steuergesetzlichen Gründen noch immer jeden einzelnen Spesenbeleg verbuchen muss, ist leider vorläufig noch zu akzeptieren. Zur Kontrolle

zu »information overload«, was wiederum Stress verursacht und einer der Hauptgründe dafür ist, was bei Unfällen als »menschliches Versagen« bezeichnet wird. Wahrnehmungs- bzw. allgemeine Kognitionspsychologie und Ergonomie fließen hier zusammen. Für Ingenieure und Designer in der Technik ist es eine Selbstverständlichkeit, diese Dinge zu beachten und sie in Konstruktion und Design von technischen Geräten zu berücksichtigen. Im Management sind sie genau so wichtig, wenn nicht noch wichtiger. Dort werden sie jedoch nicht oder nur selten berücksichtigt.

der Spesen wäre es aber überhaupt nicht notwendig. Mit beinahe beliebig kleinen Stichproben lässt sich ein beinahe beliebiges Maximum an Kontrolle erreichen. Eine richtig gezogene Stichprobe von vielleicht fünf Prozent der Spesenbelege, die sehr genau und vollständig geprüft werden, führt zu einer praktisch ausreichend hohen Wahrscheinlichkeit, dass kein Spesenmissbrauch betrieben wird. Sollte dann dennoch ein minimales Maß an Spesenverschwendung durch die Maschen der statistischen Kontrolle schlüpfen, so wird das mehrfach aufgewogen durch den geringen Aufwand, den die Kontrolle selbst verursacht.

Der einzige Bereich, in dem von den Fortschritten der statistischen Kontrolle bisher im Management ausreichend Gebrauch gemacht wird, ist die Qualitätssicherung. Dieselben Methoden können aber auf vielen anderen Gebieten angewandt werden, in Lagerbewirtschaftung und Logistik, im Außendienst, bei allen Arten von Aufwandskontrollen, bei der Zeitbewirtschaftung usw.

Mitte der neunziger Jahre ging eine Meldung durch die Gazetten, der zufolge das amerikanische Verteidigungsministerium mehr Geld für die Bearbeitung und Kontrolle von Dienstreisen ausgebe als für die Reisen selbst. Man wolle nun, so hieß es, die erforderlichen Beamtenstäbe drastisch reduzieren und Computer einsetzen. Man hoffe, dadurch die Kosten für die Reisekontrolle um die Hälfte senken zu können. Das galt als Erfolgsmeldung im Zusammenhang mit der Einführung von Managementmethoden in der Administration. Der erste Teil der Meldung beschreibt eine Katastrophe. Es ist ein krasses Versagen der Verwaltung, wenn so etwas überhaupt eintreten kann. Der zweite Teil der Meldung aber ist kein Managementerfolg, sondern eine Lächerlichkeit. Eine Kostensenkung von 50 Prozent in einem *solchen* Fall ist noch einmal krasse Verschwendung. Fälle dieser Art müssen mit einem Kontrollaufwand von fünf bis maximal zehn Prozent auskommen.

Aktionsorientiert statt informationsorientiert

Vernünftige Kontrolle muss darauf gerichtet sein, das *Verhalten* der Menschen zu steuern. Es gibt einen alten Grundsatz: *People behave as they are controlled.* Die meisten Kontrollen sind hingegen, höflich ausgedrückt, informationsorientiert aufgebaut. Nicht: *Was sollen die Leute tun?*, sondern: *Was wollen wir über sie wissen?*, ist die leitende Frage.

Diese Frage ist falsch, wie man anhand des oben angeführten Beispiels zur statistischen Spesenkontrolle gut zeigen kann. Es ist *kontrolltechnisch* falsch, mehr Information zu sammeln und auszuwerten, als man tatsächlich braucht, um die Spesenverursachung zu steuern. Es ist *ökonomisch* falsch, weil Aufwand und Nutzen in einem schlechten Verhältnis zueinander stehen. Es ist aber auch *führungsbezogen* falsch, denn genau diese Dinge sind es ja, die psychologische Schäden anrichten und die Motivation ruinieren. Informationsorientierte Kontrolle wird – zu Recht – als *Beschnüffelung* empfunden. Die meisten können auch ohne Ausbildung in höherer Statistik sehr wohl unterscheiden zwischen dem Maß an Kontrolle, das für die Aufrechterhaltung einer bestimmten Ordnung, die Einhaltung eines Reglements oder die Steuerung eines Ablaufes nötig ist, und jener ganz anderen Art von Kontrolle, die zur Orwellschen Totalüberwachung tendiert.

So habe ich beispielsweise nie erlebt, dass die Mitarbeiter einer Organisation, etwa einer Bank, etwas gegen die Arbeit der Revisoren gehabt hätten. Jedem in einer Bank ist klar, dass man eine interne Revision braucht. Das wird weder als Bespitzelung noch als demotivierend empfunden. Man würde sich im Gegenteil eher wundern, wenn eine Bank keine Revision hätte, und sich dann nicht mehr wundern, wenn Betrügereien passierten. Jeder mit gesundem Menschenverstand und Lebenserfahrung würde das erwarten und voraussagen. Nicht umsonst heisst es im Vaterunser: »*... und führe uns nicht in Versuchung ...*«

Keine Überraschungen

Funktionierende Kontrolle erfordert es, dem Prinzip Geltung zu verschaffen, dass kein Mitarbeiter einer Organisation jemals Probleme verheimlichen oder verstecken darf, um dann, wenn sie definitiv nicht mehr verschleiert werden können, den Chef damit zu überraschen. Die Maxime muss lauten: *Berichten Sie beim ersten erkennbaren Anzeichen über die drohende Entwicklung eines Problems.*

Im Anfangsstadium kann man nicht nur die meisten Krankheiten noch heilen, sondern auch die meisten Managementprobleme lösen oder ihnen jedenfalls die Spitze nehmen. In fortgeschrittenem Stadium ist das sehr oft nicht mehr möglich oder nur noch mit überproportional großem Aufwand.

Eine Organisation, in der dieses Prinzip nicht gilt oder nicht verstanden wird, kann auf Dauer nicht funktionieren. Man ist versucht, in diesem Zusammenhang von Unternehmenskultur zu sprechen, also etwa von einer Kultur der Offenheit. Ich will das hier aber nicht tun, weil es mir viel zu vage und auch gar nicht erforderlich ist. Allgemeine Offenheit – das steht nicht in Widerspruch zum bisher Gesagten – ist weder nötig noch möglich. Immer ist Offenheit mit bezug auf ganz spezielle, konkrete Fragen gemeint.

Lückenlose Pendenzenkontrolle

Ohne Ausnahme muss eines »wasserdicht« kontrolliert werden, nämlich *unerledigte Angelegenheiten*, die in der Schweiz *»Pendenzen«* genannt werden. Man muss seine Umgebung daran gewöhnen, dass man nichts von dem, was vereinbart ist, vergisst oder übersieht.

Wie man das macht, kann im Einzelfall ganz unterschiedlich sein. Manche tun es selbst, indem sie alles aufschreiben und täglich oder mindestens wöchentlich kontrollieren. Andere lassen die Pendenzen durch ihre Sekretärin kontrollieren. Die einen verwenden Computer dafür, andere tun es mit Klebezetteln. Das »Wie« ist hier nicht wesentlich. Dass es gemacht wird und dass jeder, mit dem man zusammenarbeitet, weiß, dass man nichts vergisst, ist das Entscheidende.

Selbstredend heißt das noch lange nicht, dass alles immer auch *erledigt* wird. Das wird kaum jemals möglich sein. Aber eine Sache wird nicht deshalb unerledigt bleiben, weil sie vergessen wurde. Sie bleibt unerledigt, weil man es so entschieden hat, weil die Umstände sich geändert haben, weil man die Prioritäten verändern musste usw., nicht einfach jedoch, weil sie »übersehen und vergessen« wurde.

Berichte genügen nicht

Berichte sind heute rasch und leicht zu haben, über fast alles. Das ist eine Konsequenz der Informatik. Noch vor zehn Jahren verursachte die Erstellung eines Berichts einen erheblichen und keineswegs immer zu rechtfertigenden Aufwand. Darum hat man sie selten gemacht, man ist sparsam mit ihnen umgegangen. Das muss man heute nicht mehr tun und tendiert daher zum Gegenteil. Berichte sind in verschwenderischer Fülle in jeder Organisation vorhanden, auch über die unsinnigsten Dinge. Das allein wäre aber kein Problem, denn der Aufwand, den sie verursachen, ist zwar immer groß, aber man kann mit ihm leben. Das Problem ist ein ganz anderes: Die leichte Verfügbarkeit von Berichten verführt dazu, *dass man sich auf sie verlässt.*

Erfahrene Führungskräfte haben aber gelernt, dass man durch Berichte *niemals* und *nichts* wirksam kontrollieren kann. Selbstverständlich lassen auch sie sich Berichte geben, aber sie verlassen sich *nicht* auf sie – *sondern sie gehen an den Ort des Geschehens und vergewissern sich selbst.* Darauf habe ich bereits im Kapitel über Entscheiden hingewiesen.

Auch der beste Bericht, ob schriftlich oder mündlich, enthält nur das, was der Berichterstatter sehen kann und wonach er fragt. Das ist der *erste* Grund, der die *Zuverlässigkeit* und *Realitätstreue* von Berichten einschränkt. Der *zweite* und wichtigere ist, dass längst nicht alles, was man zur Beurteilung eines Sachverhaltes wissen muss, überhaupt in die Form eines Berichts gebracht werden kann. Berichtsfähig ist nur, was der *Beschreibung* zugänglich ist. Nicht alles, was wahrgenommen werden kann, ist aber auch beschreibbar. Wahrnehmbarkeit und Beschreibbarkeit decken sich nicht; in Wahrheit ist nur ein sehr kleiner Teil dessen, was wahrnehmbar ist, auch beschreibbar. Erfahrene, kompetente Manager wissen das, und aus diesem Grunde benutzen sie jede Gelegenheit, die Lage persönlich in Augenschein zu nehmen. Sie verlassen sich desto weniger auf Berichte, je heikler eine Angelegenheit ist, je *erfolgskritischer* und je *neuer* sie ist.

Dass sie mit ihrer persönlichen Anwesenheit vor Ort der Sache auch noch *Gewicht* verleihen und viele andere positive Nebeneffekte erzielen können, kommt hinzu. Der wesentliche Grund, etwas persönlich in Augenschein zu nehmen, ist aber die Diskrepanz zwischen *Wahrnehmbarkeit* und *Beschreibbarkeit*; keineswegs sind die Gründe dafür – wie immer wieder gemeint wird – motivationaler oder unternehmenskultureller Art. Dabei handelt es sich – wie gesagt – höchstens um gerne mitgenommene Zusatzeffekte.

Die Beispiele sind zahlreich. Die vielleicht eindrücklichsten stammen aus der Militärgeschichte; denn dort sind die genannten Kriterien – heikel, erfolgskritisch und neu – meistens übererfüllt. Von allen guten Kommandeuren, gleichgültig welchen Landes, weiß man, dass sie jede Möglichkeit nutzten, um Frontinspektion zu machen. Ihre Entscheidungen mussten realitätsgerecht sein, und keiner hat sich blind darauf verlassen, dass die Berichte, die sie von ihren Stäben ja reichlich, rasch und professionell bekamen, das in ausreichendem Maße sein konnten. Je höher das Kommando war, das jemand hatte, desto schwieriger war es, Zeit und Gelegenheit für Frontbesuche zu finden. Die Frequenz war daher unter Umständen nicht besonders groß – und die besonders guten Kommandanten haben darunter gelitten und diesen Mangel als sehr belastend empfunden. Sie haben dennoch getan, was sie eben tun konnten.

Das gleiche lässt sich aber auch in der Politik beobachten, und selbstverständlich gibt es in der Wirtschaft ebenfalls Beispiele dafür. Eines der klassischen ist die Gewohnheit von Alfred P. Sloan, einige Male im Jahr selbst Autos zu verkaufen – als gewöhnlicher Autoverkäufer, weil er wusste, dass kein noch so raffiniertes Reporting-System ihm die persönliche Wahrnehmung ersetzen konnte.

Wohlwollendes Übersehen

Eine weitere Methode darf nicht unerwähnt bleiben. Auch wenn dieses Kapitel ein Plädoyer *für* Kontrolle ist, heißt das selbstverständlich nicht, dass *immer* und *sofort* reagiert werden muss, wenn einem etwas als nicht erwartungskonform aufgefallen ist. Es gibt Fälle, in denen es klüger ist, einer Sache eine Zeitlang zuzusehen, zu beobachten, wie sie sich entwickelt, und abzuwarten. Wie der Volksmund sagt, kann man gelegentlich auch einmal »fünf gerade sein lassen«. Man weiß, dass etwas nicht ganz so ist, wie es sein sollte, aber das muss noch lange kein Anlass zum Handeln sein, schon gar nicht Anlass für hektisches Handeln.

Vielleicht kommen die Dinge von allein wieder ins Lot; vielleicht kann man aus der Distanz ein wenig nachhelfen, ohne eine große Sache daraus zu machen. Vielleicht ist es wichtig, dass die beteiligten Personen ihr Gesicht wahren können. Es gibt Situationen, in denen man – schon aus juristischen Gründen – unverzüglich handeln muss; es gibt aber auch solche, in denen man wohlwollend etwas übersehen kann, wenigstens eine Zeitlang.

Es lässt sich kein allgemeines Kriterium dafür angeben, in welchem Fall das eine und in welchem das andere Verhalten angemessen ist. Im *Einzelfall* wird die Entscheidung aber fast immer möglich sein. Wie man reagiert, ist eine Sache der Erfahrung, der Klugheit, des Augenmaßes und vielleicht auch der Menschlichkeit. Es ist eine jener hier immer wieder herausgearbeiteten Situationen, die sich mit einer Gratwanderung vergleichen lassen und die für Management so typisch sind.

Kontrolle muss individuell sein

Zum Schluss noch etwas ganz wichtiges: Kontrolle muss auf die *Einzelperson* bezogen sein. Hierbei ist die Unsitte – vielleicht sollte man doch sagen, der ideologische Unfug – der Gleichmacherei besonders schädlich. Es macht einen großen Unterschied, ob man eine Person kontrolliert, die man seit Jahren kennt, die sich nie etwas zuschulden kommen ließ, ein Musterbeispiel an Korrektheit und Zuverlässigkeit ist und daher eben im Grunde überhaupt nicht kontrolliert werden muss; oder ob man es mit einer Person zu tun hat, die man nicht kennt, weil sie neu im Unternehmen ist, die de facto noch keine Bewährungsproben hinter sich hat, von der man im Grunde nichts weiß und die daher kontrolliert werden muss – nicht, weil man diesem Menschen grundsätzlich misstraut, sondern weil man ihn eben nicht kennt und er notabene auch mich und die Firma nicht kennt. Kontrolle im ersten Fall ist *beleidigend*; im zweiten ist sie *Erziehung* auf Gegenseitigkeit, d. h. ausbildend und einarbeitend und daher auch richtungsweisend.

Messen und Urteilen

Im Grund genügen diese wenigen Dinge, um zumindest für den größten Teil der praktisch vorkommenden Situationen die Aufgaben des Kontrollierens vernünftig zu erfüllen. Es sind die Prinzipien, denen Kontrolle im wesentlichen zu folgen hat. Sie sind, wie man sieht, sehr einfach. Ihre Anwendung im Einzelfall braucht allerdings keineswegs einfach zu sein.

Zu guter Letzt ein Punkt, der fast immer unklar ist und zu schwerwiegenden Missverständnissen führt: Kontrolle ist dort problemlos, wo und solange man *messen* kann. Die Quantifizierung, die den Messungen zugrunde liegt, kann sehr anspruchsvoll sein und ein erhebliches Maß an wissenschaftlichem und technischem Aufwand erforderlich machen. Die Kontrolle als solche ist hingegen leicht. Sie wird dort schwierig, wo man nicht im üblichen Sinne messen kann. Und weil es schwierig ist, wird auf Kontrolle über den quantifizierbaren Bereich hinaus verzichtet oder man hält sie generell für unmöglich – nach dem Motto: *Was man nicht messen kann, kann man auch nicht kontrollieren*.

Das halte ich für einen schweren Irrtum und ein grundsätzliches Missverständnis in bezug auf Management. Wenn und solange man messen kann, braucht man eigentlich gar kein Management und keine Manager für die Aufgabe des Kontrollierens. In diesem Fall ließen sich auch Computer einsetzen. Gerade dann jedoch, wenn man nicht mehr messen kann, muss durch Manager kontrolliert werden, aber mithilfe eines anderen Verfahrens: nicht durch Messen, sondern durch *Beurteilen* und letztlich durch *Urteilen*.

Das führt unvermeidlich in das ganze philosophische Gestrüpp von Objektivität, Subjektivität, Zuverlässigkeit, Relevanz, Wiederholbarkeit, Rechtfertigung usw. Nach meinem Kenntnisstand sind diese Fragen bis heute nicht gelöst[40], und vielleicht sind sie im strengen Sinne des Wortes überhaupt unlösbar. Gerade deshalb aber – und das wird nur selten verstanden – braucht man Manager. Manager können zwar die philosophische Seite dieser Probleme nicht lösen, sie können sie aber durch Entscheidung aus der Welt schaffen – mithilfe ihrer Urteilskraft und auf Basis von Erfahrung. Das ist zugegebenermaßen kein sehr befriedigendes Verfahren, und hätten wir ein besseres, würde man es wohl einsetzen. In den Organisationen der Gesellschaft kann man aber nicht warten, bis die Wissenschaft – gar die Philosophie – die Probleme in diesem Zusammenhang gelöst hat.

Man muss handeln, so oder so. Auch nicht zu handeln, läuft ja *de facto* auf Handeln hinaus; nicht zu entscheiden, ist auch eine Entscheidung. Hier begegnet man eben einem der wesentlichen und in der Praxis bedeutsamen Unterschiede zwischen Wissenschaft und Management, auf die ich in Teil I schon aufmerksam gemacht habe. Einmal mehr ist hier der Hinweis darauf angebracht, dass Management ein Beruf ist, in dem Erfahrung wichtig ist, was nicht für jeden Beruf gilt.

Bei genauerer Analsyse ist allerdings der Unterschied zwischen Messen und Beurteilen gar nicht so groß, wie er gelegentlich gemacht wird und ich ihn hier der Pointierung halber auch dargestellt habe. Messen beruht im Einzelnen auf sehr vielen, letztlich nicht begründbaren Konventionen, auf Praktiken, auf die man sich geeinigt hat, weil sie einigermaßen zweckmäßig sind. Dass Messungen genau seien, glauben im übrigen nur Laien. Der Meterstab, die Waage und

40 Es gibt in der philosophisch-erkenntnistheoretischen Literatur selbstverständlich Vorschläge für die Lösung dieser Probleme, und für mein Teil bevorzuge ich die Position des kritischen Rationalismus, insbesondere die für die Praxis einschlägigen Arbeiten von Hans Albert. Diese Lösungsvorschläge sind aber keineswegs allgemein akzeptiert. In jüngerer Zeit gewinnen eher die meines Erachtens irrationalen und weder theoretisch noch praktisch brauchbaren Spielarten eines subjektivistischen und relativistischen Konstruktivismus an Boden, meistens noch angereichert mit hermeneutischem »Myzel«. Sie sind offenbar attraktiv, besonders für Leute, die unklares, wolkiges Denken und Sprechen für eine geistige Leistung halten.

die Uhr sind, wissenschaftlich gesehen, sehr ungenau, was dazu führt, dass man mit ständigen Verfeinerungen der Messverfahren befasst ist. *Genau genug für den anstehenden Zweck,* so lautet die Maxime richtig.

Von *Messen* lässt sich dann sprechen, wenn – nach Etablierung eines Verfahrens – selbst unerfahrene Personen, wenn sie sich nur an das *Verfahren* halten, zu annähernd demselben Ergebnis kommen. Von *Urteilen* hingegen spricht man, wenn erfahrene Menschen unter der Bedingung, daß sie sich an die *Regeln* halten, zu annähernd demselben Ergebnis kommen.

Das anschaulichste Beispiel dafür findet man vermutlich im Rechtswesen. Richter braucht man deshalb, weil die Rechtsfälle durch kein anderes Verfahren als den Gerichtsprozess entschieden werden können. Dass Unerfahrene mit den Regeln der Prozessordnung nichts anfangen können, ist klar. Ebenso klar ist, dass selbst bei sehr professioneller Anwendung und großer Erfahrung Richter nicht immer zu demselben Ergebnis kommen. Im Großen und Ganzen ist es jedoch so, dass Richter mit entsprechender Ausbildung und Erfahrung bei ihrer Urteilsfindung zu denselben, jedenfalls aber zu ähnlichen Resultaten kommen.

Kaum jemand wird behaupten wollen, dass Gerichtsverfahren in den Rechtsstaaten untaugliche Mittel der Ergebnisermittlung seien, weil sie auf Urteilen und Beurteilen beruhen. Auch wenn das Verfahren nicht dieselbe Art von Objektivität besitzt wie das Messen und selbst wenn man es vorzieht, das Urteil in einem Gerichtsprozess als subjektiv zu bezeichnen – nämlich von Menschen gemacht und von ihnen abhängig –, so ist ein Prozess doch nicht *willkürlich.* Nicht Subjektivität ist das Problem, sondern Willkür wäre es.

Würde ein junger Richter immer wieder zu Urteilen kommen, die nicht nur gelegentlich, sondern regelmäßig durch die Berufungsinstanzen aufgehoben oder massiv revidiert werden, so käme dennoch niemand auf die Idee, deswegen das Prozessrecht zu verändern. Man würde dem jungen Richter mehr Ausbildung angedeihen lassen, in zu größerer Sorgfalt ermahnen und – wenn das alles nichts hilft – ihn wegen Unfähigkeit abberufen und ihm dort eine Aufgabe geben, wo er keinen Schaden anrichten kann. Alles andere wäre für die Rechtspraxis und Rechtswissenschaft absurd.

Ganz anders – und bezeichnend für seinen Zustand – im Management: Aus dem Unvermögen unerfahrener oder unfähiger Leute werden keineswegs mit der gleichen Selbstverständlichkeit praktische Maßnahmen für bessere Ausbildung, mehr Pflichterfüllung und letztlich Versetzung oder Absetzung abgeleitet wie in anderen Disziplinen der Fall. Eher besteht die Tendenz, irgendwelche komplizierten Methoden einzuführen, Metaphysik, Scharlatanerie und Transzendentalunfug zu bemühen, Intuition oder Emotion an die Stelle von Erfahrung und Können zu setzen und sich auf diese Weise immer weiter von einer praktischen Lösung des Problems zu entfernen. Bestärkt wird das Ganze regelmäßig durch die tätige Mitwirkung von Pseudowissenschaft.

Eine kleine, aber typische Episode mag das verdeutlichen: Im Rahmen des Ausbildungsprogramms für höhere Führungskräfte einer Firma, die mehrere tausend Mitarbeiter beschäftigt, hatte ich ein Seminar über Grundsätze und Aufgaben wirksamer Führung zu halten. Unter anderem ließ ich auch an einigen Stellen Skepsis hinsichtlich der Bedeutung und Zuverlässigkeit von Intuition und Emotion durchblicken. Außer den Managern, durchweg Leute mit Universitätsabschlüssen vorwiegend in naturwissenschaftlichen und technischen Gebieten, waren auch drei Mitarbeiter aus der Ausbildungsabteilung anwesend. Einer von ihnen sprach mich in einer Pause an. Mit einem gewissen Bedauern meinte er, was ich hier vortrage, sei ja alles sehr interessant, aber vieles davon sei eben leider nicht quantifizierbar, nicht messbar. Ich bestätigte das und fragte ihn, weshalb das wichtig sei und was er daraus ableite. Er meinte, das man eben deshalb vieles intuitiv und gefühlsmäßig machen müsse. Um sicher zu gehen, dass ich ihn richtig verstanden hatte, fasste ich noch nach und fragte ihn, wo er denn im Besonderen den Einsatz von Intuition und Gefühl sehe. Seine Antwort lautete, zum Beispiel im Personalwesen bei der Auswahl von Mitarbeitern…

Der noch ziemlich junge und, wie sich herausstellte, auch sehr unerfahrene Mann hatte nicht die geringste Ahnung davon, dass es so etwas wie begründetes Urteil, Schärfung von Urteilskraft und aus Erfahrung resultierendes Urteilen überhaupt gibt. Selbst wenn es eine sinnvolle Vorstellung sein mag, dass wir es mit einem Kontinuum zu tun haben, an dessen einem Ende die auf Messung beruhende Quantifizierung und an dessen anderem Ende das (bloße) Gefühl steht, gibt es doch dazwischen noch ziemlich viele Zwischenstufen unterschiedlich begründbaren Urteilens. Diese Episode wäre nicht erwähnenswert und könnte in die Kategorie »ungebildete Leute« fallen, wäre sie nicht charakteristisch für eine weit verbreitete Denkweise und würden nicht außerdem Leute in solchen Positionen – nämlich der Managementausbildung – großen, beinahe irreparablen Schaden anrichten. Ich nutzte die Situation nach der Kaffeepause zu einem Experiment, indem ich die Person bat, ihren Gedanken und ihr Anliegen im Plenum vorzutragen und zur Diskussion zu stellen. Das Erschütternde war, dass keiner der anwesenden Teilnehmer – wie schon gesagt, technisch und naturwissenschaftlich ausgebildete Leute – eine Gegenmeinung hatte. Sie alle nahmen den postulierten Gegensatz von Messung hier und Gefühl dort widerspruchslos als Realität hin.

Um zusammenfassen: Wo immer man messen kann, soll man messen. Wo man nicht messen kann, darf dieser Umstand aber nicht zum Anlass genommen werden, überhaupt auf Kontrolle zu verzichten. Wo nicht gemessen werden kann, muss beurteilt werden – und dazu bedarf es – in Ermangelung von Besserem – Managern, solchen mit Erfahrung und solchen, die ihre Aufgaben – hier die Kontrolle – gewissenhaft und sorgfältig erfüllen.

Fünfte Aufgabe
Menschen entwickeln und fördern

Kaum eine Führungskraft würde bestreiten, dass Menschen das wichtigste in einer Organisation sind. Zumindest wird niemand das öffentlich tun. Wie ein Manager wirklich darüber denkt, mag eine andere Sache sein. Man kann vielleicht nicht immer den Gedanken verhindern, dass eine Organisation ohne Menschen – wenn sie denn möglich wäre – ihre Vorzüge hätte. Es sind die Menschen, die fast immer die Ursache für Schwierigkeiten sind, für Fehler, Versagen, Versäumnisse, Konflikte usw. Maschinen, Computer sind – wenn sie einmal funktionieren – ziemlich problemlos. Sie werden nie müde, brauchen keine Motivation, haben keine Kommunikationsschwierigkeiten, sind psychisch robust, werden nie krank, brauchen keinen Urlaub, entwickeln keine Gruppendynamik usw. usw.

Die menschenleere *Fabrik* ist schon fast Wirklichkeit. Ansonsten brauchen wir aber – vorläufig noch – Menschen. Daher gehört es zu den erstrangigen Managementaufgaben, sie zu fördern und zu entwickeln. Das ist Aufgabe *jedes* Managers, nicht etwa nur der Personalfachleute.

Ein gut funktionierendes Personalwesen kann und wird einen wertvollen Beitrag in vielfacher Hinsicht leisten, aber es kann nicht Menschen entwickeln und fördern, jedenfalls dort nicht, wo der einzelne Manager, der einzelne Vorgesetzte versagt. Auch das beste Human Ressources-Management kann die Erziehungs- und Entwicklungsarbeit der Manager einer Organisation nicht ersetzen, während umgekehrt – wenn die einzelnen Vorgesetzten ihre diesbezüglichen Aufgaben erfüllen – das Personalwesen sich vielleicht nicht gänzlich, aber doch beinahe erübrigt oder sich sogar anderen Aufgaben zuwenden kann. Jedenfalls konzentriert es sich dann auf die grundsätzlichen konzeptionellen Fragen und gewisse Dienstleistungsfunktionen.

In letzter Konsequenz können sich Menschen wohl nur *selbst* entwickeln, genauso, wie sie sich nur selbst ändern können. Das ist nicht nur die schnellste, sondern auch die wirksamste Art und Weise. Besonders gilt das für die Entwicklung und Befähigung zur ganz *großen* Leistung. Praktisch alle wirklichen Performer der Geschichte waren *Selbstentwickler*. Gelegentlich hatten sie Lehrer, jedoch sehr viel seltener, als man anzunehmen geneigt ist. Sie orientierten sich an Vorbildern, denen sie nacheiferten. In weit größerem Umfang hatten sie Mentoren, Menschen, die sie dazu anhielten, dort tätig zu werden, wo sie ihre Stärken hatten. Vor allem hatten sie Gönner oder Kunden, die ihnen die Gelegenheit boten, ihr Können unter Beweis zu stellen. Eines der bekannteren Beispiele ist Papst Julius II., der sowohl für Bramante als auch für Michelangelo diese Bedeutung hatte. Aber nicht nur in der Kunst, auch in Politik und Wirtschaft, im Sport und in der Wissenschaft findet man die auf Mentoren und Mäzene oder Sponsoren gestützte Selbstentwicklung viel öfter, als sie in Lehrbüchern erwähnt wird.

Menschen statt Mitarbeiter

Ich spreche in diesem Kapitel bewusst nicht von der Förderung und Entwicklung von Mitarbeitern; denn das würde eine zu enge Sicht mit sich bringen. Organisationen haben mehr als nur Mitarbeiter – ob sie wollen oder nicht. Das wird in steigendem Maße verstanden. Vielleicht werden noch immer Mitarbeiter *gesucht*; kommen aber werden *Menschen*, wie Max Frisch sinngemäß einmal gesagt hat. Man hat diesbezüglich also gar keine Wahl, genauso wenig, wie man eine Wahl hat, ob man sie entwickeln soll oder nicht. Sie entwickeln sich so oder so, die Frage ist nur, wohin? Eine Organisation ist *de facto* das, was man etwas großspurig als Lernumfeld, als »learning environment«, bezeichnet. Man kann daher nur beeinflussen, *was* die Menschen lernen, aber nicht, *ob* sie es tun.

Individuen statt Abstraktionen

Fast alles, was mit der Entwicklung von Menschen zu tun hat, muss *individuell* geschehen. Das habe ich in diesem Buch immer wieder betont, und an dieser Stelle wird es nun besonders wichtig. Man fördert und entwickelt *Individuen* – nicht Abstraktionen, Aggregate oder Durchschnitte. Es gibt nicht *den* oder *die* Menschen. Das zu akzeptieren ist nach meiner Beobachtung für die meisten Manager bemerkenswert schwierig, obwohl es auf der Hand liegt.

Immer wieder wird generalisiert, was nicht generalisierbar ist, und zusammengefasst, was nicht zusammengehört. Das ist eine der wesentlichen Ursachen dafür, dass bis heute viele Hoffnungen, die man in die Entwicklung von Menschen hatte, vor allem auch in neue didaktische Methoden, in psychologische Theorien und Verfahren, nicht erfüllt wurden. Das beginnt schon mit falschen Vorstellungen darüber, wie Menschen überhaupt lernen, obwohl man ja gerade darüber im Prinzip recht viel weiß. Die Vorstellung, die die meisten ein Leben lang über Lernen mit sich herumtragen, ist von den frühen Schulerfahrungen geprägt. Dort haben – scheinbar – alle gleich gelernt. Das mag noch eine taugliche Vorstellung für das Lernen von Grundschulkindern sein, obwohl auch in dieser Hinsicht Zweifel angebracht sind.

Als Erwachsene lernen und entwickeln sich Menschen dann aber auf ganz *verschiedenen* Wegen: Der eine lernt, indem er zuhört der andere durch Lesen, ein dritter durch Schreiben. Wieder andere lernen am besten, indem sie lehren, andere durch Tun. Manche lernen aus Fehlern, andere aus Erfolgen. Man muss somit im Einzelfall herausfinden, wie eine konkrete Person am besten lernt, wenn man etwas für ihre Entwicklung tun will.

Das macht die so zahlreich gewordenen großen Human Development-Programme fragwürdig. Diese Programme sind, *weil* sie groß sind, zwangsläufig in erheblichem Umfang *standardisiert.* In diesem Kontext muss ja vieles für viele gleich angelegt sein. Damit bewegt man sich jedoch deutlich von der Individualisierung weg. Das ist ein *erster* Grund für die Fragwürdigkeit solcher Programme.

Ein *zweiter* Grund besteht darin, dass das, was am ehesten verallgemeinert werden kann, fast gänzlich unberücksichtigt bleibt.

Wie auch immer man es methodisch und organisatorisch anlegt, es gibt *vier* wesentliche Elemente, die für die Förderung und Entwicklung von Menschen in Organisationen beachtet werden müssen. Ignoriert oder vernachlässigt man sie, wird alles andere überhaupt keine oder nur eine enttäuschende Wirkung haben. Diese vier Elemente sind: die Aufgabe, die schon vorhandenen Stärken, der Vorgesetzte und die Platzierung.

Die Aufgabe

So banal es klingen mag und so alt die Einsicht ist, sie muss offenbar immer wieder neu ins Bewusstsein gerufen werden: *Menschen entwickeln sich mit und an ihren Aufgaben.* Das ist das erste und wichtigste Element. Ausbildungsprogramme verpuffen, wenn nicht an ihrem Ende eine Aufgabe steht, *für* die oder auf welche hin man sich ausbildet. Das ist einer der entscheidenden Unterschiede zwischen dem Lernen in der Schule und dem Lernen in einer Organisation im Erwachsenenalter. Dass man in der Schule »für das Leben« lernt, mag ja noch glaubhaft zu machen sein, obwohl auch das immer schwieriger zu vermitteln ist, weil es so entsetzlich abstrakt ist. Später funktioniert das nicht mehr. Man lernt auf etwas sehr Konkretes hin, und *darum*, wenn auch jeder auf seine Weise, viel besser und effizienter.

Es scheint leichter zu sein, große und anspruchsvolle Ausbildungs- und Entwicklungsprogramme zu entwerfen als für jede Person eine geeignete Aufgabe zu finden. Ich stelle regelmäßig die Frage, für welche Verwendung der einzelne Teilnehmer nach Absolvierung des Programms vorgesehen ist. Nur sehr selten erhalte ich eine konkrete Antwort. Man sagt etwa: *»Das sind unsere High-Potentials«*, oder *»für höhere Führungsaufgaben«*. Aber das ist ja meistens schon *vor* dem Entwicklungsprogramm klar, denn sonst wären die Betreffenden nicht für die Teilnahme vorgesehen. Was konkret darunter zu verstehen ist, bleibt in aller Regel offen. Darüber hat man sich keine Gedanken gemacht.

Die Aufgabe muss, wenn sie entwickelnd und fördernd wirken

soll, einige Anforderungen erfüllen. Sie muss größer und schwieriger sein als die bisherige Aufgabe. Es ist zwar möglich, Menschen zu überfordern; aber es ist gar nicht so leicht. Die meisten Menschen können *viel mehr* leisten, als sie selbst für möglich halten. Daher sollte man ihnen die Möglichkeit geben, diese Erfahrung auch zu machen. Die Aufgabe muss deswegen nicht unbedingt mit einer *höheren* Position verbunden und auch nicht besser bezahlt sein. Das ist weder nötig noch auch immer möglich. Es ist nicht einmal immer sinnvoll. Ich halte es sogar für *schädlich*, wenn die Entwicklung von Menschen so angelegt ist, dass sie immer oder vorwiegend mit *Beförderung* und *Bezahlung* einhergeht. Auch wenn es nicht immer so gemeint sein mag, wird es häufig doch so verstanden.

Als *erstes* muss also die Aufgabe selbst größer, umfassender, schwieriger und anspruchsvoller sein. Zum *zweiten* muss man, so gut es nur geht, darauf hinarbeiten, dass eine Situation entsteht, in der es als eine Auszeichnung, ein Privileg und als Anerkennung verstanden wird, eine größere, anspruchsvollere Aufgabe übertragen zu bekommen; das sollte ein wesentlicher Aspekt jeder Organisationskultur sein. Die Entwicklung von Menschen muss, wenn sie wirksam sein soll, von hierarchischem Aufstieg abgekoppelt werden. Ich weiß, dass das nicht einfach ist und dass es zu beinahe universell verbreiteten Erwartungen und Gepflogenheiten im Widerspruch steht. Ich habe bis heute kein Dokument der Unternehmenskultur gesehen, das diesem Aspekt Bedeutung beigemessen hätte, und ich sehe das als gefährliche und gründliche Irreleitung der Unternehmenskultur an.

Im Vordergrund muss die *Möglichkeit* stehen, eine *Leistung* zu erbringen und dafür verantwortlich zu sein. Die Leistung muss eine *Herausforderung*[41] für die Person sein; deshalb sollte sie, bildlich ge-

41 Das ist kein Widerspruch zu dem, was ich in Teil I über jene Leute sagte, die ständig »auf der Suche nach Herausforderungen« sind. Dass Menschen Herausforderungen brauchen, um sich zu entwickeln, ist unbestritten. Dort geht es um die Herausforderung als Mittel der Selbstverwirklichung und nicht selten als Ausrede für die Flucht vor der Ergebnisverantwortung. Ich gebe zu, dass es nicht immer leicht und schon gar nicht offenkundig ist, die beiden Fälle auseinanderzuhalten.

sprochen, eine Nummer größer sein als bisher. Und sie sollte mit direkter, persönlich einzulösender *Verantwortung* verbunden sein. Irgendwo »mitzuwirken«, bei einem Projekt »dabei zu sein«, einem Team »anzugehören« usw., erfüllt diese Anforderung meistens nicht, jedenfalls nicht gut genug. Daher muss man in solchen Fällen besonders darauf achten, dass der individuelle Beitrag der Person sichtbar werden kann und herausgearbeitet wird. Die Frage muss sinngemäss lauten: *»Wofür sollen wir Sie in der nächsten Periode verantwortlich halten?«*

Wenn man Menschen entwickeln will, muss man von ihnen etwas verlangen – genau das Gegenteil von dem, was üblich ist, nämlich etwas zu bieten. Auch hier unterstelle ich keineswegs, dass diese Forderung leicht einzulösen ist. Im Gegenteil, es ist schwierig, es ist ungewohnt, es kollidiert mit den Gepflogenheiten, die ich eben für falsch halte. Es ist mir sehr bewusst, dass man zu Zeiten eines völlig ausgetrockneten Arbeitsmarktes, wie er temporär immer wieder allgemein oder doch in bestimmten Branchen und Fachgebieten besteht, diesbezüglich Kompromisse machen muss.

Dennoch sollte man jede Gelegenheit wahrnehmen, die Fehler früherer Zeiten zu korrigieren, wo selbst jungen und unerfahrenen Leuten das »Blaue vom Himmel herunter« angeboten wurde. Man braucht ja nur die früheren – und in erheblichem Umfang auch die heutigen – Stelleninserate anschauen, um das zu bemerken. Sie sind immer nach demselben Muster aufgebaut: Unter »Wir erwarten« findet sich nur wenig und ziemlich Allgemeines, aber unter »Wir bieten« kommen dann lange, sehr konkrete und vor allem höchst luxuriöse Dinge. Das verdirbt jedoch die Menschen, insbesondere die jungen, und es behindert ihre Entwicklung. Sie werden, oft ohne es selbst zu wollen und vor allem ohne es zu merken, in eine Konsumenten- und Anspruchshaltung manövriert, die man nur wenig später beklagt und durch »unternehmerisches Verhalten« ersetzen will. Dann ist es dafür jedoch zu spät, und die Wurzel des Übels hat man selbst gelegt.

Ich will nicht fahrlässig meine eigenen Erfahrungen verallgemeinern. Was ich aber beobachten kann, ist, dass es jedenfalls genügend junge Leute gibt, die gefordert werden *wollen*. Und wenn nicht alle

Anzeichen trügen, dann erinnern sich Menschen, wenn sie älter sind, insbesondere an jene Lehrer und frühen Chefs, die *viel von ihnen verlangten.* Bis an die Grenze gefordert zu werden, bleibt im Gedächtnis, und zwar positiv. Ich lasse, wenn immer möglich, meine Seminarteilnehmer zu der Frage Stellung nehmen, meistens schriftlich, von wem sie am meisten gelernt haben und warum. Mit fast schon perfekter Regelmäßigkeit entsprechen die Antworten sinngemäß meiner obigen Behauptung. Im übrigen gibt es nur *ein* gemeinsames Element in den Lebensläufen wirklicher Performer: sie alle hatten früh im Leben prägende Erlebnisse derselben Art – nämlich eine Aufgabe erfolgreich bewältigt zu haben, ohne es sich selbst zunächst zugetraut zu haben – also *gefordert* gewesen zu sein.

Ob die Entwicklung von Menschen mit *Job Rotation* zusammenhängt, wie fast immer vermutet wird, lasse ich offen. Es gibt Phasen im Leben von Menschen – und insbesondere muss es sie bei zukünftigen *Führungskräften* geben –, in denen es wichtig ist, andere Tätigkeitsgebiete und Funktionsbereiche kennenzulernen – nicht, um sie zu beherrschen oder selbst dort tätig zu werden, sondern um Verständnis für sie zu erwerben. Entscheidend scheint mir aber nicht zu sein, dass es *andere* Jobs sind, was Job Rotation ja normalerweise bedeutet, sondern dass sie *größer* sind.

Das anschaulichste Beispiel dafür sind Musiker. Ein Geiger wird für seine Entwicklung kaum dazu angehalten, zwei Jahre lang z. B. Klarinette zu spielen und danach noch zur Posaune zu wechseln, um ein guter Musiker zu werden. Er wird als *Violinist* im wesentlichen dadurch weiterentwickelt und gefordert, dass er schwierigere Stücke zu spielen bekommt, dass er in anspruchsvolleren Aufführungen mitwirken darf und sich mit neuen Komponisten und Musikrichtungen auseinandersetzen muss, aber selbstverständlich tut er das alles immer als Geiger. Statt der vierten spielt er mit der Zeit die erste Geige, aber das ist keine »höhere« Position, obwohl es natürlich in der Regel mit mehr Reputation verbunden ist. Er ist lange Zeit weit davon entfernt, Konzertmeister werden zu können, die meisten werden es nie. Und »Rotation« gibt es auch nicht.

Ein Element der Entwicklung muss früh in die Aufgabenstellung eingebaut werden, nämlich *budgetieren* zu *lernen*. In Teil IV wird das Budget als Werkzeug der Wirksamkeit von Führungskräften behandelt, so dass ich es hier bei wenigen Hinweisen bewenden lassen will. Wesentlich ist, dass es praktisch kein besseres Mittel für die *Einarbeitung* in eine neue Aufgabe, eine neue Abteilung und auch in eine neue Organisation gibt, als für einen wesentlichen Teil der Organisation ein Budget erstellen zu müssen. Es wundert mich immer wieder, warum dieses Element in den Einarbeitungsprogrammen praktisch nie vorkommt. Einen neuen Bereich zu budgetieren, ist nicht der angenehmste und leichteste Weg, aber es ist der beste, der schnellste und sicherste.

Stärken entwickeln

Was meint man, wenn man von der *Entwicklung* eines Menschen spricht? Was *muss* man darunter verstehen, vor allem dann, wenn man ihn erfolgreich, kompetent, selbstbewusst – und vielleicht sogar glücklich machen will? Der Zusammenhang mit dem Grundsatz der Stärkenorientierung liegt auf der Hand; hier muss er angewandt werden.

Man muss die *bereits vorhandenen Stärken* weiterentwickeln, jene, die schon klar erkennbar sind, und jene, die sich vielleicht erst aufgrund gewisser Symptome und Indizien vermuten lassen. Entwicklung muss *stärkenorientiert* sein. Die Schwächen, die die betreffende Person hat und die man aus Gründen, die ich in Teil II besprochen habe, wahrscheinlich bereits recht genau und zuverlässig kennt, sind *Limitationen*. Sie schließen die Person von gewissen Verwendungen aus oder machen bestimmte Wege für sie eher unwahrscheinlich. So gesehen muss man sie berücksichtigen. Einem Sportler, dem es an Ballgefühl fehlt, wird man nicht nur nicht raten, einen Ballsport zu wählen, sondern man wird ihm davon aktiv abraten. Man wird ihn in eine andere Sportart lenken, in der fehlendes Ballgefühl bedeutungslos ist.

Erfolgreich – gleichgültig in welchem Sinne – wird jemand niemals dort sein, wo er seine Schwächen hat und in der Regel auch nicht dort, wo er seine Schwächen *beseitigt* hat. Das bringt ihn ja meistens nur, wie schon gesagt, auf das Niveau der Mittelmäßigkeit. Erfolgreich wird jemand nur dort sein können, wo er etwas kann, wo er also seine Stärken hat. Dort wird der Erfolg viel schneller und leichter eintreten und deutlicher sichtbar sein – und genau das ist ja Wirksamkeit.

Woher kennt man die Stärken einer Person? Es gibt nur eine einzige Quelle für eine einigermaßen zuverlässige Beurteilung: Es sind – und ich sage das auch auf die Gefahr hin, mir einmal mehr viele zu Gegnern zu machen – *nicht* die Tests und *nicht* die Assessment-Centers und auch nicht die graphologischen Gutachten etc. *Es sind die bisherigen Aufgaben, die Leistungen und Ergebnisse, die bisher erzielt wurden.* Beurteilen kann man eine Person, wenn man sie bei der Bearbeitung von drei bis fünf Aufgaben beobachtet hat – und zwar *echten* Aufgaben, keinen simulierten.

Die Konsequenz daraus ist, dass man ganz *junge* Menschen überhaupt *nicht* beurteilen kann. Man kennt sie nicht, man weiß nichts über sie. Das einzige, was einem bekannt ist, ist das Studium. Leider gibt es so gut wie keine Korrelation zwischen Schulnoten und späterer beruflicher Leistung. Daher muss man junge Menschen *ausprobieren*, indem man ihnen in zügiger Folge zwei, drei oder vier unterschiedliche Aufgaben gibt. Das braucht zunächst nichts Großes zu sein, kann es normalerweise auch gar nicht sein. Dabei werden sich, wenn man auch nur ein wenig interessiert ist und sich die Mühe macht, gelegentlich hinzuschauen, die Stärken und Schwächen zumindest ansatzweise ziemlich rasch zeigen. Und darauf muss aufgebaut werden.

Es könnte sein, dass der Leser an dieser Stelle einen Widerspruch zu Teil II konstatiert, wo ich ausdrücklich von »bereits vorhandenen Stärken« sprach und nicht von solchen, die »noch entwickelt« werden müssen. Es handelt sich um einen nur scheinbaren Widerspruch: Nur bereits vorhandene Stärken kann man *sofort* nutzen, alles andere braucht Zeit. Der unmittelbare *Einsatz* von Menschen muß sich daran zu orientieren. Gemeint ist hier – völlig konform mit dem Grundsatz der Stärkenorientierung – die Tatsache, dass auch die Entwicklung von Menschen primär auf ihren Stärken – in diesem Fall ansatzweise vorhandenen und noch zu entwickelnden – aufzubauen hat und nicht auf der Beseitigung von Schwächen.

Welcher Chef?

Das dritte Element für die Entwicklung eines Menschen ist der Vorgesetzte. Die Frage muss lauten: *Welche Art von Chef braucht diese Person für ihre nächste Entwicklungsphase?*

Mein Vorschlag ist, dabei überhaupt nicht an die üblichen Kategorien zu denken, in die Manager eingeteilt zu werden pflegen, etwa nach Führungsstilen oder Rollenmustern. Schon gar nicht darf man – aus inzwischen einsichtigen Gründen – nach dem Universalgenie Ausschau halten. Die Situation wird generell etwa folgendermaßen aussehen: *»Herr Dr. Müller ist zwar ein etwas schwieriger Mensch, spröde, unnahbar, trocken und ein wenig langweilig – und es wird eine etwas harte Zeit für die junge Frau Schultze sein, wenn wir sie in seine Abteilung delegieren. Sie wird dort schwer und hart arbeiten müssen. Er ist auch nicht gerade mitreißend und vom Naturell her vermutlich nicht das, was junge Menschen sich so vorstellen. Aber bei Müller wird sie lernen können, wie man Projekte methodisch sauber anpackt. Das ist die große Stärke von Müller. Es gibt nicht einen einzigen Kunden, der in den ganzen zehn Jahren, die er bei uns ist, unzufrieden gewesen wäre. Niemand kann das besser und niemand kann das besser lehren als er …«* Etwa in dieser Art und Weise sollte über die Situation nachgedacht werden.

Man beachte, dass ich den üblichen Jargon vermeide: Ob Müller »ein Leader« ist oder ein »Integrator«, oder ein »Kommunikator« oder was sonst an plakativen, aber leider höchst nichtssagenden Etiketten verwendet wird, ist nicht wesentlich.

Auf zwei Dinge ist allerdings immer zu achten. Potenzielle Vorgesetzte und speziell jene, die man für die Entwicklung von Menschen ins Auge fasst, müssen zwei Bedingungen erfüllen: *Erstens* müssen sie ein Vorbild sein: *Würde ich wollen, dass mein Sohn oder meine Tochter sich diesen Menschen als Beispiel nimmt?*, muss in etwa gefragt werden. Ist die Antwort »nein«, eignet sich diese Person auch nicht als Vorgesetzter für irgendjemand anderen.

Gemeint ist hier keineswegs ein Universalvorbild. So etwas gibt es nicht. Beispielhaftigkeit eines potenziellen Vorgesetzten muss sich auf zwei Dinge beziehen: *Erstens*, er muss ein Vorbild in fachlicher Hinsicht sein. Fachlich inkompetente Menschen können andere nicht fördern und entwickeln, schon deshalb nicht, weil sie keinerlei Glaubwürdigkeit besitzen. Das heißt natürlich nicht, dass der Klavierlehrer genauso gut Klavier spielen können muss wie der angehende hochtalentierte, aber noch in Entwicklung befindliche junge Solist. Aber der Klavierlehrer muss etwas von Musik und er muss etwas vom Klavier verstehen. Über die fachliche Kompetenz hinaus muss ein potenzieller Vorgesetzter, *zweitens*, ein Vorbild oder Beispiel in bezug auf einen ganz bestimmten Verhaltensaspekt sein: Er muss ein Mensch sein, der seine *Aufgaben erfüllt* und dafür die *Verantwortung* übernimmt. Dafür ist mir keine Bezeichnung, kein Etikett und kein Name bekannt. In gewissen Zusammenhängen würde ich es wagen, hier von einem Führer zu sprechen. Aber dieser Terminus ist vielleicht doch ein wenig zu groß für das hier Gemeinte.

Die *zweite* Bedingung, die zu erfüllen ist, ist *charakterliche Integrität*; ich habe sie bereits in Teil II behandelt. Moralisch und mental korrupte Menschen können andere Menschen nicht entwickeln, es sei denn wiederum zu moralischer Korrumpiertheit, was übrigens sehr schnell geht, man aber wohl kaum wollen kann. *»Meier ist nicht nur ein ausgezeichneter Steuerexperte, er hat auch die richtige Einstellung zur Firma, zur Arbeit und zu unseren Kunden. Daher ist er der geeignete Chef für die nächsten zwei Jahre für Herrn Baumann. Er wird kaum jemals mehr lernen können als in diesen zwei Jahren …«*, so etwa lauten Formulierungen, die sich praktisch auf das Element der charakterlichen Integrität beziehen.

Platzierung

Das vierte Element für die Förderung und Entwicklung von Menschen ergibt sich aus der Frage: *Wohin gehört diese Person? Welche Art von Stelle muss für sie vorgesehen werden?* Das steht in engem Zusammenhang mit der Aufgabe und auch mit den spezifischen Stärken einer Person, ist aber doch nicht völlig identisch damit. Es hat mit der Persönlichkeit und dem Temperament eines Menschen zu tun.

In Frage kommen etwa Überlegungen der folgenden Art: *Gehört diese Person eher auf eine Linien- oder eine Stabsstelle?* Es gibt Menschen, die, was immer sie sonst zu leisten imstande sind und was immer sie für Stärken haben mögen, unter dem Druck und der Hektik einer Linienposition nicht vernünftig arbeiten können. Sie leiden, ihre Leistungen sind höchst mittelmäßig, und sie werden unter Umständen sogar krank. Andererseits gibt es diejenigen, die genau das brauchen, um produktiv zu sein, aber unfähig sind, die Einsamkeit und Abstraktheit einer Stabsstelle auszuhalten.

Ein anderes Beispiel für eine richtige Fragestellung: *Eignet sich die betreffende Person eher für eine Stelle mit einem hohen Routineanteil oder für eine mit einem hohen Innovationsgrad?* Gar nicht so wenige Menschen benötigen ein erhebliches Maß an Routine, um gut zu sein. Sie benötigen Wiederholungseffekte und ein gewisses Maß an Sicherheit und Voraussehbarkeit. Dann aber leisten sie ganz Hervorragendes. Andere stumpfen dabei ab, werden nachlässig und schlampig, in gewissem Sinne verkommen sie. Sie brauchen täglich das Neue, die Improvisation, die Überraschung und den »Kick«.

Weitere Fragen, die ich nicht im Einzelnen kommentieren will, sind etwa: *Ist jemand eher ein Einzelgänger oder ein Teamspieler? Ist er eher genau, vielleicht sogar pedantisch und detailverliebt, was für gewisse Aufgaben unerlässlich ist, oder handelt es sich eher um einen Menschen, der zwar in den großen Zügen, konzeptionell und im Grundsätzlichen stark, aber wenig am Detail interessiert ist?*

Die Aufgabe, die Stärken, die Art des Vorgesetzten und die Platzierung – das sind die vier entscheidenden Elemente der Entwicklung von Menschen. Werden sie bedacht, können die Ausbildungsprogramme, die großen Corporate Universities oder Unternehmens-Akademien nicht nur wirken, sondern gelegentlich sogar Wunder wirken. Fehlen hingegen diese vier Elemente ganz oder in wesentlichen Teilen, bewirken die großen Programme überhaupt nichts. Sie verpuffen, trotz des oft enormen Aufwandes, der betrieben wird. Und nicht nur das, sie richten Schaden an, indem sie ernsthafte Ausbildung und Entwicklung *unglaubwürdig* machen, gelegentlich bis zu jenem Punkt, wo sie lächerlich werden und – noch schlimmer

– Anlass zu ausgesprochenem Zynismus geben. Leider gibt es zahlreiche Firmen, in denen Ausbildung belächelt und es eher als ein Zeichen von Unfähigkeit angesehen wird, wenn jemand an einem Ausbildungsprogramm teilnimmt bzw. in ein solches delegiert wird.

Zusätzliche Aspekte

Es gibt ein paar weitere Dinge, die wichtig sind, eine vertiefte Behandlung allerdings nicht nötig machen, weil sie klar sind, sobald man sie ausspricht.

Sparsam mit Lob

Wer Menschen entwickeln will, muss – entgegen der landläufigen Meinung – *sparsam umgehen mit Lob.* Selbstverständlich ist Lob eines der stärksten Motivationsmittel, und darum wird ja meist das Gegenteil von dem empfohlen, was ich hier sage. Es wird aber leider viel zu oft übersehen, dass Lob nicht *an sich* wirkt, sondern nur unter ganz bestimmten Umständen, nämlich dann, wenn es *nicht abgenutzt* ist und wenn es von den *richtigen Personen* kommt und sich auf die *richtigen Leistungen* bezieht.

Sparsam mit Lob zu sein bedeutet *nicht* – eigentümlich, wie häufig das missverstanden wird –, *nie* zu loben; es bedeutet auch nicht, ins Gegenteil zu verfallen und ständig zu kritisieren. Sparsam mit Lob zu sein bedeutet, *sparsam* mit Lob zu sein, nämlich dann zu loben, wenn die betreffende Person es wirklich verdient hat, etwas Außergewöhnliches geleistet hat – und das ist eher selten.

Lob zeigt auch nur dann eine Wirkung, wenn es von jemandem kommt, den man aufgrund seiner Leistung und als Mensch respektiert. Ist das nicht der Fall, wird Lob eher als lächerlich, möglicherweise sogar als beleidigend empfunden.

Lob soll sparsam eingesetzt werden. Mindestens ebenso wichtig ist, niemanden für *Selbstverständlichkeiten* zu loben, sondern nur für die außergewöhnliche, große Leistung – groß und außergewöhnlich im Verhältnis zum Entwicklungsstand der betreffenden Person.

Ich halte wenig bis gar nichts von der häufig ausgesprochenen Empfehlung, Menschen täglich zu loben, und zwar für jede Art von Leistung, auch für die ganz gewöhnliche, mittelmäßige und selbstverständliche. Dafür, dass jemand als Erwachsener durchschnittlich gut rechnen, schreiben und lesen kann, ist Lob völlig unangebracht. Mit Lob muss man Maßstäbe setzen, Orientierung vermitteln, und zwar nicht nur für die unmittelbar betroffene Person, sondern auch für alle anderen. Die Wirkung auf *andere* ist fast noch wichtiger als die Wirkung auf die direkt gelobte Person. Mit Sicherheit ist die Unterminierung jeder Leistung die Folge, wenn die Menschen die Erfahrung machen, dass man bereits für schlechte oder mittelmäßige Leistung gelobt wird.

Das gilt für die Wirtschaft genauso wie für den Sport oder die Schule. Wenn alles und jedes gelobt wird, wie es in zahlreichen Büchern empfohlen, von Management-Trainern verbreitet und von Führungskräften auch praktiziert wird – und vielleicht von den Eltern in ihrer erzieherischen Einfalt schon begonnen wurde –, dann verwischen die Grenzen zwischen Leistung und Nicht-Leistung völlig, dann ist alles richtig und daher gar nichts, dann verliert eine Organisation ihre Referenzpunkte.

Mit Sicherheit wird sich jeder Leser an seine eigene Schulzeit zurückerinnern und – gleichgültig, wie gut er als Schüler war – daran, dass es Lehrer gab, die mit Lob schnell bei der Hand waren, aber genau deshalb kaum Respekt genossen, denn man wusste ja selbst nur zu gut, dass man nicht jeden Tag lobenswerte Leistung erbrachte. Und dann ist den meisten wohl auch noch jener andere Lehrer im Gedächtnis, der nie etwas sagte. Man wusste bei ihm gar nicht so recht, woran man war. Dann, nach Wochen oder Monaten, hieß es plötzlich: *»Der Aufsatz, gestern, der war gar nicht so schlecht ...«* Man beachte – er sagte nicht: *»Der Aufsatz war gut«*, sondern nur, dass er nicht so schlecht geswesen sei. Aber das *zählte*, das hatte Gewicht, das gab einem so viel Schub, dass man für die nächsten drei Wochen gewissermaßen einen halben Meter über dem Boden schwebte, weil man wusste: Wenn *der* so etwas sagt, dann *war* es gut.

Zur Maxime des sparsamen Lobens gibt es zwei Ausnahmen:

Häufiger loben sollte man jüngere Leute, die noch keine Erfahrung besitzen, und solche, die eine neue Aufgabe haben und daher überhaupt nicht wissen, ob sie auf dem richtigen Weg sind oder nicht. Und ebenfalls häufigeres Lob brauchen Menschen in Zeiten einer schweren Krise. In einer lange anhaltenden und wirklich tiefgehenden Krise muss man jede Gelegenheit wahrnehmen, durch auch im Grunde nicht hundertprozentig gerechtfertigtes Lob das Abgleiten in die totale Resignation zu verhindern.

Keine Kronprinzen

Kronprinzen zu etablieren, durch einen formellen Akt oder tatsächliches Verhalten, wissentlich oder unabsichtlich, ist ein schwerer Fehler, wenn man Menschen entwickeln will. Die einen glauben, damit ihre Chancen begraben zu müssen und *resignieren*. Es fehlt ihnen, zumindest vorübergehend, der Grund, weiter an sich zu arbeiten. Andere werden *opportunistisch*. Sie geben sich nicht nur selbst auf, sondern beginnen sich einzuschmeicheln. Und für eine dritte Gruppe rückt der Kronprinz ins Zentrum ihrer Kritik und unter Umständen auch der Aggression; sie beginnen, sich »auf ihn einzuschießen« – nicht selten mit Erfolg. Der Kandidat wird unter Umständen wirklich unmöglich oder ist zumindest ramponiert, oder man muss ihn unter Zuhilfenahme eines autoritären Akts »durchdrücken«. Das aber ist keine Basis für gute Personalentscheidungen und gute Personalpolitik.

Wenn es um Beförderungen geht, müssen die Chancen bis zum letztmöglichen Zeitpunkt für alle, die überhaupt in Frage kommen, gleich groß sein, jedenfalls offen gehalten werden. Jeder muss zeigen können und aufgrund der Chancen auch zeigen wollen, was er kann und dass er prinzipiell befähigt ist. Es ist ohnehin jedem bewusst, dass nur einer die zur Diskussion stehende Stelle erlangen kann. Diese Realität ist klar und braucht nicht besonders hervorgehoben zu werden.

Es gibt noch einen weiteren Grund dafür, mit der Etablierung von Kronprinzen vorsichtig zu sein: Immer wieder lässt sich beobachten, dass die sogenannten »Potentials« genau das bleiben, was das

Wort sagt, nämlich Hoffnungen, häufig leere Hoffnungen. Es gibt wenig Zusammenhang zwischen dem, was man als Potenzial zu erblicken glaubt und der späteren Leistung. Einige wenige gehen so weit, Potenzialanalyse als Verfahren und deren Ergebnisse als Grundlage von Personalentscheidungen gar nicht heranzuziehen. Drucker etwa gehört dazu, und ich meine, aus guten Gründen. Erbrachte Leistung ist das einzige, was wirklich real und konkret ist. Personen mit guten Ergebnissen bei ihren Personalentscheidungen lassen sich daher nicht von Potenzial beeindrucken, sie achten auf die wirkliche Leistung. »Performance« und nicht »Potential« ist es, was sie besonders interessiert.

Keine sozialen Klassen

So wie es keine einzelnen Kronprinzen geben darf, darf es auch keine bevorzugten Klassen oder Gruppen geben. Sobald es Privilegierung und somit *uno actu* auch Diskriminierung gibt, werden die Personalentwicklungsmaßnahmen wirkungslos, nicht selten schlagen sie ins Gegenteil um. Das einzige, was zählen darf, sind Leistung und Ergebnisse. Wenn bestimmte Positionen Angehörigen bestimmter Gruppierungen vorbehalten sind, etwa nur Akademikern oder nur Absolventen einer bestimmten Studienrichtung oder Universität oder nur Inhabern bestimmter Diplome, z.B. von MBA-Abschlüssen, wird die Entwicklung von Menschen erodieren. Wirkungslosigkeit der Maßnahmen, Resignation, Aggression, innere und äußere Kündigung sind die Folgen. Weitere Beispiele dafür sind etwa Positionen, die nur Angehörigen einer bestimmten Nationalität oder einem Geschlecht offen stehen, die Bevorzugung von Mitgliedern bestimmter Studentenverbindungen, politischer Parteien, ethnischer Gruppen usw., in Familienunternehmen beispielsweise auch Positionen, die nur Familienangehörigen zugänglich sind.

Diese Fragen werden heute in erster Linie unter dem Schlagwort der Herstellung von Multikulturalität diskutiert. Das scheint mir aber nicht das Wesentliche zu sein. Ob eine Organisation multi- oder monokulturell ist, hat mit ihrer Leistungsfähigkeit und Leistung weniger zu tun als die Frage, ob sie attraktiv ist für die Besten. Multikulturalität an sich kann kaum der Zweck einer Organisation sein. Nicht einmal für die UNO ist das wichtig, wie ihre Geschichte zeigt, obwohl man dort noch am ehesten dies auch als Zweck an sich akzeptieren wird.

Einige der größten *Desaster* der Geschichte sind darauf zurückzuführen, dass die Frage der sozialen Klasse die Positionsbesetzung in den Organisationen der Gesellschaft bestimmte. Noch wichtiger aber – und viel weniger häufig bemerkt – ist die Tatsache, dass einige der größten Erfolge fast ausschließlich dem Umstand zuzuschreiben sind, dass es keine Diskriminierungen gab oder jedenfalls bestimmte Diskriminierungen nicht vorkamen. Ein Beispiel dafür ist in gewisser Weise die katholische Kirche, insbesondere einige ihrer Ordensgemeinschaften, etwa die Jesuiten. Mit Ausnahme der Frauenklöster waren Führungspositionen zwar Frauen nicht zugänglich, sonst aber im Prinzip jedermann. (Über die zukünftige Bedeutung und Leistungsfähigkeit der Kirche wird allerdings gerade die Frauenfrage wohl wesentlich bestimmen.) Die allgemeine Zugänglichkeit von Führungspositionen war auch für die frühen Erfolge der deutschen Nationalsozialisten und faschistischer Gruppen in anderen Ländern entscheidend. Das deaströse Ende dieser Gruppierungen ist eine andere Frage, die wesentlich besser erforscht ist als jene, warum sie überhaupt entstehen konnten und in ihren Frühphasen für viele Menschen eine solche Anziehungskraft besaßen.

Wesentlich in diesem Zusammenhang ist nicht die Frage, welche Art von Menschenbild eine Organisation hatte oder vertrat, etwa die Frage der Gleichheit oder Ungleichheit von Menschen, sondern ob und auf welchem Wege man in einer Organisation reüssieren kann. Ich halte es für bemerkenswert, dass in Zusammenhang mit Fragen der Unternehmenskultur diese Aspekte beinahe nie diskutiert werden, obwohl sie weit größere Auswirkungen haben als die Dinge, die dort im Vordergrund stehen.

Zusammenfassung
Und all die anderen Aufgaben ...?

Zu Beginn dieses Teiles habe ich die Frage offen gelassen, ob die hier vorgeschlagene Liste von Managementaufgaben prinzipiell ausreicht. Sie wird möglicherweise als *unvollständig* angesehen. Wer will, mag sie ergänzen, wenn ihm das zweckmäßig erscheint – und vor allem, wenn er es begründen kann.

Allerdings empfehle ich beim Hinzufügen weiterer Aufgaben strenge Zurückhaltung. Meistens werden entweder die Dinge dadurch nur unnötig verkompliziert und aufgeplustert, ohne dass viel gewonnen würde; oder es kommt zu einer Verwässerung, Verfälschung und Verzerrung der inneren Logik von Management. Es ist eine unsägliche Mode geworden, ständig *Anderes* und *Neues* – um seiner selbst willen – zu kreieren, ohne sich damit zu befassen, ob und in welcher Hinsicht damit auch *Verbesserung* und *Fortschritt* erzielt werden.

Meine Position in diesem Zusammenhang ist folgende: Management kann ohne professionelle Erfüllung der hier behandelten fünf Aufgaben nicht funktionieren und keine Ergebnisse erzielen – es sei denn vielleicht kurzfristig aufgrund glücklicher Zufälle und Umstände, auf die man sich auf Dauer jedoch nicht verlassen kann. Diese Aufgaben können nicht durch andere Aufgaben ersetzt werden. Sie bilden zusammen mit den anderen in diesem Buch behandelten Elementen den Kern des Managerberufs. Weitere, ergänzende Aufgaben können hinzugefügt werden, wenn sich ausreichend begründen lässt, warum sie notwendig sind, ob damit ein Fortschritt verbunden ist und worin er besteht. Der Fortschritt müsste in einem besseren theoretisch-konzeptionellen Verständnis von Management liegen oder darin, dass Manager damit in die Lage versetzt werden, ihren Beruf besser auszuüben. Wie gesagt, es empfiehlt sich Zurückhaltung.

Am häufigsten werden Fragen nach folgenden Tätigkeiten gestellt, die als Managementaufgaben oder mindestens Kandidaten dafür angesehen werden: planen, motivieren, informieren und kommunizieren, begeistern und inspirieren, umsetzen, Menschen befähigen (to enable) und ermächtigen (to empower), innovieren, Wandel managen. Im selben Atemzug werden unvermeidlich auch Eigenschaften genannt, wie dynamisch, kommunikativ und sozial kompetent. Dann gibt es die Strömung, die ganz generell behauptet, das Wesentliche sei gar nicht Management, sondern Leadership müsse im Zentrum stehen. Ferner wird in Diskussionen gefragt, wo Aufgaben wie Marketing, Forschung und Entwicklung, Rechnungs- und Personalwesen einzuordnen seien. Auch Strategie, Vision, Reengineering etc. werden gelegentlich vermisst.

Eine komprimierte Aufzählung lässt deutlich werden, dass hier sehr verschiedene Kategorien unter dem vermeintlich für alle passenden Begriff »Aufgaben« zusammengebracht werden. In Wahrheit handelt es sich um ein sehr heterogenes Sammelsurium.

Die folgenden Überlegungen erläutern meine Position:

(1) Zum Teil sind die genannten Tätigkeiten in die von mir vorgeschlagenen und besprochenen Aufgaben *integriert und in ihnen mit berücksichtigt, oder es handelt sich um spezielle Anwendungsfälle* dieser Aufgaben. Das gilt etwa für das Planen, das bei vernünftiger Interpretation in der Aufgabe »Für Ziele sorgen« enthalten ist. Es mag im Einzelfall auch einmal Gründe geben, Planen als eine separate Aufgabe zu sehen. Wo immer möglich, würde ich das aber vermeiden; aus Gründen, die ich dargelegt habe, ist es besser, die Aufgaben groß und umfassend zu verstehen, unter anderem um das, was sich als ganzheitliche Sicht bezeichnen lässt, zu fördern und übertriebener Arbeitsteilung und damit auch Spezialisierung vorzubeugen.

Das gilt gleichermaßen auch für die in den letzten Jahren aufgekommene Meinung, Aufgabe des Managements sei es, Menschen »zu befähigen« (to *enable* people) oder »zu ermächtigen« (to *empower* people). Bezeichnenderweise wird nirgends gesagt, wozu und wofür sie zu befähigen oder zu ermächtigen seien. Mir scheint damit kein echter Fortschritt verbunden zu sein. Beides sind – einigermaßen vernünftig interpretiert – Elemente der Entwicklung, Förderung und Ausbildung von Menschen; beides hat mit dem richtigen Umgang mit Zielen und mit vernünftiger Organisation zu tun.

Strategische Planung, Unternehmensstrategie, und – wenn überhaupt erforderlich – Visionen sind spezielle Fälle der Bestimmung von Zielen. Dabei geht es um besondere *Arten* von Zielen, nämlich solche, die die Grundrichtung des Unternehmens oder anderer Organisationen als Ganzes festlegen und sie im relevanten Umfeld positionieren. Dass dafür besondere Sachkenntnisse erforderlich sind, liegt auf der Hand und wurde bereits in den Vorbemerkungen behandelt. Auch für diese Ziele gelten Überlegungen, die ich im ersten Kapitel dieses Teils festgehalten habe.

(2) Bei einem anderen Teil der aufgezählten Aufgaben handelt es sich nicht um *Managementaufgaben*, sondern um klar erkennbare *Sachaufgaben*. Dazu gehören Marketing, Personalwesen, Logistik, Forschung und Entwicklung sowie alle anderen Funktionsbereiche, die in erster Linie in den Wirtschaftsunternehmen gebräuchlich sind. Man beachte, dass es sich dabei um Begriffe mit eingeschränkter Anwendung handelt, die sich auf viele Organisationen außerhalb der Wirtschaft nicht oder nur sinngemäß übertragen lassen. Einige Funktionen, wie das Personal- und Finanzwesen, kommen zwar in vielen, wenn nicht allen Organisationen vor, bedeuten aber jeweils völlig Verschiedenes. Ob und in welchem Sinne es hingegen für Krankenhäuser oder die Organisationen der öffentlichen Verwaltung oder für das Rote Kreuz sinnvoll ist, etwa von Marketing zu sprechen, lässt sich sehr kontrovers diskutieren. Selbst innerhalb der Wirtschaft sind längst nicht alle Funktionsbegriffe auch für alle Typen von Unternehmen brauchbar. Neue Arten von Unternehmen sind bereits entstanden, und es werden weitere hinzukommen, die mit dem bisherigen Bestand an Funktionsbereichen und -bezeichnungen wenig anfangen können, sondern gänzlich andere brauchen. Das gilt etwa für die Informatik und Biotechnik, es gilt schon seit längerem für den Finanzsektor und für zahlreiche neue Dienstleistungsbereiche. Wie auch immer, die erwähnten Aufgaben, so wichtig sie sind, sind jedenfalls keine Managementaufgaben.

(3) Teilweise fallen die Forderungen oder Vorschläge aber auch in die leider reichlich vertretene Kategorie zweifelhafter *Modernismen*; manches davon ist schlichter Unfug. So ist ein Beispiel für eine »neue« Aufgabe die Forderung, Führungskräfte müssten ihre Mitarbeiter begeistern und - oder - inspirieren.[42] Man beachte, dass ich hier das Wort »Führungskräfte« verwende und mir daher die deutsche Sprache zunutze mache, um die in neueren Schriften schicksalsschwer aufgeworfene Frage zu umgehen, ob es sich dabei um *Manager* oder um *Leader* handelt. Für manche gehören die Künste der »Enthusiasmierung und Inspiration« zu den wichtigsten Kriterien, auf die sie den ihnen so bedeutend erscheinenden Unterschied zwischen Management und Leadership stützen zu können glauben. Zwar gibt es Gründe, eine Unterscheidung zwischen Management und Leadership zu machen. Begeistern und inspirieren gehörten aber nicht dazu. Sie haben weder mit Management noch mit Leadership etwas zu tun, unter anderem aus folgenden Gründen:

Erstens sind die meisten Dinge, die in den Organisationen der Gesellschaft tagein, tagaus getan werden müssen, ziemlich trivial. Das gilt für die Wirtschaft, aber auch für andere Bereiche. Man muss schon ein besonderes Naturell haben, um sich Tag für Tag zum Beispiel für das Schreiben von Rechnungen oder das Verfassen eines Controlling-Berichts, das Ausfüllen oder Kontrollieren von Steuererklärungen oder das Nachführen von Personalmutationen *begeistern* zu können. Auch die Kreation eines Werbespots oder einer neuen Verpackungsbeschriftung, die Durchführung von endlosen Versuchsreihen in den Laboratorien der Pharmaindustrie, das Debugging von fehlerhafter Software oder die Vorbereitung von Patienten auf ihre Operationen begeistert nur diejenigen, die es noch nie gemacht haben. Selbst Innovationen begeistern meistens nur am Anfang; sobald die Schwierigkeiten ihrer Realisierung sichtbar werden, haben sie mehr mit harter und nicht selten nervtötender Arbeit als mit Begeisterung zu tun.

Zweitens ist Begeisterung glücklicherweise nur selten, wenn über-

42 James M. Kouzes and Barry Z. Posner, »The Credibility Factor: What Followers Expect From Their Leaders«, *Management Review*, Jan. 1990, S. 29 ff.

haupt, in einer Organisation *nötig*. Es ist denn auch bezeichnend, dass Autoren, die Begeisterung fordern, nie sagen, wofür die Menschen begeistert werden sollten, wozu man sie braucht und was in einer Organisation dadurch anders würde. Sie sagen – wenig überraschend – auch nicht, *wie* man Begeisterung schaffen könnte, was dafür zu tun wäre und wie sich ein Manager beispielsweise vorzubereiten hätte, wenn er sich vornähme, nächste Woche seine Mitarbeiter zu begeistern, abgesehen von den ewig gleichen Präsentationen, Ansprachen usw., die selten genug wenigstens nur überzeugend sind, von begeisternd ganz zu schweigen. Man fordert sie einfach so, als Eigenschaft oder Fähigkeit; Genaueres und Konkreteres soll sich der »gutgläubige« Manager dann wohl selbst dazu ausdenken. Außerdem wird übersehen, dass in Situationen, in denen Menschen überhaupt für etwas begeistert werden können, weder Management noch Leadership gebraucht wird. Dann läuft es ohnehin von allein. Was unbestritten wichtig ist, sind Wirksamkeit und Produktivität, Stehvermögen und Ausdauer, Gewissenhaftigkeit und Sorgfalt. Begeisterung …? Kaum.

Drittens gibt es – ich habe das bereits in Teil II ausgeführt – keine überzeugende Evidenz dafür, dass etwas, das mit Begeisterung getan wird, *deshalb* zu besseren Ergebnissen führt. Der Business-Plan, der mit Begeisterung gemacht wurde, ist mit Skepsis zu betrachten. Es könnte leicht sein, dass es ihm an Realismus mangelt.

Die Forderung nach Begeisterung und Begeisterungsfähigkeit basiert auf einer völlig unbewiesenen, ja bisher ungeprüften bloßen Behauptung. Eher das Gegenteil kann ständig beobachtet werden: Meistens sind es die Anfänger, die etwas voller Begeisterung tun, bis sie merken, wie schwierig es ist, auf ein professionelles Niveau zu gelangen. Ist es verwunderlich, wenn einem beim Lesen der »Begeisterungs-Schriften« die Frage in den Sinn kommt, ob ihre Verfasser möglicherweise nur die Feiertagsseite von Organisationen im Auge haben? Ob sie nur diese – und nicht die Alltagsrealität – beschreiben wollen, oder ob sie letztere vielleicht gar nicht kennen?

Ähnliches gilt für *Inspiration*, deren Zusammenhang weder mit gewöhnlicher noch mit kreativer Leistung nachgewiesen ist, schon deshalb, weil im Grunde niemand so richtig weiß, was denn überhaupt darunter zu verstehen sein soll. Welche Inspiration – und wofür – im Alltag gemeint sein kann, liegt völlig im Dunkeln. Selbst wenn man dann dort nachschaut, wo sie am ehesten vermutet werden darf, in den Künsten, wird die Lage auch nicht viel klarer. So gibt es, wie nicht anders zu erwarten, Künstler – und deren Kommentatoren –, die ihre Leistungen vorwiegend höherer Eingebung zuschreiben, was immer solche Aussagen wert sein mögen. Interessant ist immerhin, dass es andererseits gerade Künstler sind, und nicht die schlechtesten, die die Bedeutung von Inspiration rundweg bestreiten. So waren zum Beispiel sowohl Rembrandt als auch van Gogh der Überzeugung, Malen sei eine Übungssache. Akademische Untersuchungen zu diesem Thema sind höchst widersprüchlich.

Über Wesen und Bedeutung von Inspiration ist zur Zeit kaum Klarheit zu gewinnen. Am ehesten geht aus allen einschlägigen Untersuchungen noch hervor, dass Inspiration bestenfalls einen sehr kleinen Anteil an der Entstehung schöpferischer Werke ausmacht und der weitaus größere Teil harte, systematische Arbeit ist. Um einen Unterschied zwischen Management und Führung im Sinne von Leadership und zwischen Managern und Führern zu etablieren, gibt unser Stand des Wissens über diese Dinge nichts her. In meinem Buch über Corporate Governance habe ich das ausführlicher begründet.[43]

Wenn objektiv so wenig über ein Phänomen bekannt ist, dann sollte man aus Redlichkeit und Fairness darauf verzichten, daraus Forderungen an Management und Manager abzuleiten, es sei denn man stört sich nicht daran, in den Verdacht der Wichtigtuerei zu geraten oder unglaubwürdig zu werden.

Man beachte, dass ich mich hier gegen die Forderung oder Behauptung wende, Begeisterung und Inspiration *seien allgemeine* Management-Aufgaben oder *müssten* es jedenfalls sein. Ich bestreite nicht, dass es Führungskräfte gibt, denen es relativ leicht zu fallen scheint und daher auch immer wieder aufs neue gelingt, bei ihren

43 Fredmund Malik, *Wirksame Unternehmensaufsicht. Corporate Governance in Umbruchszeiten*, Frankfurt am Main, 2. Auflage 1999, Kapitel 9.

Mitarbeitern selbst für triviale Dinge eine Stimmungslage zu schaffen, die man im landläufigen Sinne als Begeisterung bezeichnen kann, obwohl sich das erfahrungsgemäß rasch abnutzt. Wie häufig es solche Manager gibt, weiß ich nicht. Was ich aber zuverlässig weiß, ist, dass es sehr viele Manager gibt, die das überhaupt nicht können, es daher nicht einmal versuchen, nicht zuletzt deshalb, weil sie sich selbst dabei ziemlich lächerlich vorkämen, und wissen, dass es so auch bei ihren Mitarbeitern ankäme. Dennoch, und das ist das Wesentliche, erzielen sie ausgezeichnete Ergebnisse.

Wenn jemand an sich entdeckt, dass er Menschen begeistern und zu besseren Ideen, mehr Leistung oder was auch immer inspirieren kann, hier also eine besondere Stärke hat, dann soll er sie selbstverständlich einsetzen und nutzen, wo immer es angebracht ist. Aus der Tatsache, dass es Menschen gibt, die über bestimmte Fähigkeiten verfügen, folgt aber nicht, dass letztere *erstens* nötig sind, um in einer Organisation effektiv zu sein, und ebenfalls nicht, dass man sie *zweitens* zu einer generellen Anforderung machen darf. Als Chef eines begeisterungsfähigen Managers würde ich übrigens immer ein wachsames Auge darauf haben, ob dieser nicht dazu neigt, seine besondere Fähigkeit zu missbrauchen.

(4) Am meisten wird auffallen, dass drei »Kandidaten« hier nicht vorkommen, die praktisch immer und übereinstimmend als Managementaufgaben angesehen werden: *motivieren, informieren* und *kommunizieren*. Ich klammere sie ganz bewusst aus – nicht etwa, weil sie *unwichtig* wären, sondern weil sie logisch gesehen *andere* Kategorien bilden als die hier behandelten Aufgaben.

Information und Kommunikation können meines Erachtens besser verstanden werden, wenn man sie nicht als Aufgaben ansieht, sondern als Medium, vermittels dessen die Aufgaben erfüllt werden. Auch wenn Vergleiche meistens hinken: So wie Geld ein Medium oder ein Vehikel ist, das die Wirtschaft benutzt, mit dem und durch das sie arbeitet, lassen sich Information und Kommunikation – zwischen diesen gibt es wichtige und nicht immer beachtete Unterschiede – als Medium oder Vehikel verstehen, um wirksam zu werden. Es geht im Management aber – und das ist entscheidend – so gut wie niemals um Information und Kommunikation an und für sich. Sie sind kein *Selbstzweck*. Der Zweck muss in der Erfüllung der Managementaufgaben liegen, und insoweit dafür Information erforderlich ist, muss kommuniziert werden. Man informiert und kommuniziert in einer Organisation – von Socializing abgesehen – nicht »einfach nur so…«, sondern immer *über etwas*, etwa über Ziele und ihre gegenseitigen Beziehungen, über die damit verbundenen Prioritäten, inneren Widersprüche und ihre bestmögliche Formulierung.

Das reduziert die Bedeutung von Information und Kommunikation keineswegs, sondern weist ihnen ihren Platz und ihre Funktion zu. Diese müssen von Managern klar gesehen und verstanden werden, sonst können sie weder Information noch Kommunikation richtig einsetzen. Das Wesentliche im Management ist immer die Botschaft; es sind die Inhalte, auf die es ankommt und gerade nicht das Medium selbst. Möglicherweise war es ja eine interessante Formulierung, als Marshall McLuhan meinte: *The medium is the message*…, aber erstens hat er bei dieser Gelegenheit nicht über Management gesprochen, und zweitens, hätte er es getan, wäre es ganz einfach falsch, disfunktional und schädlich gewesen.

Es mag Anwendungsfälle für McLuhans Aussage geben, aber Management und die Welt der Organisationen gehören nicht dazu. Hier gilt: *The message is the message*…, unabhängig davon, vermittels welchem Medium sie übermittelt wird, wie sie formuliert und in welche Codierungssysteme sie gekleidet ist. Es ist nachgerade Pflicht jedes Managers, dafür zu sorgen, dass Inhalte, und zwar die richtigen Inhalte, übermittelt werden und Information und Kommunikation nicht pervertiert und missbraucht werden können.

Schließlich zum Motivieren: Alle Welt benutzt zwar den Begriff der Motivation – es dürfte das am häufigsten verwendete Wort im Management sein. Je mehr man sich aber mit Motivation befasst, desto mehr Schwierigkeiten und Unklarheiten tauchen auf. Das ganze Motivationsthema hat den Charakter eines Sumpfes, eines Gletschers oder von Treibsand. Oberflächlich ist alles in Ordnung; sobald man sich aber »hineinbegibt«, gibt es keinen festen Bezugspunkt mehr.

Solange wir nicht mehr und Besseres über Motivation wissen, schlage ich vor, sie nicht als Management-Aufgabe im engeren Sinne anzusehen, sondern als *Ergebnis* der kompetenten Erfüllung der hier genannten Aufgaben. Wenn die Managementaufgaben, die ich hier vorschlage, professionell erfüllt werden, die Werkzeuge richtig eingesetzt und die Grundsätze eingehalten werden, ergibt sich Motivation von allein; es braucht nicht noch darüber hinaus motiviert zu werden.

Viel wichtiger aber: Werden sie nicht oder schlecht erfüllt, *kann* gar nicht mehr motiviert werden, dann ist es unmöglich geworden. Was üblicherweise unter Motivation und Motivieren verstanden wird, empfinden die Menschen dann nur noch als Manipulation und Zynismus.

Vielleicht sollte man auf das Wort »motivieren« überhaupt verzichten. Ich weiß, dass dies den meisten zunächst völlig absurd vorkommt. Meine Zweifel, ob man andere Menschen wirklich motivieren kann, haben mit der Zeit jedoch zu- und nicht abgenommen. Man kann sie *demotivieren*, das ist klar; daraus folgt aber nicht, dass das Gegenteil auch möglich ist. Glücklicherweise gibt es Menschen, die sich ganz hervorragend *selbst* motivieren können. Möglicherweise gilt das sogar für die meisten, vorausgesetzt, man hindert sie nicht daran. Gar nicht wenige wiederum ersetzen Motivation durch Pflichtbewusstsein und Vertragserfüllung. Das ist auch schon recht viel und bringt die meisten ziemlich weit.

Wenn die in diesem Teil genannten und behandelten Managementaufgaben gewissenhaft, sorgfältig und kompetent erfüllt werden, muss man sich meistens keine Sorgen mehr um die Motivation der Menschen machen – zumindest gilt das für eine ausreichend große Zahl von Menschen. Und mit jenen, die auch dann noch nicht motiviert sind, schlage ich vor, nicht allzu viel Zeit zu verlieren. Vielleicht sollten diese sich eine andere Tätigkeit in einer anderen Organisation suchen.

(5) Zum Schluss noch eine Erläuterung zu den ebenfalls regelmäßig geforderten zusätzlichen Aufgaben *Innovieren* und *Wandel managen*, die im Kern dasselbe zum Gegenstand haben. An diesem Beispiel kann sehr schön, und ich glaube unmissverständlich gezeigt

werden, welcher Denkfehler hier vorliegt. Ich halte die folgenden Überlegungen deshalb für wichtig, weil sich viele Autoren darin gefallen, für alles und jedes ein »anderes Management« zu verlangen. Erstens ist sehr fraglich, ob das wirklich nötig ist, und zweitens muss man sich auch fragen, ob es denn Führungskräften überhaupt gelingen kann, immer wieder anderes Management zu erlernen.

Selbstverständlich – und daran darf es keinen Zweifel geben – muss jedes Unternehmen und jede andere Organisation neben ihren schon bestehenden Geschäften oder Tätigkeiten auch innovieren; das muss eine der ersten Prioritäten jedes Managers sein. Aus diesem Grunde habe ich auch mehrfach, etwa bei den Standardzielfeldern, auf die Innovationsleistung hingewiesen.

Innovieren ist aber keine zusätzliche Management-Aufgabe, sondern es erfordert die Erfüllung der bisher besprochenen Aufgaben – allerdings in *besonders* professioneller Weise. Innovieren ist eine *Sachaufgabe*: Ein neues Automodell soll entwickelt werden; Analogtechnik wird durch Digitaltechnik ersetzt; genetisch verändertes Saatgut soll höhere Erträge in der Landwirtschaft und geringere Anfälligkeit für Schädlinge bringen; betriebliche Tätigkeiten sollen im Zuge des Reengineerings zu neuen Prozessen zusammengefasst werden, die organisatorisch anders eingeordnet werden; Kundennutzen und Wertschöpfung sollen neu definiert und erfasst werden und die Bezahlung der Mitarbeiter und des Managements mitbestimmen. Das alles sind Innovationen, teils solche, die Produkte, Märkte und Technologien betreffen, teils solche, die die Funktionsweise des Unternehmens selbst ändern.

Um sie zu realisieren, müssen aber dieselben Management-Aufgaben erfüllt werden wie bei jeder anderen Tätigkeit auch: Man braucht Ziele – eben solche, die die Innovation betreffen; man muss organisieren – bei Innovationen manches anders als bei bereits Vertrautem; es sind Entscheidungen zu treffen – die bei Neuem und Unbekanntem besonders schwierig und riskant sind; man muss kontrollieren – bei Innovationen besonders gut; und man braucht die richtigen Menschen dafür – die hoffentlich zeitgerecht entwickelt, ausgebildet und auf ihre Innovationsaufgaben vorbereitet worden sind.

Was ist sonst noch zu tun? Ich meine, nichts, was nicht darin enthalten wäre. Eines muss aber klar sein: Die Erfüllung der Managementaufgaben ist in Zusammenhang mit Innovationen besonders *schwierig*, erfordert besondere Professionalität und Erfahrung. Man braucht für Innovation die *besten* Leute – und selbst diese schaffen es nicht immer. Dasselbe gilt für die im nächsten Teil behandelten Werkzeuge wirksamen Managements. Auch diese sind bei Innovationen keine anderen als für den Rest des Tätigkeitsspektrum.

Das Management von Innovation ist vergleichbar mit alpinistischen Erstbesteigungen. Eine Erstbesteigung erfordert weder *andere* Aufgaben noch *andere* Werkzeuge als die Begehung einer bekannten Route. Es ist dasselbe erforderlich, aber auf einem völlig anderen *Leistungsniveau*. Man muss im Fels klettern und sich im Eis bewegen können; man verwendet keine andere Sicherungstechnik, keine anderen Seile und auch keine anderen Eisäxte. Aber alles muss, kombiniert mit bester Kondition, virtuos beherrscht werden – und dann geht es möglicherweise trotzdem schief.

Genauso wie beim bestehenden, operativen Geschäft vieles bekannt und vertraut ist, ist bei alpinistischen Wiederholungsbegehungen die Route bekannt, man hat Beschreibungen und vielleicht Fotos, man weiß, wo die besonderen Schwierigkeiten liegen, wie lange man etwa braucht usw. Bei der Erstbegehung weiss man das alles nicht; man ist auf Vermutungen angewiesen. Auch bei Innovationen kennt man das meiste, worauf es für den Erfolg wirklich ankommt, noch nicht. Das macht sie schwierig und riskant; und aus diesem Grunde scheitern so viele, trotz besten Managements.

Wie man sehen kann, muss Management also nur einmal erlernt werden, dafür aber richtig und professionell. Hat man es einmal erlernt, kann man es Schritt für Schritt auf schwierigere Probleme anwenden, zur Bewältigung größerer Aufgaben und in anspruchsvolleren Situationen. Damit will ich nicht behaupten, dass man jemals ausgelernt hat. Das ist jedoch nichts Besonderes; auch beim Erlernen einer Fremdsprache oder eines Musikinstruments kommt man ja nie an ein Ende.

IV
Werkzeuge wirksamer Führung

Vorbemerkungen

Dieser Teil handelt von den Werkzeugen wirksamer Führung. Präziser: Er handelt davon, was man sich zum Werkzeug *machen* muss, wenn man wirksam sein will. Was ich hier vorschlage, ist nicht automatisch und von allein Werkzeug. Niemand wird damit geboren; man lernt seine Handhabung auch nicht in den Schulen.

Die Beherrschung von Werkzeugen *definiert* in gewisser Weise einen Beruf. Wer mit dem Meißel umzugehen versteht, *ist* ein Steinmetz, vielleicht nur ein Amateur- oder ein Hobby-Steinmetz; ob er ein Bildhauer ist, ist eher fraglich. Aber er ist ein Steinmetz, unabhängig davon, ob er einen Gesellen- oder Meisterbrief hat, ob er Mitglied einer Zunft ist, und – was die Praxis betrifft – unabhängig davon, auf welchem Weg er gelernt hat, sein Werkzeug zu beherrschen. Wofür jemand seine Werkzeuge einsetzt, ist wiederum eine andere Frage. Er kann sie zum Nutzen oder zum Schaden einsetzen. Das hängt nicht von den Werkzeugen ab.

Um Werkzeug zu beherrschen, muss man in erster Linie *üben*. Unermüdliches, fortgesetztes, nie endendes Üben und Trainieren ist der Weg zur Beherrschung von Tools. Es gibt keinen anderen Weg. Ob man es damit allein schon zu dem bringt, was man als Virtuosität bezeichnen kann, ist eine zweite Frage. Dafür wird in den meisten Fällen auch eine gewisse Grundbegabung vorhanden sein müssen. Das Wesentliche ist aber nicht die Begabung, sondern das, *was man daraus macht*. Das erst ist Wirksamkeit. Und das eben erfordert, wie jede Erfahrung und Analyse zeigt, ständiges Üben. Das lässt sich gerade bei jenen Menschen beobachten, die es zur Virtuosität, zur Meisterschaft gebracht haben, etwa bei erfolgreichen Sportlern, bei Musikern, aber beispielsweise auch bei Chirurgen.

Die Werkzeuge, die ich für den Manager und seine Wirksamkeit vorschlage, sind sehr unspektakuläre, profane Dinge. Damit ist ein Problem verbunden: Man achtet nicht auf sie; sie werden gar nicht erst als das wahrgenommen, was sie sind. Man hat die komplizierten, ausgefallenen Dinge im Kopf. Mit Seminarteilnehmern mache ich oft eine kleine Übung, bevor ich auf das Thema Werkzeuge zu sprechen komme. Ich bitte sie, mir zu sagen, was sie selbst als Werkzeuge ansehen. Spontan und sofort wird seit einigen Jahren der Computer genannt. Der Computer ist zweifellos ein Tool, aber weder ausschließlich noch überwiegend für Manager, sondern beinahe schon für jedermann.

Danach entsteht eine Pause; die Teilnehmer geraten ins Nachdenken. Ich habe noch nie erlebt, dass ein Schreiner, Schlosser oder Maurer nachdenken musste, wenn ich ihn nach seinen wichtigsten Werkzeugen fragte. Manager müssen immer nachdenken. Es fehlt ihnen die begriffliche Kategorie als solche. Dann kommen, zögerlich, unsicher und eher fragend, meistens sehr komplizierte Dinge: Investitionsrechnung, Cashflow-Analyse, Wirtschaftlichkeitsanalyse, Kosten-Nutzen-Rechnung, Netzplantechnik und dergleichen mehr.

Dabei handelt es sich zwar auch um Werkzeuge, doch schlage ich vor, sie als Tools für *Spezialisten* zu verstehen. *Einige* Führungskräfte müssen Werkzeuge und Methoden dieser Art beherrschen; oder umgekehrt, in jeder Organisation benötigt man ein paar Leute, die solche Methoden anwenden können. Aber längst nicht *jeder* Manager braucht diese Dinge. Wie in den anderen Teilen des Buches stelle ich auch hier die Frage ins Zentrum, was *jede* Führungskraft in *jeder* Organisation braucht und was sie im Prinzip ständig einsatzbereit haben muss.

Viele Manager kennen also weder ihre Tools noch üben sie deren Anwendung. Das gilt für eine erstaunlich große Zahl von Führungskräften. Manche – eher eine Minderheit – mögen sich dafür zu gut sein; dann handelt es sich um Arroganz oder Dummheit. Die meisten hingegen sind sich der Existenz und Bedeutung von Werkzeugen gar nicht bewusst. Sie vergegenwärtigen sich nicht, dass auch für ihren Beruf Werkzeuge wichtig sind.

Werkzeuge machen selbstverständlich nicht Sinn und Zweck eines Berufes aus, obwohl sie ihn, wie ich erwähnte, in gewisser Weise definieren. Die Werkzeuge des Bergsteigers – Seil, Eishammer, Steigeisen und Sicherungsgeräte – machen ja auch nicht den Sinn des Bergsteigens aus – worin auch immer man den sehen mag. Sie sind aber notwendig und ihre Beherrschung ist erforderlich, wenn man bergsteigen will.

Was ich empfehle, sich als Werkzeuge anzueignen, sind sieben Elemente: die Sitzung, der Bericht, Job Design und Assignment Control, persönliche Arbeitsmethodik, das Budget, die Leistungsbeurteilung und die systematische Müllabfuhr. Die Arbeitsbedingungen der Dienstleistungs-, Informations- und Wissensgesellschaft vervielfachen die Bedeutung dieser Tools. Sie machen Präzision und Professionalität ihres Gebrauchs zu einer elementaren Voraussetzung für den Erfolg einer Führungskraft.

Das sind keine besonders spannenden Themen. Interessant, lehrreich und manchmal ausgesprochen spannend wird es, wenn man das Arbeitsvolumen, die Arbeitsweise und die Ergebnisse von Führungskräften vergleicht, die gelernt haben, ihre Werkzeuge wirksam einzusetzen, und den anderen, die das nicht können. Es ist der Unterschied zwischen dem Professionellen und dem Dilettanten. Frappierend sind vor allem das Arbeitsvolumen und das hohe Maß an Komplexität, das Manager bewältigen können, die ihr Werkzeug beherrschen.

Auch hier, wie schon bei den Aufgaben, konzentriere ich mich auf die wenigen Prozent des vorhandenen Stoffs zu jedem Thema, die die Effektivität des Gebrauches von Werkzeugen *direkt* bestimmen. Wenn die Themen schon nicht spannend sind, so will ich wenigstens versuchen, sie so relevant wie nur möglich zu machen.

Vielleicht noch eine Überlegung zum Wort »Werkzeug«. Ich erwähnte schon, dass den meisten Managern die Kategorie als solche fehlt. Manche mögen auch das Wort nicht besonders. Mit dem englischen Wort »tools« können sie sich schon eher anfreunden, aber das heisst eben auf deutsch »Werkzeug«. Ich hätte natürlich auch nichts dagegen, wenn man etwa die Bezeichnung »Instrument« verwendete. Auf die Wörter soll und darf es nicht ankommen.

Erstes Werkzeug
Die Sitzung

Führungskräfte verbringen einen erheblichen Teil ihrer Zeit in Sitzungen. In aller Regel ist es ein zu großer Zeitanteil. 80 Prozent aller höheren Manager geben bei Befragungen an, über 60 Prozent ihrer Zeit in Sitzungen zuzubringen. Und 80 Prozent aller Manager geben an, dass 60 Prozent aller Sitzungen ineffizient und unproduktiv seien. Das ist, egal aus welcher Perspektive gesehen, ein inakzeptabler Zustand. Sitzungen *können* und *müssen* produktiv gemacht werden. Sie *können* ein sehr *wirksames* Management-Werkzeug sein, vorausgesetzt, man berücksichtigt einige wenige Regeln.

Die Zahl der Sitzungen reduzieren

Die Verbesserung der Sitzungseffektivität beginnt mit dem Streichen von Sitzungen. In den meisten Organisationen werden schlichtweg *zu viele* Sitzungen abgehalten. Das hat im wesentlichen folgende Gründe, die in Zukunft durch die technologischen Veränderungen eher noch verstärkt als abgebaut werden: Die Organisationsstrukturen werden immer komplizierter. Es gibt immer mehr Arbeitsgruppen und Teamarbeit. Viele Führungskräfte berufen Sitzungen einfach reflexhaft ein, ohne zu überlegen, ob sie auch wirklich nötig sind. Es gibt immer mehr Spezialisten, die aber infolge ihrer engen Spezialisierung kaum eine Aufgabe in ihrer Gesamtheit auch allein erledigen können; sie brauchen immer noch fünf oder sechs weitere Kollegen dazu.

Daher wächst die Zahl der Sitzungen ganz von allein, wenn man nichts dagegen tut. Hinzu kommt, dass jede Sitzung in der Regel eine Reihe weiterer nach sich zieht. Jede Geschäftsleitungssitzung wird üblicherweise Arbeit für jedes Geschäftsleitungsmitglied verursachen, die dann in dessen Bereichen und Abteilungen wiederum zu Sitzungsbedarf führt.

Ein erster wichtiger Punkt ist somit, die *Vermehrung* von Sitzungen zu unterbinden. Die Automatismen, die zu mehr Sitzungen führen, müssen abgeschafft oder unter Kontrolle gehalten werden.

Meine erste Empfehlung lautet daher: *Machen Sie die Sitzung nicht!* Wenn man den Impuls verspürt, eine Sitzung einzuberufen, sollte man kurz innehalten und sich fragen: *»Ist diese Sitzung wirklich nötig? Gibt es nicht auch einen anderen Weg, die Arbeit zu tun oder das Problem zu lösen?«* Erst nach reiflicher Überlegung, und wenn es wirklich keinen anderen und besseren Weg gibt, sollte man die betreffende Sitzung einberufen.

Eine Ursache von Sitzungsmultiplikation muss man besonders im Auge haben: die *Teamarbeit.* Weil Teamarbeit so *häufig* geworden ist, ist sie auch zu einer Quelle von *Ineffizienz* geworden. Viele »Teams« sind gar keine; es sind nur Gruppen. Sie werden unüberlegt zusammengestellt; man durchdenkt zu wenig, wer mitwirken soll und wer nicht; Aufgabe und Arbeitsweise werden schlampig formuliert; die Ziele werden häufig zu wenig präzise definiert. Je mehr das zutrifft, desto mehr Sitzungen werden nötig sein, aber nicht, um wirkliche Arbeit zu leisten, sondern um mit den Unklarheiten und Schlampereien fertig zu werden.

Teamarbeit ist zwar durch gute *Zusammenarbeit* gekennzeichnet, aber das bedeutet nicht, dass immer alle Teammitglieder gleichzeitig in Sitzungen sein müssen. *Gute Teamarbeit ist durch Minimierung des Sitzungsbedarfs charakterisiert.*

Führungskräfte, die mehr als 30 Prozent ihrer Zeit in Sitzungen zubringen, sollten gründlich darüber nachdenken, wie sie den Sitzungsanteil reduzieren können. Und falls das wirklich nicht geht, sollten sie wenigstens der Effektivität der Sitzungen größte Aufmerksamkeit schenken.

Erfolgsentscheidend: Vorbereitung und Nacharbeit

Die eigentliche Arbeit wird in der Regel nicht *in* der Sitzung geleistet, sondern *davor* und *danach*. Die Wirksamkeit einer Sitzung steht und fällt mit ihrer *Vorbereitung* – und das heißt praktisch: mit der Erstellung der *Tagesordnung* und mit der *Realisierung* der Beschlüsse nach der Sitzung.

Die Vorbereitung einer Sitzung kostet Zeit. Daher muss man diese Zeit berücksichtigen und einplanen, sonst wird man sie nicht haben. Die Folge sind schlecht vorbereitete Sitzungen. Jeder Manager trägt eine Sitzung als solche in seinem Kalender ein. Aber erstaunlich wenige reservieren dort auch die Zeit für Vorbereitung und Nacharbeit.

Mangelnde Vorbereitung lässt sich zwar bis zu einem gewissen Grad durch Improvisation kompensieren, und routinierte Führungskräfte machen davon Gebrauch. Das ist – nebenbei bemerkt – keine angeborene Fähigkeit, sondern sie resultiert aus langjährigen Erfahrungen. Die guten Führungskräfte können also durchaus improvisieren; aber gerade sie *verlassen* sich nicht auf die Kunst der Improvisation. Sie bereiten sich vor, sie durchdenken gewissenhaft die Sitzung und ihren Ablauf – und dann wissen sie, dass auch die bestvorbereitete Sitzung nicht immer nach Plan verläuft. Improvisationskunst wird also auch bei bester Vorbereitung noch immer genügend gefordert sein.

Das Instrument für die Vorbereitung einer Sitzung ist die Tagesordnung. Es darf *keine* Sitzung ohne Tagesordnung geben – mit einer einzigen Ausnahme, auf die ich am Schluss eingehen werde.

In der Regel ist es weder möglich noch ratsam, eine Tagesordnung im *Alleingang* zu erstellen. Zur Sitzungsvorbereitung gehört, dass man sich mit allen oder jedenfalls den wichtigen Sitzungsteilnehmern abstimmt, ihnen Gelegenheit gibt, ihre Vorstellungen und Wünsche für die Gestaltung der Tagesordnung und den Ablauf der Sitzung einzubringen. Formelle Antragsrechte bei bestimmten Sitzungsarten – abhängig von Rechtsordnung, Statuten, Gesellschaftsverträgen und dergleichen – bleiben ohnehin vorbehalten.

Vorherige Koordination der Tagesordnung und des Sitzungsverlaufs ändern nichts daran, dass es letztlich Aufgabe des Sitzungsleiters bleibt, die Tagesordnung definitiv zu erstellen. Es ist daher seine *Führungsentscheidung*, welche Vorschläge er aufgreifen will und welche nicht. Für periodisch wiederkehrende Sitzungen empfiehlt es sich, einen bestimmten Zeitpunkt festzulegen, bis zu dem man als Sitzungsleiter Anregungen und Wünsche entgegennimmt. Eine Tagesordnung muss ja entweder statutengemäß oder aus Gründen der Vorbereitung seitens der Sitzungsteilnehmer einige Zeit im voraus bei diesen eintreffen. Auf diese Fristen hin muss der erwähnte Zeitpunkt koordiniert werden.

Eine gute Tagesordnung hat *wenige* – und nicht viele – Tagesordnungspunkte, dafür wirklich wichtige, d.h. solche, die die gleichzeitige persönliche Anwesenheit der Sitzungsteilnehmer auch wirklich rechtfertigen. Der Grundsatz der Konzentration ist ausschlaggebend für die Effektivität von Sitzungen. Eine Ausnahme sind jene Sitzungen, die im wesentlichen der Abwicklung von im voraus konsensierten Regularien und Formalitäten dienen, zum Beispiel die Erledigung der gesetzlich vorgeschriebenen Punkte im Innenverhältnis von Konzerngesellschaften. Diese Sitzungen können ziemlich viele Tagesordnungspunkte umfassen, weil ja kaum Diskussionsbedarf vorhanden ist und keine Entscheidungen zu treffen sind.

Sitzungsleitung ist harte Arbeit und erfordert vor allem Disziplin

In einer Sitzung wird man als deren Leiter für alle *persönlich sichtbar* und *spürbar*. Die Teilnehmer merken instinktiv, ob der Sitzungsleiter die Dinge im Griff hat oder nicht. Hier ist also eine jener Gelegenheiten, sich Respekt zu verschaffen – oder ihn zu verlieren –, und zwar durch *Führungsleistung* und nicht aufgrund eines Amtes oder der Stellung, die man innerhalb der Organisation hat.

Hat man erst einmal begriffen, was Sitzungsleitung bedeutet und worauf man dabei achten muss, ist der Rest nur noch *Übung*. Wie alles, muss aber auch das geübt werden. Niemand würde erwarten, ohne ein Minimum an Training ein passabler Tennisspieler zu werden. Genau dasselbe gilt für die Leitung von Sitzungen. Mit der Zeit wird das alles zur Routine; man tut reflexartig das Richtige, und es macht einem keine besondere Mühe mehr – genau wie beim Autofahren.

Sitzungsarten

Es gibt verschiedene Arten von Sitzungen. Die einen werden mit Selbstverständlichkeit gut vorbereitet; bei anderen tendieren die meisten zur Nachlässigkeit. Es müssen aber *alle* Sitzungsarten gut vorbereitet werden, wenn man an persönlicher und organisatorischer Wirksamkeit interessiert ist.

Die große, formelle Sitzung

Aufsichtsrats-, Verwaltungsrats-, und Beiratssitzung, Gesellschafter- und Generalversammlung sind typische Beispiele für die formelle Sitzung. Hier kann man noch am ehesten eine gute Vorbereitung feststellen, weil sich vor diesen Gremien niemand blamieren will. Aber auch das ist *keine Selbstverständlichkeit.* Die Zahl der mangelhaft vorbereiteten Sitzungen ist auch hier größer, als man meinen möchte.

Die Routine-Sitzung

Typische Beispiele dafür sind die regelmäßig stattfindenden Vorstandssitzungen, Geschäftsleitungs-, Abteilungs- oder Bereichssitzungen. In gut geführten Unternehmen sind diese Sitzungen angemessen vorbereitet, aber in vielen Fällen ließe sich die Wirksamkeit solcher Sitzungen noch erheblich verbessern. Beispielsweise versucht man regelmäßig, viel *zu viele* Tagesordnungspunkte abzuhandeln. Häufig gibt es eine *unzweckmäßige Vermischung* von Punkten, die das operative Tagesgeschäft betreffen, mit solchen, die die Zukunft des Unternehmens und die Innovation zum Gegenstand haben.

Es empfiehlt sich, diese Angelegenheiten ausdrücklich und scharf voneinander zu trennen, weil sie eine *unterschiedliche Behandlung* erfordern und vor allem sehr *unterschiedlichen Zeitbedarf* haben. Eine Möglichkeit ist beispielsweise, jede zweite oder dritte Geschäftsleitungssitzung ausdrücklich und vorwiegend den Innovationsfragen zu widmen.

Sitzungen von Arbeitsgruppen, bereichsübergreifenden Teams usw.

Diese Sitzungen sind häufig *sehr mangelhaft* vorbereitet, obwohl sie oft wichtiger sind als die ersten beiden Sitzungsarten. Hier ist auch die Zahl derjenigen am größten, die zwar als Gruppen- oder Projektleiter die Aufgabe haben, Sitzungen vorzubereiten und zu leiten, gleichzeitig aber nur wenig Routine und Erfahrung auf diesem Gebiet besitzen und auch nicht oder zu wenig darin ausgebildet wurden. Diese Sitzungen werden *am häufigsten* als *ineffizient* bezeichnet.

Die kleine Ad-hoc-Sitzung, das Gespräch zwischen Chef und Mitarbeiter oder zwischen zwei Kollegen

Auch das ist eine Sitzung. Es ist die am *häufigsten* vorkommende Sitzung, und sie ist am *schlechtesten* vorbereitet. Hier wird fast immer »aus dem Handgelenk heraus« improvisiert. Ein schwerer Fehler, wie ich meine, und eine der *wichtigsten Ursachen* für Ineffizienz. Man darf es als Führungskraft nicht zulassen, einfach angerufen zu werden – »*... ich muss Sie dann noch sprechen ...*« – oder dass die Leute einfach ins Büro hereinstolpern: »*... kann ich noch eben schnell ...*«.

Als Führungskraft eine »Politik der offenen Tür« zu betreiben, ist in Ordnung; man muss für seine Leute erreichbar sein. Aber das darf nicht zur offenen *Einladung zu Ineffizienz* und mangelnder Vorbereitung ausarten. Man braucht für eine solche Sitzung keine formelle, schriftliche Tagesordnung, aber man sollte es sich zur Gewohnheit machen zu fragen: »*Sie wollen mich sprechen? Gut, in welcher Angelegenheit? Mit welchem Ziel? Was wollen wir nach unserem Gespräch erreicht haben? Wie lange brauchen wir vermutlich dafür? Und wie muss ich mich vorbereiten?*« Es macht einen erheblichen Unterschied, ob der

Mitarbeiter mich nur schnell unterichten will oder ob er eine Entscheidung von mir braucht, die möglicherweise auch von meiner Seite noch ein paar Minuten Vorbereitung benötigt, etwa die jüngste Korrespondenz in dieser Sache schnell noch einmal durchzulesen und kurz über die Alternativen nachzudenken.

Man muss seine Mitarbeiter durch Fragen dieser Art *dazu anhalten*, sich ihrerseits vor der Besprechung, auch wenn sie nur kurz ist, *vorzubereiten* und sich darüber Gedanken zu machen, was eigentlich das Resultat dieses Gesprächs sein soll.

Alle Mitarbeiter klagen in Befragungen darüber, dass ihre Chefs zu wenig Zeit für sie haben; und alle Chefs klagen darüber, dass sie für ihre Mitarbeiter viel zu viel Zeit aufwenden müssen. Beide haben recht! Man hat und bekommt immer zu wenig Zeit. Die Lösung dieses Problems liegt nicht darin, mehr Zeit aufzuwenden, *sondern die wenige Zeit, die man hat, besser zu nutzen*. Der Schlüssel dafür liegt in der *Vorbereitung*.

Von vielen Führungskräften immer wieder übersehen wird der Umstand, dass viele Besprechungen mit den Mitarbeitern nur einen geringen Zeitbedarf haben. Man benötigt oft nur 10, 20 oder 30 Minuten, um eine Sache kurz zu diskutieren; danach kann jeder wieder an die Arbeit gehen.

Es gibt aber *eine* Sitzung, die mindestens eine Stunde dauern muss, wahrscheinlich eher zwei, und vielleicht ist sie in zeitlicher Hinsicht sogar offen. Das sind jene Besprechungen, in denen es *nicht* um eine *Sache* geht, sondern um den *Menschen*, um zwischenmenschliche Beziehungen oder persönliche Angelegenheiten. Dafür *muss* man sich Zeit nehmen. Es dauert eine Weile, bis Menschen sich öffnen, bis sie ihr Anliegen dargestellt haben, bis sie die richtigen Worte gefunden und nachvollziehbare Hemmungen überwunden haben.

Dass eine solche Situation vorliegt, merkt man meistens daran, dass der Mitarbeiter auf die Frage hin: »Warum wollen Sie mich sprechen?« *keine* Antwort gibt. Er druckst herum: »Das möchte ich Ihnen lieber persönlich sagen...« Auf dieses Signal hin muss man reagieren. Es ist ganz schlecht, ein solches Gespräch noch schnell zwischen zwei andere Termine zu schieben. Meistens kann man ohne weiteres sagen: »Leider stehe ich heute unter großem Zeitdruck. Morgen bin ich außer Haus und am Donnerstag kommen die Kunden aus Frankreich. Aber bitte kommen Sie am Freitag. Ab 10 Uhr können wir in Ruhe reden …«

Es *kann* vorkommen, ist aber eher eine *Seltenheit*, dass ein solches Gespräch keinen Aufschub duldet. Gut, dann muss man es führen und seine sonstigen Pläne umdisponieren. Das ist aber nicht der Normalfall.

Das Wesentliche ist: Zwischenmenschliche Probleme kann man nicht zwischen Tür und Angel erledigen – weder in der Firma noch im Privatbereich. Ihre Lösung braucht meistens keine großen psychologischen Theorien, sondern *Zeit, Aufmerksamkeit* und *Geduld*. Alles andere wirkt zynisch und menschenverachtend.

Man darf Sitzungen nicht zu sozialen Anlässen verkommen lassen

Sitzungen haben den Zweck, Resultate zu produzieren. Sie sind Arbeit und nicht Freizeit, Vergnügen oder Spaß. Ihr Zweck sind *nicht* die zwischenmenschlichen Beziehungen, obwohl sie darauf natürlich einen großen Einfluss haben. Wenn ich das in Seminaren und Vorträgen sage, erscheint es manchen Teilnehmern als zu streng; sie haben die Befürchtung, dass sie mit dieser Art zu arbeiten als autoritär erscheinen werden. Diese Ängste sind völlig überflüssig und zeigen nur, wie wenig die Betreffenden von wirksamer Führung verstehen. Man kann (und soll auch) alle diese Dinge sehr liebenswürdig, mit ausgesuchter Höflichkeit und kooperativ anwenden – aber man *muss* sie tun, wenn man *wirksam* sein will.

Manche glauben auch, dass dadurch die soziale Komponente, die zwischenmenschliche Beziehung, zu kurz komme. Auch das ist ein Irrtum. Diese Leute verwechseln »Arbeit« mit »gesellschaftlichem Anlass«. Selbstverständlich spricht überhaupt nichts dagegen, vor oder nach einer Sitzung oder in den Pausen freundliche Worte zu wechseln, noch etwas zu plaudern, sich nach dem Befinden zu erkundigen und über das Fußballspiel am letzten Wochenende zu fachsimpeln. Aber diese Dinge dürfen nicht die *Arbeit* verdrängen, die man in der Sitzung zu leisten hat. Ich meine, dass man gut beraten ist, beides voneinander zu trennen.

Arten von Tagesordnungspunkten

Was man in eine Tagesordnung aufnimmt, hängt immer von den Umständen und der Situation ab. Mit den Tagesordnungspunkten definiert der Sitzungsleiter, was er für wichtig hält und was nicht. Das ist eine seiner *wichtigsten Aufgaben*. Sitzungsleiter, die hier versagen, die die Zeit der Sitzungsteilnehmer mit Nebensächlichkeiten verschwenden, werden weder *effektiv* sein noch *respektiert* werden. Man unterzieht sich als Mitarbeiter diesem »Sitzungszirkus« dann halt deshalb, weil es anders nicht geht und man nun einmal auf der Lohnliste dieses Unternehmens steht. Aber man hat sich seine Meinung über den Sitzungsleiter auch rasch gebildet. Autorität der Führung und Vertrauen in diese werden zwangsläufig erodieren.

Es gibt keine Formel für die Auswahl von Tagesordnungspunkten, und es lässt sich dafür auch keine allgemeine Empfehlung geben. Dies hängt von der Situation und dem Einzelfall ab. Man sollte aber *drei* wichtige *Arten* von Tagesordnungspunkten sauber voneinander trennen und im voraus überlegen, wie man sie handhaben will:

Echte Standards

Das sind Dinge, die man etwa in Geschäftsleitungs-Sitzungen eines Unternehmens unausweichlich *immer* und *jedes Mal* behandeln muss. Dazu gehören in einem Unternehmen etwa Auftragseingang, Kapazitätsauslastung, Liquidität, die wesentlichen Eckwerte des Rechnungswesens. Es gibt in jeder Organisation solche Standard-Tagesordnungspunkte, die regelmäßig diskutiert werden müssen. Sie sind natürlich je nach Organisationstyp verschieden. In einem Wirtschaftsunternehmen sind es andere als in einem Krankenhaus oder einer Verwaltungsbehörde. Es sind Dinge, die regelmäßig wiederkehren.

Dauerbrenner

Auch das sind Dinge, die *regelmäßig* wiederkehren. Bei genauerer Betrachtung handelt es sich aber nicht um berechtigte Standard-Tagesordnungspunkte, sondern um Angelegenheiten, die deshalb immer wiederkehren, weil man sie *nie richtig und endgültig erledigt hat* – zum Beispiel das Betriebsklima in der Entwicklungsabteilung, die Reklamationen von Kunde X, die Personalangelegenheit Y, der Ausschuss an der Maschine Z.

Dies darf man auf Dauer *nicht* dulden. Solche Dinge müssen entweder noch einmal auf die Tagesordnung gesetzt werden, mit reichlich Zeit, um die Sache endgültig zu *finalisieren*; oder man muss sie einer anderen Art der Erledigung zuführen. Man beauftragt eine kompetente Person oder, wenn es anders nicht geht, eine Arbeitsgruppe, um sich gründlich damit zu befassen und dann eine Lösung vorzuschlagen.

Verschiedenes oder Allfälliges

Es gibt erfahrene Sitzungsfüchse, die geduldig zuwarten, bis alle Tagesordnungspunkte erledigt sind, und dann, ganz am Schluss, wenn alle schon müde sind, kommen sie unter »Verschiedenes« mit jenen Dingen, die sie »noch schnell« durchbringen wollen.

Das darf man sich *nicht gefallen lassen.* »Verschiedenes« ist Verschiedenes – und daher in aller Regel nicht mehr besonders wichtig. Und etwas anderes darf man als Sitzungsleiter dann auch nicht zulassen.

Wenn zwischen der Erstellung der Tagesordnung und der Durchführung der Sitzung etwas Wesentliches passiert ist, das unbedingt zu behandeln ist, muss das zu Beginn der Sitzung vorgebracht werden, damit man möglicherweise im Lichte der neuesten Ereignisse die Tagesordnung teilweise oder völlig umstellen kann. Das kann in unserer schnelllebigen Welt durchaus vorkommen, und man muss darauf reagieren. Das ist eine Selbstverständlichkeit. Alles andere aber ist reines Taktieren. Sich das gefallen zu lassen, signalisiert *Führungsschwäche.*

Kein Tagesordnungspunkt ohne Aktion

In den meisten Organisationen ist der eigentliche Schwachpunkt die *Realisierung*. Es wird zwar *viel gearbeitet*, aber *wenig erreicht*.

Zu einem erheblichen Teil hängt das mit *schlechter Sitzungsdisziplin* zusammen. Nach jedem Tagesordnungspunkt muss der Sitzungsleiter dafür sorgen, dass *Klarheit* über die erforderlichen *Maßnahmen* hergestellt wird, um die Entscheidung, den Beschluss, auch zu verwirklichen. Reflexartig muss die Frage kommen: »*Was ist zu tun? Wer kümmert sich darum? Und bis wann erfolgt der Erledigungs- oder Zwischenbericht?*«

Diese Dinge gehören ins Protokoll, und es ist *Aufgabe des Sitzungsleiters*, für *Durchsetzung* und *Vollzug* zu sorgen. Er muss beschlossene Maßnahmen *auf Termin legen* und die *Wiedervorlage organisieren*. Nur wenn die Sitzungsteilnehmer wissen und spüren, dass der Sitzungsleiter nichts vergisst und konsequent für dessen Erledigung sorgt, wird die *Sitzung* ernst genommen, wird *er selbst* ernst genommen und *entsteht Wirksamkeit*.

Es darf nichts einfach »im Sande verlaufen«. Wenn man sich schon die Mühe gemacht und die Zeit genommen hat, zu einer Sitzung zusammenzukommen, um Probleme zu lösen und Entscheidungen zu treffen, muss im Anschluss daran auch gehandelt werden. Sonst verkommen die Sitzungen zu einem unverbindlichen Debattierklub. Es kann natürlich vorkommen, dass man schon wenige Tage nach der Sitzung feststellt, dass beschlossene Maßnahmen von neuesten Ereignissen überholt werden und nicht mehr richtig oder wichtig sind. Dann realisiert man sie logischerweise nicht. Aber das ist dann eine bewusste Entscheidung, nicht einfach Vergessen oder Versandenlassen.

Das Streben nach Konsens

Konsens ist wichtig, und daher sollte man sehr viel tun, um ihn herbeizuführen. Aktive Arbeit an und für Konsens ist aber etwas *völlig anderes* als das leider bei sehr vielen Führungskräften zu beobachtende *Harmoniestreben*.

Die wesentlichen Punkte dazu finden sich bereits im Kapitel über das Entscheiden. Hier daher nur zur Erinnerung: Schneller Konsens ist *immer* sehr verdächtig. Häufig ist er einfach eine Folge mangelnden Mutes bei den Sitzungsteilnehmern, ihre Meinung zu sagen; oder es handelt sich um mangelndes Durchdenken des Problems. Entscheidungen, die per Akklamation zustande kommen, sind gefährlich. Sie werden meistens in der Realisierung blockiert. Dann erst stellen sich nämlich die wirklichen Meinungen und Interessen heraus.

Es gibt, wie ebenfalls im erwähnten Kapitel behandelt, nur *eine* Möglichkeit, zu wirklich *tragfähigem Konsens* zu gelangen: nämlich durch *ausgetragenen Dissens*. Und es gibt nur *einen* Weg, Dissens auszutragen: nämlich *offen*. Alles andere ist Taktieren. Es dient vielleicht der persönlichen Macht oder Glorie; aber kaum je der Qualität der Problemlösung - und noch weniger der Realisierungsstärke einer Organisation.

Braucht man ein Protokoll?

Ja, in der Regel braucht man es. Formelle Sitzungen brauchen formelle Protokolle, möglicherweise wortgetreue Protokolle. Alle anderen Sitzungen brauchen ebenfalls ein Protokoll, selbst wenn es nur wenige Notizen sind. Jedenfalls müssen immer *Beschlüsse, Maßnahmen, Verantwortliche* und *Termine* protokolliert werden. Darauf darf man nicht verzichten.

Das hat nichts mit Bürokratie zu tun, sondern mit wirksamer Arbeit. Gerade die effektiven Führungskräfte *verlassen* sich weder auf ihr Gedächtnis noch auf das ihrer Kollegen, Chefs und Mitarbeiter. *Sie schreiben die Dinge auf.* Sie tun das aus zwei Gründen: erstens, um den Kopf freizuhaben für anderes; und zweitens, um für Klarheit zu sorgen. Das ist es, was sie effektiv *macht*.

Die Sitzung ohne Tagesordnung

Zum Schluss ein kleiner Tipp: *Eine* Art von Sitzung lohnt sich auch ohne Tagesordnung und – scheinbar – ohne Vorbereitung durchzuführen.

Es gibt Führungskräfte, die nie Probleme mit ihren Mitarbeitern haben, über alles immer unterrichtet sind, die nie vor Überraschungen in personeller Hinsicht stehen und deren Mitarbeiter nur Bestes über sie berichten, voll des Lobes sind und vor allem sagen, ihr Chef habe immer Zeit für sie. Sind das Naturtalente? Sind es Genies?

Nein, sie machen nur eines: sie machen mit *jedem ihrer Mitarbeiter einmal im Jahr* eine Sitzung, *einfach nur so*, ohne Tagesordnung und Open End.

In Wahrheit haben sie auch dafür eine Tagesordnung, aber nur im Kopf – eine »hidden agenda« –, und in Wahrheit bereiten sie sich auch auf diesen Anlass vor. In dieser »Sitzung« diskutieren sie mit jedem Einzelnen und mit reichlich Zeit Fragen der folgenden Art: *Was gefällt Ihnen in dieser Firma, Abteilung etc. besonders gut? Was gefällt Ihnen gar nicht? Was sollten wir Ihrer Meinung nach ändern? Und was kann ich als Ihr Chef tun, damit Sie noch besser, noch leichter, noch wirksamer arbeiten können?*

Wenn Buchautoren, Ausbildner und Trainer, Berater, aber auch die Mitarbeiter selbst immer wieder behaupten, Führungskräfte hätten zu wenig Kontakt mit ihren Mitarbeitern und es finde zu wenig Kommunikation statt, so stimmt das im Grunde nicht; oder besser, es stimmt nur in einer ganz bestimmten Hinsicht. Führungskräfte haben *sehr viel* Kontakt mit ihren Leuten, und es findet *sehr viel* Kommunikation statt, manchmal fast *zu viel* – aber es geht immer um die Sache, um das Geschäft, um Probleme und um Schwierigkeiten. Alle diese Gespräche finden in der Regel unter erheblichem Zeitdruck und vor allem unter Aktivitäts- und Leistungsdruck statt. Das wird sich auch kaum wesentlich ändern lassen.

Nur selten aber geht es *um den Menschen* als solchen, auch wenn in dieser Hinsicht noch so viele Lippenbekenntnisse abgegeben werden. Und man hat selten *Zeit*, dem Betreffenden einfach nur zuzuhören, ohne auf die Uhr zu sehen und ohne dass es um eine unmittelbare Aktivität geht.

Genau dem wirken gute Führungskräfte auf die dargestellte Weise entgegen. Es ist ihnen bewusst, dass das nicht sehr viel ist; aber es ist doch viel mehr, als gar nichts zu tun. Sie signalisieren damit ihren Mitarbeitern, dass sie ein offenes Ohr für sie haben, dass es sie interessiert, was sie zu sagen haben, und dass sie sich wenigstens gelegentlich genügend Zeit nehmen.

Dabei handelt es sich *nicht* um das übliche Leistungsbeurteilungs-Gespräch. In der zumindest für den Mitarbeiter spannungsgeladenen Atmosphäre der Leistungsbeurteilung kann man über die genannten Fragen nicht in Ruhe sprechen. Dieses Gespräch ist etwas Spezielles, das nur den einzelnen Mitarbeiter, sein Empfinden in dieser Organisation und seine Meinung zum Thema hat. Möglicherweise kommt man, falls der Mitarbeiter das will, sogar auf private Dinge zu sprechen. »Wie geht es zuhause? Kommen die Kinder mit Schule und Studium voran? Haben Sie noch Zeit für Ihre Interessen und Hobbies?« usw.

Wie gesagt, *falls* der Mitarbeiter das *will*; manche wollen es nicht, denn sie trennen Beruf und Privatleben. Das ist gar nicht so schlecht, und man sollte es respektieren. Vielleicht möchte er es aber, und man kann ihm sogar da und dort helfen. Im Rahmen eines solchen Gesprächs kann man dem Mitarbeiter auch signalisieren, dass man selbst auch nur ein gewöhnlicher Mensch ist, mit Hoffnungen und Sorgen, mit Interessen und Neigungen, die leider den beruflichen Verpflichtungen oft zum Opfer fallen.

Wie weit man in diesem Zusammenhang gehen will, muss jeder selbst entscheiden. Aber es gibt keinen Grund, sich als Manager gelegentlich nicht auch selbst zu öffnen. Die Leute glauben es einem ja ohnehin nicht, wenn man ständig den großen »Zampano« spielt und ihnen ein X für ein U vorzumachen versucht. Wie gesagt, wie weit man dabei gehen will, muss man selbst und in jedem einzelnen Fall entscheiden.

Und noch ein kleiner Hinweis: Damit dieses Gespräch wirklich stattfindet und nicht der Hektik des Tagesgeschäfts und dem Diktat der Dringlichkeiten geopfert wird, *tragen gute Führungskräfte dieses Gespräch in ihrer Agenda ein*; denn sonst wird es nie stattfinden.

Das Wichtigste: Realisieren und immer wieder nachfassen

Wie schon gesagt, müssen die Maßnahmen, die sich aus der Behandlung jedes Tagesordnungspunkts ergeben, noch während der Sitzung wenigstens grob festgelegt werden.

Und selbst dann kann man sich leider nicht darauf verlassen, dass es eine Selbstverständlichkeit ist, dass die Dinge auch *wirklich getan* werden. Man muss *nachfassen* und *kontrollieren*. Beschlüsse *herbeizuführen* ist zwar oft nicht leicht. Sie zu *realisieren* ist aber um Größenordnungen *schwieriger*.

Nachfassen und kontrollieren hat *gar nichts* – wie so viele meinen – mit mangelndem Vertrauen in die Mitarbeiter und ihre Zuverlässigkeit und Fähigkeiten zu tun. Es hat mit dem Wesen unserer Organisationen, mit der Hektik des Tagesgeschäfts und mit dem Terror der Dringlichkeiten zu tun.

Wenn man wirksam sein will, muss im Management alles auf die *Tat* ausgerichtet sein. Manager werden nicht für ihre *Entscheidungen* bezahlt, so wichtig diese auch sein mögen. Sie werden für die *Realisierung* der Entscheidungen bezahlt. Daher gefällt mir auch die sogenannte »entscheidungsorientierte« Betriebswirtschaftslehre nicht so besonders. Ich hätte viel lieber eine »realisierungsorientierte« Betriebswirtschaftslehre.

Ständiges Nachfassen, Realisierungskontrolle und Konzentration auf die Finalisierung sind umso wichtiger, je mehr man sich in einer *Krisensituation* befindet; je mehr es auf *Geschwindigkeit* ankommt; je mehr *neue Mitarbeiter* man hat, die man noch nicht wirklich kennt und einschätzen kann; je eher eine Entscheidung und die dazugehörigen Maßnahmen *neu* sind und man sich daher nicht auf *Routine-Effekte* verlassen kann; je größer der *Änderungsgrad* von Entscheidungen und Maßnahmen relativ zur bisherigen Praxis ist.

Zweites Werkzeug
Der Bericht

In der Sitzung dominiert das gesprochene Wort. Daneben ist es das geschriebene Wort, das man sich zum Werkzeug machen muss, wenn man an Wirksamkeit interessiert ist. Entgegen einer häufig vorgebrachten Meinung wird sich das auch durch Elektronik und Telekommunikation nicht ändern. Für den hier zur Diskussion stehenden Zweck spielt es keine Rolle, ob das Trägermedium des geschriebenen Wortes Papier oder ein elektronisches Display ist.

Ich meine hier nicht nur den Bericht im engeren Sinne, sondern *alles, was Schriftform* hat: das Protokoll, die Mitteilung, die Aktennotiz, den Geschäftsbrief, das Angebot. Gerade das Angebot zeigt anschaulich, worum es geht und gehen muss. Die meisten Angebote sind *absenderbezogen* aufgebaut: Das Unternehmen sagt seinen potenziellen Kunden, wie gut es ist, und was es alles kann. Das wirksame Angebot muss jedoch *empfängerorientiert* verfasst sein: Es soll sagen, was der *Kunde* davon hat, wenn er kauft. Die große, aber auch einzige Ausnahme sind professionell verfasste Direct Mails.

Viele Führungskräfte hegen dem Schriftverkehr gegenüber starke Vorurteile. Das hindert sie oft ein Berufsleben lang daran, eine vernünftige Einstellung dazu zu gewinnen. Sie vergeben damit die Chance, ihn zu einem Werkzeug und einem Mittel zur Verbesserung ihrer Wirksamkeit zu machen.

Die meisten halten die Schriftform für umständlich, zeitraubend, ineffizient, langsam und unmodern. Das Gegenteil ist aber der Fall. Um mit letzterem zu beginnen: Modern oder nicht, ist kein Kriterium. Ich kann nicht oft genug betonen, dass es um *richtig* und *wirksam* gehen muss. »Modern« heißt beileibe nicht immer »besser«. Schriftliche Kommunikation ist – richtig eingesetzt – eine außerordentlich effiziente und effektive Art der Kommunikation. Dass sie, wie alles, missbraucht werden kann und dann zu Bürokratie führt, braucht nicht extra gesagt zu werden. Sie wird aber viel zu wenig dort eingesetzt, wo sie wirklich allem anderen weit überlegen ist. Noch bis deutlich nach dem Zweiten Weltkrieg gab es keine Alternative zur Schriftform. Erst mit dem Aufkommen und Vordringen des Telefons, das abgesehen von den USA erst nach dem Krieg eine Verbreitung und Verfügbarkeit von ausschlaggebender Bedeutung erfahren hat, hat sich das geändert. Über die Vorzüge des Telefons muss man nicht diskutieren. Es hat aber auch den Nachteil, dass es zur Verschlampung der Kommunikation beigetragen hat, was sich durch das Mobiltelefon noch einmal massiv verstärkt.

Als Telefonieren noch teuer war und auch im Geschäftsleben eher als Luxus galt, hat man seine Telefonate gut vorbereitet. Man wusste genau, was man sagen musste und wollte. Man hat sich kurz gefasst und war prägnant und präzise. Mit den heutigen viel niedrigeren Telefonkosten hat nicht – wie so viele glauben – die Kommunikation zugenommen, sondern das Geschwafel. Würde man es nicht jeden Tag neu erleben, könnte man kaum glauben, wieviel Schwachsinn, überflüssiges Zeug und Unfug einem über das Telefon zugemutet wird – *auch* im Geschäftsverkehr. Wolf Schneider, der ehemalige Leiter der Hamburger Journalistenschule und einer der Doyens des professionellen Umgangs mit der Sprache, sagt mit Recht, dass die Wahrscheinlichkeit hoch sei, einer Minute des Lesens mehr Information entnehmen zu können als einer Minute des Zuhörens – es sei denn der Text würde vorgelesen.[44] Was könnte in der vielzitierten Informationsgesellschaft wichtiger sein?

In Wahrheit benötigt die Schriftlichkeit nicht *mehr* Zeit, sondern *weniger*. Sie spart Zeit. Die Schriftlichkeit, gerade die elektronische, macht unabhängig von persönlicher Anwesenheit. Das Wichtigste aber: Die Schriftform gibt Gelegenheit, ja sie zwingt dazu nachzudenken.

44 Wolf Schneider, *Deutsch für Profis*, Hamburg 1986, S. 115.

Der kleine Schritt zur Wirksamkeit

Die meisten Berichte werden dann abgeschickt oder weitergegeben, wenn sie eigentlich *noch einmal* einer letzten, gründlichen Überarbeitung bedürften. Sie werden in jenem Stadium als fertig angesehen und abgeschlossen, in dem der Schreiber wusste, was er sagen wollte, und das zu Papier gebracht hat. In diesem Stadium ist der Bericht aber mit hoher Wahrscheinlichkeit noch *absenderbezogen* formuliert.

Genau an diesem Punkt entscheidet sich, ob der Schreiber lediglich ein *Autor* ist und *wirkungslos* bleibt, oder ob er vom Autor zu einem *Manager* wird. Der eine Verfasser beendet das Schriftstück an diesem Punkt – und er bleibt ein Autor. Der andere stellt sich genau an dieser Stelle jene entscheidende Frage, die ihn vom Autor zum Manager transformiert. Sie lautet: *Was soll dieser Bericht beim Empfänger bewirken?* Fast immer wird er feststellen, dass an diesem Punkt die Arbeit nicht, wie er zuvor glaubte, abgeschlossen ist, sondern eigentlich erst *beginnt* – oder besser gesagt, nun beginnt der für und in Organisationen wesentliche Teil. Jetzt muss der Bericht so bearbeitet werden, dass er nach menschlichem Ermessen die größtmögliche Chance hat, die beabsichtigte Wirkung beim Empfänger auszulösen, *ihn zur Aktion zu veranlassen.* Er muss empfänger- und leserorientiert umgestaltet werden.

Bis zu diesem Punkt wird die Arbeit an einem Schriftstück von der *Logik* dominiert, von der Kunst der *Richtigkeit* oder Wahrheit. Ab diesem Punkt muss die Logik von der *Rhetorik* abgelöst werden, im Sinne der alten griechischen Rhetorik-Schulen, also der Kunst der *Wirksamkeit.* Dabei geht es nicht in erster Linie um Stil oder ein Feuerwerk brillanter Formulierungen. Das beherrschen die »Autoren« ja auch. Es braucht aber der Wirkung keineswegs dienlich zu sein. Nicht selten bewirkt es eher das Gegenteil von Wirksamkeit im hier geforderten Sinne.

Wirksamkeit heißt, so gut es möglich ist, herauszufinden, wer der oder die Empfänger sind und worauf sie am ehesten reagieren. Die wesentlichen Dinge lassen sich nur im Einzelfall bestimmen, aber ein paar Verallgemeinerungen oder – besser – Typisierungen können doch vorgenommen werden.

Man hat zum Beispiel einen Bericht von 40 Seiten geschrieben. Wer liest 40 Seiten? Sollte man den Bericht nicht kürzen? Oder eine vielleicht drei- oder vierseitige Zusammenfassung mit dem wirklich Wesentlichen an den Anfang stellen, für jenen Leser, der kurze Texte bevorzugt, und es dann seinem Interesse überlassen, ob er sich in die vielen restlichen Seiten ebenfalls noch vertiefen will? Schon durch diese simple Methode wird die Wahrscheinlichkeit, dass wenigstens ein Minimum an Wirkung erzielt wird, deutlich erhöht.

Ist es aus Sicht der Effektivität richtig, Tabellen, Zahlen, Statistiken etc. in den Text zu integrieren? Oder wäre es nicht besser, das alles herauszunehmen und es in einen Anhang zu packen, auf den im Text verwiesen wird, der im übrigen aber so abgefasst ist, dass er auch ohne den Zahlenapparat verstanden werden kann?

Weiß man, dass der Empfänger beispielsweise ein *Jurist* ist, dann sollte man lieber auf Zahlen, Grafiken und Tabellen verzichten und möglichst nur mit Text arbeiten. Juristen gehören zu den wenigen Menschen, die im Laufe ihres Studiums gelernt haben zu lesen, und zwar vor allem komplizierte und lange Texte. Man darf, ja man *soll* einen anspruchsvollen Satzbau verwenden, es dürfen viele Nebensätze vorkommen und eine anspruchsvolle Terminologie. Manche Juristen nehmen einen Text überhaupt erst und nur dann ernst, wenn er kompliziert ist. Alles andere kann ihren Ansprüchen nicht genügen.

Ist der Empfänger allerdings ein *Ingenieur*, dann sollte man den Textanteil minimieren, dafür aber Grafiken und vor allem mathematische Kurven in Koordinatensystemen verwenden. Das ist es, worauf das Auge des Ingenieurs trainiert ist und was sein Interesse weckt. Juristen hingegen darf man keine Koordinatensysteme zumuten. Die meisten von ihnen schreckt eine solche Präsentation davon ab, sich überhaupt mit der betreffenden Materie zu befassen. Viele hatten schon in der Schule eine Abneigung gegen die Mathematik; unter anderem deshalb haben sie ja Jura als Studienfach gewählt.

Die Ingenieure andererseits sind – etwas überspitzt formuliert –

die modernen »Analphabeten«. Die meisten können weder gut schreiben noch gut lesen. Ich meine das in keiner Weise abwertend. Sie bevorzugen andere Kommunikationsmittel: die technische Zeichnung und das Koordinatensystem. Während die Augen des typischen Juristen glasig zu werden beginnen, sobald sein Blick auf eine mathematische Kurve fällt, werden jene des Ingenieurs hellwach und lebendig. Vor seinem geistigen Auge sieht er die zu den Kurven gehörigen Formeln; er wird sofort nachprüfen, ob die Koordinaten überhaupt und auch richtig beschriftet sind; die Schnittpunkte der Kurven sprechen Bände für ihn. Die meistens dennoch vorhandenen Textstellen zwischen den Abbildungen wiederum langweilen ihn; er benötigt sie auch gar nicht, um die Sache zu verstehen, und wird schläfrig.

Einem *Finanzexperten* hingegen sollte man weder Text noch Grafiken zumuten. Für ihn muss man Tabellen erstellen mit möglichst *vielen Zahlen*. Der typische Finanzchef, Controller etc. ist ein *Ziffernmensch*; er hat ein »Digitalgehirn«. Manche haben ein geradezu erotisches Verhältnis zu Zahlen und Ziffern; wo andere nur einen Zahlenfriedhof sehen, eröffnen sich ihnen vor dem geistigen Auge kunstvolle vieldimensionale Räume. Zahlen, Ziffern und Tabellen besitzen für sie Ästhetik. Wichtig ist aber, daß immer Zeilen- und Spaltensummen vorhanden sind und alles auch in Prozenten angegeben ist, und zwar sowohl in vertikaler als auch in horizontaler Richtung. Finanzleute haben die beinahe unheimlich anmutende und für ihre Mitarbeiter sehr unangenehme Begabung, mit einem Blick genau jene Zahl herauszupicken, die nicht stimmen kann und auch tatsächlich nicht stimmt – sie können dann höchst unbequem werden, weil sie es als unverzeihlich ansehen, dass die letzte Prüfung nicht mit aller erdenklichen Sorgfalt durchgeführt wurde.

All diese und viele andere Details herauszufinden, die für die lesergerechte Abfassung eines Berichts an sich nötig sind, ist nicht immer leicht und gelegentlich sogar unmöglich. Das kann aber nicht als Ausrede dafür akzeptiert werden, sich nicht wenigstens jene Informationen zu beschaffen, die man bekommen *kann*.

Es gibt Leute, denen es nichts ausmacht, ja denen es völlig gleichgültig ist, nicht verstanden zu werden, und manche sind darauf sogar noch stolz. Ich schlage vor, solche Unarten nicht zu tolerieren. Genau das sind ja die Gründe dafür, daß Kommunikation zum Problem geworden ist. Aber es ist natürlich aussichtslos, irgendeinen Fortschritt in der Kommunikation zu machen, wenn es an den simplen, handwerklichen Fertigkeiten gebricht und noch dazu Schlamperei und Gleichgültigkeit als Tugenden verstanden werden.

Klarheit der Sprache

Immer öfter muss man leider feststellen, dass selbst Personen mit anspruchsvoller akademischer Ausbildung die *einfachsten* Regeln der sachlichen und logischen *Gliederung* eines Textes nicht beherrschen. Sie scheinen nicht in der Lage zu sein, Struktur in einen Text zu bringen; und unvermeidlich drängt sich die Frage nach der Struktur in ihrem Denken auf.

Aber auch der sprachliche Ausdruck als solcher, die Grammatik, die Wortwahl, von Rechtschreibung und Zeichensetzung ganz zu schweigen, entsprechen kaum den Standards an Klarheit und Präzision, die in einer Organisation nötig sind. Wie ich andernorts schon sagte, ist vieles in den heutigen Organisationen so abstrakt, dass es der Sinneswahrnehmung nicht mehr zugänglich ist. Daher muss umso mehr an Verstand aufgeboten werden, um die Wirklichkeit einer Organisation zu erfassen und angemessen zu beschreiben. Dazu bedarf es in erster Linie der *Sprache* und eines kompetenten Umgangs mit ihr. Klarheit, Prägnanz und Genauigkeit der Sprache sind unabdingbar. Das sind aber Fertigkeiten, deren Beherrschung auch nach Durchlaufen einer höheren Ausbildung leider nicht vorausgesetzt werden können.

Offenkundig wird die moderne Informationstechnologie wenig bis gar nichts am *Grundübel* der so häufig beklagten Kommunikationsmängel ändern. Die hier besprochenen Fähigkeiten und ihr Einsatz als Werkzeug persönlicher, organisatorischer und managerieller Wirksamkeit haben mit Computern und Telekommunikation nicht das Geringste zu tun. Was der Computer in diesem Zusammenhang jedoch leisten kann – und das ist wichtig genug –, ist ein neuer Zwang zur wenn auch zunächst nur *formalen* Präzision. Es ist eben nicht zulässig, dort ein Komma zu setzen, wo die Computersprache einen Punkt verlangt, etwa in einer Internetadresse. In dieser Hinsicht ist die Elektronik von unerbittlicher Sturheit – und heilsamer, erzieherischer Wirkung. Was sie nämlich wenigstens bewirkt, ist Verständnis dafür, dass Genauigkeit gelegentlich wichtig ist.

Rührte dieselbe Unerbittlichkeit von einem Vorgesetzten, würde man ihn als unmenschlich, unmodern und bar aller sozialen Kompetenz empfinden und daher als völlig ungeeignet für eine Führungsposition. Seine Mitarbeiter und Kollegen wären zutiefst frustriert. Computern gegenüber toleriert man Dinge dieser Art nicht nur, sondern für manche liegt gerade darin ihre besondere Faszination. Selbst der dynamische Journalist und der kreative Autor stören sich nicht daran, dass sie ein Textverarbeitungsprogramm nicht »dynamisch« und »kreativ«, sondern nach den Regeln der Software-ingenieure zu benutzen haben. (Kein Chefredakteur und Lektor hat jemals Vergleichbares erreicht.)

Ein hervorragendes Beispiel für die professionelle Anwendung von Schriftlichkeit ist die Art, wie der bereits erwähnte George C. Marshall als US-Stabschef Korrespondenz und Berichtswesen organisierte und führte.[45] Abfassung und Handhabung von Berichten waren sorgfältig durchdacht und folgten präzisen Regeln. Das Berichtswesen betraf nicht nur die amerikanische Seite, sondern aufgrund der Kriegskonstellation auch alle anderen Mitglieder der Allianz. Sie musste also schon damals den Bedingungen Rechnung tragen, die man heute hochgestochen als »multikulturell« bezeichnen würde, nur ist man heute weit entfernt von der Professionalität von damals.

45 Larry I. Bland (Editor), *The Papers of George C. Marshall*, drei Bände: 1981–1991 und *The War Reports of General of the Army G. C. Marshall, General of the Army H. H. Arnold and Fleet Admiral E. J. King*, Philadelphia / New York 1947.

Marshalls persönliche Schriften sind nicht nur Musterbeispiele an Klarheit und Präzision. Das wird von einem hochrangigen Militär nicht anders erwartet, weil es von den höheren Rängen in den Militärakademien genauso geübt wird wie von den Soldaten die Beherrschung der Waffen. Die Schriften von Marshall zeigen auch, und zwar auf sehr beeindruckende Weise, wie es ihm gelang, selbst im Kriegsgeschäft Gefühle – Menschlichkeit, Wärme, Freundschaft, Mitgefühl im Leid und Einfühlsamkeit in die Lage anderer – Ausdruck zu verleihen.

Grundsätzlich ähnliche Gepflogenheiten finden sich, wenn auch nicht in allen Einzelheiten, im diplomatischen Dienst, in den Geheimdiensten, im Vatikan – aber beispielsweise auch in der Art und Weise, wie die Engländer zur Kolonialzeit den Indischen Subkontinent verwalteten. Ich weiss, dass alle diese Beispiele ihre heiklen Seiten haben und leicht missverstanden werden können. Es ist mir klar, dass die Grenze zwischen Professionalität und Wirksamkeit einerseits und kafkaesker Bürokratie andererseits fließend ist und dass letzteres in allen genannten Organisationen auch immer wieder vorgekommen ist. Es macht aber wenig Sinn, immer nur die Dinge im Auge zu haben, die *nicht* funktionieren. Es gibt Bürokratie, wer wollte das bestreiten; es gibt aber eben auch administrative Professionalität, und von dieser kann man lernen.

Das wird insbesondere in Zukunft, nämlich für die Organisationen wichtig sein, die einen hohen Anteil an Kopfarbeitern haben werden, in komplexe Netzwerke eingebunden sind und in denen virtuelle Arbeitsformen wichtig sind. Sämtliche durch die moderne Kommunikationstechnologie möglich gewordenen Formen des Arbeitens stehen und fallen mit den Regeln und der Disziplin professionellen Reportings.

Unsitten, Zumutungen, Schwachsinn

Es gibt einige weitere Besonderheiten, die in Zusammenhang mit schriftlicher Kommunikation zu beachten sind: etwa die *Stichwort-*

Seuche. Ihr Ursprung liegt im Aufkommen der Overhead-Projektion und der damit notwendigen Transparentfolien begründet – an sich ein Fortschritt in mehrfacher Hinsicht gegenüber der alten Schiefertafel. Leider haben die Folien aber die Unsitte gefördert, ja fast erzwungen, Inhalte nicht mehr in ganzen Sätzen, sondern nur noch in Satzfragmenten und Stichwörtern zu präsentieren. Abgesehen davon, dass dadurch eine entsetzliche Stammel- und Stottersprache Mode geworden ist, hat ein Stichwort im Zweifel einen Interpretationsspielraum von 360 Grad. Es sagt als solches nämlich überhaupt nichts aus. Man darf somit ganz sicher sein, dass jeder das hinein- oder herausinterpretiert, was ihm passt, und je heikler, schwieriger und unangenehmer ein Sachverhalt ist, desto mehr wird man davon Gebrauch machen, die Stichwörter so zu interpretieren, wie es einem eben behagt.

Eine weitere Unsitte besteht darin, für alles und jedes eine *Grafik* zu zeichnen, irgendeine Abbildung, Kästchen, Pfeile, Kreise – was auch immer. Die Rechtfertigung dafür wird aus der Behauptung abgeleitet, ein Bild sage mehr als tausend Worte. Das stimmt jedoch leider nur in *ganz seltenen Fällen* – und es stimmt so gut wie überhaupt nicht, wenn es um jene »Bilder« geht, die man in modernen Organisationen typischerweise verwendet.

Selbstverständlich *kann* ein Bild eine hohe Aussagekraft haben. Das gilt wohl umso mehr, je konkreter es ist. Es *kann* ferner einen hohen Informationsgehalt für *Fachleute* besitzen. Der Grundriss eines Gebäudes ist sehr informativ für das geschulte und trainierte Architektenauge, für den Bauingenieur und den Statiker. Allen anderen aber, die von Berufs wegen nichts mit Planen und Bauen zu tun haben, sagt ein Grundriss wenig bis gar nichts, und unter Umständen verwirrt er nur und schreckt ab. Es ist eher Desinformation als Information.

Nun hat die Art, wie man Gebäude-Grundrisse zeichnet, ja wenigstens eine Logik. Die Konventionen der Darstellung sind über Jahrhunderte entstanden, verfeinert, verbessert und kultiviert worden. Jedes Symbol hat eine festgelegte Bedeutung, die Gegenstand von Ausbildung ist und gerade deshalb dem Ausgebildeten auf einen Blick alles sagt, was er wissen muss.

Keine derartigen Konventionen gibt es hingegen für die Abbildungen von Management- und Organisations-Sachverhalten. Einen rudimentären Grundbestand an Abbildungsregeln findet man am ehesten noch bei den klassischen Organigrammen, die aber ohnehin so wenig über eine Organisation aussagen, dass sie eher verschleiern als informieren. Das Gros dessen, was sich sonst an Abbildungen in der Literatur findet, hat weder Logik noch Ausdruck[46], sondern ist oft blanke Willkür, nicht selten völlig gedankenlos und in sich selbst widersprüchlich.

Nicht nur, dass solche »Bilder« keineswegs mehr als tausend Worte sagen, sie erfordern im Gegenteil langatmige Erklärungen, ohne die sie völlig unverständlich bleiben, und – worauf mehrfach schon hingewiesen wurde, weil es wichtig ist – sie verwirren und öffnen Interpretationsmöglichkeiten nach allen Richtungen. Sie *schaffen* allererst ein Kommunikationsproblem, statt dazu beizutragen, ein solches zu *lösen*.

Eine letzte Unsitte, die ich nicht unerwähnt lassen möchte, ist die Verdrängung des Hochformats durch das *Querformat* für schriftliche Berichte. Querformatige Blätter, möglichst wenig Text, Stammelsprache in möglichst großer Schrift – wir sind damit hinter das Niveau von Bilderbüchern für vierjährige Kinder zurückgefallen. Wie weit lässt man sich eigentlich als Manager die Infantilisierung der Kommunikation noch gefallen? Welche Blüten lässt man sie in einem Unternehmen treiben, für das man verantwortlich ist? Und was glauben eigentlich die Verfasser solcher »Schriften« den Managern noch zumuten zu können?

Diese Manie stammt aus der Consulting-Branche. Eines der vielen Rätsel modernen Managements ist, warum sich solcher Schwachsinn durchsetzen konnte. Es gibt eine einzige Situation, in der sich dergleichen vielleicht noch rechtfertigen lässt, nämlich dann, wenn der Inhalt projizierter Folien wegen zu großer Distanz oder zu kleiner Schrift nicht gelesen werden kann und daher auch

46 Eine große Ausnahme sind die Abbildungen des englischen Kybernetikers Stafford Beer, die als Maßstab für aussagekräftige Grafik dienen können.

noch eine Kopie in Papierform als Tischvorlage erforderlich ist. Ansonsten gibt es keine Rechtfertigung für die Querformat-Unsitte.

Querformat ist wahrnehmungspsychologisch und wahrnehmungsphysiologisch ungeeignet. Es *erschwert* die Wahrnehmung, statt sie zu erleichtern, wie die Befürworter des Querformats nicht müde werden zu behaupten. Gut gemachte Zeitungen, Zeitschriften und Nachrichtenmagazine sind durchweg zu mehrspaltigem Satz übergegangen. Schon die Zeilenlänge einer gewöhnlich beschrifteten A4-Seite befindet sich eher an der oberen Grenze dessen, was das Auge erfassen kann. Ein Buch hat ja daher aus gutem Grund nur sehr selten ein Format, das auch nur näherungsweise an A4 herankommt.

Man kann sich natürlich fragen, ob es denn überhaupt der Mühe wert ist, sich mit solchen Dingen zu befassen, die für sich genommen als Lappalien angesehen werden mögen. Isoliert betrachtet, *sind* es Kleinigkeiten, über die man achselzuckend hinweggehen könnte; denn jeder Manager ist natürlich selbst schuld, wenn er sich solchen Unsinn bieten lässt. Eigentümlicherweise haben diese Unsitten aber um sich gegriffen. Daher muss doch gelegentlich darauf hingewiesen werden, dass es sich eben um *Unsitten* handelt. Schriftstücke sollen die Kommunikation erleichtern und nicht erschweren. Bei der Abfassung und Gestaltung von Berichten sollte man daher auf diese Dinge Rücksicht nehmen – immer unter der Voraussetzung, dass man an Wirksamkeit interessiert ist oder es sein muss.

Drittes Werkzeug
Job Design und Assignment Control

Wirksame Ziele setzen die *richtige Gestaltung der Aufgaben und Stellen* für jeden Mitarbeiter voraus. Das dritte Werkzeug ist daher die Stellengestaltung oder das Job Design und – eng damit verbunden – die Steuerung des Einsatzes von Menschen, hier als Assignment Control bezeichnet.

In der Wirtschaft wird – zu Recht – viel Geld ausgegeben für Product Design. Hier ist nichts zu teuer und nur das Beste gut genug. Nur wenige Firmen – ganz zu schweigen von anderen Organisationen – beachten aber, dass auch *Jobs* ein *Design* brauchen. Präziser: Die Gestaltung von Jobs blieb weitgehend auf den Bereich der *manuellen* Arbeit beschränkt. Fehlerhaftes, nicht gründlich durchdachtes Job Design ist eine der Hauptquellen für Demotivation, Unzufriedenheit und schlechte Produktivität der Human-Ressourcen. Das ist besonders dort der Fall, wo wir es nicht mehr mit dem *manuellen Arbeiter* zu tun haben, sondern mit dem *Kopfarbeiter*.

Die Zahl der Kopfarbeiter zeigt, daran sei hier nochmals erinnert, die *weitaus größte Zuwachsrate* in allen Wirtschaftsbereichen (nicht etwa nur im Dienstleistungssektor), und *Wissen wird zukünftig der entscheidende Rohstoff* sein. Daher werden Job Design und Assignment Control von ausschlaggebender Bedeutung sein. Beide sind in den Organisationen entweder überhaupt nicht bekannt oder deutlich unterentwickelt. Früher durfte man sich, wie ich in Teil II schon ausgeführt habe, darauf verlassen, dass der *Job den Menschen organisierte.* Heute muss *der Mensch den Job organisieren und gestalten.*

Sechs Fehler bei der Stellengestaltung

Jobs zu gestalten ist nicht besonders schwierig, wenn man dabei einige wenige Regeln beachtet und einige weitverbreitete Fehler vermeidet.

Erster Fehler: Der zu kleine Job

Der größte und häufigste Fehler des Job Designs ist der zu kleine Job. Die *meisten Menschen haben zu kleine Aufgaben*; sie sind ständig unterfordert. Dieser Fehler ist der Hauptgrund für Frustration und mangelhafte Produktivität. Natürlich gibt es auch solche Menschen, die an kleinen Jobs ihren Spaß haben, aber von solchen sollte man sich früher oder später trennen.

Mitarbeiter, die im wesentlichen schon um 15 Uhr mit ihrer Arbeit fertig sind, weil ihr Job zu klein ist, haben logischerweise überhaupt keinen Anlass, über wirksames Arbeiten, über ihre eigene Produktivität oder über das Delegieren von Aufgaben nachzudenken – und man kann es ihnen auch nicht verübeln.

Jobs müssen *groß* sein; sie müssen den Menschen *zur Gänze fordern.* Man sollte sich täglich im eigenen Interesse etwas »strecken« müssen, um das Tagespensum zu schaffen. Dies allein führt zur *Entwicklung und Entfaltung* von Menschen, das *weckt ihre inneren Kräfte* und versteckten *Möglichkeiten*, und es hält sie an, über wirksames Arbeiten nachzudenken. Das war schon ein Thema in Zusammenhang mit der Entwicklung von Menschen. Das Job Design ist das Werkzeug für die Verwirklichung dieser Idee.

Man diskutiert heute viel über den Abbau von Hierarchien – und zu Recht. Es ist fraglich geworden, ob Menschen anderen Menschen untergeordnet sein sollten. Aus diesem Grunde kontrolliert in gut organisierten Unternehmen nicht in erster Linie der Chef, sondern der Job; *die Aufgabe kontrolliert den Mitarbeiter.* Dies werden sich Menschen auch in Zukunft nicht nur gefallen lassen müssen, sondern viele werden diese Situation aktiv suchen – zumindest die guten Mitarbeiter.

Zu kleine Jobs sind deshalb der *größte* Fehler des Job Designs, weil man diesen Fehler *nicht bemerkt* und ihn daher *nicht korrigieren* kann.

Die Mitarbeiter kümmern vor sich hin, und nur die allerbesten gehen auf ihren Chef zu, um ihm sinngemäß zu sagen, dass sie nicht ausgelastet sind und gerne eine größere Aufgabe hätten.

Zweiter Fehler: Der zu große Job

Ebenso kann man den gegenteiligen Fehler begehen und Jobs definitiv zu groß machen. Man *kann* Menschen überfordern – aber es ist, wie schon bemerkt, *gar nicht so leicht.* Die meisten Menschen akzeptieren selbstgesetzte Grenzen viel zu schnell. Die ganze Geschichte ist ein einziger Beweis dafür, dass Menschen um Größenordnungen mehr leisten können, als sie es für möglich halten. Kein einziger Sportrekord hat bis heute gehalten; alle sind immer wieder überboten worden. Immer wieder lässt sich erleben, wie Menschen plötzlich über sich selbst hinauswachsen und zu Leistungen fähig werden, die sie selbst nie für möglich gehalten hätten. Und immer wieder sieht man, dass *die Leistung selbst und ihre Resultate eine Quelle allergrößter Motivation sind.* Daher müssen die Aufgaben groß gemacht werden.

Aber selbstverständlich gibt es für jeden eine Grenze, die er definitiv nicht mehr überschreiten kann. Der zu große Job ist also durchaus ein Fehler, aber – und das ist wichtig – er ist ein *leicht erkennbarer* und daher auch *leicht korrigierbarer* Fehler. Man erkennt ihn an zahlreichen Indizien: der Mitarbeiter versäumt Termine, er macht Fehler oder er arbeitet schlampig. Und schließlich wird er früher oder später kommen und mit seinem Chef über die Überlastung sprechen. Der zu kleine Job ist eine »Todsünde«; der zu große Job dagegen eine »lässliche Sünde«.

Dritter Fehler: Der Schein-Job oder Non-Job

Dieser Fehler kommt in kleinen und mittleren Unternehmen nur selten vor, aber er ist eine Art Seuche in den *Großorganisationen.* Schein-Jobs sind fast alle Positionen, die Bezeichnungen wie »Assistent« oder »Koordinator« tragen. Es gibt Ausnahmen, aber diese sind selten. Auch viele Stabsstellen gehören dazu. Diese Stellen sind nicht deshalb Schein- oder Non-Jobs, weil die Stelleninhaber nicht genug zu tun hätten. Stabsleute und Assistenten arbeiten oft sehr hart.

Das Problem liegt viel tiefer; es sind Non-Jobs, weil wir hier die teuflische Kombination von *großem Einfluss* verbunden mit völligem oder weitgehendem *Mangel an Verantwortung* antreffen. Ohne Verantwortung fehlt einer Aufgabe ein konstitutives, definierendes Element. Diese Kombination korrumpiert; sie *korrumpiert* die Menschen, die solche Jobs haben, und sie *korrumpiert* die Organisation. Die Versuchung, seinen Einfluss und die damit verbundene Macht auch auszuüben, ist fast unwiderstehlich, zumal wenn damit keine Verantwortung verknüpft ist. Das vergiftet Mentalität und Moral. Alle Mitarbeiter der Organisation wissen selbstverständlich sehr genau, wie sie mit diesen »grauen Eminenzen« umzugehen haben, und das wiederum vergiftet die Organisation.

Man muss daher darauf achten, dass die Zahl dieser Jobs minimiert wird. Niemand sollte länger als zwei bis höchstens drei Jahre lang in einer solchen Position bleiben dürfen. Danach muss er in eine Linienposition mit klarer und sichtbarer Verantwortung gebracht werden.

Vierter Fehler: Der Multipersonen-Job

Diese Jobs sind davon geprägt, dass man nie *allein* etwas zu Ende bringen, etwas finalisieren und erledigen kann. Man ist ständig auf Kooperation und Koordination angewiesen, braucht immer noch ein halbes Dutzend weiterer Kollegen und dementsprechend viele Sitzungen, bis überhaupt etwas in die Tat umgesetzt werden kann. Matrix-Organisationen sind besonders anfällig für die Maximierung der Anzahl der Multipersonen-Jobs. Wie die Erfahrung immer wieder zeigt, funktionieren Matrix-Organisationen entweder nie so, wie sie vorgesehen sind, oder dann unter Einhaltung äußerster Disziplin.

Die Regel lautet: Eine Aufgabe sollte von *einer Person* und ihrer *direkten Organisationseinheit* erledigt werden können. Ich weiß, dass das schwierig einzuhalten ist, und ganz wird es nie möglich sein. Aber diese Regel gibt den richtigen Standard vor – und sie steht klar in Widerspruch zu der Mode gewordenen Meinung, dass alles vernetzt werden müsse. Was immer getrennt gehalten werden kann, soll separiert bleiben. Falsch verstandene Vernetzung ist die Hauptursache für Komplexitätszunahme. Wenn schon Multipersonen-Jobs notwendig sind, dann dürfen sie nur sehr *erfahrenen* und *disziplinierten* Leuten anvertraut werden.

Fünfter Fehler: Jobs mit »ein bisschen von allem«

Dabei handelt es sich um Positionen, die die Menschen zur *Verzettelung* und *Zersplitterung* ihrer Kräfte zwingen. Manager sind ohnehin schon – hier sei der dritte Grundsatz ins Gedächtnis gerufen – so sehr dieser Gefahr ausgesetzt, dass man dem nicht auch noch durch diesen Fehler des Job Designs Vorschub leisten sollte. Jobs dieser Art *paralysieren* die Menschen, die dann zwar ständig beschäftigt sind, aber zu *keinen Ergebnissen* kommen werden. In unserer komplexen Organisationswelt kann die Regel zwar heute vielleicht nicht mehr lauten: *one man, one boss*; aber sie kann doch lauten: *one man, one job – one big job.*

Menschen brauchen *Fokussierung*, um Resultate zu erzielen. Ein Herzchirurg konzentriert sich während der Operation voll und ganz und ausschließlich auf diese Aufgabe; er geht nicht während der Operation schnell telefonieren oder in eine Sitzung. Die Aufgaben sollen groß sein und die Menschen zur Konzentration auf *eine* Sache anhalten. Das ist der *leichteste* Weg zu Ergebnissen, und für den Kopfarbeiter ist es der *einzige* Weg.

Sechster Fehler: Der Killer-Job oder der unmögliche Job

Dies sind Positionen, die Menschen manchmal buchstäblich und ansonsten in übertragenem Sinn *umbringen.* Dieser Effekt tritt nicht deshalb ein, weil man zu viel zu tun hätte, sondern weil der Job eine große Anzahl so *gänzlich verschiedener* Anforderungen stellt, dass ihnen kein gewöhnlicher Mensch gewachsen sein kann. Gelegentlich gibt es Genies, denen es gelingt, selbst mit solchen Jobs fertig zu werden, aber sie sind die große Ausnahme. Jobs müssen so konzipiert sein, dass sie von *gewöhnlichen* Menschen – wenn auch nicht leicht – aber letztlich doch ausgeübt werden können.

Ein starkes Indiz für das Vorliegen eines Killer-Jobs ist dann gegeben, wenn man auf ein und derselben Position zwei oder drei an sich gute und auch sorgfältig ausgewählte Mitarbeiter verschlissen hat. Spätestens nach dem dritten Fall sollte man die Schuld für das Versagen nicht länger bei den Menschen suchen, sondern den Job verändern.

Obwohl ich weiß, dass man das in kleineren und mittleren Firmen ungern hört, weil dieser Fehler dort an der Tagesordnung ist, ist ein gutes Beispiel eines Killer-Jobs die Verbindung von Verkauf und Marketing in ein und derselben Stelle. Verkauf und Marketing sind zwei grundlegend *verschiedene Aufgaben*, die auch so grundlegend *verschiedene Fähigkeiten* erfordern, dass sie nur sehr selten in einer Person vereinigt sind. Verkaufen bedeutet letztlich, Menschen zu einer Unterschrift unter einen Kaufvertrag zu veranlassen. Marketing hingegen bedeutet im Kern, Ideen in Köpfen zu verändern. Die Folge dieses Killer-Jobs ist fast immer, dass man entweder hervorragend im Verkauf ist, dafür aber miserabel im Marketing; oder umgekehrt zwar ein brillantes Marketing, aber einen schlechten Verkauf hinlegt; und nicht selten ist man *weder* im Verkauf *noch* im Marketing gut. Alle drei sind unterschiedliche, aber sichere Wege für den Untergang eines Unternehmens. Nur der Zeitbedarf dafür ist verschieden groß.

Um von den Fehlern weg und zum Positiven zu kommen: Jobs müssen groß sein; sie müssen den Menschen konzentrieren und fokussieren; sie müssen innere Kohärenz haben und dürfen nicht einfach eine Aggregation zusammenhangloser Tätigkeiten sein; sie müssen erlauben, Ergebnisse zu erzielen; sie müssen für gewöhnliche Menschen konzipiert sein, die ihren Stärken entsprechend ausgewählt worden sind.

Assignment Control

Die Gestaltung der Stellen ist gewissermaßen der *statische* Aspekt des hier vorgeschlagenen Werkzeugs. Es gibt aber auch einen *dynamischen* Teil. Im Englischen wird dafür das Wort »Assignment Control«

verwendet; am geeignetsten erscheint mir im Deutschen dafür der Begriff »Einsatzsteuerung«.

Manchmal wird gefragt, ob Job Design und Assignment Control nicht zwei *verschiedene* Werkzeuge seien. Ich ziehe es vor, sie als zusammengehörig zu behandeln; denn die Stelle, der gut konzipierte Job, ist die Voraussetzung dafür, dass man Assignment Control überhaupt vernünftig einsetzen kann, und umgekehrt lässt sich Assignment Control nicht ohne Job machen.

Assignment Control ist beinahe unbekannt. Das ist einer der Hauptgründe dafür, dass Unternehmen *umsetzungsschwach* sind. Es ist eine der wichtigsten Ursachen für schlechte Effektivität und vor allem für das Brachliegen der Human-Ressourcen bzw. für deren falschen Einsatz. An *Effizienz* mangelt es meistens nicht, aber an *Effektivität*, an Wirksamkeit. Es gibt noch immer keine besseren Definitionen für Effizienz und Effektivität als die Formulierung von Drucker[47]: *Effizienz heißt, die Dinge richtig tun; Effektivität heißt, die richtigen Dinge tun.*

Diese Aussage erscheint vielen als nette Wortspielerei, und wenn man sie in einem Vortrag verwendet, kann man (obwohl es inzwischen ein uralter Spruch ist) noch immer damit rechnen, dass man einen »Gag gelandet« hat; die Zuhörer lachen, oder sie schmunzeln wenigstens. Aber es ist natürlich viel, viel mehr. Es ist *kein Wortspiel*, sondern ein *Unterschied ums Ganze*. Es ist der Unterschied von *Erfolg* und *Misserfolg*, von *Anstrengung* und *Leistung*, von *Arbeit* und *Ergebnis*, von *richtig* und *falsch*.

Man kann etwas mit hundertprozentiger Effizienz machen – wenn es das Falsche ist, ist es ebenso zu hundert Prozent ineffektiv. Das Richtige mit zwanzigprozentiger Effizienz getan ist noch immer viel effektiver als das Falsche mit hundertprozentiger Effizienz.

Das liegt auf der Hand, und klar ausgesprochen ist es banal. Es ist aber wichtig, und man muss dafür sorgen, dass die Mitarbeiter einer Organisation es präzise verstanden haben. Aus diesem Grunde muss es unermüdlich gepredigt werden.

47 Er dürfte sie wohl zum ersten Mal in *The Practice of Management*, New York 1955, 17. Auflage 1995, verwendet haben.

Aber leider genügt das nicht. Die Leute hören es, sie nicken – und dann vergessen sie es. Daher muss man das *Werkzeug des Assignment Controls* einsetzen; oder anders formuliert, Assignment Control muss zum Werkzeug *gemacht* werden. Dazu sind zwei Dinge erforderlich: *erstens* Kenntnis des Unterschieds zwischen Stelle und Assignment und *zweitens* aktive Steuerung des Einsatzes der Menschen.

Der Unterschied zwischen Stelle und Assignment

Für diese Unterscheidung möchte ich das englische Wort »Assignment« mit »Auftrag« übersetzen oder mit »Schlüsselaufgabe«. Gemeint ist die *Aufgabe*, die auf einer Stelle für die nächste, überschaubare Zeitperiode die *höchste Priorität* haben muss.

Eine Stelle ist immer ein ganzes Aufgaben*paket*, das aufgrund organisatorischer Gesichtspunkte zusammengefasst wird. Es sind jene Aufgaben, von denen man zu einem bestimmten Zeitpunkt annehmen darf, dass sie auf unbestimmte Dauer (bis man die Stelle eben ändern muss) zu erfüllen sind. Damit sind aber keinerlei spezifische *Prioritäten* verbunden. Prioritäten kann man nicht *allgemein* setzen, sondern nur aus einer *spezifischen* und *aktuellen* Lage heraus.

Aus diesem Grunde sehen ja auch die Stellenbeschreibungen vergleichbarer Jobs auf der ganzen Welt praktisch gleich aus. Die Stelle eines Verkaufsleiters in der Maschinenindustrie in Deutschland ähnelt im wesentlichen derjenigen in Japan, in den USA oder in Italien. Und die Russen werden diese Stelle genauso konzipieren müssen, wenn sie mit ihrer Wirtschaft vorankommen wollen. Es mag Unterschiede in den Details geben, nicht jedoch im Wesentlichen.

Die meisten Stellen sind nicht nur im Ländervergleich sehr ähnlich, viele sind auch branchenübergreifend miteinander vergleichbar. Der Job eines Informatikleiters in der Versicherungswirtschaft unterscheidet sich nicht wesentlich von demjenigen in einer Bank, in einem Handelsunternehmen oder in der Industrie. Ja selbst in den Non-Profit-Organisationen, in der öffentlichen Verwaltung, in der UNO, im Roten Kreuz und der Caritas finden sich große Ähnlichkeiten. Das gleiche gilt z. B. für das Personal- und das Finanzwesen, nicht jedoch für das Rechnungswesen, das branchenübergreifend sehr große Unterschiede aufweist.

Nur als Nebenbemerkung: *Ob* Stellenbeschreibungen in einem Unternehmen verwendet werden oder nicht, spielt hierbei keine Rolle. Ich persönlich meine, dass man sie braucht. Aber der Unterschied zwischen einer guten und einer schlechten Stellenbeschreibung ist mir natürlich bewusst, und ebenso klar ist mir, dass es Unternehmen gibt, die mit der Einführung von Stellenbeschreibungen nichts anderes erreicht haben als die Perfektionierung der Bürokratie. Aber auf irgendeine Weise muss *Klarheit über die Jobs* geschaffen werden; ob man es durch den Arbeitsvertrag, durch (gute) Stellenbeschreibungen oder auf anderem Wege macht, bleibe hier dahingestellt. Manchmal ergibt sich ausreichend Klarheit auch einfach aus der Praxis und der Routine, oder dem Produkt und der Technologie, oder schlicht aus dem gesunden Menschenverstand und der Erfahrung. Wie auch immer, Unklarheit der Jobs oder Fehler beim Job Design sind eine gravierende Organisationsschwäche in vielen Institutionen mit schwerwiegenden Konsequenzen für die Funktionsweise einer Organisation, und man kann sie auf keine andere Weise beseitigen als mit präziser Stellengestaltung.

Aber das ist hier nicht das Thema. Ob man nun *keine* Stellenbeschreibungen verwendet oder *bestens* konzipierte Stellen hat – die Unterscheidung von Stelle und Auftrag ist in beiden Fällen wichtig.

Die *Stelle* sagt uns sinngemäß: »A ist Trompeter«. Aber sie sagt nicht, was *heute Abend* gespielt wird. Spielt man Beethoven oder Wagner, Jazz oder Volksmusik? Immer brauchen wir die Trompete, aber was und wie sie spielen muss, ist völlig verschieden. »Erste Trompete« ist die Stelle; »Mahlers Siebente« das *Assignment*, der konkrete und prioritäre Auftrag für die nächste Aufführung, sprich für die nächste Woche oder für die nächsten überschaubaren 15, 18 oder 24 Monate.

Die Stelle des katholischen Bischofs, wie wir sie heute kennen, wurde im 14. Jahrhundert konzipiert und etabliert, und sie hat sich seither praktisch nicht verändert. Die konkreten Aufgaben sind heute aber völlig *andere* als damals; sie waren für ein und dieselbe Stelle einem gewaltigen geschichtlichen Wandel unterworfen. Es dürfte einer der Gründe für gewisse Schwierigkeiten der Katholischen Kirche sein, dass das nicht besonders gut verstanden zu werden scheint.

Die Stelle eines Divisionskommandanten ist in allen Armeen der Welt mehr oder weniger gleich. Es macht aber einen großen Unterschied, ob der Auftrag lautet, eine Division aufzustellen und auszubilden; oder ob es darum geht, die Division in die Schlacht zu führen; oder ob man eine geschlagene und dezimierte Division wieder auffüllen, aufrüsten und neu kampffähig machen muss. An der Spitze wird immer ein Divisionskommandant stehen; was er aber konkret zu tun hat, wo seine Prioritäten liegen müssen, ist, in Abhängigkeit vom Assignment, völlig *verschieden.* Was zu tun ist und welche Anforderungen ein Kommandant jeweils zu erfüllen hat, ist für diese drei Beispiele so verschieden, dass man in den militärischen Organisationen, wenn immer möglich, jeweils auch eine *andere Person* mit diesem Kommando betrauen wird. Aufgrund jahrhundertelanger und schmerzlicher Erfahrung ist man sich dort nämlich darüber im klaren, dass es höchst unwahrscheinlich ist, dass ein und dieselbe Person so unterschiedliche Fähigkeiten in sich vereinigt. Zumindest in diesem Punkt haben militärische Organisationen eine erheblich größere Flexibilität und als Folge dessen Umsetzungskraft, als wir sie von den Wirtschaftsunternehmen her kennen und als man ihnen, etwas arrogant, seitens der Wirtschaft zuzugestehen bereit ist.

In der Wirtschaft ist es eher die Ausnahme, die Person austauschen zu wollen oder zu können, wenn sich das Assignment verändert und andere Prioritäten gesetzt werden müssen. Umso *wichtiger* ist es, absolute Klarheit darüber herzustellen, worin der konkrete Schwerpunktauftrag jeder Stelle in Abhängigkeit von der aktuellen Lage des Unternehmens gesehen wird.

Ein Beispiel: Die Stelle sei die Verkaufsleitung. Es ist ein großer Unterschied und erfordert völlig andere Fähigkeiten und Tätigkeiten, ob der Auftrag für den Verkaufsleiter lautet:

1. bisherige Produkte zu verkaufen oder das Sortiment um 40 Prozent zu reduzieren;

2. die bisherigen Kunden zu betreuen oder abgesprungene Kunden zurückzugewinnen;
3. mit dem vorhandenen Außendienst zu arbeiten oder diesen radikal zu verjüngen, weil er überaltert ist.

Ein anderes Beispiel: Die Stelle heißt Controlling, und sie umfasst alles, was Controller üblicherweise tun müssen. Das bisherige Controllingsystem soll nun aber um eine Kundenerfolgsrechnung ergänzt werden, oder die Informatik-Infrastruktur muss völlig erneuert werden, oder es sind neue und andere Produktivitäts-Messgrößen einzuführen, wobei die Wertschöpfungsketten darzustellen sind, oder es ist Activity-based-Costing zu etablieren. Für den Zeitraum der Umstellung, bis man wieder gewissermaßen zur Routine übergehen kann, sind völlig andere Tätigkeiten und Fähigkeiten erforderlich.

Manchen Mitarbeitern sind solche Dinge auf einen Blick klar, und sie handeln dementsprechend, weil sie Talente sind. Den meisten Menschen aber muss man die Prioritäten *bewusst* machen und sie speziell daraufhin *ausrichten* und *fokussieren*.

Am besten funktioniert das in Unternehmen, deren Geschäftstätigkeit in Form von *Projekten* abgewickelt wird, also etwa in Consulting- und Engineeringfirmen. Dort ist mit der Definition eines Projekts und seiner Organisation automatisch verbunden, dass der Gesamtprojektauftrag und die damit zusammenhängenden Teil- und Unteraufträge klargestellt und sauber formuliert werden. Zumindest in gut geführten Firmen dieser Art ist das der Fall, weil man sonst gar nicht vernünftig arbeiten kann, und es stellt sich dort als eine Selbstverständlichkeit dar, von der kaum noch Notiz genommen wird. Ebenfalls Klarheit über das Arbeiten mit Assignments oder Aufträgen herrscht bei denjenigen, die eine gute militärische Ausbildung haben, weil die Führung mit Aufträgen einer der wichtigsten Funktionsgrundsätze jeder modernen Armee ist. In allen anderen Organisationen handelt es sich aber um *keine* Selbstverständlichkeit. Man vertraut vielmehr blind darauf, dass die Stellen klar und dass den Stelleninhabern die Prioritäten bewusst seien.

Es empfiehlt sich, die Assignments *schriftlich* zu formulieren. In schwierigen und komplexen Fällen und vor allem dann, wenn *große* Veränderungen *rasch* durchgeführt werden müssen, ist das unverzichtbar. Dies ist eines der »Geheimnisse« wirksamer Führungskräfte.

Einsatzsteuerung

Das »Herauspräparieren« der Prioritäten und die klare und präzise Formulierung der Aufträge ist der notwendige *erste* Schritt zur Effektivität einer Organisation. Aber selbst dann wird noch immer viel zu häufig der *zweite* wesentliche Schritt vernachlässigt – die wirksame *Steuerung des Einsatzes* der Menschen.

Gelegentlich mache ich mit Teilnehmern einer Arbeitsklausur folgende Übung: Ich bitte sie, die Namen und Tätigkeiten ihrer *besten* Mitarbeiter aufzuschreiben. Die Teilnehmer sind meistens sehr schnell mit ihren Listen fertig. Warum? Sie müssen nur *wenige* Namen notieren, weil niemand *viele* »beste« Leute hat. Es sind drei, vier oder fünf Personen. Auf der längsten Liste, die ich je gesehen habe, standen zwölf Namen. Aber in der Diskussion zeigte sich dann schnell, dass der betreffende Manager auch noch alle Zweit- und Drittbesten aufgeschrieben hatte.

Die Listen sind also kurz und führen unter der Rubrik »Tätigkeit« die *Stellenbezeichnungen* der Genannten auf: etwa Müller – Marketing, Huber – Produktentwicklung, Meier – Controlling. Die Übung setzt sich dann folgendermaßen fort: *»Ich habe mich offenbar nicht klar genug ausgedrückt. Mit Tätigkeit meinte ich nicht das, was Ihre besten Leute generell tun, sondern das, was sie jetzt, heute, am Mittwoch, um 16.15 Uhr tun.«*

Dann schauen mich die Teilnehmer verdutzt an und sagen: *»Ja, ich habe das doch aufgeschrieben. Müller macht Marketing, der Huber Produktentwicklung und Meier Controlling.«*

Ich schlage dann eine halbstündige Unterbrechung des Seminars vor und bitte die Teilnehmer telefonieren zu gehen und *nachzuprüfen*, womit ihre besten Leute sich *jetzt gerade* wirklich befassen, und zwar möglichst genau. Manchmal gibt es etwas unwirsche Reaktionen, aber die Teilnehmer tun es schließlich doch.

In der anschließenden Diskussion sind dann fast ausnahmslos

betretene Gesichter zu beobachten, dann nämlich, wenn die Manager feststellen, dass ihre besten Leute sich

- mit dem *Gestern* befassen statt mit dem *Morgen*;
- mit *Schwierigkeiten* statt mit *Chancen*;
- mit *Interessantem* statt mit *Wichtigem*;
- mit *Produktmodifikation* statt mit *Produktentwicklung*;
- mit *Reklamationen* von Kunden statt mit der *Gewinnung neuer Kunden*;
- mit *Routine* statt mit *Innovation*.

Dann nämlich steht die Frage im Raum: *Wenn die besten Leute und ihre Arbeitskraft von den jeweils erstgenannten Tätigkeiten absorbiert sind, wer kümmert sich dann um die anderen?* Die Antwort ist klar: *Niemand!* Und damit *hat* dieses Unternehmen keine Zukunft; dadurch und deshalb wird *nichts* verändert, und es wird *nicht* innoviert. Man hat alle Hände voll zu tun, um die *Gegenwart* zu managen – die *Zukunft* bleibt dem Zufall überlassen.

Natürlich muss das jeweils Erstgenannte ebenfalls *getan* werden. Aber muss es von den *besten* Leuten getan werden? Sind das nicht Dinge, die ebenso gut von den Zweit- oder Drittbesten getan werden könnten? Und müsste man nicht größte Aufmerksamkeit darauf richten, dass die besten Mitarbeiter freigespielt werden, so schwierig das in der Regel auch ist, damit sie alle Kraft auf die wirklich wichtigen Dinge lenken können?

Die besten Leute lassen sich gerade deshalb immer wieder von den erstgenannten Dingen absorbieren, *weil* sie die besten sind. Wo immer »es brennt«, springen sie in die Bresche. Wo immer ein Problem auftaucht, machen sie sich an die Arbeit und leisten ihren Einsatz. Das ist ja meistens auch der Grund dafür, dass man sie als die Besten empfindet. Aber leisten sie ihren Einsatz auch für die *richtigen* Dinge?

Exakt hier muss die *Einsatzsteuerung* ansetzen. Man muss dafür sorgen, dass die Prioritäten unmissverständlich klar sind; und dann muss dafür gesorgt werden, dass jeder Mitarbeiter, so gut es nur irgendwie geht, seine Kraft und seine Fähigkeiten *ungeteilt* und *unge-*

stört darauf konzentrieren kann. Ganz besonders gilt dies für die wirklich guten Mitarbeiter, die immer aus Pflichtgefühl und Verantwortungsbewusstsein dazu neigen, sich um alles zu kümmern und überall zu helfen.

So positiv das im Prinzip ist, es ist immer auch mit der Gefahr der *Verzettelung* und *Zersplitterung* der Kräfte verbunden. Gerade die wirklich schwierigen Aufgaben, für die man ja nur die besten Leute einsetzen kann, erfordern in aller Regel *volle Konzentration* und nicht selten Einsatz an der Grenze der Leistungsmöglichkeit. Wirksame Manager halten daher ihren guten Mitarbeitern immer »den Rücken frei«, wenn diese vor wirklich schwierigen Aufgaben stehen. Sie entlasten sie, soweit wie nur möglich, von der Tagesroutine und nehmen ihnen alles andere ab, damit sie mit voller Kraft die Prioritäten verfolgen können.

Damit leisten diese Manager gleichzeitig einen hervorragenden Beitrag zur Entwicklung der zweit- und drittbesten Mitarbeiter, und zwar entsprechend den Empfehlungen des dritten Teils. Auch diese erhalten nun größere und verantwortungsvollere Aufgaben – jene, die vorher von den besten Leuten erledigt wurden. Auf diese Weise wird allen Mitarbeitern eines Unternehmens vor Augen geführt, wo die Prioritäten liegen, und es entsteht das, was man sich in den meisten Organisationen so eindringlich wünscht – ein *gemeinsames* Gefühl der Verpflichtung und Verantwortung: *shared commitment* – aber nicht auf den seit »Entdeckung« der Unternehmenskultur bevorzugten Wegen, den pompösen Programmen, rituellen Schwüren oder den kollektivistischen Anleihen aus Fernost, sondern viel einfacher, aber wirksamer durch die Art, wie man arbeitet und führt …

Nicht anders geht es ja auch in einer gut funktionierenden Familie zu. Hat ein Kind eine schwere Krankheit durchzumachen, werden alle Familienmitglieder die Mutter, so gut es geht, entlasten, damit sie sich zur Gänze dem kranken Kind widmen kann; und wenn eines der Kinder sich auf das Abitur vorbereiten muss, wird man es ebenfalls von allen anderen Pflichten befreien, damit es sich vollständig auf seine Prüfungen konzentrieren kann.

Praktisches Vorgehen

Assignment Control ist relativ einfach, sobald es verstanden und die Notwendigkeit dafür eingesehen wird. Man verbindet es mit der Budgetierung und der Bestimmung von Zielen, die gegen Ende einer Geschäftsperiode zu machen sind. Das ist auch der beste Zeitpunkt für die Bestimmung der Prioritäten.

1. Als erstes muss die Geschäftsleitung sich mit der Frage der Prioritäten für das *Gesamtunternehmen* befassen. Die Grundlagen dafür sind Unternehmenspolitik und Strategie sowie eine aktuelle Lagebeurteilung. Die Frage muss lauten: *Welche Schwerpunkte müssen wir vor dem Hintergrund unserer langfristigen Politik und der aktuellen Lage für die nächste Geschäftsperiode setzen?* Die Liste der Prioritäten muss kurz sein. Mehr als sieben plus / minus zwei Dinge, das erwähnte ich schon im Kapitel über Ziele, sollten, ohne dass schwerwiegende Gründe dafür vorliegen, nicht gleichzeitig angepackt werden. Man muss mit aller Hartnäckigkeit auf eine möglichst kleine Zahl von Schwerpunkten hinarbeiten.

2. Im Anschluss daran muss das Ergebnis der nächsten Führungsebene bekannt gegeben werden, und in aller Regel ist es sehr nützlich, einen größeren Kreis von Mitarbeitern – in kleineren und mittleren Unternehmen sogar alle Mitarbeiter – ebenfalls klar und präzise darüber zu informieren.

3. Daraufhin erhält jeder, der den Geschäftsleitungsmitgliedern direkt unterstellt ist, den Auftrag, auf Basis seiner Stellenbeschreibung (oder was immer man sonst statt dessen hat) seine *eigenen* Tätigkeitsschwerpunkte in Beziehung zu den Gesamtprioritäten zu durchdenken und zu erarbeiten. Dies ist die Vorbereitung für ein ziemlich intensives Gespräch, das anschließend jedes Geschäftsleitungsmitglied mit jedem seiner Mitarbeiter (einzeln oder gemeinsam) zu führen hat, in dem so klar und präzise wie irgend möglich die Schlüsselaufgaben der Stelle, die Assignments, zu bestimmen sind. Auch hier gilt wiederum das Prinzip der kleinstmöglichen Zahl von Schwerpunkten pro Stelle.

4. Ob man das Ergebnis dieser Gespräche dann schriftlich in Form

eines Auftrags festhalten will, muss man im Einzelfall entscheiden. Ich meine, dass dies insbesondere bei schwierigen Aufträgen notwendig ist – überall dort, wo es um wesentliche Veränderungen oder Neuerungen geht, wo man von der gewohnten Routine abweicht und die Dinge in eine andere als die gewohnte Richtung steuern will. Die Zeiträume, die man dabei ins Auge fasst, brauchen nicht die zwölf Monate des folgenden Geschäftsjahres zu sein; es können ebenso längere oder kürzere Perioden sein. Der Zeitraum muss der Dauer der Schlüsselaufgabe(n) entsprechen.

Ein Beispiel: *»Ihre Schwerpunktaufgabe besteht darin, ein Drittel jener Kunden, die wir durch die Mängel des XY-Produkts verloren haben, innerhalb der nächsten 18 Monate zurückzugewinnen. Damit Sie sich voll auf diese Aufgabe konzentrieren können, stellen wir die Umstellung des Provisionssystem für diesen Zeitraum zurück, und Sie können sich ebenfalls für diesen Zeitraum in der Projektgruppe Z durch Herrn Meier vertreten lassen«*, so etwa könnte das Assignment für einen Verkaufsleiter aussehen. Dies ist die *Grundlage*, auf der der Verkaufsleiter seine konkreten Ziele für das nächste Geschäftsjahr erarbeitet.

5. Wenn ein Assignment für einen Mitarbeiter besonders schwierig ist, wenn er trotz aller Bemühungen um Reduzierung statt eines Schwerpunkts doch zwei, drei oder vier verfolgen muss und je weniger man ihn von anderen Verpflichtungen befreien kann, desto wichtiger ist ein letzter Schritt – das eigentliche *»Control«-Element* im Assignment Control: Man muss in kurzen Zeitabständen – sicher alle sechs bis acht Wochen – diesen Mitarbeiter *aufsuchen und nachprüfen*, ob er *wirklich* an seinen Prioritäten arbeitet. Ansonsten wird man, außer bei ganz professionellen Leuten, nach einiger Zeit immer wieder feststellen müssen, dass eben doch die Zwänge des Tagesgeschäfts die Prioritäten verdrängt haben, das Dringliche das Wichtige überholt und die Routine die Innovation erschlagen hat.

Keinesfalls darf man sich dabei auf Berichte und die routinemäßigen Soll-/Ist-Vergleiche verlassen. Dies ist einer jener Fälle, die man nur durch *persönlichen Augenschein* steuern kann. Hier ist direkte Präsenz eines Vorgesetzten wichtig, das Gespräch mit dem Mitarbeiter, das Signal, dass man sich dessen bewusst ist, dass er an einer schwierigen Aufgabe arbeitet, und man alles tun wird, um ihm, so gut es geht, zu helfen. Man wird diese Gelegenheit auch nutzen, um ihm immer wieder die Bedeutung seiner Aufgabe im Rahmen des Ganzen vor Augen zu führen, und ihm auf diese Weise alle erforderliche sachliche, menschliche und moralische Unterstützung geben.

Einige zusätzliche Hinweise

1. In Zusammenhang mit der Forderung, dass die Assignments *klar und präzise* sein müssen, kann sich ein Missverständnis ergeben. Manche verstehen darunter »möglichst detailliert«. Das ist es aber nicht, was ich meine. *Klar und präzise* kann ein Auftrag auch dann sein, wenn man *nicht* in die Details gehen kann, weil man diese noch gar nicht kennt. Ein Beispiel: *»Ihre Hauptpriorität für die nächsten acht Monate besteht darin, den indischen Markt für unser Geschäftsfeld X zu erkunden. Ihre Marktuntersuchung soll als Grundlage für eine dann anschließend zu erarbeitende Indienstrategie dienen.«* Das könnte etwa der Auftrag für einen Marketingmitarbeiter sein.

Für einen *erfahrenen* Marketingfachmann ist dieser Auftrag klar und präzise, obwohl er nicht detailliert ist. Es wird nicht angegeben oder vorgeschrieben, was er im Einzelnen untersuchen soll; das kann man einem *kompetenten* Marketingmitarbeiter durchaus selbst überlassen. Hat man es allerdings mit einem nur *wenig erfahrenen* Mitarbeiter zu tun, muss man ins Detail gehen, und der Auftrag muss dann auch die spezifischen Einzelpunkte enthalten, die man untersucht haben will.

2. Manche Führungskräfte fragen mich, ob denn Assignments nicht dasselbe seien wie Ziele. Gelegentlich kann das so sein. Ich mache aber immer wieder die Erfahrung, dass tendenziell *zu schnell* über Ziele diskutiert und der wichtige Schritt der Auftragsbestimmung ausgelassen wird. Damit fehlt jedoch die Grundlage für eine vernünftige Bestimmung von Zielen.

Natürlich gibt es Stellen und Situationen, wo es nicht ins Gewicht fällt. Dann kann man *direkt* zu den Zielen übergehen. Das gilt besonders für Routine-Jobs und vor allem für jene Stellen, bei denen

Produkt und Technologie klar strukturiert sind (oft braucht man dafür nicht einmal Ziele).

Besonders empfehle ich die klare Formulierung der Assignments in folgenden Fällen:

(a) Wenn ein bisheriger Mitarbeiter eine *neue* Stelle im Unternehmen übernimmt: Die meisten Menschen neigen dazu, weiterhin in den Kategorien ihrer alten Stellen zu denken.
(b) Wenn es um *Innovationen* und *Veränderungen* geht: Diese erfordern immer einen Schritt in unbekanntes »Gelände«, und die alten Gewohnheiten sind dabei sehr hinderlich.
(c) Wenn man einen *neuen* Mitarbeiter eingestellt hat: Selbst wenn man es mit einer an sich erfahrenen Person zu tun hat, kennt man sie noch nicht wirklich; und diese kennt das Unternehmen noch nicht. Daher ist Klarheit über die Schwerpunktaufgaben besonders wichtig.
(d) Wenn man es mit einem *jungen* und *unerfahrenen* Mitarbeiter zu tun hat: Erfahrenen Routiniers mögen sich keine Probleme stellen; für unerfahrene Leute ist aber Klarheit und Präzision besonders wichtig. Die präzise Formulierung des Assignments verkürzt die Einarbeitungs- und Probezeiten für neue und für unerfahrene Mitarbeiter.

In diesen Fällen ist es wichtig, zunächst Aufträge *von kurzer Dauer* zu formulieren, damit die Leute *rasch* zeigen können, wie sie arbeiten. Nach zwei oder drei Assignments kann man einen Menschen ziemlich gut beurteilen und weiß, wie er arbeitet, wie er sich verhält und wo seine Stärken liegen.

3. Einige Führungskräfte beklagen sich darüber, dass ihre Mitarbeiter keine Prioritäten setzen können. Meistens stellt sich heraus, dass die Manager selbst ihre Mitarbeiter zu wenig dazu erzogen und angehalten haben, sich mit den Prioritäten auseinanderzusetzen und sie zu durchdenken. Es sind also Fehler in der Führung, Entwicklung und Ausbildung der Mitarbeiter gemacht worden.

Gelegentlich hat man es einfach nur mit fachlich *inkompetenten*

Mitarbeitern zu tun. Von diesen muss man sich mit der Zeit trennen. Von jungen und unerfahrenen Leuten kann man die Fähigkeit, Prioritäten zu bestimmen, noch nicht erwarten. *Sie müssen es lernen.* Für erfahrene und fachlich kompetente Menschen ist das Erkennen von Prioritäten aber in der Regel kein besonders großes Problem.

Selbstverständlich wird es immer wieder vorkommen, dass man als Chef *andere* Prioritäten im Auge hat als selbst die erfahrenen Mitarbeiter. *Das muss man ausdiskutieren.* Diese Diskussionen gehören meistens zu den wertvollsten Gesprächen, die die Betroffenen und die Firma weiterbringen. Alle Beteiligten haben nach einer solchen Diskussion ein besseres und tieferes Verständnis für das Geschäft.

Die Anwendung des Assignment Controls führt zu einer erstaunlichen und fast immer sofort spürbaren Verbesserung der *Umsetzungskraft* eines Unternehmens. Plötzlich liegen *sichtbare* Ergebnisse vor, und die Mitarbeiter haben, auch wenn größte Anstrengungen zu erbringen sind, *Erfolgserlebnisse.* Umgekehrt führt die Vernachlässigung dieser Praxis dazu, dass immer wieder auch die besten und ernsthaftesten Absichten im Sumpf der Routine und der Gewohnheiten stecken bleiben. Am Ende einer Periode hat man daher im ersten Fall *Resultate*; im zweiten Fall hat man *nur gearbeitet.* Im ersten Fall ist man *effektiv*; im zweiten bestenfalls *effizient.*

Viertes Werkzeug
Persönliche Arbeitsmethodik

Die persönliche Arbeitsmethodik ist für Führungskräfte von außerordentlicher Bedeutung. Kaum etwas anderes beeinflusst ihre Wirksamkeit so *direkt* und so *umfassend*. Von kaum etwas anderem hängen Resultate und Erfolg von Managern so sehr ab wie von ihrer Arbeitsmethodik. Man sollte daher weder seine eigene Arbeitsmethodik noch jene seiner Mitarbeiter dem Zufall überlassen; und man darf sich weder zu gut noch zu vornehm sein – noch darf man zu kooperativ sein –, in die Arbeitsmethodik der Mitarbeiter korrigierend einzugreifen, wenn sie Mängel aufweist, selbst wenn das meistens für beide Teile etwas lästig, manchmal sogar peinlich ist.

Vielleicht langweilig, aber von größter Wichtigkeit

Das Thema als solches ist zugegebenermaßen nicht besonders spannend; es ist lediglich *wichtig*. Spannung entsteht dadurch, dass man die Effektiviät von Menschen mit einer durchdachten Arbeitsmethodik mit der von anderen vergleicht, die diesem Thema keine Beachtung schenken.

Die Unterschiede sind gewaltig, und zwar nicht nur in bezug auf die beruflichen Erfolge. Die Wirkung einer methodischen, effizienten Arbeitsweise reicht weit ins Privatleben hinein. Fast alle der so häufig diskutierten Begleiterscheinungen intensiver Arbeit und beruflichen Leistungsdrucks wie Stress, Hetze und Hektik, gesundheitliche Schäden und viele familiäre Querelen lassen sich, so behaupte ich, auf Mängel in der Arbeitsweise zurückführen. An viel und harter Arbeit erkrankt man nicht so leicht. Davon wird man nur müde. Man erkrankt an ineffizienter, sinn- und ergebnisloser Arbeit.

Ich empfehle daher, der persönlichen Arbeitsmethodik *größte* Aufmerksamkeit zu schenken, auch wenn man dabei *intellektuell* nicht besonders gefordert wird.

Bei aller Bedeutung, die man einer guten fachlichen Ausbildung, ausreichender Intelligenz, Erfahrung und sonstigen so häufig geforderten Eigenschaften, Fähigkeiten und Talenten einräumen muss – ohne die entsprechende Arbeitsmethodik ist das alles *wertlos*. Es bleibt ungenutztes, nicht realisiertes Potenzial.

Viele lehnen methodisch-systematisches Arbeiten ab, weil sie glauben, es stehe in Widerspruch zu *kreativer* Arbeit. Ich habe diesen Punkt beim Grundsatz der Konzentration schon gestreift. Es handelt sich um eine weit verbreitete, aber völlig *falsche* Meinung. Das Gegenteil ist richtig. Gerade schöpferische Menschen – jedenfalls die *erfolgreichen* unter ihnen – zeichnen sich durch eine ausgeprägt systematische Methode des Arbeitens aus. Nur bei Pseudo-Kreativen gehören Kreativität und chaotisches Arbeiten zusammen.

»Der Alltag der meisten, die Großes vollbrachten, ist die Fron«, schreibt Wolf Schneider in seinem sehr empfehlenswerten Buch *Die Sieger*[48], in dem er sich mit den Großen und Berühmten befasst und vor allem mit der Frage, was ihnen zu Größe und Ruhm verhalf. Er belegt anhand konkreter Beispiele, die von Leonardo bis Thomas Mann und von Kant und Balzac über Franz Schubert bis Paul Klee reichen, in überzeugender Weise, dass von ganz wenigen Ausnahmen abgesehen alle sehr methodisch arbeiteten. Ihre Arbeitsmethoden waren, das ist wichtig, in der Regel sehr *verschieden* – aber alle *hatten* eine Methode. Keiner arbeitete ohne *System* und *Disziplin*.

Systematisches und methodisches Arbeiten ist der *Schlüssel* zur Nutzung von Talenten, für die Transformation von Fähigkeiten in Ergebnisse und in Erfolg. Die Frage, ob jemand gelernt hat, systematisch zu arbeiten, muss daher auch ein wichtiges *Auswahlkriterium* für Führungskräfte sein. Leider kommt es in den Kriterienkatalogen praktisch nie vor.

Ebenso unverständlich ist, dass persönliche Arbeitsmethodik in

48 Wolf Schneider, *Die Sieger*, Hamburg 1992, S. 175 und das ganze Kapitel 17.

akademischen Studiengängen und sonstigen Ausbildungen kaum einen Platz hat. Die meisten Menschen sind auf diesem Gebiet auf sich selbst angewiesen und daher zu Beginn ihrer beruflichen Tätigkeit auch nicht gut darin – ja, schlimmer, von einigen Naturtalenten abgesehen, ist die überwiegende Mehrheit *schlecht* bis *miserabel.*

Ich selbst war da keine Ausnahme, obwohl meine Ausbildung für das Wirtschaftsabitur noch verhältnismäßig viele Elemente systematischen Arbeitens enthielt. Immerhin waren Stenographie und Maschineschreiben – wenn auch nicht sonderlich geliebt – über mehrere Jahre hin Pflichtfächer; und damit die Abschlusstabellen der Buchhaltung und die Kalkulationen stimmten, benötigte man schon ein Minimum an Systematik, sonst gingen sie nie auf. Aber ich habe für diese Dinge damals, später während des Studiums an der Universität und noch Jahre danach kaum Aufmerksamkeit gehabt und schon gar kein Interesse.

Heute ist mir Arbeitsmethodik beinahe zum Hobby geworden. Warum? Aus denselben Gründen wie für die meisten Menschen, die sich irgendwann dafür zu interessieren beginnen: *Aufgrund harter und bitterer Erfahrung.* Ich war zweimal in Situationen, in denen ich mir schließlich sagen musste: Entweder du versagst in deiner *Aufgabe,* oder deine *Familie* geht in die Brüche, oder du *selbst* gehst kaputt – oder…? Gibt es noch eine *vierte* Möglichkeit? Ja; *oder du änderst die Art, wie du arbeitest!* Mit Scham muss ich gestehen, dass für mich *eine* solche Erfahrung nicht genügte. Ich brauchte deren *zwei.*

Heute interessiert mich *alles,* was mit Arbeitsmethodik zusammenhängt. Ich lasse keine Gelegenheit aus, mit Führungskräften, aber auch mit anderen Menschen, die in ihrem Leben etwas geleistet haben, über dieses Thema zu sprechen und sie, wenn immer möglich, beim Arbeiten zu beobachten. Und obwohl ich nur einen Teil selbst zu realisieren imstande bin, konnte ich doch unendlich viel daraus lernen.

Im Gegensatz dazu habe ich, so paradox es klingt, nur sehr wenig aus Büchern oder in Seminaren über Arbeitstechnik gelernt, die ich eine Zeitlang mit großen Hoffnungen und Erwartungen las bzw. besuchte. Ich konnte mir das lange nicht erklären. Nicht, dass diese

Bücher und Seminare an sich und im üblichen Sinne schlecht gewesen wären, obwohl es natürlich auch solche gab. Das Problem war ein anderes: Sie *passten* einfach nicht; sie waren *nicht relevant*. Die Gründe dafür konnte ich mir zunächst nicht erklären. Erst mit der Zeit bin ich dahintergekommen, warum das so war.

Grundlagen einer wirksamen Arbeitsmethodik

Arbeitsmethodik ist persönlich und individuell

Den Hauptgrund der erwähnten Irrelevanz vieler Bücher und Seminare zum Thema »Arbeitsmethodik« sehe ich heute darin, dass auf *falsche* Weise bzw. *das Falsche verallgemeinert* wird. Das ist mein Resultat aus der Beobachtung einer großen Zahl von Managern aller Stufen und vieler Branchen.

Arbeitsmethodik ist etwas sehr *Individuelles*. Man spricht ja nicht ohne Grund von *»persönlicher«* Arbeitsmethodik. Keine zwei Menschen arbeiten gleich, auch wenn jeder für sich gesehen sehr methodisch und sehr systematisch arbeitet. Es gibt eben sehr *verschiedene* Methodiken und Systematiken. Genau hier liegt eines der Schlüsselprobleme der meisten Arbeitsmethodik-Seminare: Sie lehren *eine* Methodik für *alle*. Ihr Ausgangspunkt ist die Annahme, dass ein und dieselbe Methodik für alle oder zumindest sehr viele Menschen und für Situationen geeignet sei. Ihr Inhalt ist somit nicht methodisches Arbeiten an sich, sondern die Vermittlung einer ganz speziellen Systematik mit dem Anspruch auf *Allgemeingültigkeit*. Das ist ein kapitaler Fehler.

Verallgemeinern lässt sich die Forderung nach methodischem Arbeiten an sich – für jene, die an Wirksamkeit interessiert sind – und verallgemeinern lassen sich, wie ich zeigen werde, die Probleme, die durch Arbeitsmethodik gelöst werden müssen. *Nicht* verallgemeinern hingegen darf man die einzelnen Methoden und Techniken und ihre Kombinationen. Alle wirksamen Menschen arbeiten zwar methodisch; aber jeder hat seine *eigene* Methodik und seine eigene, individuelle Kombination von Methoden und Techniken.

Arbeitsmethodik ist abhängig von den Rahmenbedingungen und Umständen

Die jeweils »beste« Arbeitsmethodik hängt – abgesehen von den individuellen Eigenarten jedes Menschen – von einer Reihe von Umständen und Gegebenheiten ab, die von der *Situation* bestimmt sind, in der man sich befindet. Dazu gehören zum Beispiel:

(1) *Die Tätigkeit, die jemand ausübt:* Verkaufs-Außendienst hat eine andere Logik und stellt andere Anforderungen an die Arbeitsmethodik als Innendienst; die Leitung eines Produktionswerkes andere als die Leitung eines Forschungsressorts; Marketing verlangt anderes Arbeiten als Rechnungswesen.

(2) *Die Stellung innerhalb der Organisation:* Es macht einen wesentlichen Unterschied, ob man Mitarbeiter hat oder nicht, ob man viele oder wenige hat; es macht einen Unterschied, ob man in den oberen, mittleren oder unteren Rängen einer Organisation positioniert ist.

(3) *Das Alter:* Niemand arbeitet mit 27 genauso wie mit 47, und zwar nicht nur aufgrund des unterschiedlichen Alters und auch der unterschiedlichen Position. Arbeitstempo und Arbeitsrhythmus ändern sich mit dem Alter; die körperlichen und psychischen Bedingungen sind anders.

(4) *Der Reisebedarf:* Wer berufsbedingt viel unterwegs sein muss, benötigt eine andere Arbeitsmethodik als jemand, der seine Aufgabe im wesentlichen stationär in seinem Büro, an seinem Schreibtisch ausübt.

(5) *Die Infrastruktur:* Wer eine Sekretärin hat, muss und kann anders arbeiten, als jemand der keine hat; mit einer Alleinsekretärin arbeitet man anders zusammen, als wenn man sie mit mehreren Kollegen teilen muss; wer gar über ein ganzes Sekretariat mit mehreren Sekretärinnen und möglicherweise Assistenten verfügt, braucht wiederum eine andere Methodik.

(6) *Die Organisation:* Die Matrix-Organisation stellt völlig andere Anforderungen an Methodik, Systematik und Disziplin des Arbeitens als etwa die funktionale Organisation; die Begeisterung für die gegenwärtig so sehr gelobten Netzwerkorganisationen nimmt rasch

ab, wenn man an die fast übermenschliche Disziplin denkt, die sie verlangen, wenn sie auch nur einigermaßen funktionieren sollen.

(7) *Der Chef:* Jeder Chef ist anders. Wer einen Chaoten als Chef hat, hat eigentlich nur zwei Möglichkeiten – er wird selbst zum Chaoten und wird vermutlich nie Resultate sehen, oder er ist so extrem diszipliniert, dass er das Chaos seines Chefs in vernünftige Bahnen zu lenken vermag. Wer einen sehr präzise und systematisch arbeitenden Menschen als Vorgesetzten hat, kann und muss wiederum völlig anders arbeiten.

(8) *Die Branche:* In einer Airline wird anders gearbeitet als in einem Modeunternehmen; in einer Versicherungsgesellschaft anders als in einer Nahrungsmittelfirma, einem Verlag oder einem Fernsehsender.

Außerdem – und vor allem – hängt die Arbeitsmethodik von *früheren* Chefs und von *zufällig erworbenen Gewohnheiten* ab. Daher muss man sich irgendwann – als Führungskraft und falls einem Wirksamkeit wichtig ist – die Frage stellen: *Will ich ein Leben lang abhängig sein von dem, was ich von meinen früheren Chefs und von zufällig erworbenen Gewohnheiten übernommen habe?*

Die Verschiedenartigkeiten, die aus der jeweiligen Situation resultieren, machen es also unsinnig, ausschließlich *eine* und gar eine für alle *gleiche* Arbeitsmethodik zu empfehlen oder zu vermitteln. Im Gegenteil führt das geradewegs in die Ineffizienz; auf diese Weise wird die Arbeitsmethodik nicht zur Hilfe, sondern zur persönlichen Zwangsjacke und führt zur Strangulierung der Leistungsfähigkeit.

Regelmäßige Überprüfung und Anpassung

Seine persönliche Arbeitsmethodik zu haben, genügt leider noch nicht. Man braucht die *richtige* Methode für die jeweils gegebene, individuelle *Situation.* Man kann ja auch auf sehr systematische Weise *ineffizient* sein. Es gibt gar nicht so wenige Menschen, die sich selbst systematisch unwirksam machen – weil sie eine erworbene Methode, die durchaus einmal richtig gewesen sein mag, stur beibehalten, obwohl ihre Situation sich inzwischen deutlich *geändert* hat. Jede Arbeitsmethodik muss daher von Zeit zu Zeit und besonders bei bestimmten Anlässen auf ihre Tauglichkeit hin überprüft und unter Umständen angepasst oder auch radikal verändert werden, so schwer das den meisten auch fällt.

Auf jeden Fall zu überdenken ist die Arbeitsmethodik:

1. Regelmäßig etwa alle 3 Jahre

Überall wird von Wandel, von Dynamik, von Veränderung gesprochen - mit Recht. Die *praktische* Konsequenz daraus ist, dass sich etwa alle drei Jahre, längstens alle fünf Jahre, die Anforderungen selbst bei einem an sich gleichbleibenden Job verändern. Daher muss man die Art seines Arbeitens in regelmäßigen Abständen auf den Prüfstand stellen und gründlich durchdenken. Das kostet nicht unbedingt viel Zeit. Ein oder zwei verregnete Wochenendtage genügen fast immer. Es erfordert eher Disziplin und nicht nachlassendes Interesse an der persönlichen Effektivität.

2. Bei Übernahme einer neuer Aufgabe

Eine neue Aufgabe erfordert *fast immer* auch eine *veränderte* Arbeitsweise. Das ist eigentlich so offenkundig, dass es kaum erwähnenswert erscheint. Trotzdem werden in diesem Zusammenhang so viele Fehler gemacht, dass man besonders darauf hinweisen muss. In der Regel werden die Mitarbeiter zwar *fachlich* auf die neue Aufgabe vorbereitet, nur selten aber mit Blick auf ihre Arbeitsmethodik.

3. Bei jeder Beförderung

Dieser Punkt ist eng mit dem vorangehenden verbunden. Eine *höhere* Position ist ja meistens auch mit *neuen* Aufgaben verknüpft. Was aber die meisten Neubeförderten nicht beachten, ist einer der wichtigsten und häufigsten Gründe für das Versagen in der neuen Position. Die Maxime muss lauten: *Was zu der Beförderung geführt hat, ist in der neuen Position beinahe immer mehr hinderlich als förderlich.* Man kann fast mit Sicherheit davon ausgehen, dass man nicht auf die gleiche Weise weiter arbeiten kann wie auf der vorherigen Stelle.

4. Wenn man einen neuen Chef bekommt

Die meisten Chefs werden – oft sehr wortgewandt – von Flexibilität und Anpassungsfähigkeit sprechen, von neuem Verhalten und neuen Formen der Zusammenarbeit. Sie meinen damit immer »den anderen«. Man kann sich jedoch ganz sicher sein: Bekomme ich als Mitarbeiter einen neuen Chef, muss ich *meine* Arbeitsweise ändern; er wird die *seine* nicht oder kaum verändern – allen Lippenbekenntnissen zum Trotz.

5. Ganz allgemein bei jeder wesentlichen Veränderung der Situation

Es macht einen großen Unterschied, ob man in einer Firma »business as usual« hat oder ob das Unternehmen durch eine Krisenphase geht, ob es expandiert oder schrumpft. Die Situation verändert sich, wenn man neue Mitarbeiter und neue Kollegen bekommt.

Die Maxime, die eigene Arbeitsmethode regelmäßig zu überprüfen und den veränderten Umständen anzupassen, bezieht sich auch auf das *Privatleben*, das man unter allen Umständen in seine Arbeitsmethodik *integrieren* muss. Es ist für die Arbeitsweise ein Unterschied, ob man Single ist oder einen festen Partner hat, ob man kinderlos ist oder ob Kinder vorhanden sind; und es macht einen erheblichen Unterschied, ob man kleine, halbwüchsige oder erwachsene Kinder hat. Ich habe Manager kennengelernt, die zwei verschiedene Kalender führten, einen für die beruflichen Termine und einen anderen für die privaten. Dass das nicht lange gut gehen kann, müsste auf der Hand liegen.

Jede der hier skizzierten Situationen erfordert ein erneutes Durchdenken und eine Überprüfung der persönlichen Arbeitsmethodik und fast immer auch mehr oder weniger tiefgreifende Anpassungen in der Art und Weise, wie man arbeitet. Man wird für die damit verbundenen Mühen aber reichlich entschädigt. Das Ziel einer fortgesetzt verbesserten und immer wieder neu optimierten Arbeitsmethodik ist ja nicht – wie häufig unterstellt –, immer mehr und härter zu arbeiten, obwohl auch das heute vielen nicht erspart bleibt.

Das Ziel ist nicht der »Workaholic«. Im Gegenteil: *»Don't work harder; work smarter«*, wie man im Englischen so treffend sagen kann, muss das Ziel sein.

Natürlich ist *auch* ein Ergebnis einer optimierten Arbeitsmethodik, dass man *mehr* leisten, *größere* Aufgaben übernehmen und diese *besser* bewältigen kann. Kaum jemand kann Erfolg haben und Karriere machen wollen, ohne die Bereitschaft und die Fähigkeit, mehr und Grösseres zu leisten. Das wird wohl immer notwendig sein. *Nicht* notwendig hingegen ist es, sich damit und deswegen gesundheitlich kaputt zu machen, das Familienleben zu opfern und auf die schönen Seiten des Lebens zu verzichten.

Mein Vorschlag lautet – und er entstammt nicht der Gemütlichkeit der Studierstube, sondern ist das Ergebnis von über 20 Jahren persönlicher Erfahrung sowie der Beobachtung und Analyse zahlreicher Führungskräfte –, an die persönliche Arbeitsmethodik mit einer lockeren, aber *sportiven* Haltung heranzugehen. Jede Art von Verkrampftheit und Zwanghaftigkeit ist dabei, genauso wie im Sport und im Training, von Nachteil. Genau wie dort ist aber Leistungsorientierung nötig. Die Leitformel sollte sein: *»Mal sehen, was noch drin ist.«* Man sollte mit sich selbst und seiner Arbeitsweise etwas *experimentieren* und das eine oder andere Neue *ausprobieren*. Was einem nicht passt, lässt man wieder fallen; was einem hilft, behält man bei. Mit den Erfolgen, die mit Sicherheit schon bald eintreten, kommt die Freude am Erfolg und die Lust, noch ein wenig mehr zu experimentieren.

Die *Motive* für die Verbesserung der Arbeitsmethodik sind nicht besonders wichtig. Der eine tut es, um eine steile Karriere zu machen; der andere, um mehr Freizeit zu haben. *Warum* man es tut, ist weniger wichtig, als *dass* man es tut. Die Gründe für das Handeln von Menschen, ihre Motive und ihre Motivation bleiben letztlich immer im Dunkeln. Wesentlich sind die *Ergebnisse.*

Im nächsten Abschnitt werde ich jene Gebiete oder Problemfelder behandeln, für die man sich eine spezielle Methodik zulegen muss, wenn man effektiv sein will; jene Gebiete also, für die man gewisse Regelungen und eine gewisse Systematik braucht. Welche

Art von Systematik und Methodik jeder wählt, kann, wird und muss sehr verschieden sein. Nur auf diese Weise kann man den Fehler der *unzulässigen Verallgemeinerung* vermeiden, der den Bereich der persönlichen Arbeitsmethodik so schwer belastet: *Was* per Methodik unter Kontrolle zu bringen ist, lässt sich verallgemeinern; *wie* die Methodik auszusehen hat, ist sehr individuell.

Die Basisbereiche

In diesem Abschnitt behandle ich das, was ich mangels eines besseren Ausdrucks die *Basisbereiche* der persönlichen Arbeitsmethodik nenne. Es geht um jene Problemfelder, die bei *jeder* Managementposition zu beobachten sind. Jeder Manager muss diese Probleme unter Kontrolle bringen, wenn er wirksam sein will. Er muss sich eine Haltung, eine Einstellung diesen Problemen gegenüber aneignen und eine Methode zu ihrer Lösung entwickeln. Ich verzichte auf die Behandlung von Details alternativer Möglichkeiten; sie liegen im Einzelfall fast immer auf der Hand.

Nutzung der Zeit

Jeder Mensch hat gleich viel Zeit zur Verfügung – nicht Lebenszeit, wohl aber *tägliche* Zeit. Schaut man allerdings, wie unterschiedlich der Gebrauch ist, den die Menschen von ihrer Zeit machen, zeigen sich *enorme* Unterschiede. Das Zeitbewusstsein ist bei den Menschen sehr unterschiedlich ausgeprägt und entwickelt. Viele sind sich der Bedeutung von Zeit so gut wie überhaupt nicht bewusst. Andere – eher wenige – sind diesbezüglich hypersensibel. Die meisten haben ein sehr *diffuses* Verhältnis zur Zeit. Nur sehr wenige haben jemals über die Zeit und ihre Eigenschaften systematisch nachgedacht. Leider hat uns die Natur kein *Zeitorgan* mitgegeben; und unser *Zeitgefühl* ist meist sehr unzuverlässig.

In Zusammenhang mit dem Thema »Zeit« stelle ich in meinen Seminaren immer wieder folgende Frage an die Teilnehmer: *Wieviele Stunden hat ein Jahr?* Weniger als ein Prozent gibt darauf rasch und spontan – ohne nachdenken und rechnen zu müssen – eine richtige Antwort. Ich meine, dass jeder Manager fähig sein sollte, diese Antwort »wie aus der Pistole geschossen« zu geben.

Ein gewöhnliches Jahr – Schaltjahre ausgeklammert – hat 8 760 Stunden. Ist das viel? Ist es wenig? – Es kommt darauf an, wie man sie nutzt. Jeder braucht täglich etwa acht Stunden Schlaf. Es bleiben somit rund *5 800 Stunden*, die man wirklich zur Verfügung hat.

Der Weg zur Wirksamkeit beginnt mit der Frage: *Wie will ich meine 5 800 wachen Stunden pro Jahr nutzen?* Jeder muss die Antwort darauf *selbst* geben – aber er *muss* sie geben. Sonst managt er nicht, sondern wird gemanagt; sonst kann er nicht wirksam sein, sondern lässt sich treiben und driftet durchs Leben.

Wirksamkeit heißt selbstverständlich in keiner Weise, 5 800 Stunden pro Jahr zu *arbeiten*. Ich habe, wie schon erwähnt, überhaupt nicht das Bild des »Workaholics« vor Augen, gerade weil ich selbst eine Zeitlang von anderen so gesehen wurde und wohl auch einer war. Ganz im Gegenteil: *»Do less in order to achieve more«*, ist eine beachtenswerte Devise.

Man muss bewusst und überlegt *entscheiden*, wie man seine wache Zeit nutzen will: wieviel davon man dem *Beruf* widmen will oder muss, welchen Anteil man für die *Familie* einsetzen will, wieviel man ganz für *sich selbst* reservieren soll, wieviel Zeit man für *Interessensgebiete* und *Regeneration* freihalten will usw. Wer diese Fragen nicht systematisch durchdenkt und keine Entscheidungen trifft, läuft das Risiko, von den Umständen getrieben und vielleicht sogar gehetzt zu werden; oder er riskiert, seine Zeit zu vertrödeln.

Das Instrument für die bestmögliche Nutzung der Zeit ist die *Agenda*, der Kalender. Man sollte ihn *lange im voraus* zu strukturieren beginnen. Viel zu viele Manager warten damit viel zu lange zu. Es lohnt sich, die wichtigsten Eckwerte zwei oder drei Jahre im voraus festzulegen. Ich rede hier nicht von rigider Planung, sondern von einer groben *Strukturierung* des Kalenders – auch wenn man seine Absichten dann nicht immer so einhalten können wird, wie man es sich vorgestellt hat. Es wird immer Unvorhergesehenes und Dringliches geben, und man wird auch immer wieder seine Prioritäten ändern müssen oder wollen. Das alles ist in Ordnung, oder besser, es gehört unvermeidlich zu den Realitäten eines Managerlebens. Aber es ändert nichts an der Notwendigkeit, seine Zeit mit Hilfe der Agenda zu strukturieren.

Ich plädiere vor allem deshalb für eine *langfristige* Perspektive, weil die meisten beruflich sehr beanspruchten Menschen *kurzfristig* ohnehin nichts ändern *können*. Für die Mehrheit der Manager stehen ja zahlreiche Termine für das jeweils kommende Jahr bereits lange im voraus fest. Sie ergeben sich zwangsläufig aus bereits bestehenden beruflichen Verpflichtungen. Wenn man also Grundsätzliches ändern will, hat man ohnehin eine ziemlich lange Reaktionszeit. *Beginnt* man aber nicht irgendwann *definitiv* damit, wird sich auch *nie* etwas ändern. Wer seine Zeit nicht unter Kontrolle bringt und die wenige Zeit, die er hat, nicht wirksam nutzt, wird nie eine echte Führungskraft sein können. Beginnen muss man die Verbesserung der Zeitnutzung übrigens mit der Frage: *Was sollte ich in Zukunft nicht mehr tun?* Dieser Gedanke findet sich auch im Kapitel über die Ziele, und daher genügt an dieser Stelle wohl der Hinweis darauf.

Die Verarbeitung von Inputs

Der Strom der Dinge, die auf dem Schreibtisch eines Managers – oder heute auch in seinem Computer – landen, reißt nie ab. Nach allem, was sich beobachten lässt, nimmt er ständig zu. Ich bezeichne hier das, was an eine Führungskraft herangetragen wird, womit sie stündlich und täglich konfrontiert ist, ganz allgemein als *Input*, unabhängig davon, ob es Notwendiges oder Überflüssiges, Interessantes oder Uninteressantes, Wichtiges oder Unwichtiges ist, und unabhängig davon, in welcher Form es sich breit macht, ob auf Papier oder als Bits und Bytes.

Jede Führungskraft braucht daher das, was ich als *Inputverarbeitungssystem* bezeichne – irgendeine Methode, um mit dieser Flut fertig zu werden. Manche Führungskräfte schaffen es, immer einen aufgeräumten Schreibtisch zu haben. Andere – die Mehrheit – hat ein mehr oder weniger großes Chaos: geordnete und nicht geordnete Stapel, Korrespondenz, Berichte, Memos, Akten, Protokolle, Notizen, Zettel, Zeitungen und Zeitschriften, Bücher etc. etc. Viele haben nicht nur überfüllte Schreibtische, sondern jede im Büro befindliche ebene Fläche ist überfüllt; für gar nicht so wenige gehört dazu auch der Fußboden.

Das kann es nicht sein! Zwar will ich keine primitive Korrelation postulieren nach dem Motto: *aufgeräumter Schreibtisch = Wirksamkeit.* So verhält es sich natürlich nicht. Es gibt Leute, deren Umgebung sehr geordnet ist und die trotzdem nie etwas bewegen; und es gibt andererseits diejenigen, die trotz ihres Chaos sehr wirksam sind. Wie dem auch sei, in irgendeiner Weise muss man den stündlichen, täglichen, wöchentlichen Input abarbeiten. Von großer Hilfe ist dabei selbstverständlich eine gute Sekretärin, die es versteht, wenigstens temporär Ordnung in den Dschungel zu bringen. Aber nicht jeder hat eine Sekretärin – und schon gar nicht eine gute.

Jedes brauchbare Inputverarbeitungssystem beginnt mit ein paar einfachen Fragen: *Was muss ich selbst erledigen? Was muss oder will ich erledigen lassen? Was muss sofort erledigt werden? Was hat oder braucht Zeit, wird also später erledigt?* Hinter diesen Fragen, oder besser, den Antworten, die man darauf gibt, steckt die Kunst des Delegierens und des Unterscheidens von Wichtigkeit und Dringlichkeit.

Umgang mit der Kommunikationstechnik: Telefon, Fax, E-Mail

Dass die Kommunikations*technik* große Fortschritte gemacht hat, braucht nicht betont zu werden. Ob aber die *Kommunikation* als solche auch besser geworden ist, ist zumindest fraglich. Meine Meinung ist, dass sie sich deutlich *verschlechtert* hat. Das stärkste Indiz dafür ist die Tatsache, dass in praktisch jedem Unternehmen, inzwischen sogar in den kleinen, Kommunikationsschwierigkeiten an erster Stelle der Problemliste stehen. An der *Technik* dafür kann es jedoch nicht liegen, denn diese ist heute auch in den kleinsten Firmen und Organisationen vorhanden. Die Kommunikationstechnik kann selbstredend nicht die Kommunikation ersetzen. Die Technik ist nur ein Instrument und als solches erst wirksam, wenn es richtig eingesetzt wird.

Unter all den verschiedenen kommunikationstechnischen Vehikeln steht das *Telefon* nach wie vor an erster Stelle, obwohl es bei weitem nicht für alle Zwecke das optimale Mittel ist. Fax und E-Mail haben in einigen wichtigen Dingen deutliche Vorteile. Und dann gibt es ja auch noch den guten, alten Brief...

Trotz oder gerade wegen all der anderen elektronischen Neuerungen wird das Telefon für die meisten Führungskräfte noch lange wichtig bleiben. So segensreich und effizienzsteigernd es sein kann, so sehr kann man sich durch das Telefon – insbesondere durch das Handy – auch terrorisieren lassen. Man muss sich daher zu einem vernünftigen Gebrauch des Telefons durchringen, sonst wird man sein Sklave.

Die meisten Leute telefonieren *spontan*, dann, wenn es ihnen gerade in den Sinn kommt oder wenn sie durch einen äußeren Anlass auf die Idee gebracht werden – impulsiv und reflexhaft. Das ist *fast immer falsch*. Obwohl jeder, wie ich immer wieder betone, seine eigene Einstellung zu den arbeitsmethodischen Basisfeldern und somit auch zum Umgang mit dem Telefon suchen und finden muss – spontanes und reflexhaftes Telefonieren ist im Regelfall keine gute Arbeitsmethode.

Nicht nur beim aktiven Telefonieren sind die Leute spontan und reflexhaft. Umgekehrt *lassen* sie sich auch jederzeit anrufen bzw. nehmen das Telefon jederzeit ab, unabhängig davon, womit sie im Augenblick gerade beschäftigt sind. Obwohl ich einräumen will, dass es Positionen und Situationen gibt, in denen es nicht anders geht, in denen man einfach damit leben muss, ist auch das im allgemeinen keine gute Arbeitsmethode.

Schon die Beachtung von drei sehr einfachen Regeln führt meistens zu deutlichen Veränderungen und Verbesserungen der Arbeitsweise: *erstens* sollte man, bevor man spontan zum Telefon greift, fragen, ob nicht *andere* Kommunikationsmittel den angestrebten Zweck besser zu erreichen erlauben. *Zweitens*, wenn das Telefon wirklich das beste Mittel ist, dann muss das Telefonat *vorbereitet* sein, sonst artet es leicht in zeitraubende Plauderei und bloßes Geschwätz aus; und *drittens* sollte man die Telefonate, die man aktiv führt, nicht über den ganzen Tag verteilen, sondern – wenn immer möglich – zu zeitlichen Blöcken *zusammenfassen*.

So sehr das Telefon wohl seinen Stellenwert behalten und vielleicht sogar noch ausbauen wird, hat es den Nachteil, dass es zu mangelnder Präzision und zu Weitschweifigkeit verleitet.

Diese Nachteile lassen sich durch Fax, E-Mail und Brief fast völlig eliminieren. Selbst »Lang-Telefonierer« fassen sich schriftlich fast immer kurz, und schriftlich ist man meistens präziser als mündlich.

Die Erstellung von Schriftstücken

Führungskräfte müssen nicht nur ziemlich viel lesen, sie müssen auch viel schreiben. Das wird sich auch in Zukunft nicht wesentlich ändern. Daher braucht man als Element seiner Arbeitsmethodik möglichst effiziente Techniken für die Erstellung von Schriftstücken – auch hier, *notabene*, unabhängig davon, ob diese dann auf Papier ausgedruckt werden oder ob sie eine elektronische Erscheinungsform haben.

Man muss sich daher überlegen, wie man sich zu *Diktiergerät* und *Textverarbeitung* stellen will. Es gibt noch viel zu viele Manager, die ihre Schriftstücke mühsam von Hand in Langschrift verfassen, ihre meist unleserlichen Handschriften dann der Sekretärin zum Abtippen geben und erst nach mehrmaligen Korrekturdurchläufen endlich etwas Brauchbares vorliegen haben. Aufgrund der auch auf diesem Gebiet vorhandenen technischen Fortschritte lässt sich diese Steinzeitmethode nur noch in wenigen Fällen rechtfertigen.

Insbesondere bei höheren Führungskräften bin ich nicht dafür, dass sie ihren Schriftverkehr *selbst* tippen. Fast immer lässt sich beobachten, dass sogar mittelmäßige Sekretärinnen *wesentlich* schneller sind als die besten »Selbsttipper«. Die solide Beherrschung des Diktiergeräts ist das Minimum dessen, was man sich aneignen muss. Das Diktiergerät *vervielfacht* die Produktivität, und es macht unabhängig von der physischen Anwesenheit im Büro. Eine Variante ist das Diktat direkt in die Tastatur der Sekretärin. Das ist manchmal etwas *praktischer*, weil man dann direkt am Bildschirm korrigieren kann. Es ist aber deutlich *langsamer* als das Diktiergerät. Das einzige, was viele

Manager daran hindert, das Diktiergerät zu benutzen, ist der Umstand, dass man etwas *Übung* dazu braucht und das Diktieren komplizierter Texte *vorbereiten* muss. Selbst wenn in naher Zukunft sprachsensible Maschinen verfügbar sein werden, ändert sich an diesen Regeln der Wirksamkeit nichts; im Gegenteil, sie werden damit noch wichtiger.

Pendenzen und Termine

Jeder Manager ist gut beraten, sich ein *perfektes* System für die Einhaltung von Terminen und die Erledigung von Pendenzen, wie in der Schweiz die unerledigten Angelegenheiten heißen, einzurichten. Wie er es macht – oder, falls er eine Sekretärin hat, machen lässt – ist dabei zweitrangig. Es gibt mehrere gute Möglichkeiten. Aber es kann keinen Zweifel daran geben, dass einer der *schnellsten* und vor allem *sichersten* Wege, Respekt, Glaubwürdigkeit und Wirksamkeit einzubüßen, Schlampigkeit im Umgang mit Terminen und Pendenzen ist. Man braucht ein »wasserdichtes« *Wiedervorlagesystem.* Alles, was über den Schreibtisch geht und auch nur im entferntesten von Bedeutung ist, muss in dieses System eingespeist werden.

Man muss guten Gewissens sagen können: *Bei mir wird nichts vergessen. Follow-up* und *Follow-through* müssen organisiert sein. Mängel in dieser Hinsicht sind die *wichtigste* Ursache für das, was in fast allen Firmen beklagt wird – nämlich *Umsetzungsschwäche.* Die Gründe dafür werden viel zu häufig und heute fast regelmäßig in irgendwelchen Geheimnissen der *Unternehmenskultur* vermutet und dann auch mit entsprechenden Kulturprogrammen zu beseitigen versucht. In Wahrheit gibt es nur *zwei* Gründe für Umsetzungsschwäche: *erstens*, man nimmt sich zu viel vor, vor allem zu viel Verschiedenartiges; und *zweitens*, das Follow-through, das Nachfassen ist nicht organisiert.

Das Memory-System

Ein wesentliches Problem für viele, vor allem für eine stark wachsende Zahl von Führungskräften ist die Frage, wie sie die große *Vielfalt verschiedenartiger Themen*, mit denen sie sich zwangsläufig befassen müssen, vernünftig organisieren. Vordergründig hat das mit *Ablage* zu tun. In Wahrheit steckt aber viel mehr dahinter: Es geht um den Unterschied zwischen *Storage* und *Memory*. Storage ist *passiv*, Memory *aktiv*. Die Kunst besteht ja nicht darin, etwas abzulegen, sondern darin, es *wiederzufinden*, und zwar genau dann, wenn man es braucht – oft Jahre, nachdem man es abgelegt hat – und genau in dem Zusammenhang, in dem man es *dann* braucht – der meistens ein völlig *anderer* ist als zum Zeitpunkt der Ablage.

Nur in sehr einfachen Führungspositionen stellt sich dieses Problem nicht. Für *höhere* Führungskräfte und vor allem für sämtliche *Kopfarbeiter* ist die Lösung dieses Problems entscheidend für ihre Professionalität und Effektivität. Der Begriff »Wissensmanagement« kommt einem darauf bezogen in den Sinn; ich kann mich aber vorläufig des Eindrucks nicht erwehren, dass nur ganz wenige, die darüber schreiben, das Problem überhaupt richtig sehen.

In diesem Zusammenhang wird reflexartig viel zu schnell auf die Möglichkeiten der modernen Elektronik verwiesen. Der Computer ist hierbei zwar vorteilhaft, aber als solcher bringt er nicht die Lösung. Vor allem löst die Elektronik nicht den *wesentlichen* Teil des Problems, nämlich die *Definition von Kontexten*. Diese muss man – auch mit Elektronik – noch immer selbst festlegen.

Die Routinisierung von Abläufen – ein Lob der Checklist

»Routine« ist ein Wort, das in den letzten Jahren nicht mehr gerne verwendet wurde. Die Schwerpunkte lagen und liegen auf Innovation, Veränderung und Flexibilisierung. *Routine* und *Routinisierung* scheinen dazu in *Widerspruch* zu stehen und werden daher meist abgelehnt. So wichtig Innovation und Flexibilität sind, deren Bedeutung ich nicht bestreiten will, auch Routine hat ihren Stellenwert. Man muss also aufpassen, dass man mit dem Bad nicht auch das Kind ausschüttet. Routine ist wichtig für *Produktivität* und *Funktionssicherheit*. Beides ist für jede Organisation notwendig, auch wenn *temporär* die Akzente in vielen Fällen eher auf Flexibilisierung und Erneuerung gerichtet werden müssen.

Nun sind Routine und damit Effizienz und Produktivität dort kein Problem, wo etwas sehr oft, also stündlich, täglich, wöchentlich zu tun ist. Dort stellt sich Routine *von selbst* ein. Problematisch wird die Sache dann, wenn etwas zwar *immer wieder*, aber nur in *größeren* Zeitabständen getan werden muss. Dann kann sich keine Routine einstellen.

Meistens müssen Prozesse dieser Art, auch wenn sie *selten* sind, *dann, wenn* sie ablaufen, mit größter *Professionalität* ablaufen. Beispiele dafür sind etwa die typischen zwei oder drei Messen oder Ausstellungen, an denen das Unternehmen teilnehmen muss; die obligatorischen Festivitäten einmal im Jahr um die Weihnachtszeit herum; die jährlich einmal stattfindende Hauptversammlung, die drei bis fünf Verwaltungsratssitzungen usw. Keines dieser Ereignisse kommt oft genug vor, um Routine in seiner Abwicklung zu ermöglichen. Jedes ist aber wichtig genug, um es mit größter Professionalität – eben *routiniert* – abzuwickeln.

Das wichtigste Instrument, um Dinge dieser Art unter Kontrolle zu bringen, ist die *Checklist.* Man kann sie mögen oder nicht – sie ist eine äußerst wertvolle Hilfe für genau diesen Zweck. Der internationale Flugverkehr wäre längst zusammengebrochen, wenn es keine Checklisten gäbe. Sie helfen, das, was an einem Ablauf routinisierbar ist, auch wirksam zu routinisieren.

Jeder Manager muss genau überlegen, wo und wie er Checklisten einsetzt. Möglicherweise braucht er nicht besonders viele und vielleicht auch gar keine komplizierten. Sie werden ihm aber helfen, auch in den hier geschilderten Situationstypen Herr der Lage zu bleiben und diese Abläufe *souverän* und meistens *stressfrei* zu managen. Und vor allem werden sie ihm helfen, mehr, größere und komplexere Aufgaben zu bewältigen als ohne Checklisten. Das kann ausschlaggebend sein für den unternehmerischen Erfolg und die Karriere.

Ein System zur Beziehungspflege

Was macht Manager wertvoll? Was ist ihr Kapital? Im Grunde nur zwei Dinge: die *Erfahrungen*, die man akkumuliert, und die *Beziehungen*, die man im Laufe des Lebens knüpft.

Beziehungen müssen, das wird jede erfahrene Person bestätigen, ständig gepflegt, kultiviert und betreut werden. Man kann Beziehungen nicht einfach in dem Moment aktivieren, in dem man sie braucht, wenn man sie vorher jahrelang vernachlässigt hat. Niemand ist so dumm, das nicht zu bemerken, insbesondere diejenigen nicht, die als Beziehungen wertvoll sind. Vielleicht tun sie einem dann den Gefallen, aber sie bemerken die Absicht und sind meistens leicht verstimmt.

Jede Führungskraft, die an beruflicher und persönlicher Wirksamkeit interessiert ist, und ganz besonders diejenigen, die Karriere machen wollen, müssen sich ein System zur Pflege ihrer Beziehungen aufbauen. Auch hier gilt wieder: Wie man es macht, ist nicht so wichtig, als dass man es macht. Dafür gibt es viele Möglichkeiten.

Man muss nicht so weit gehen wie der Vorstand einer großen Bank, der ein ganzes Sekretariat – nicht nur eine Sekretärin – im Einsatz hatte, um alle seine Kontakte akribisch zu dokumentieren. Er ließ alles, was auch nur im entferntesten von Bedeutung sein konnte, festhalten. Er kannte die Hobbies der Leute, die für ihn wichtig waren; er wusste, welchen Wein sie schätzten und welche Blumen ihre Ehefrauen mochten, er kannte ihre Interessen. Er ließ keine Gelegenheit aus, Menschen einen Gefallen zu erweisen, ihnen zu Diensten zu sein oder ihnen eine Freude zu bereiten. Die intensive, ständige Kultivierung seiner Beziehungen war ihm wichtig, und sie war sehr nutzbringend für ihn.

Man braucht dies, wie gesagt, nicht ganz so systematisch zu betreiben. Aber dass Beziehungen wichtig sind und gepflegt werden müssen, ist fast zu banal, um es zu erwähnen. Ich habe allerdings immer wieder feststellen können, dass die meisten Führungskräfte dies zwar auch so sehen, wenn man sie darauf anspricht, es aber leider nicht tun.

Einsatz der Sekretärin

Bisher habe ich die Sekretärin nur am Rande erwähnt. Die besprochenen sieben Basisfelder der Arbeitsmethodik müssen geregelt und methodisch unter Kontrolle gebracht werden, ganz unabhängig davon, ob man eine Sekretärin hat oder nicht. Aber selbstverständlich macht es für die Art der Lösung und für die Art der Arbeitsweise einen *gewaltigen* Unterschied, ob einem die Dienste einer guten Sekretärin zur Verfügung stehen oder nicht.

Mit schöner Regelmäßigkeit wird unter Hinweis auf die Fortschritte der Technik das Aussterben der Sekretärinnen prophezeit. Ich glaube nicht, dass es in absehbarer Zeit dazu kommen wird.

Bestimmte Kategorien von Führungskräften, die früher mit Selbstverständlichkeit eine Sekretärin hatten, haben heute und in Zukunft keine mehr; das lässt sich in der Tat beobachten. Es sind jene Manager, die in Wahrheit gar keine waren und sind, sondern als Manager getarnte *Sachbearbeiter*. Sie müssen ihre Administration und ihren Schriftverkehr heute selbst erledigen. Andere Kategorien von Führungskräften – die *echten* Manager – sind aber dringender denn je auf ihre Sekretärinnen angewiesen. An dieser Stelle wird oft völlig falsche Kosteneinsparung betrieben.

Allerdings hat sich das *Tätigkeitsprofil* der sogenannten Sekretärin massiv verändert. Sie erledigt heute zwar auch noch Schreibarbeit, besorgt die Ablage, bewirtet Gäste usw., aber das ist nicht ihre wesentliche Aufgabe. *Erstens managt* sie den Manager. Richtig – nämlich als Assistentin – eingesetzt, *vervielfacht* sie *zweitens* die Leistung eines Managers, seine Reichweite und seine Wirkung. Allerdings muss man eben lernen, die Sekretärin *richtig* einzusetzen.

Viel zu viele Leute kümmern sich darum so gut wie gar nicht. Sie setzen einfach voraus, dass man es kann. Nach meiner Erfahrung ist das ein *schwerer* Fehler. Ich habe in zwanzig Jahren Tätigkeit als Managementberater nur ganz wenige Manager kennengelernt, die das von allein beherrscht hätten. Fast alle mussten es lernen. Und ich habe nicht sehr viele kennengelernt, die es wirklich meisterhaft beherrscht haben. Die meisten lassen erhebliches Sekretariatspotenzial brachliegen – völlig unverständlich, wenn man an den möglichen Nutzen und an die Kosten einer guten Sekretärin denkt.

Die in diesem Kapitel behandelten Dinge darf man nicht ungeregelt dem Zufall überlassen. Sie sind, wie ich einleitend sagte, die Basismethoden wirksamen Arbeitens. Hier fängt die Wirksamkeit an – oder geht verloren.

Es ist mir nur zu bewusst, dass dies alles keine großartigen und spannenden Themen sind; sie haben keine akademischen Weihen und werden fast nie systematisch gelehrt und gelernt. Eher werden sie weitergegeben wie Bräuche, von Mund zu Mund und durch gegenseitiges Abschauen. Der häufigste Weg, auf dem Führungskräfte mit der Zeit ihre Kompetenz auf diesen Gebieten verbessern, ist *Versuch und Irrtum* – simples Herumprobieren. Man kommt auch so zum Ziel, aber es ist ein langer und *mühsamer* Weg. In allen Organisationen liegen deswegen große Potenziale brach. Und viele sogenannte Konflikte, Kommunikationsprobleme, Schwierigkeiten im zwischenmenschlichen Bereich usw. haben ihre Ursache in Wahrheit in den Mängeln der Arbeitsmethodik.

Jenen Lesern, die mit Personalentscheidungen, mit Personalauswahl und Stellenbesetzung zu tun haben, schlage ich vor, neben anderen Kriterien auch das der *arbeitsmethodischen Professionalität* im Auge zu haben. Man kann natürlich niemanden nur *aufgrund* seiner Arbeitsmethodik einstellen; man sollte aber auch niemanden einstellen, der *keine* Arbeitsmethodik hat, der diese Dinge herunterspielt und vernachlässigt. Die Arbeitsmethodik ist zwar nicht die Ursache für den *Erfolg*. Ihr Fehlen oder diesbezügliche Mängel sind aber sehr häufig die Ursache für den *Misserfolg*.

Fünftes Werkzeug
Budget und Budgetierung

Eines der anspruchsvolleren Werkzeuge des Managers ist das Budget. Seine kompetente Anwendung erfordert gelegentlich einige speziellere Kenntnisse über betriebswirtschaftliche Begriffe, Sachverhalte und Zusammenhänge. Leider sind nicht einmal alle Absolventen mit betriebswirtschaftlichen Diplomen in der Lage, ein Budget zu erstellen. Die Experten dafür sind selbstverständlich diejenigen, die in Finanz- und Rechnungswesen abgeschlossen haben. Bei vielen anderen Studienrichtungen, wie Organisation, Personalwesen, Marketing, Informatik und dergleichen, darf man die praktische Beherrschung von Budget und Budgetierung aber kaum voraussetzen. Umso mehr gilt das für diejenigen mit einer technischen oder naturwissenschaftlichen Ausbildung und für Juristen.

Das führt dazu, dass sich viele Manager eines ihrer potenziell wichtigsten Werkzeuge nur zu gerne aus den Händen nehmen lassen. Das gilt schon für Wirtschaftsunternehmen. Noch wesentlich schlimmer aber ist es in den Organisationen außerhalb der Wirtschaft, in denen man sich mit diesem Werkzeug grundsätzlich sehr schwer tut.

In einigen davon scheint man ein fundamental gestörtes Verhältnis zu Zahlen zu haben, was weder der Effektivität noch der Glaubwürdigkeit dieser Organisationen nützlich ist. Nicht selten, und besonders in den Institutionen des Kulturbereichs sowie den gemeinnützigen Organisationen lässt sich eine bestimmte Form von Arroganz beobachten: man ist stolz darauf, nichts von der profanen wirtschaftlichen Seite der eigenen Tätigkeit zu verstehen. Aussagefähige, transparente und das Handeln leitende Budgets, Ordnung und Übersicht in den Zahlen und ein funktionierendes Rechnungswesen werden dort als Zeichen einer materialistischen, kunst- und kulturfeindlichen oder unsozialen Gesinnung missverstanden.

Die Folge dieser absurden Einstellung ist beinahe ausnahmslos, dass Organisationen, in denen so gedacht wird, auf Dauer ihren Zweck, und sei er noch so hehr, nicht erfüllen können. Selbst wenn sie reichlich Mittel zur Verfügung gestellt bekommen, leiden sie unter permanenter Finanznot; sie verlieren ihre Freunde und Gönner, weil sie unglaubwürdig werden, und nicht selten enden sie in einem Sumpf von Skandalen, weil sie geradezu zu Missbrauch, Betrug und Korruption einladen. Saubere Budgets und eine funktionierende Budgetierung sind für Organisationen außerhalb der Wirtschaft in Wahrheit noch viel *wichtiger* als für Wirtschaftsunternehmen.

Dieses Kapitel stützt sich unter anderem auf Beobachtungen von Peter Drucker, die ich in meiner Praxis immer wieder bestätigt gefunden habe. Drucker ist einer der ganz wenigen, wenn nicht überhaupt der einzige, der das Budget immer schon als ein *Management*-Werkzeug und nicht als Instrument des Finanz- und Rechnungswesens (was es natürlich auch ist) verstanden hat.[49] Leider finden sich in der Managementliteratur kaum brauchbare Hinweise für Budget und Budgetierung, sondern fast ausschließlich in der Fachliteratur des Finanz- und Rechnungswesens bzw. des Controllings. Das dürfte einer der Hauptgründe dafür sein, warum so wenige etwas davon verstehen, von einer Beherrschung der Materie ganz zu schweigen. In den Bereichen Marketing, Forschung und Entwicklung, Personalwesen und noch mehr in den außerwirtschaftlichen Sektoren sieht kaum jemand einen Anlass dazu, die finanzwirtschaftliche Spezialliteratur zu lesen oder Accountingtexte zu konsultieren. Im folgenden beschränke ich mich daher auf jene Aspekte, die zum Kenntnisbestand jeder Führungskraft gehören sollten. Spezialisten würden selbstverständlich weit darüber hinaus gehen wollen.

49 Peter F. Drucker, *Management*, New York 1974, 5. Auflage, London 1994, S. 412 ff.

Richtig angewandt eines der besten Instrumente für wirksame Führung

Das Budget und der Budgetierungsprozess dürfen *nicht* ausschließlich als Instrument der *Finanzleute* und *Controller* betrachtet werden, sondern sie sind als eines der wichtigsten *Tools* für den Manager, das heisst für *jede* Führungskraft zu verstehen.

Das Budget muss insbesondere als *Werkzeug* jener Führungskräfte etabliert und eingesetzt werden, die *ergebnisverantwortliche Einheiten* zu führen haben, wie auch immer deren Bezeichnung lauten mag: Profit Centers, Cost Centers, Market Centers, Divisionen, Geschäftsbereiche, Tochtergesellschaften usw. Dafür gibt es eine Reihe von Gründen:

(a) Das Budget ist das beste Werkzeug für den *erfahrenen* Manager; denn »darum herum« kann er seine gesamte Planung und Arbeit organisieren. Es ist das beste Werkzeug für den *unerfahrenen* Manager oder denjenigen, der in eine *neue Position* gekommen ist, um die Firma und seinen Verantwortungsbereich *überhaupt* kennenzulernen.

Es gibt kein besseres Mittel, sich in die Natur des Geschäfts, in seine Zusammenhänge und »Gesetzmäßigkeiten« einzuarbeiten und sie wirklich profund kennenzulernen, als das betreffende Geschäft *von Grund auf zu budgetieren*. Leider wird diese Methode bei der Einführung und Einarbeitung neuer Mitarbeiter in den meisten Firmen völlig vernachlässigt. Die Gründe dafür sind mir unerklärlich. So wichtig all die anderen Dinge auch sein mögen, die dem Nachwuchs in seiner Einarbeitungszeit und in Trainee-Kursen vermittelt werden, erst wenn einer einen Bereich durchbudgetiert hat und er seinen Budgetvorschlag – weil er gewöhnlich am Anfang nicht stimmt – ein- oder zweimal zur Überarbeitung zurückbekommen hat, kann man sich darauf verlassen, dass er das betreffende Geschäft einigermaßen begriffen hat.

(b) Es ist das beste Instrument für den *produktiven Einsatz* der *Schlüsselressourcen*, insbesondere der *Menschen*; das Budget ist im Grunde das einzige Werkzeug, um Ressourcen *überhaupt* produktiv zu machen.

(c) Es ist das beste Werkzeug für *vorauslaufende Koordination* aller Tätigkeiten eines Bereichs und der Firma als ganzer. Wenn das Zusammenspiel der Teile zu einem größeren Ganzen nicht funktioniert, interpretiert man das oft als *Organisationsproblem* und beginnt demzufolge zu reorganisieren. Nur selten liegt aber *wirklich* ein Organisationsproblem vor. Es ist besser und einfacher, das Budget als Koordinationsmittel einzusetzen als eine Organisation zu verändern.

(d) Das Budget ist das beste Instrument für die *Integration des Personals* eines Bereiches samt seines Leiters in die Gesamtorganisation. Generell wird viel über Integration geredet, die man als Problem der Unternehmenskultur versteht: Die Mitarbeiter sollen sich mit der Firma identifizieren, man soll eine »große Familie« sein usw.; aber nur wenige Unternehmen sind bisher auf die Idee gekommen, Budget und Budgetierung als Integrationsmittel einzusetzen.

(e) Das Budget ist das einzige und gleichzeitig beste Werkzeug, um zu wissen, wie und wann man seine Pläne *revidieren* muss, wo bloße korrigierbare Abweichungen vorliegen und (viel wichtiger) in welcher Weise sich die *Umstände* und *Annahmen* geändert haben, auf denen das Budget aufgebaut wurde.

(f) Und schließlich ist das Budget – und das wird von den Psychologen nur selten verstanden – eine der wichtigsten Grundlagen für *wirksame* und *gute Kommunikation*. Es hat wenig Sinn, Kurse über Kommunikation abzuhalten, wenn nicht klar ist, *worüber* eigentlich kommuniziert werden soll. Das Budget jedoch und alle damit verbundenen Auswirkungen und Folgen sind wohl wichtig genug, um es zu einem Gegenstand der Kommunikation zu machen. *Das* ist es, worüber die Mitarbeiter Bescheid wissen sollen, worüber sie reden sollen und was im Zentrum ihrer Arbeit stehen soll.

Diese Punkte sind wohl Gründe genug, das Budget und seine Erstellung ernst zu nehmen und es nicht den Controllern allein zu überlassen. Ihnen wird – wie kaum betont werden muss – dadurch nichts weggegommen, so dass ihnen selbstverständlich immer noch reichlich zu tun bleibt. In Wahrheit wird ihre Arbeit dadurch sogar aufgewertet. Je mehr operative Führungskräfte mit dem Budget umgehen können, desto besser wird ihre Arbeit verstanden und desto mehr respektiert.

Von Daten zu Information

An *Daten* fehlt es heute kaum in einem Unternehmen. Wir haben eher zu viel davon. *Information* hingegen ist noch immer Mangelware, und man kann sich nicht darauf verlassen, dass alle Manager wissen, wie man von Daten zu Informationen kommt. Das Budget allein kann dieses Problem zwar nicht lösen; es ist aber eines von mehreren Mitteln, um einer Lösung näher zu kommen.

Die in den nächsten Abschnitten erläuterten Sachverhalte müssten sich eigentlich von selbst verstehen. Immer wieder ist aber die Erfahrung zu machen, dass dem nicht so ist. Die folgenden Hinweise gelten sowohl für die Budgeterstellung als auch für Vollzug und Kontrolle des Budgets.

Information baut immer auf Differenzen auf

Gregory Bateson[50] definiert Information in bezug auf das Element der Differenz. Er sagt: *»Information is a difference that makes a difference.«* Information ist ein Unterschied, der einen Unterschied macht, welcher ins Gewicht fällt und Bedeutung hat.

Daher muss ein Budget in seinen wichtigsten Positionen immer *Vergleiche* und *Differenzen* ausweisen, und zwar nicht erst bei der Budgetkontrolle, sondern schon bei der Erstellung. Was womit verglichen wird, hängt vom Einzelfall ab und muss darauf bezogen festgelegt werden. Im wesentlichen sind es aber immer *Vergleiche zu Vorperioden*, zu *Ergebnissen*, zu vergleichbaren *anderen Unternehmensteilen*, zu *Benchmarks* sowie zu *anderen Budgetpositionen*, was insbesondere dann wichtig ist, wenn *strukturelle* Änderungen im Rahmen der Budgetierung vorgenommen werden (z.B. mehr Fremdbezug bei gleich-

50 Gregory Bateson, *Steps to an Ecology of Mind*, New York 1972, passim.

zeitigem Abbau der Eigenleistungen oder der Einsatz hochwertiger Rohstoffe statt minderer Qualitäten).

Differenzen sind zu erklären, am besten schriftlich

Meistens wird nicht einfach etwa *mehr* verbraucht oder ausgegeben, sondern es wird *anders* verbraucht. Der Sortiments-Mix hat sich verändert, oder der Material-Mix; Qualitäten und Preise, Losgrößen und Chargen, Auftragsstruktur und Bestellverhalten der Kunden sind anders geworden; die Projekte einer Non-Profit-Organisation haben sich verändert. Das muss herausgearbeitet und erklärt werden. Zahlen und Ziffern sind keine objektiven Größen, obwohl sie so aussehen und häufig so genommen werden. Sie sind *interpretationsbedürftig*, und die Interpretations-Spielräume sind meistens ziemlich groß. Daher sind Erläuterungen und Kommentare wichtig.

Positive Abweichungen sind ebenso zu analysieren wie negative

Dass man die negativen Abweichungen genau anschaut, ist klar. Vor lauter Konzentration darauf vergisst man aber meistens die *positiven* Abweichungen. *Wo haben wir besser gearbeitet als erwartet und budgetiert – und warum?*, ist eine viel zu selten gestellte Frage. *Positive Abweichungen* sind ein erstes und meistens recht zuverlässiges Signal dafür, dass man mit einer besonderen *Chance* konfrontiert ist oder eine bisher nicht beachtete *Stärke* hat. Diese Dinge bleiben unentdeckt, wenn man sich nicht speziell darum bemüht. Daher muss man von den Controllern auch verlangen, dass sie nicht nur die negativen Abweichungen speziell herausarbeiten und für die Sitzungen vorbereiten, sondern auch die positiven. Wo positive Abweichungen entdeckt werden, lohnt es sich meistens, Aufwand und Anstrengung zu verstärken, weil man in der Regel mit einem überproportionalen Ergebnis rechnen kann. Das Budget ist das Werkzeug, um diesen Allokationsprozess, wie man in der Wirtschaft sagt, zu steuern.

Jedes Budget muss strukturelle Information beinhalten

Dabei handelt es sich um die *Prozentsätze* der Budgetpositionen untereinander sowie im Zeitvergleich und deren Veränderungen. Die wichtigsten Positionen sollten als *Indexzahlen* ausgedrückt werden, wobei jeweils die Basis sauber zu dokumentieren ist.

Um sich ein zutreffendes Bild machen zu können reicht der Vergleich jeweils mit der Vorperiode nicht aus. Am besten ist es, den Zeitvergleich etwa mithilfe *gleitender Durchschnitte* zum Beispiel über einen Zeitraum von 36 oder 48 Monaten vorzunehmen. Gleitende Durchschnitte und dadurch sich abzeichnende Trends liefern die wesentlichen Informationen zur Beurteilung von Entwicklungen und Vorausschätzungen. Sie destillieren aus dem Datenmaterial ein Muster, ein *Pattern*, und diese Patterns sind es, die die Information liefern, wie man aus den Forschungsergebnissen der Wahrnehmungspsychologie und Gehirnphysiologie weiß.

Gleitende Durchschnitte sind selbstverständlich nur eine von mehreren Möglichkeiten, Patterns zu finden. Es gibt andere, deren Anwendung gelegentlich aber Spezialkenntnisse erfordert.

Kennziffern budgetieren

Außer den absoluten Budgetzahlen (wie Ertrags- und Aufwandspositionen) muss man auch einige *ausgewählte Kennziffern* budgetieren.[51]

Obwohl auch das sehr vom Einzelfall abhängig ist, weil ein kleines Unternehmen doch etwas anderes ist als ein großes und ein produzierendes Unternehmen wesentliche Unterschiede zu einem Dienstleistungsunternehmen aufweist, gibt es doch einige Kennziffern, die man in jedem Fall ins Auge fassen sollte. In erster Linie betreffen diese Kennziffern jene Gebiete, die ich in Teil III bei der Besprechung der Ziele bereits als Standard-Zielfelder genannt habe und hier nochmals in Erinnerung rufen will:

- die *Marktstellung*, und alles was dazu gehört: Kundennutzen, Qualität, Marktanteil, usw.
- die *Innovationsleistung:* Time to Market, Erfolgsrate, Meilensteine.

51 Siehe dazu Hans Siegwart, *Kennzahlen für die Unternehmungsführung*, Bern/Stuttgart/Wien, 5. Auflage 1998.

- die *Produktivitäten:* Total Factor Productivity und ihre Einzelteile wie Produktivität des Geldes, der physischen Ressourcen, der Arbeit, der Zeit und des Wissens.
- die *Human-Ressourcen:* Fluktuationsrate, Absenzenziffern etc.
- *Liquidität* und *Cashflow*
- *Profitabilität*, beginnend mit der Gesamtkapitalrendite vor Zinsen und Steuern, die dann differenziert, verfeinert und gegliedert werden kann.

Zu allen diesen Themenfeldern lassen sich ausgebaute Kennziffernsysteme entwickeln, die im Einzelnen Sache von Spezialisten sind. Die Grundlagen dazu muss aber jede Führungskraft kennen.

Spezielle Tipps

Das Budget ist ein »To Do«-Werkzeug

Basis und Schlüssel für ein wirksames Budget muss immer die Frage sein*: Welche Resultate wollen wir auf unseren wesentlichen Aktivitätsfeldern erzielen?* Ein Budget darf keine Hochrechnung der Vergangenheit sein. Überall, wo die Vergangenheit einfach extrapoliert wird, gerät das Unternehmen über kurz oder lang in Schwierigkeiten. Das Budget ist und muss eine *Willensbekundung* sein.

Das Budget ist das Kristallisations-Vehikel, in dem alles zusammenfließen und auf den Punkt gebracht werden muss: die langfristigen Vorhaben und Absichten, die Strategie, Kreativität und Innovation, das Ausmisten des Unternehmens, die Umsteuerung von Ressourcen usw. Und alles muss der Frage folgen: *Was ist jetzt – d. h. in der unmittelbar nächsten Periode – zu tun, um die Absichten zu verwirklichen?*

Geldgrößen sind eine »Kurzschrift« für Mengengrößen

Ein Budget wird praktisch immer in *monetären* Größen formuliert werden. Es wird in *Geld* ausgedrückt. Das gibt Anlass zu weitverbreiteten Missverständnissen.

Geldgrößen dürfen nur als eine Art »*Kurzschrift*« für *reale* Größen, für *mengenmäßige* Beziehungen verstanden werden. Daher bringt auch eine Korrektur von Geldgrößen allein gar nichts, wenn nicht die mengenmäßigen Zusammenhänge verändert werden.

Kostenkontrolle ist die Folge, nicht der Zweck eines Budgets

Ein gutes Budget resultiert aus dem gründlichen, sorgfältigen und gewissenhaften *Durchdenken* der erwarteten und gewollten Resultate und ihren Beziehungen zu den erforderlichen Mitteln und Maßnahmen.

Wenn das Budget *nur* als Instrument der Kosten*kontrolle* verstanden wird, wird es kaum wirksam sein. Es wird dann von den meisten Mitarbeitern als irrelevant und bürokratisch empfunden und degeneriert zu einer Zwangsjacke. Die wichtigeren Funktionen sind das Durchdenken der Kosten*entstehung*, der Kosten*verursachung* und der Kosten*gestaltung* und, wie schon erwähnt, der Steuerung des Ressourceneinsatzes und damit der Prioritäten einer Organisation.

Zero-Base-Budgeting – selektiv

Um naive und gefährliche Hochrechnerei auszuschalten und gewissenhaftes Durchdenken aller Aktivitäten zu erzwingen, ist es von Zeit zu Zeit erforderlich, einen Bereich *von Grund auf neu* zu budgetieren, frei von allen bisherigen Zwängen, Gewohnheiten und Gegebenheiten.

Das ist zeitaufwendig und schwierig, aber sehr lohnend. Daher wird man das Zero-Base-Budgeting sinnvollerweise immer *selektiv* einsetzen müssen – nicht jedes Jahr *alle* Bereiche; aber *jeden* Bereich in größeren Zeitabständen, und vor allem immer wieder die wirklich kritischen, erfolgsentscheidenden Tätigkeiten.

Life-Cycle-Budgeting – um die Zwangsjacke des Kalender- oder Wirtschaftsjahres zu sprengen

Das Budget umfasst normalerweise eine Zwölfmonatsperiode, und das ist im Prinzip auch notwendig und richtig. Aber *nicht alle* Geschäftsvorgänge lassen sich in eine Zwölfmonatsperiode pressen. Tut man es doch, läuft man Gefahr, die natürlichen und logischen Zusammenhänge auseinanderzureißen. Eine *rollende* Budgetierung über mehrere Perioden hinweg kann zwar eine Verbesserung hinsichtlich der Fixierung auf eine Zwölfmonatsperiode bringen, aber wie immer man es auch anstellt, man wird in jedem Fall *künstliche* und weitgehend *willkürliche* Periodenabgrenzungen vornehmen müssen.

Der Hauptgrund für massive Kostenüberschreitungen ist ja nicht einfach Disziplinlosigkeit, Verschwendungssucht, mangelhafte Kontrolle oder Schlamperei, sondern die *Nichtberücksichtigung der Folgekosten* eines Vorhabens. Deswegen befindet man sich eines Tages in einem Sumpf von Sachzwängen. Man hat früher einmal etwas entschieden und muss später auch dessen zwangsweise Folgen genehmigen, oder genauer gesagt, man muss sie hinnehmen. Darin besteht auch einer der Hauptgründe dafür, dass Budgetgenehmigungen durch Aufsichts- und Verwaltungsräte häufig im Kern irrelevant sind. Man kann gar nicht mehr *entscheiden*, sondern muss Zwangsgenehmigungen absegnen.

Das beste Beispiel für *falsche* Budgetierung ist die frühere Praxis des US-Verteidigungsministeriums, die typisch für alle staatlichen Verwaltungsbereiche, aber auch – von dort übernommen – für viele andere Organisationen ist. Bei der Beschaffung eines neuen Waffensystems wurden damals lediglich die Kosten des ersten Jahres ins Budget aufgenommen. Damit hatte man aber nur die Kosten des *Starts* erfasst, und niemand war sich über die Folgekosten im klaren. Erst unter McNamara[52] wurde das Life-Cycle-Budgeting eingeführt. Heute werden die *Gesamtkosten über die Lebensdauer* eines Waffensystems budgetiert, inklusive Instandhaltung und Wartung, Ersatzteile, Training, Bedienungspersonal und Verschrottung des Systems.[53]

Natürlich können auch dabei Fehler gemacht werden, weil man auf vielen Annahmen aufbauen muss. Aber es zwingt zu einer anderen und zweckmäßigeren Art des Durchdenkens aller Zusammenhänge als die Budgetierung nur der jeweils nächsten zwölf Monate.

52 Siehe Deborah Shapley, *Promise and Power. The Life and Times of Robert McNamara*, Boston 1993.

53 Auch dazu Hans Siegwart, *Kennzahlen für die Unternehmungsführung*, Bern / Stuttgart / Wien, 5. Auflage 1998.

Generell muss man sich immer von folgender Prämisse leiten lassen: Die wirklich wesentlichen Kosten werden nicht von jenen Dingen verursacht, die *scheitern*, sondern von jenen, die *erfolgreich* sein werden. Diese verursachen hohe Folgekosten – und das mit vollem Recht. Daher muss man sich insbesondere auf die *Folgekosten der Erfolge* vorbereiten. Man kann zwar an Misserfolgen zugrunde gehen. Aber die tragischen Fälle sind jene, in denen ein Unternehmen Erfolg hat, sich aber die *Kosten dieses Erfolgs* nicht leisten kann.

Man braucht zwei Budgets – ein Operating-Budget und ein Innovations-Budget

Unmittelbar damit zusammenhängend zeigt sich immer wieder, dass man eigentlich *zwei verschiedene* Budgets braucht, die völlig anderen Zielsetzungen dienen müssen und dementsprechend auch unterschiedlich schwierig zu erstellen sind.

(a) Das *erste* Budget – das übliche – ist das *Operating-Budget.* Damit budgetiert man das *bestehende, laufende* Geschäft, jene Dinge, die man kennt und mit denen man *vertraut* ist. Hier darf man zwar auch nicht einfach hochrechnen, aber die Vergangenheits- und Gegenwartsziffern sind doch gute und wenigstens teilweise zuverlässige Anhaltspunkte. Die Schlüsselfrage für dieses Budget lautet: *Welches Minimum an Ressourceneinsatz ist nötig, um das Geschäft erfolgreich weiter zu betreiben?* Hierbei ist die gesamte klassische betriebswirtschaftliche Denkweise angebracht und richtig.

(b) Das *zweite* Budget – es wird leider nur in sehr fortschrittlich geführten Firmen erstellt – ist das *Opportunities-Budget*, das Budget für die neuen Dinge, die *Innovationen.*

Hierbei kann man sich nicht an Erfahrungszahlen orientieren, weil es für das Neue halt noch keine Erfahrungen gibt. Dieses Budget ist daher auch mit sehr viel größeren Unsicherheiten behaftet, und schon deshalb sollte man es nicht mit dem anderen Budget vermischen. Man würde damit *erstens* das Operating-Budget verwässern und *zweitens* die Unsicherheiten der Opportunities *verschleiern.*

Im Opportunities-Budget müssen zwei Fragen gestellt werden: *Erstens, setzen wir Ressourcen für die richtige Opportunity, Chance, Innova-*

tion ein? Zweitens, wenn es die richtige ist, *welches Maximum an Ressourcen soll sie erhalten, damit sie wirklich genutzt werden und durchschlagenden Erfolg haben kann?*

Der Hauptgrund für das Versagen so vieler wohlgemeinter und im Kern durchaus richtiger öffentlicher Programme (dasselbe gilt aber auch für Programme der Wirtschaft) ist: *»zu wenig, zu spät und auf zu viele verschiedene Frontabschnitte zersplittert«.*

Der Schlüssel zum Erfolg neuer Vorhaben ist im übertragenen Sinne die Maxime des deutschen Panzergenerals Guderian im Zweiten Weltkrieg: *»Klotzen, und nicht kleckern«*; volle Konzentration auf *wenige* Dinge und diese mit *voller* Kraft durchziehen.

Critical Items- Budget

Sorgfältige und gewissenhafte Budgetierung wird immer vor einem großen Problem stehen: die schiere Anzahl der verschiedenen Positionen, die man eigentlich berücksichtigen und durchdenken muss. Daher lohnt es sich, folgende Frage zu stellen: *Welches sind die 10 bis 20 Prozent an wirklich erfolgsentscheidenden Positionen? Welche Budgetpositionen werden, wenn wir sie wirklich im Griff haben, einen Sog auf alles andere ausüben?*

In einem gewöhnlichen Unternehmen hat es wenig Sinn, die Postgebühren oder Telefonkosten im Detail zu budgetieren. Im Versandhandel handelt es sich aber um eine der entscheidenden Budgetgrößen, und zwar sowohl der Höhe als auch der Verwendung nach. Die Raumausnutzung ist in den wenigsten Firmen erfolgsentscheidend. Sie ist aber eine ausschlaggebende Schlüsselgröße in einer Supermarktkette.

Das Critical Items Budget wurde 1920 unter Leitung von Alfred P. Sloan bei General Motors eingeführt und in den sechziger Jahren im US-Pentagon perfektioniert. Man hatte herausgefunden, dass aus einer unübersehbaren Fülle von Millionen von Budgetpositionen nur einige hundert wirklich entscheidend waren.

Dies ist übrigens auch die Grundlage für den sinnvollen Einsatz des Managements by Exceptions, von dem man kaum noch etwas hört, was nicht heißt, dass es deswegen weniger nützlich geworden ist.

Namen budgetieren

Wie auch immer das Budget letztlich aufgestellt wird und wie es aussieht – nur *Menschen*, und das heißt *Personen, Individuen* können die Arbeit wirklich tun. Trotz aller Lippenbekenntnisse zum Menschen als wichtigster Ressource bleibt dieser Umstand in den meisten Fällen unbeachtet. Man budgetiert, wieviel Geld für die Menschen ausgegeben werden soll, also die Personal*kosten*, aber man budgetiert nicht die Personal*leistung*.

In letzter Konsequenz gibt es nur eine *einzige* Ressource, die *Leistung* erbringen kann – und das ist der Mensch. Wie überall in diesem Buch meint das nicht *die* Menschen, sondern den *einzelnen* Menschen, die *Person*, das *Individuum*.

Man hat kein wirksames Budget, wenn nicht hinter jedem Budget und möglicherweise sogar hinter jeder Budgetposition ein Name steht, der *Name* eines *Verantwortlichen. Wessen Job ist das, mit welchen Resultaten und welcher Verantwortung?* – das ist die Schlüsselfrage in diesem Zusammenhang.

Das wichtigste Instrument dafür ist das Assignment, das ich in diesem Teil behandelt habe. Was man also mithilfe des Budgets allozieren muss, sind nicht in erster Linie Kosten, sondern die *Stärken von Individuen*. Es ist die einzige Möglichkeit, dafür zu sorgen, dass die Dinge auch *getan* werden, und vor allem, dass sie *gut* getan werden.

Unverzichtbar: das Worst Case-Budget

Zum Schluss kann ich nur dringend empfehlen, *immer und unter allen Umständen* auch ein *Worst Case-Budget* zu erstellen.

Dafür gibt es drei Gründe:

Erstens, in der Wirtschaft ist nichts gesichert; es ist immer mit Überraschungen zu rechnen, und keine Prognose ist wirklich verlässlich. Zahllose Insolvenzfälle hätten vermieden werden können, hätte man sich rechtzeitig gefragt, wie der Worst Case aussieht und was man vorbereitend dafür schon heute vorsehen muss.

Man darf sich von niemandem einreden lassen, das sei Pessimismus und habe daher in einem Unternehmen nichts zu suchen. Es ist nichts anderes als gewissenhaftes Management, und es ist im Kern echte Führerschaft: *Leadership is calmness under stress* – Führerschaft heisst, die Ruhe im Sturm zu bewahren. Das können aber nur Leute, die den Sturm kennen, die ihn sich zumindest vorzustellen vermögen, weil sie ihn gründlich durchdacht und für alles Nötige vorgesorgt haben.

Der *zweite* Grund dafür ist, dass sich nur durch Erstellung eines Worst Case-Budgets überhaupt *herausfinden* lässt, an welchen Stellen und in welcher Weise das Unternehmen flexibel ist, wo man reagieren kann, falls man muss. Zu Recht wird sehr viel über Flexibilität geredet. Aber nur wenige Leute unterziehen sich der Mühe, gründlich herauszuarbeiten, wo Flexibilität vorhanden ist und wie sie allenfalls in das Unternehmen eingebaut werden kann. Das ist nicht eine Sache markiger Sprüche, sondern wiederum des *Durchdenkens* aller Geschäftsaktivitäten. Das beste Mittel dazu ist das Worst Case-Budget.

Was als Worst Case zu betrachten ist, unterscheidet sich von Fall zu Fall. Eine mögliche Vorgehensweise ist simpel und grob, aber sehr wirksam: *Wie würde unsere Firma aussehen, wenn wir mit 30 Prozent weniger Umsatz auskommen müssten?* Gelegentlich wird das als weit hergeholt empfunden. Wie sollte so etwas jemals möglich sein? In den neunziger Jahren mussten viele lernen, dass es möglich ist, sei es aus Konjunkturgründen oder aus solchen des technisch-wissenschaftlichen Fortschritts.

Der *dritte* Grund für ein Worst Case-Budget ist, dass es die beste Methode ist, um das Geschäft und seine inneren Zusammenhänge wirklich *gründlich* zu durchdenken. Man versteht es *nach* einer solchen Übung *viel* besser als *vorher*.

Saubere Dokumentation

In den meisten Unternehmen und ihren Teilbereichen wird das Gesamtbudget schließlich aus *einer* oder *einigen wenigen* Seiten bestehen. Dies ist in Ordnung – aber nur, wenn die dahinter stehenden

Annahmen, Überlegungen und Begriffe *sauber* und *präzise dokumentiert* worden sind. Ansonsten ist eine sinnvolle Budgetkontrolle gar nicht möglich. Dokumentiert man diese Dinge nicht, ist schon nach wenigen Wochen vergessen, was man sich bei der Erstellung des Budgets wirklich gedacht hat. Die Folge davon ist, dass die Interpretationsspielräume in ihrer Gesamtheit genutzt werden und es zu Schuldzuweisungen und Ausflüchten kommt; dass nicht mehr Klarheit des Denkens dominiert, sondern rhetorische Brillanz und jene den »Sieg« davontragen, die die größte Phantasie im Erfinden von Ausreden entwickeln.

Das Unternehmen und seine Kultur werden in kurzer Zeit von einer *Defensivhaltung* geprägt sein; jeder weiß dann ganz genau, was *nicht* geht und *warum*; gleichzeitig machen sich Bitterkeit, Zynismus und Lethargie breit. Die Menschen fühlen sich ungerecht behandelt. Die probate Antwort darauf sind dann große, pompöse Unternehmenskultur-Programme; man faselt von »lernender Organisation«, sucht das Heil in allen Variationen von Scharlatanerien und schickt die Leute auf den Psycho-Trip.

Nicht immer, aber doch häufig lässt sich das Problem viel einfacher und besser lösen: Man hat nur versäumt, handwerkliche Professionalität, Gründlichkeit und Sorgfalt bei der Budgetierung anzuwenden. Man hat versäumt, *wirksames Management* zu betreiben.

Sechstes Werkzeug
Leistungsbeurteilung

Die Leistungsbeurteilung ist ein Werkzeug, zu dem viele Manager ein gestörtes Verhältnis zu haben scheinen. Sie lehnen sie ab und empfinden sie als unnütz. Sie unterziehen sich dem periodisch, meistens jährlich wiederkehrenden Ritual, weil es eben von ihnen verlangt wird. Aber sie stehen nicht dahinter, und daher entledigen sie sich dieser lästigen Pflicht mit einem Minimum an Zeit- und Denkaufwand. Auch noch so viel gut gemeinte Ausbildung hilft da kaum weiter.

Geht man der Sache auf den Grund, zeigt sich jedoch immer wieder, dass es nicht die Leistungsbeurteilung als solche ist, die Führungskräfte ablehnen, sondern es sind die Leistungsbeurteilungs*systeme* – es ist die unsägliche Bürokratie, die von Beurteilungsexperten und Personalfachleuten erfunden und entwickelt wurde und von den Top-Managern zugelassen wird. Sobald man zwischen der Beurteilung der Leistung als solcher und der Anwendung umständlicher Verfahren unterscheidet, zeigt sich meistens sehr rasch, dass die überwiegende Zahl der Führungskräfte die Leistungsbeurteilung sehr wohl als wichtig betrachtet. Wo liegt das Problem?

Die gebräuchlichen Systeme sind das genaue *Gegenteil* dessen, was Manager für die Beantwortung ihrer Fragen über Leistung und Leistenden benötigen. Das wird sehr schnell sichtbar, sobald man nachfragt, woher die Leistungsbeurteilungssysteme ursprünglich stammen. Sie wurden im wesentlichen in der klinischen Psychologie entwickelt, im Grunde also von Ärzten. Woran muss der Arzt interessiert sein und worauf zielen daher seine Fragen? Sie richten sich auf die Krankheiten des Menschen, auf das, was ihm fehlt, auf seine *Schwächen* und Defizite. Das Ziel einer ärztlichen Behandlung ist die Heilung des Patienten. Die Beziehung zwischen Arzt und Patienten ist daher von vornherein auf *Abbruch*, auf Beendigung angelegt. Der Arzt ist für mich der beste, der möglichst rasch herausfindet, was mir fehlt, und mich dann ebenso rasch heilt und dem ich dann – hoffentlich – nie wieder im Leben zu begegnen habe, jedenfalls nicht in seiner Eigenschaft als Arzt, weil er mich nämlich definitiv gesund gemacht hat.

Die Situation des Managers ist aber genau *umgekehrt*. Der Manager muss auf die *Stärken* eines Menschen achten und seine Beziehung zu seinen Mitarbeitern muss auf *Dauer* und *Kontinuität* angelegt sein. Warum das Interesse auf die Stärken gerichtet sein muss, brauche ich nach allem bisher Gesagten nicht mehr zu begründen. Dass die Beziehung auf Kontinuität anzulegen ist, liegt auf der Hand. Nichts ist einfacher, als eine Person im Rahmen eines Beurteilungsgespräches so »fertig« zu machen, dass sie mir danach nie wieder in die Augen blicken und schon gar nicht mit mir jemals wieder zusammenarbeiten kann. Das bringt jeder zustande. Damit ist aber auch niemandem geholfen, dem Beurteilten offenkundig nicht, aber auch nicht dem Vorgesetzten und dem Unternehmen.

Man erkennt daher sehr leicht, dass die Übernahme von Appraisal-Systems aus dem klinischen Bereich und dementsprechend auch die Fragestellung des Arztes, so sehr sie diesem nützt, im Management völlig deplaziert sind und Schaden anrichten.

Keine Standardkriterien

Die Fragestellung und – berechtigte – Interessenlage des klinischen Bereichs kommt in erster Linie in der Verwendung von Standardbeurteilungskriterien zum Ausdruck. Krankheitssymptome lassen sich, wenn die Krankheit als solche einmal erkannt und erforscht ist, durch einen auf jeden Menschen gleichermaßen anzuwendenden Satz von Kriterien beschreiben. Masern, Grippe, Scharlach usw. zeigen sich bei allen Menschen in bemerkenswert gleicher Weise. Daher ist die Erarbeitung eines Katalogs von Symptomen, die Beschreibung der letzteren mit größtmöglicher Präzision und womöglich ihre Quantifizierung ein großer Fortschritt in der Medizin. Im weiteren Verlauf werden dann die quantitativen Ausprägungen jedes Kriteriums bestimmt, und liegen die Werte im jeweils festgelegten Normalbereich, ist die Person gesund, andernfalls eben krank. Im Grunde ist heute jeder medizinische Test nach demselben Muster aufgebaut, wie sich ganz einfach anhand etwa eines Bluttests beobachten lässt.

So nützlich dieses Verfahren für die Medizin und vielleicht auch für andere Bereiche sein mag, so unbrauchbar, ja zerstörerisch ist es im Management. Wie ich in diesem Buch immer wieder betone, kommt es im Management – von Ausnahmen abgesehen, auf die ich noch zu sprechen komme – gerade *nicht* auf die standardisierbaren Aspekte an, sondern auf die individuellen Besonderheiten, und zwar bezogen auf die *Aufgabe* und auf die jeweilige *Person.*

Typische Standardanforderungskataloge umfassen Eigenschaften und Fähigkeiten wie: Umgang mit Menschen, Belastbarkeit, Entscheidungsfähigkeit, Kreativität, Innovations- und Teamfähigkeit. Diese oder ähnliche Kriterien wird man in fast jeder Organisation finden, und aus Gründen, die ich in Teil I dargelegt habe, kulminieren sie regelmäßig in der Beschreibung des Idealtyps des Managers. Im günstigsten Fall sind solche Kataloge Antwortversuche auf die Frage, was Führungskräfte *im allgemeinen, im Großen und Ganzen* oder *typischerweise* an Fähigkeiten benötigen. Selbst in dieser Form sind sie unbrauchbar und irreführend.

Die Verwendung dieser Listen führt bei der Leistungsbeurteilung zu der absurden und von Führungskräften mit gesundem Menschenverstand instinktiv und zu Recht abgelehnten Situation, dass etwa Innovationsfähigkeit auch dort beurteilt werden muss, wo sie gar nicht erforderlich ist, ja möglicherweise sogar Schaden anrichten würde; dass man »Entscheidungsfähigkeit« auch dort kommentieren muss, wo eine Person nie oder selten Entscheidungen zu treffen hat, und schon gar nicht wichtige Entscheidungen. Warum soll man den »Umgang mit Menschen« beurteilen, wenn es sich um eine Stelle handelt, auf der man kaum mit Menschen zu tun hat oder es zumindest kein erfolgskritischer Aspekt für die Leistung des Stelleninhabers ist?

Nun bin ich natürlich keineswegs gegen Anforderungen schlechthin. Ich bin nur gegen jene, die sich – gewollt oder nicht – de facto zum Idealtypus oder Universalgenie zusammenfügen.

Im Grunde kann man die Falle der Anforderungsprofile leicht vermeiden: Man muss nur – statt im Abstrakten zu bleiben – konkret werden. Die richtige Frage lautet nicht: *Welchen Anforderungen müssen Manager im allgemeinen entsprechen?*, sondern: *Was braucht man auf dieser ganz speziellen, konkreten Position in diesem konkreten Unternehmen und in dieser konkreten Situation?*

Vielleicht lassen sich einige Elemente insofern verallgemeinern, als sie in einer größeren Zahl von Situationen wichtig sein können. Im Sport beispielsweise sind Kondition und Kraft immer wichtig. Aber hier endet die Verallgemeinerungsmöglichkeit und die Gemeinsamkeit auch schon wieder. Welche Kondition und welche Kraft sind gemeint? Für den Hundertmeterlauf benötigt man eine ganz andere Art von Kondition als für den Marathonlauf; und das Training für diese beiden Disziplinen ist so völlig verschieden, dass sie sich gegenseitig praktisch ausschließen. Die Kraft des Gewichthebers ist eine völlig andere als die des Hochspringers.

Für jede einzelne Disziplin kann man ziemlich genau angeben, welche Anforderungen zu erfüllen sind und auf welche Leistung hin man daher trainieren muss. Sobald man aber zusammenfasst, aggregiert und verallgemeinert, wird alles wieder unbrauchbar.

Selbstverständlich muss ein Ski-Rennfahrer skifahren können. Aber für sich genommen, sagt dies noch nichts aus. Erst wenn es um die Frage geht, ob wir es mit einem Abfahrtsläufer oder einem Slalomspezialisten zu tun haben, kann man einen brauchbaren Grad an Konkretheit erreichen. Wirklich nützlich wird es aber erst im ganz speziellen Einzelfall: So ist es nämlich durchaus möglich, dass ein Abfahrtsläufer sein gegenüber den Konkurrenten geringeres Körpergewicht durch ein entsprechendes Training der Fahrtechnik kompensieren kann. Auf dieser Ebene wird die Sache dann griffig und brauchbar.

So können wir also die Anforderungen für den Hundertmeterläufer, die Hochspringerin und den Diskuswerfer einigermaßen brauchbar bestimmen. Für den Sportler schlechthin ist das aber genauso wenig möglich wie für den Manager schlechthin oder dann lediglich so allgemein und vage, dass sich nichts damit anfangen lässt. Gibt es aber nicht den Zehnkämpfer? Es gibt ihn in der Tat – aber gute Zehnkämpfer sind genauso selten wie geniale Manager.

Keine Standardprofile

Beinahe zwingend kommt es bei der Verwendung von Standardkriterien auch zur Festlegung von *Standardprofilen*, nämlich solchen, die sich im wesentlichen im neutralen Bereich, im Bereich des *Mittelfeldes* bewegen.

Die Gründe dafür sind klar: *Erstens* will man dem Mitarbeiter nicht schaden. Da die Leistungsbewertung in der einen oder anderen Weise immer auch Einfluss auf das Einkommen hat, ist sie besonders heikel. Wenn man schon Dinge beurteilen muss, die für ihn weitgehend irrelevant sind, dann soll er nicht auch noch den Schaden davon haben. *Zweitens* will man sich weder seitens des beurteilten Mitarbeiters noch seitens des eigenen Vorgesetzten, dem man diese Beurteilung wahrscheinlich vorlegen muss, irgendwelche Schwierigkeiten einhandeln. Beurteilt man einen Mitarbeiter als *schlecht*, muss man dies begründen und bekommt obendrein Probleme mit der betroffenen Person. Beurteilt man ihn als *gut*, hat man Lohnforderungen und Beförderungswünsche seitens des Mitarbeiters zu gewärtigen und muss die gute Beurteilung dem Vorgesetzten gegenüber nicht nur begründen, sondern ihm unter Umständen auch noch erklären, warum eigentlich in der Abteilung nicht mehr geleistet wird, wo dort doch *so* gute Leute sind. Was immer man also tut, man hat nur Schwierigkeiten. Und genau dies will man vermeiden – mit einer unverbindlich neutralen Beurteilung.

Wie groß auch der Aufwand schon bei der Erstellung des Systems und dann noch einmal bei seiner Schulung und Anwendung war – im Ergebnis führt es zu etwas, das *niemand* wollte – nämlich *nichtssagende* Beurteilungen – und zu der Information, dass wir »viele mittelmäßige Leute in unserer Organisation haben«. Diese Erkenntnis hätte man aber auch billiger und einfacher haben können.

Eine bessere Methode

Was braucht man wirklich? Jedenfalls nicht Informationen über das Ausmaß der Mittelmäßigkeit. Vielmehr gilt es herauszufinden, *wer in der Organisation welche besonderen Stärken hat.* Stärken lassen sich, das wurde schon beim Thema der Entwicklung von Menschen gesagt, am zuverlässigsten anhand *bisher* erbrachter Leistung erkennen. Das festzustellen, ist der eigentliche Sinn der Leistungsbeurteilung und all dessen, was möglicherweise darauf basiert, unter anderem die Beförderungsentscheidungen. Sobald die Manager einer Organisation das verstanden haben und man ihnen ermöglicht, genau das herauszuarbeiten, verschwinden in aller Regel Widerstand und Ablehnung bezüglich der Leistungsbeurteilung; denn dieses Wissen ist für die Führungskräfte ja höchst relevant. Daher muss das Werkzeug der Leistungsbeurteilung dementsprechend ausgerichtet werden.

Das beste Instrument dafür ist, buchstäblich, ein leeres Blatt – ohne jeden Schnickschnack, Hilfsmittel, Winke, Gebrauchsanweisungen, Kleingedrucktes und Fußnoten –, auf das man die Beurteilung der Leistung und des Leistenden zu notieren hat. Das leere Blatt zwingt zum *Nachdenken* über die zu beurteilende Person, während das Abhaken von Kriterienkatalogen und das Ausfüllen von Profil-Formularen genau das verhindert, ja, im Gegenteil, zu mechanischer Oberflächlichkeit verführt.

Bei der praktischen Anwendung dieser Vorgehensweise wird man sich oftmals zu Beginn Rechenschaft darüber ablegen müssen, wie wenig man im Grunde über die zu beurteilende Person weiß, wie wenig man mit ihr – obwohl sie zu den engsten Mitarbeitern gehört – während des Jahres Kontakt hatte, wie oberflächlich dieser Kontakt war und dass man von dem Menschen, der »hinter« dieser Personalressource steht, so gut wie keine Ahnung hat.

Das Ergebnis einer Leistungsbeurteilung muss mehrerlei beinhalten. *Erstens* muss die *Leistung als solche* unabhängig von der Person beurteilt werden. Da es Leistung nicht im luftleeren Raum, sondern nur relativ zu vorher festliegenden Zielen geben kann – ansonsten hat man es nur mit Arbeit zu tun –, muss man an dieser Stelle auf Ziele zurückgreifen können, wie sie in Teil III besprochen wurden.

Das *zweite* sind die individuellen, spezifischen Stärken und Schwächen des Leistenden. Auch auf die Gefahr hin, mich zu wiederholen, betone ich: *individuell* und *spezifisch*: *Was kann diese Person besonders gut und was nicht? Woran konnte man das sehen und wie begründe ich es? Gibt es latente Stärken, die erst ansatzweise erkennbar sind oder sich eigentlich nur vermuten lassen, die man aber etwas genauer überprüfen sollte? Und wie etwa müssten die Aufgaben beschaffen sein, um diese Vermutungen zu bestärken oder zu widerlegen?* Fragen dieser Art sind es, die man gewissenhaft zu stellen und zu beantworten hat. Hierbei sind Kataloge und Profile wenig hilfreich, weil sie die wesentlichen Dinge verdecken, statt auf sie hinzuführen. Erst durch diese Vorgehensweise macht man sich die Leistungsbeurteilung zu einem Werkzeug.

Abgesehen davon, dass Zweck und Ziel der Leistungsbeurteilung klar verstanden sein müssen, benötigt man für die Beurteilung von Leistung und Leistenden vor allem etwas, das im betreffenden Wort selbst schon steckt, nämlich Urteilsvermögen. Genau dieses will man durch die Formalisierung der Leistungsbeurteilung weitgehend ersetzen; und genau dadurch wird die Leistungsbeurteilung »blutleer« und verkommt zu einem formalen Ritual.

Urteilsvermögen kann man schärfen und trainieren. Darauf habe ich im Kapitel über Kontrolle bereits hingewiesen. Bei jungen Menschen kann es kaum hoch entwickelt sein. Urteilen erfordert, wie ich ausführlich begründet habe, Erfahrung.

Urteilsvermögen kann entwickelt und geschult werden. Das gilt für die Beurteilung von Menschen ebenso wie für die Beurteilung auf anderen Gebieten. Man kann bis zu einem gewissen Grade lernen, Musik oder Malerei zu beurteilen; man kann lernen, die Lawinengefahr in den Bergen und die Sturmgefahr auf See zu beurteilen, und ebenso kann ein Arzt sein Urteilsvermögen in diagnostischer Hinsicht verbessern.

Es ist modisch geworden, diese Zusammenhänge teils explizit, teils implizit zu bestreiten; denn nichts anderes tut man, wenn man Systeme und Verfahren zu entwickeln versucht, die Urteilskraft ersetzen sollen durch Pseudoquantifizierung. Die Gründe dafür mögen vielfältig sein. Darunter findet sich falsches Wissenschaftsverständnis ebenso wie politische Ideologie, falsch verstandene Humanität verbunden mit wohlmeinenden Absichten ebenso wie schiere Dummheit. Wie vielfältig die Gründe aber auch immer sein mögen, das Ergebnis ist immer dasselbe: Scheingenauigkeit, Scheinobjektivität, inhaltliche Irrelevanz und der Ersatz von Verantwortung durch formale Rituale.

Wo ist Standardisierung – mit Vorsicht – angebracht?

Standardisierung ist zulässig und zweckmäßig, wenn man es mit einer *großen* Zahl *gleichartiger* Fälle zu tun hat, wenn also von mehreren oder vielen Personen im wesentlichen die gleiche Aufgabe zu erfüllen ist. Beispiele sind etwa die Mitarbeiter des Außendienstes in der Versicherungswirtschaft, Verkaufspersonal in miteinander vergleichbaren Supermarkt- oder Warenhausabteilungen etc. Dabei handelt es sich aber, wie unschwer zu erkennen, nicht um Führungskräfte. Beispiele aus dem Führungsbereich sind Filialleiter einer Supermarktkette, soweit es sich um Filialen desselben Typs handelt, Zweigstellenleiter bei den Banken und ähnliches.

Am ehesten hier ist die übliche Beurteilungslogik mit ihren standardisierten Anforderungskatalogen brauchbar. Dennoch bin ich selbst in diesen Fällen zurückhaltend. Immer wieder lässt sich nämlich beobachten, dass keine zwei Personen ihre Aufgaben *gleich* erfüllen. Das gerade ist das Erstaunliche und Wichtige – und es wird immer wieder übersehen: Selbst bei völlig oder weitgehend vergleichbaren Aufgaben kommen verschiedene Menschen auf verschiedenen Wegen zu ihren Ergebnissen und Leistungen – und sobald man ihnen durch »gleichgeschaltete« Beurteilungskriterien ihre individuellen Wege erschwert oder versperrt, beginnt die Leistung *zurückzuge-*

hen, weil sie ihre persönlichen Stärken nicht mehr ausspielen können. Zum *ersten* ist das schädlich für das Unternehmen, und zum *zweiten* ist es unmenschlich. Es gibt nicht den geringsten Grund für diese Art des Vorgehens.

Die Variationsbreite ergebnisproduzierenden Verhaltens lässt sich besonders gut unter den *erfolgreichen* Verkäufern, gleichgültig welcher Branche, beobachten. Der eine erreicht seine Ergebnisse, in dem er seine fachlichen Kenntnisse einsetzt, der andere mit Charme und Humor, ein dritter versteht es besonders gut, seine langjährigen Beziehungen zu pflegen, und bei einem vierten muss man letztlich zugeben, dass man überhaupt nicht weiß, wie und womit er es schafft. Man kann das im Verkauf besonders gut *beobachten*; *Gültigkeit* aber hat es für alle Sach- und für Führungsaufgaben.

Wie machen es die Könner?

Es gibt Menschen, die allem Anschein nach über hervorragende Menschenkenntnis verfügen. Man schließt darauf etwa aus der Tatsache, dass sie eine hohe Trefferquote bei ihren Personalentscheidungen vorweisen können. Es muss sich also um Menschen handeln – so die Vermutung –, die einen besonderen »Blick« oder ein besonderes Gespür für andere Menschen haben.

Geht man, soweit das möglich ist, den Dingen auf den Grund, kommt jedoch etwas ganz anderes zum Vorschein: Die betreffenden Personen gehen mit *besonderer Sorgfalt* an die Beurteilung von Menschen heran, die mit ihnen zusammenarbeiten. Das Hilfsmittel, das sie dabei verwenden, ist nicht ein »hochentwickeltes« Beurteilungssystem, sondern ein »kleines schwarzes Büchlein«, in dem sie alles festhalten, was ihnen auffällt und sie als notierenswert ansehen. Sie tun das nicht *einmal* im Jahr, wenn die Leistungsbeurteilung ansteht, sie tun es *kontinuierlich* – immer, wenn ihnen etwas auffällt.

Forscht man weiter, so zeigt sich, dass sie sich mit großer Sorgfalt und Gewissenhaftigkeit immer wieder neu die Frage stellen, worauf es bei einer bestimmten Aufgabe *wirklich* ankommt. Sie haben ein klares Verständnis für das, was ich als Auftrag oder Assignment bezeichnet habe. Sie wissen, dass es auf die Stärken der Menschen ankommt, um sie richtig zu platzieren, und auf ihre Schwächen nur insoweit, als sie darüber Auskunft geben, wofür eine Person nicht einzusetzen ist. Sie sind nicht an Verallgemeinerungen interessiert, sondern an der Individualität der konkreten Personen.

Gegenstand ihrer Aufzeichnungen ist unter anderem das, was man als »Critical Incidents« zu bezeichnen pflegt. Das sind, für sich und isoliert genommen, kleine und bedeutungslose Vorkommnisse, die unerfahrenen Leuten entgehen und unbeachtet bleiben; im Kontext aber und für erfahrene Menschen sind es kritische Ereignisse, die darüber Aufschluss geben, wie ein Mensch wirklich ist. Wie verhält sich jemand, wenn er sich unbeobachtet fühlt; wenn er ein Glas zu viel getrunken hat; gegenüber Mitarbeitern und Kollegen – insbesonders gegenüber Frauen, falls es ein Mann ist – auf einem Betriebsausflug; wie reagiert jemand auf zweideutige Witze und wie verhält er sich in Situationen, in denen sich Gelegenheit zu Wahrheit, Ehrlichkeit, Anstand, Offenheit und Integrität bietet.

Meiner Kollegin an der Wiener Wirtschaftsuniversität, der Wirtschaftspsychologin Linda Pelzmann[54], verdanke ich den Hinweis auf eine alte Regel, die unter ungarischen Geschäftsleuten für die Beurteilung potenzieller Geschäftsfreunde gegolten haben soll: Erstens musst Du ihn betrunken erleben – da hält er mit der Wahrheit nicht zurück. Zweitens musst du mit ihm ein Erbe teilen – da hält er mit seiner Habgier nicht zurück. Drittens musst Du mit ihm gefangen sein – da zeigt sich, ob er den Kopf verliert und andere im Stich lässt. Man hat gewöhnlich kaum die Möglichkeit, alle diese Situationen zu erleben, aber die Regel illustriert, worum es geht.

Die Menschenkenntnis ausgewiesener Menschenkenner ist keine Fähigkeit, etwas »mit einem Blick« sehen zu können; sie beruht weder auf einem besonderen Einfühlungsvermögen noch auf einer anderen höheren Fähigkeit, Ausstrahlung (was immer das sein mag)

54 Die methodische Nutzung von Critical Incidents beschreibt Pelzmann ausführlich in ihrem Aufsatz »Was nicht im Personalakt stehen darf. Critical Incidents: Informationsquelle für verborgene Risiken«, St. Gallen 1999.

und Persönlichkeit (auch das ein recht undeutlicher Begriff) wahrzunehmen, zu erspüren oder über geheimnisvolle Antennen zu empfangen, wie das in einschlägigen pseudowissenschaftlichen, dümmlichen, manchmal auch nur naiven Schriften immer wieder behauptet wird. Sie ist die meistens über viele Jahre geschulte und immer wieder geschärfte und hinterfragte Beobachtung.

Und jene, die nicht beurteilt werden wollen?

Man kann nicht über Leistungsbeurteilung sprechen, ohne sich zu fragen, ob sie überhaupt legitim sei, und was von jener Strömung zu halten ist, die grundsätzlich gegen die Beurteilung von Leistung ist?

Es gibt natürlich auch Leute, die *nicht* beurteilt werden wollen. Wie hat man sich zu diesen zu stellen? Die Antwort ist meines Erachtens recht einfach, auch wenn sie gelegentlich nur schwer und manchmal auch gar nicht akzeptiert wird: *Alle wirklichen Performer wollen wissen, wo sie stehen.* Wer es nicht wissen will, hat dafür einen Grund, und in der Regel ist es ein Grund, der für keine Organisation positiv und tolerabel ist. Von temporär bestehender Unkenntnis abgesehen, die ja durch Aufklärung beseitigt werden kann, ist der einzige Grund, der immer wieder zum Vorschein kommt, *schlechte Leistung*. Damit verbunden handelt es sich um Ablehnung von Leistung als solcher bis hin zu ausgesprochener Leistungsfeindlichkeit, zum Teil auf Basis von Argumenten, die mit dem Anspruch auf Wissenschaftlichkeit vorgetragen werden, häufig aber hanebüchene Ideologie sind. Manchmal ist es auch Unfähigkeit und gelegentlich einfach Faulheit, die hinter der Ablehnung der Leistungsbeurteilung steht.

Gute Leute wollen wissen, wie es um ihre Leistung bestellt ist, ob sie besser werden oder nachlassen. Das ist für Sportler der Sinn ihres Trainings und für Musiker, Artisten und alle anderen Künstler der Sinn des Übens. Es ist vielleicht *verständlich*, dass Menschen mit schlechten Leistungen der Wahrheit nicht gerne ins Auge blicken und am liebsten nichts davon wissen wollen, aber in einer Organisation kann man es nicht akzeptieren. Wie es jemand privat halten will, ist seine persönliche Angelegenheit.

Eine der Wurzeln scheinbar wissenschaftlich begründeter Ablehnung von Leistungsbeurteilung ist der Streit um die Notengebung in der Schule. Ich will mich hier nicht auf ein Spezialgebiet der Pädagogen begeben. Eines ist aber klar: Menschen, die nicht relativ früh im Leben die Erfahrung machen können, dass es Erfolg und Misserfolg gibt, dass das Erreichen und das Verfehlen von Zielen zu dieser Welt gehören und es Wege zur Leistungsverbesserung gibt, werden sich ein Leben lang schwer tun in der Gesellschaft und ihren Organisationen. Ob man ihnen zu diesen Erfahrungen besser mit Noten oder auf andere Weise verhilft, mag ein Thema für Experten sein. Jedenfalls muss der Unterschied zwischen Leistung und Nichtleistung und zwischen guter, besserer und schlechter Leistung so klar herausgearbeitet und ausgedrückt werden, dass er sich nicht missverstehen lässt. Es muss auch eindeutiges Scheitern erfahren werden können. Der in Teil II behandelte Grundsatz des positiven Denkens oder jener der Stärkenorientierung ist keinesfalls so zu verstehen, dass es schlechte Leistung nicht mehr geben kann, weil sie hinweginterpretiert wird, weil sie beschönigt und damit rhetorisch aus der Welt geschafft wird. Das endet in der Verkrüppelung des Menschen und seiner Leistungsfähigkeit.

Noch einmal: Die richtigen Leute wollen wissen, wo sie stehen; und nur solche können in Organisationen gebraucht werden. Ich meine auch die Beobachtung gemacht zu haben, dass die meisten Kinder, Schüler und Studenten leisten wollen. Sie sind vielleicht nicht, wie in einer Diskussion zur Notengebung einmal von Lehrerseite behauptet wurde, »gierig« nach *Noten*; aber viele sind durchaus »gierig« nach *Leistung*, nach einer Leistung, die man zeigen und sehen kann. Verzicht auf Leistungsbeurteilung und Gleichmacherei sind, gleichgültig mit welchen Gründen sie betrieben werden, das Gegenteil von Humanität oder Solidarität; denn dadurch beraubt man die Menschen der Möglichkeit zu Wirksamkeit und Erfolg.

Siebtes Werkzeug
Systematische Müllabfuhr

Organismen haben Systeme, die sie von Abfallstoffen befreien – Nieren, Darm, Haut usw. Jede einzelne Zelle besitzt Mechanismen der Müllabfuhr. Ohne systematische, kontinuierliche Entgiftung ist kein Überleben möglich.[55]

Weithin unbekannt, aber wichtig

Analoges ist in und für Organisationen notwendig. Ich schlage daher vor, die Idee der systematischen Müllabfuhr zum siebten Werkzeug zu machen. In jeder Institution muss ein *Prozess des Ausmerzens von Altem, Überkommenem und Überflüssigem* installiert werden. »Trenne Dich vom Abfall!«, könnte man auch sagen.

Diese Idee[56], die sich auf einfache Weise zu einer Methode ausbauen lässt, stellt den entscheidenden Unterschied zwischen fetten und schlanken, zwischen ineffizienten und effizienten, zwischen langsamen und schnellen und zwischen faulen und vitalen Organisationen dar.

Wie an mehreren Stellen erwähnt, neigen Menschen und Organisationen dazu, zu viel zu tun – zu viel Verschiedenartiges und zu viel Nutzloses. Man trägt zu viel Ballast mit sich herum. Menschen, und im übertragenen Sinne auch Organisationen, sind »Gewohnheitstiere« – »Hamster«. Alles wird mitgeschleppt und gesammelt – aus reiner Gewohnheit, und weil man kein »Organ« entwickelt hat, das systematisch von Abfällen und Giften befreit.

55 Manfred Reitz, »Zelluläre Müllabfuhr«, *Pharm. Ind.* 59, Nr. 3 (1997) S. 70 f.
56 Urheber dieser Idee ist, wie bei so vielem anderen, das im Management, alle Modewellen überdauernd, wirkliche Brauchbarkeit hat, Peter Drucker.

Von der Idee zur Methode

Die Methode ist ebenso einfach wie die Idee selbst. Sie besteht darin, dass man regelmäßig die Frage stellt: *Was von all dem, was wir heute tun, würden wir nicht mehr neu beginnen, wenn wir es nicht schon täten?*

Die Frage mag in dieser Formulierung kein besonders gutes Deutsch sein, aber sie ist *außerordentlich wirkungsvoll.* Zu beachten ist, dass die Frage nicht lautet: *Was hätten wir – damals – nicht beginnen sollen?* Diese Variante der Frage klingt zwar sehr ähnlich; sie zu stellen, ist aber müßig. Sie befasst sich mit der *Vergangenheit*, während die erste Formulierung auf die *Zukunft* gerichtet ist. Sich über Vergangenes Gedanken zu machen, mag interessant sein, aber es ist – jedenfalls in diesem Zusammenhang – wenig nützlich. *Was würden wir nicht mehr anfangen, wenn wir nicht schon mittendrin steckten? – Und wovon müssen wir uns daher trennen? Was müssen wir schlicht beenden und stoppen?* Das sind jene Fragen, die zum Handeln für eine andere und bessere Zukunft führen.

Am besten wird die Bedeutung dieser Methode im Kontrast mit der *üblichen* Verhaltensweise von Menschen und Organisationen klar: Zu all dem, was man ohnehin schon tut, kommt jedes Jahr noch *Neues* und *Zusätzliches* hinzu – weil man modern sein will, weil man innovativ sein will, weil man möglichst nichts verpassen will usw. Das ist aber der sicherste Weg, schließlich »im eigenen Müll zu ersticken«. Vitale Organisationen drehen dieses Verhalten bewusst und systematisch um und stellen sich die Frage: *Wovon sollten wir uns trennen? Was sollten wir nicht mehr tun?*

Glaubhaften Berichten zufolge war die systematische und hartnäckige Anwendung dieser Frage die Initialzündung dafür, dass General Electric von einem fetten, trägen und bürokratischen Koloss zu einem der bestgeführten, vitalsten und profitabelsten Unternehmen der Welt wurde.[57] Im Zentrum des Turnarounds, der sich bei

57 Die Hartnäckigkeit ging, nach allem, was man wissen kann, von Jack Welch aus, der damals die Leitung von General Electric angetreten hatte. Diese Leistung von Welch ist erheblich höher einzustufen, als das, wofür er zehn Jahre später berühmt wurde, nämlich die Maximierung des Shareholder Values.

General Electric in den achtziger Jahren abspielte, stand die anfangs der Achtziger getroffene Entscheidung, aus allen Geschäftsgebieten herauszugehen, in denen man nicht mindestens Zweiter am Weltmarkt war. Manche Geschäftsbereiche ließen sich mit einem Federstrich eliminieren; bei anderen hat es mehr als zehn Jahre gedauert, bis man sie abgestoßen hatte, weil Liefer- und Gewährleistungsverpflichtungen zu erfüllen sowie Ersatzteile vorzuhalten waren und man treue Kunden nicht einfach im Stich lassen konnte. Aber auch wenn es auf einzelnen Gebieten sehr lange dauerte, bis das Ziel erreicht war – hätte man zu Beginn der achtziger Jahre diese Entscheidung nicht getroffen, so wäre das Unternehmen heute noch immer auf diesen Gebieten tätig, mit allen Konsequenzen und Belastungen für die Organisation und vor allem für die Ertragskraft.

Was einem Riesenunternehmen möglich ist, sollte kleinen und mittleren Unternehmen umso leichter gelingen, wenn sie diese Methode überlegt und systematisch zur Anwendung bringen.

Man sollte die Frage: *»Was würden wir nicht mehr neu beginnnen …?«* etwa *alle drei Jahre* bezogen auf Produkte, Märkte, Kunden und Technologien stellen. Und man sollte sie *einmal jährlich* für alles andere stellen, was in der Organisation getan wird: für sämtliche Verwaltungsabläufe; Computersysteme und -programme; Formulare, die in Gebrauch sind; Listen, die man führt; Berichte, die erstellt werden; für alle Sitzungen, die man abhält – nur weil man sich daran gewöhnt hat und ohne dass sie noch Ergebnisse produzieren; für den gesamten Belegfluss; für Prozeduren, Programme und Methoden, die in Gebrauch sind.

Die meisten dieser Dinge *waren* nützlich und sinnvoll zu dem Zeitpunkt, als man sie einführte. Deshalb ist die Frage *»Was hätten wir (damals) nicht beginnen sollen?«* auch nicht zielführend. *Damals*, als man mit etwas begann, hatte man gute Gründe dafür, die Sache war wohl überlegt, und es gab keine bessere Alternative. Nichts *überlebt* sich aber so rasch wie administrative Prozeduren und managerielle Programme, und nichts wird gleichzeitig so schnell zum liebgewordenen Ritual und hält sich so zäh am Leben.

Dort, wo man es mit besonders schnelllebigen Entwicklungen zu tun hat, schadet es natürlich nichts, auch Produkte, Märkte, Kunden und Technologien jährlich, statt nur alle drei Jahre auf den Prüfstand zu stellen. Man muss die zeitlichen Intervalle mit Augenmaß und dem Charakter des jeweiligen Geschäfts entsprechend wählen. Aber länger als drei Jahre sollte man auf keinem Gebiet zuwarten, um zu prüfen, was noch sinnvoll und was inzwischen zum Abfall und zum Ballast geworden ist.

Diese Frage sollte nicht nur für das Unternehmen als Ganzes gestellt werden, sondern sie sollte in bezug auf ihre Abteilung und sich selbst zum selbstverständlichen und routinemäßigen *Werkzeug jeder Führungskraft* gehören.

Am besten reserviert man sich *einen ganzen Tag pro Jahr* dafür, diese Frage mit seinen engsten und wichtigsten Mitarbeitern durchzudiskutieren – und zwar *nur diese eine* Frage und nicht noch viele weitere Tagesordnungspunkte.

Wenn man diese Frage zum ersten Mal stellt, werden einen die Mitarbeiter möglicherweise verdutzt anschauen, weil sie zunächst damit wenig anfangen können. Bis dahin wurden sie ja meistens gefragt: *»Was sollten wir zusätzlich tun?«*, aber noch nie: *»Was sollten wir nicht mehr tun?«* Sollte also zu Beginn Unklarheit oder Reserviertheit bestehen, so muss man insistieren und den Leuten ein wenig erklären, aus welchem Grund man die Frage nach der »Müllabfuhr« stellt. Relativ rasch wird man erleben, wieviele Dinge von den Mitarbeitern (insbesondere von guten Leuten) als potenzielle Kandidaten für die Entsorgung genannt werden. Es kommen lange Listen bei dieser Diskussion heraus. Danach aber darf man nicht mehr fragen: *»Sollen wir uns davon trennen oder nicht?«*, sondern nur noch: *»Wie rasch können wir uns davon trennen?«*

Manches kann, wie gesagt, mit sofortiger Entscheidung der »Müllabfuhr« übergeben werden ; für anderes braucht man Jahre, bis es soweit ist. Aber man hat wenigstens angefangen und ist auf dem richtigen Weg – und man hat vor allem das Denken der Mitarbeiter in eine völlig andere Richtung gesteuert. Man ist auf dem Weg zur *Entschlackung* und *Entgiftung* der Organisation, zur Befreiung von Ballast und überkommenen Gewohnheiten.

Schlüssel zu weitreichenden Konsequenzen

Systematische Müllabfuhr ist der *Schlüssel zu wenigstens drei weitreichenden Konsequenzen*: *Erstens* zu wirklich wirksamem *Lean Management* und zur richtigen Art des *Business Process Redesign*; *zweitens* zu effektivem *Management of Change* und zu wirksamer *Innovation*; und *drittens* zur wirksamen Auseinandersetzung mit dem *Wesenskern* einer Institution, zur Definition des fundamentalen Geschäfts- oder Organisationszwecks, zur *Business Mission*.

Richtig verstandenes Lean Management und Business Process Redesign bedeuten nicht: *Wie können wir alles, was wir heute machen, besser, billiger, sparsamer und schneller machen?* Es bedeutet, mit der Frage zu beginnen: *Was sollten wir überhaupt nicht mehr tun?* Im Zeitalter von Computern und Telekommunikation kann man fast alles »besser, billiger und schneller« machen. Etwas um 50 Prozent schneller oder sparsamer zu machen, ist zwar ein großer Fortschritt; es ist aber noch immer hundertprozentig falsch, wenn es sich um etwas handelt, das man *überhaupt* nicht mehr tun sollte. Die echten Pioniere auf diesem Gebiet haben das von Anfang an so gesehen; es wird aber nur selten praktiziert. Viel zu viele Leute sind verliebt in die neuen Technologien und finden es daher besonders faszinierend, auch jene Abläufe schlank zu machen und zu re-engineeren, die völlig *aufgegeben* werden sollten.

Wirksames Management of Change und richtiges Innovationsmanagement sind ohne die Frage nach der Befreiung der Organisation von Ballast gar nicht denkbar. Leider betrachten viele aber auch diese Aufgaben als etwas, das man zu allem Bisherigen noch *zusätzlich* macht. Dieser Ansatz ist schon im Kern falsch. Er führt dazu, dass das Bisherige zementiert wird und das Neue noch darüber hinaus und zusätzlich gemacht werden muss. Um die Idee der wandlungsfähigen, lernenden und erneuerungsfähigen Organisation herum entstehen bereits wieder riesige Programme und Rituale, die den Mitarbeitern ihre Zeit stehlen, sie von der wirklich wichtigen Arbeit abhalten. Alles wird verwissenschaftlicht, und man befindet sich mitten in einer neuen Bürokratie. Zwar ist es eine *neue* Bürokratie, aber nichtsdestoweniger eben eine Bürokratie, statt dass man die einfache Frage nach der »Müllabfuhr« stellt.

Nichts führt zu einem so schnellen Wandel, gleichzeitig aber auch zu einem derart radikalen wie die Frage: *Was sollten wir nicht mehr tun? Stop doing the wrong things!*, ist der beste Weg zur Veränderung einer Organisation, und gleichzeitig ist es jener Weg, der weitaus weniger Widerstand auslöst als alles andere. Es ist ja nur zu verständlich, dass Menschen Widerstand, offen oder versteckt, dagegen leisten, immer noch mehr Zusätzliches und Neues tun zu müssen. Etwas *nicht* mehr zu tun, funktioniert dagegen viel leichter, ausser natürlich bei jenen, die dadurch ihre Arbeitsplätze gefährdet sehen. Ist diese Konsequenz mit der systematischen »Müllabfuhr« verbunden, muss man, das versteht sich von selbst, diese Maßnahme besonders sorgfältig vorbereiten – und dann ebenso rasch durchführen.

Das Wichtigste jedoch ist, dass die Frage nach der Entschlackung praktisch immer zum *Wesenskern* der Dinge vorstößt, zur Frage nämlich: *Warum tun wir etwas überhaupt? Was ist der Zweck dieses administrativen Ablaufes, dieser Sitzung, dieses Formulars usw.?* Man stößt damit unweigerlich auf den Basiszweck der Tätigkeit einer Organisation.

Unternehmen – gleiches gilt aber für alle Organisationen – werden ja nicht gegründet, um ein besonders modernes Rechnungswesen, ein hochentwickeltes Personalwesen, eine computergestützte Administration oder brillante Stabsarbeit auf dieser Welt zu etablieren. Sie werden gegründet, um *zufriedene Kunden zu schaffen*, um Produkte und Dienstleistungen zu entwickeln, herzustellen und zu verkaufen, um Kranke zu heilen, Drogensüchtige clean zu machen oder die Zerstörung eines Hochmoores zu verhindern. Rechnungswesen, Informatik, Personalabteilung, Administration, intellektuelle Stabsarbeit usw. sind *Folgen* (und meistens nicht sonderlich ökonomische Folgen) des eigentlichen Zwecks einer Organisation.

Leider tendieren diese Dinge aber immer wieder dazu, zum *Selbstzweck* zu werden und ein *Eigenleben* zu entwickeln. Alle unterstützenden Funktionen, die als Folgen des Hauptzwecks einer Organisation benötigt werden, haben einen inhärent imperialistischen Charakter – und daher muss man diese Dinge und die Art, wie man sie abwickelt, immer wieder im Lichte des grundsätzlichen Hauptzwecks in Frage stellen.

Nur so kann man eine Organisation dazu zwingen, vital, schnell und produktiv zu werden und zu bleiben, und nur so ist es möglich, eine Kultur der Nutzenmaximierung, der Eliminierung von parasitären Denk- und Verhaltensweisen und der Konzentration auf das wirklich Wesentliche zu schaffen.

Der Weg zur persönlichen Effektivität

Die Methode der systematischen »Müllabfuhr« ist gleichzeitig der leichteste und schnellste Weg zur persönlichen Wirksamkeit einer Führungskraft und ihrer Mitarbeiter. Das habe ich *en passant* an mehreren Stellen erwähnt. Ich fasse es nochmals zusammen: Wirksame Führungskräfte reservieren sich einen Tag im Jahr, an dem sie gründlich und gewissenhaft die Frage durchdenken: *Was sollte ich nicht mehr tun – weil es sich überlebt hat, weil ich über die Dinge hinausgewachsen bin, weil ich mich in eine andere Richtung entwickeln will, weil es andere und bessere Methoden gibt, weil es Wichtigeres zu tun gibt, weil ich älter geworden bin und andere Prioritäten setzen muss usw.?*

Dann beginnen sie, systematisch an diesen Dingen zu arbeiten. Sie ändern ihre Kalendereinteilungen; sie nutzen ihre Zeit anders; sie beginnen, ihre Arbeitsgebiete umzustrukturieren – *sie werfen Ballast ab.* Und sie schaffen damit jenen Platz, den das Neue haben muss, wenn es eine Chance auf Erfolg haben soll. Damit wird der Einsatz von Ressourcen *umgesteuert*, von weniger produktiven zu produktiveren Verwendungszwecken. Das ist eine Aufgabe, die nie ein Ende hat, sondern immer wieder neu angepackt werden muss.

Gleichzeitig halten sie ihre *Mitarbeiter* zur Anwendung derselben Methode an. Insbesondere wenn sie mit ihren Mitarbeitern Ziele vereinbaren, geben sie sich nicht damit zufrieden, von diesen eine Liste zu bekommen, auf der steht, was im nächsten Jahr zu erreichen ist. Sie verlangen *auch* eine Liste, auf der steht, was im nächsten Jahr *aufzugeben*, was zu *stoppen* ist.

Die wirklich brillanten Musiker haben gelernt, eine einfache Regel zu befolgen, die dieselbe Wirkung hat. Wenn sie ein neues Stück in ihr Repertoire aufnehmen, streichen sie ein bisheriges. Sie wissen, dass niemand, auch wenn er noch so talentiert ist, viele verschiedene Stück wirklich brillant und virtuos spielen kann. Man kann natürlich viele verschiedene Stücke *mittelmäßig* spielen, aber *nur wenige* auf *höchstem Niveau.*

Und wenn man nicht eliminieren kann …?

Vielleicht kann man nicht alles, was auf den »Müll-Listen« steht, völlig aufgeben. Dann gibt es andere Wege, die Dinge ihrer wirklichen Bedeutung für den Hauptzweck einer Organisation nach und ihrem echten Beitrag entsprechend zu behandeln. Vielleicht heißt die Lösung nicht immer »völlig aufgeben«; manchmal heißt sie »outsourcen« oder »refokussieren«. Vielleicht kommt man zu dem Ergebnis, etwas nur noch mit einem Minimum an Aufwand zu betreiben, bis dann später doch eine endgültige Beseitigung möglich ist. Unter Umständen muss man etwas ganz anders positionieren.

Am *einfachsten*, aber auch am *schlechtesten* ist es fast immer, die Dinge so weiter zu betreiben, wie man sie bisher gemacht hat. Das verursacht *Lethargie* und *Trägheit.*

Veraltetes aufzugeben und Ballast abzuwerfen hingegen führt zu *Revitalisierung* und *Selbsterneuerung* einer Organisation. Es ist die von innen heraus geschehende Entschlackung und Selbsthygiene – ein Grundprinzip der belebten Natur. Wer sich das zum Werkzeug und zur selbstverständlichen Methode macht, braucht nie wieder eine Gemeinkosten-Wertanalyse, keine großen Change-Programme, und er wird kaum ein Problem mit der Unternehmenskultur haben.

Ein Tipp zum Schluss

Weil dieses Werkzeug nicht jeden Tag zum Einsatz kommen kann, wird es leicht übersehen und vergessen.

Wirksame Führungskräfte greifen daher zu jenem *kleinen Trick*, der ihnen die *Umsetzung* garantiert: sie tragen den Tag in ihrem Kalender ein, an dem sie dieses Werkzeug allein oder mit ihren Mitarbeitern gemeinsam einsetzen wollen. Selbst wenn sie den Termin verschieben müssen, so lassen sie ihn doch nie wieder aus ihrem Kalender verschwinden.

Einmal mehr wird man sehen, dass es nicht darum geht, Menschen zu ändern, indem man ihnen Tugenden oder besondere Eigenschaften abverlangt. Lernfähig, vital, innovativ, dynamisch usw. zu *sein* und zu *denken* wäre zwar schön, ist aber schwierig. Einmal im Jahr hingegen eine Praktik anzuwenden, ein Werkzeug einzusetzen, ist ziemlich leicht. Niemand muss sich ändern. Man muss lediglich einen Termin einhalten.

Zusammenfassung
Prüfstein für Professionalität

Das Rückgrat der methodischen Kompetenz einer Organisation ist die Beherrschung der hier besprochenen Werkzeuge. Sie ist der eigentliche Prüfstein der *handwerklichen* Seite der Professionalität einer Führungskraft.

Die Werkzeuge und ihr professioneller Einsatz bilden die Brücke zwischen Effizienz und Effiktivität. Grundsätze und Aufgaben bestimmen, welche die »richtigen Dinge« sind; die Werkzeuge sind die Voraussetzung dafür, sie »richtig zu tun«.

Wird der Computer an ihrer Bedeutung etwas ändern? Ja und nein. Die bisherigen Wirkungen von Informationstechnik und Informatik haben viel *weniger* Änderungen für die Arbeit von Managern bewirkt, als unisono vor 30 oder 40 Jahren vorausgesagt wurde. Den Prognosen zufolge hätte sich hier eine veritable Revolution abspielen müssen.

Sie hat nicht oder nur marginal stattgefunden. Um ein Vielfaches mehr Veränderung hat die Informatik für die Erfüllung von *Sachaufgaben* bewirkt. Dort ist in der Tat eine Revolution festzustellen. Ohne Informatik wäre keine der Unternehmens-Funktionen heute vorstellbar, weder Forschung und Entwicklung noch Konstruktion, Design, Produktion, Logistik oder Marketing. Die Administration praktisch jeder Organisation ist ohne Computer nicht zu bewältigen, und ihr Einsatz hat die Art der Erfüllung dieser Aufgaben zum Teil vollständig verändert.

Nicht so bei den Management-Aufgaben. Führungskräfte, die mit Computern kompetent umgehen können, sind nicht notwendigerweise effektiver als andere. Wenn sie es sind, dann nicht deshalb, weil sie Computer verwenden, sondern weil sie schneller und gründlicher verstanden haben, dass die informatisierte Organisation besseres, präziseres und professionelleres Management erfordert. Die durch Technologie, Wissenschaft und Bildung in Entstehung begriffene Informations-, Dienstleistungs- und Wissensgesellschaft verträgt keinen Dilettantismus im Management.

Ohne Beherrschung der Werkzeuge kann es weder Produktivität noch Profitabilität, weder vernünftige Teamarbeit noch Innovation, weder die Bewältigung von Wandel noch die Nutzung von Chancen geben. Professionalität im Gebrauch der manageriellen Tools ist der Hebel, mit dem immer größere, schwierigere und komplexere Aufgaben erfüllt werden können. Es ist der einzige Weg, wie man trotz ständig steigender Beanspruchung Stress unter Kontrolle halten kann.

Aber mehr und wichtiger als das: Übereinstimmende Meinung der Experten ist, dass der Mensch ein gewisses Maß an Stress braucht, um gesund zu bleiben, dass es so etwas wie positiven Stress gibt – Eustress, wie der Stressforscher Hans Selye ihn genannt hat. Die Beherrschung des »Handwerks« ist eine der Voraussetzungen dafür, positiven Stress erfahren zu können. Leistung erbringen zu sollen oder zu wollen, ohne das nötige Rüstzeug dafür zu besitzen, bringt Stress im negativen Sinne – Disstress, Quälerei. Wer aber auf die heute stereotyp gestellte Frage: »Sind Sie im Stress?«, gelassen antworten kann: »Stress? Ich habe viel zu tun, aber Stress habe ich nicht...«, ist fast immer ein Mensch mit hoher methodischer Professionalität – jemand, der »sein Handwerk beherrscht«. Es ist eine der, wie ich glaube, wichtigsten Grundlagen für Selbstsicherheit und persönliche Souveränität. Es ist, wie ich beim Grundsatz der Resultatorientierung bereits sagte, auch eine Quelle von Freude, nicht an der Arbeit, sondern an der eigenen Wirksamkeit. Man nimmt sich etwas vor, oder es stellt sich eine Aufgabe – und dann löst man sie, weil man es kann.

Hierin liegt in der Tat so etwas wie das Geheimnis jener Führungskräfte, die ein oft un- oder übermenschlich erscheinendes Arbeitspensum bewältigen und es trotzdem schaffen, Mensch zu bleiben.

Nachwort
Von der Kunst zum Beruf

Mit diesem Buch habe ich etliche verbreitete Missverständnisse, Irrtümer und Irrlehren auszuräumen versucht. Diese können sich unter anderem deshalb so hartnäckig halten, weil es große *prinzipielle* Unklarheiten über den Charakter von Management gibt. Was ist Management? Ist es eine Kunst? Ist es eine Wissenschaft?

Mein Vorschlag, Management als *Beruf* zu sehen, ist – wie ich immer wieder feststellen kann – alles andere als selbstverständlich. Es ist nicht die Regel, dass er widerspruchslos hingenommen wird. Die Reaktionen sind sehr verschieden und umfassen das gesamte Spektrum von Ablehnung über Skepsis bis zu positiver Überraschung im Sinne von »endlich sagt es einer«. Ich will daher am Schluss dieses Buches für interessierte Leser noch auf ein paar grundsätzliche Fragen des Verständnisses von Management eingehen.

Den besten Zugang hat man meines Erachtens, wenn man Management als eine *Praxis* versteht, als eine *Disziplin*, vergleichbar mit den Ärzten oder den Ingenieursberufen. Was zählt, ist nicht in erster Linie die Richtigkeit der Theorie, sondern der Erfolg des Handelns. Nicht die Diagnose, sondern die Heilung des Patienten macht den guten Arzt aus. Dass dies in der Regel von der Richtigkeit der Diagnose abhängt, braucht nicht betont zu werden. Das Wesentliche ist aber, dass Verstehen und Erklären allein noch nicht genügen. Anwenden und Handeln gehören untrennbar zu allen Berufen. Das unterscheidet sie maßgeblich von der Wissenschaft. Führungskräfte werden nicht für die Richtigkeit ihrer Analysen bezahlt, sondern für die Ergebnisse ihres Tuns.

Ich habe in Teil I bereits die Abgrenzung von Management als Beruf zu Management als Berufung und als Amateurtätigkeit vorgenommen. Es scheint mir aber nötig zu sein, Management als *prakti-*

sche Disziplin noch abzugrenzen – gleichzeitig aber auch in Beziehung zu setzen – zum Verständnis von *Management als einer Kunst, als Wissenschaft* und *als gesundem Menschenverstand.*

Ursprünglich muss wohl das, was ich hier als Management bezeichne, so etwas wie eine Kunst gewesen sein, eine des Handelns: die Kunst des Unternehmers oder die Kunst, reich bzw. mächtig zu werden oder – ganz allgemein – erfolgreich zu sein. Menschen, die eine Kunst in diesem Sinne beherrscht haben, gab es immer, und es wird sie auch in Zukunft geben. Aber sie sind Einzelerscheinungen. Durch ihr Handeln zeigen sie *Möglichkeiten* auf, aber sie *allein* verändern noch nicht die Welt. Das geschieht erst, wenn sie *nachgeahmt* werden können.

In erheblichem Umfange ist Fortschritt auf genau dem Wege entstanden, den ich hier vorschlage, dadurch, dass es gelungen ist, aus Künsten im allgemeinen Wortsinn Berufe zu machen. Präziser: Dadurch, dass das, was *lehr-* und *lernbar* an einer Kunst ist, einer größeren Zahl von Menschen zugänglich gemacht wird, im wesentlichen durch Schulung. Das gelingt nicht auf allen Gebieten, aber in der Medizin und der Architektur zum Beispiel ist es so gewesen.

Das macht eine Kunst nicht weniger bedeutsam oder weniger einmalig. Es wird wohl immer den Künsten und Künstlern vorbehalten bleiben, neue Horizonte zu erschließen und neue Maßstäbe zu setzen. So gesehen sind sie oft wegweisend für die *Richtung* des Fortschritts. Fortschritt *selbst*, seine *Realisierung*, war aber immer nur dann möglich, wenn aus einer Kunst weniger etwas wurde, was viele konnten, eben ein Beruf.

Die Transformation einer Kunst zu einem Beruf geschieht nicht von allein. Es gibt eine Reihe von Widerständen, Hindernissen und auch Sackgassen. Ich möchte drei davon besonders hervorheben:

Als *erstes* lässt sich immer wieder beobachten, dass es Widerstände gegen diesen Versuch als solchen gibt. Man will die Kunst als Kunst bewahren und sie – nicht selten mit missionarischem Eifer – vor der *Profanisierung* retten. Es ist erstaunlich, wie oft man noch immer auf die Meinung stößt, Management sei – und müsse es bleiben – eine Sache besonderer Talente und Eigenschaften, über die gewöhnliche

Sterbliche nicht und niemals verfügten; Management sei etwas, das man nicht lernen könne, sondern wozu man letztlich geboren sein müsse. Es wird noch immer gerne eine Aura des Geheimnisvollen und Unerreichbaren um Management verbreitet.

Hier stehen alle Türen für die Idee der Berufung, des Auserwähltseins offen. Dazu trägt eine Flut einschlägiger Literatur aktiv bei. Selbst Menschen, deren Lebenslauf klar beweist, dass sie alles, was ihnen zu einer Karriere verhalf, lernen mussten, neigen dazu, dann, wenn sie an der Spitze sind, den Weg dorthin zu mystifizieren. Manche scheinen sich nachgerade des Umstands zu schämen, dass sie vieles hart und schmerzlich zu lernen hatten – obwohl doch speziell das ein positiver Leistungsausweis wäre. Es ist nichts Besonderes, wenn ein *Genie* durch besondere Leistungen hervorsticht. Der geniale Mensch hat nichts anderes getan, als das, was Gott oder der genetische Code zufällig gerade ihm mitgegeben haben, zu nutzen. Es ist aber etwas sehr Bemerkenswertes, wenn Menschen ohne spezielle Talente etwas in ihrem Leben erreichen, was sie ihrer *eigenen Leistung* zurechnen können.

Die *zweite* Fehlentwicklung kann bei dem Versuch eintreten, aus einer Kunst eine Wissenschaft zu machen, wozu sich aber nicht alle Gebiete eignen. Falsch verstandene Wissenschaftlichkeit, genauer, die Tendenz zur *Verwissenschaftlichung*, ist im Management unübersehbar. Gegen gute Wissenschaft ist selbstredend nicht nur nichts einzuwenden, sondern sie wird gerade im Management dringend gebraucht. Man muss aber unterscheiden zwischen guter und schlechter Wissenschaft, und Verwissenschaftlichung gehört zu letzterem.

Es ist eine Folge der allgemeinen Wissenschaftsgläubigkeit, dass auch Pseudowissenschaft ein leichtes Spiel hat. Dafür scheint Management besonders anfällig zu sein. Der Anspruch, wissenschaftliche Erkenntnis zu verbreiten, steht in einem bemerkenswerten Missverhältnis zu dem, was die Leute im allgemeinen von Wissenschaft verstehen. Selbst unter den akademisch Ausgebildeten gibt es nur wenige, die in Wissenschaftslehre geschult sind, obwohl gerade hier in den letzten Jahrzehnten ein hoher Stand erreicht wurde. Es wäre von Nutzen, wenn ein größerer Teil der Manager etwas besser beurteilen könnte, was ihnen unter dem Etikett der Wissenschaft und Wissenschaftlichkeit als Wunderrezepte angeboten wird. Unkenntnis auf diesem Gebiet ist eines der Einfalltore für Scharlatanerie und pseudowissenschaftlichen Unfug im Management.

Management selbst halte ich *nicht* für eine Wissenschaft, sondern, wie gesagt, für eine *Praxis*. Allerdings ist es eine Praxis, die ohne Unterstützung der Wissenschaft heute kaum noch vorstellbar wäre. Hier werden Parallelen zur Medizin gut sichtbar. Der Beruf des Arztes, nicht nur des Allgemein-Mediziners, sondern auch der Spezialisten, ist Praxis, die aber ohne akademische Ausbildung und ohne die Unterstützung durch zahlreiche Wissenschaften nicht denkbar wäre. Der Arzt ist, trotz seiner Ausbildung, die viel mit Wissenschaft zu tun hat, selbst kein Wissenschaftler, obwohl er unter anderem auch Wissenschaft anwendet. Genauso verhält es sich mit Management. Selbst der Leiter eines Wissenschaftsbetriebs, eines Laboratoriums oder eines Forschungsressorts in der Wirtschaft, ja selbst einer Universität, ist *als Manager* kein Wissenschaftler, obwohl er daneben durchaus wissenschaftlich tätig sein kann.

Die Ziele von Wissenschaft und Management sind völlig *verschieden*. Verliert man das aus den Augen, kann man weder ein guter Wissenschaftler noch ein guter Manager sein: Wissenschaft ist auf *Erkenntnis* gerichtet, Management hingegen auf *Nutzen*. Die Wissenschaft orientiert sich an *Wahrheit*; Management an *Wirksamkeit*. Die Wissenschaft strebt nach *Allgemeingültigkeit*; der Manager hat es aber mit dem *Einzelfall* zu tun. Sein Ziel ist nicht die *Gewinnung* von Erkenntnis, sondern deren *Anwendung*; nicht die *Entdeckung*, sondern deren *Applikation*. Die Theorie fragt: »*Ist es wahr?*«; Management fragt: »*Funktioniert es?*«.

Ich meine, dass durch die Berücksichtigung dieser Unterscheidungen viele Probleme und Missverständnisse, die es notorisch im Verhältnis zwischen Theorie und Praxis und somit zwischen Wissenschaftlern und Managern gibt, relativ leicht gelöst werden können. Vor allem ist es überhaupt nur aus dieser praktischen Sicht möglich, den Beitrag zu bestimmen, den Management von der Wissenschaft verlangen muss und erwarten darf.

Der Charakter von Management als Praxis bestimmt auch etwas, was vielen Wissenschaftlern große Schwierigkeiten bereitet, nämlich wie mit Management zu kommunizieren ist, wenn man gehört und verstanden werden will. Dasselbe gilt auch im umgekehrten Fall. Aus diesem Verständnis heraus wird meistens auch recht schnell klar, wo irrelevante Importe vorliegen, etwa das Umfunktionieren der mathematisch-physikalischen Chaostheorie flugs zu Chaos-Management, wodurch aus einer wichtigen naturwissenschaftlichen Theorie eine schädliche Modewelle wurde. Dasselbe ist mit dem ebenfalls aus der Physik stammenden Begriff der Synergie geschehen, der durch einfältige Übertragung nicht nur unbrauchbar, sondern schädlich wurde.

Wie sieht es schließlich mit der Beziehung zwischen Management und dem sogenannten *Hausverstand* aus? Gesunder Menschenverstand wird, mit vollem Recht, von den Praktikern als wichtig angesehen. Allerdings tun viele das auf eine Weise, die dazu angetan ist, gerade das abzuwerten, was sie hochhalten wollen. Sie betreiben um der *Aufwertung* des gesunden Menschenverstands willen eine *Abwertung* von Theorie und Wissenschaft, die weder nötig noch gerechtfertigt ist.

Sie ist deshalb unnötig, weil Common Sense keineswegs eine Alternative zur Wissenschaft ist. Wie sich gerade aus der modernen Wissenschaftstheorie ergibt, stehen die beiden sich näher, als selbst viele Wissenschaftler wahrhaben wollen. Eine Begründung dafür findet sich zum Beispiel sehr schön in den Schriften eines der bedeutendsten Philosophen des 20. Jahrhunderts, Karl Popper. Er wurde nicht müde zu betonen, dass gute Wissenschaft Common Sense sei, allerdings, wie er immer wieder sagte, Common Sense – *Writ Large*. Was er meinte, war nicht *beliebiger* Hausverstand, sondern *kritischer*. Nicht alles, was irgendjemandem zu irgendeinem Zeitpunkt – und sei er noch so erfahren und erfolgreich – in den Sinn kommt, ist *vernünftiger* Common Sense.

Hausverstand ist ein unverzichtbares Element für gutes Management, und sein Stellenwert ist, wenn man quantifizieren müsste, wahrscheinlich größer als der der Wissenschaft. Das Wichtigste aber ist: *Common Sense reicht nicht aus.* Er hat seine Grenzen; er genügt nicht. Das ist es, was viele »Vollblut-Praktiker« immer wieder gerne übersehen. Es gibt Fragen und Probleme im Management – und nicht etwa nur in den großen Unternehmen –, die sich mit Hausverstand *allein*, und sei er noch so »gesund«, nicht lösen lassen. Dazu gehören nicht nur Fragen etwa der Technologie, sondern in zunehmendem Maße auch Fragen der Unternehmensstrategie, der Organisationsstruktur, des Rechnungswesens, der Logistik, Informatik und der Produktion. Aber auch andere Probleme, die mit den Folgen der Organisations-Gesellschaft zusammenhängen, lassen sich ohne Wissenschaft heute nicht mehr lösen.

Den Vorschlag, Management als *Beruf* zu sehen, mache ich, um Professionalität im Sinne von Sorgfalt, Gewissenhaftigkeit und Gründlichkeit, also die Verantwortlichkeit des Professionals einzufordern. Den Charakter einer *Disziplin*, einer *»klinischen«* Praxis erhält Management dadurch, dass es an der Schnittstelle von Kunst, Wissenschaft und gesundem Menschenverstand liegt. Es gibt eine rationale Praxis, die nicht nur die ihr gestellten Aufgaben löst, sondern auch ihr Handeln begründen kann. Dieser muss Management verpflichtet sein; denn nur daraus ist letztlich gesellschaftliche, politische und moralische Legitimation möglich. Dieses Verständnis von Management – ich nannte es zu Beginn des Buches den konstitutionellen Ansatz – ist meines Erachtens die einzige Möglichkeit, um Menschen und Organisationen in verantwortbarer Weise zu ihren besten Leistungen zu bringen.

Anhang
Gesamtübersicht

Ich habe auf die Verwendung von Grafiken in diesem Buch verzichtet. Wie ich in Teil IV in Zusammenhang mit dem Bericht als Managementwerkzeug sagte, ist es schlicht unwahr, dass ein Bild, wie es das Sprichwort meint, mehr als tausend Worte sage. Das gilt nur für jene Bilder, die es zu der Zeit gab, als das Sprichwort aufgekommen ist. Das waren aber nicht die abstrakten Diagramme, die man in der heutigen Fachliteratur findet.

Schon gar nicht kann das für die nicht nur abstrakten, sondern meistens völlig inhaltsleeren, unlogischen und willkürlichen, dafür aber mit Computern sehr einfach zu machenden, grafisch meist beeindruckenden Abbildungen in der Managementliteratur gelten. Sie sind, von wenigen Ausnahmen abgesehen, völlig überflüssig. Nicht selten scheinen sie nur einen Zweck zu erfüllen, nämlich wenigstens äußerlich, von Umfang und Volumen her, zu einem »Buch« zu machen, was sonst ein schwindsüchtiges Broschürlein bliebe.

Ich bin nicht prinzipiell gegen das Arbeiten mit Grafik und Visualisierung. In einigen Publikationen habe ich selbst viel mit Abbildungen gearbeitet, wohl nicht immer wählerisch genug. Heute bin ich eher skeptisch, wenn jemand mit vielen Grafiken arbeitet, sei es in einem Buch oder Vortrag, und schaue genau hin, ob sie auch wirklich Information zu vermitteln vermögen und einen echten Zweck erfüllen.

Die folgende Abbildung mag, mit allem Vorbehalt des eben Gesagten, insofern nützlich sein, als sie es am Ende des Buches erleichtern könnte, sich seine wichtigsten Elemente im Zusammenhang in Erinnerung zu rufen und vielleicht auch, sie im Gedächtnis zu behalten.

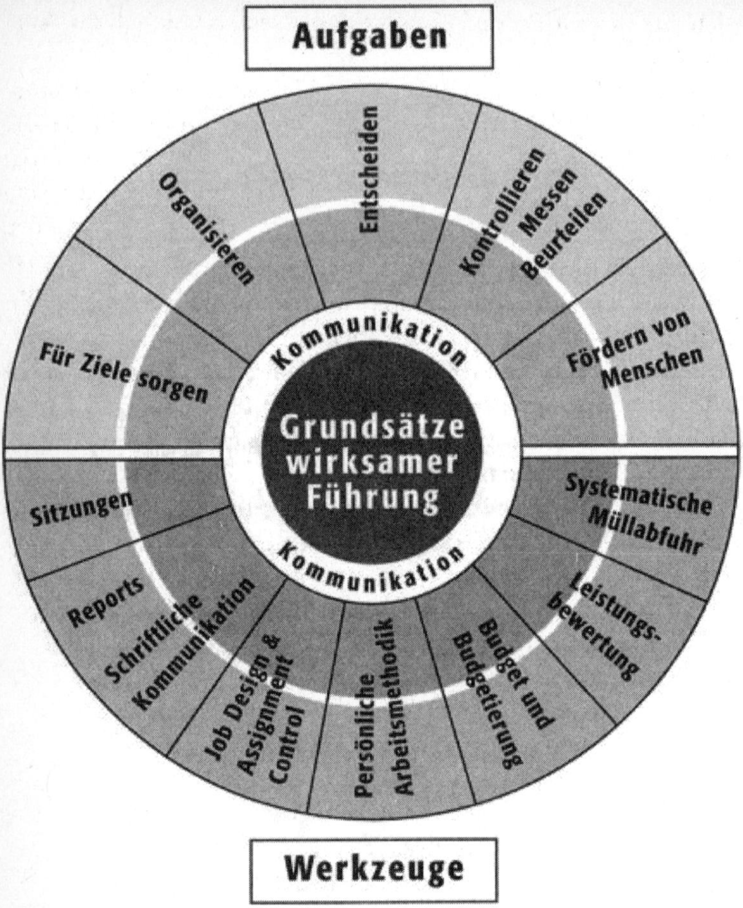

Den innersten Kreis, alles andere beeinflussend, bilden die *Grundsätze* wirksamen Managements. Im oberen Halbkreis finden sich die *Aufgaben*, im unteren die *Werkzeuge*. Damit will ich zum Ausdruck bringen, dass die Grundsätze, wie beschrieben, die Erfüllung der Aufgaben und den Einsatz der Werkzeuge zu bestimmen haben. Sie haben keinen Sinn und keine Wirkung, wenn sie als hehre Lippenbekenntnisse isoliert im Raum stehen, in luxuriösen Broschüren festgehalten und gelegentlich in feiertäglicher Manier vorgetragen werden. Sie müssen Art und Qualität des Arbeitens von Führungskräften steuern.

Um die Grundsätze herum finden sich zwei weitere konzentrische Kreise, die zur Unterscheidung von drei Ringen führen. Im inneren findet sich *Kommunikation*, entsprechend den Überlegungen am Ende von Teil III, nicht als Aufgabe und nicht als Werkzeug, sondern als Medium, durch das die Arbeit von Managern stattfindet. Der mittlere Ring steht für die *operative* und der äußerste für die *innovative* Arbeit von Führungskräften. Auch das habe ich an derselben Stelle schon kommentiert. Das Management von Innovationen, also dem Neuen und Zukünftigen, ist nicht grundsätzlich verschieden vom Management von Operationen, dem Bekannten und Heutigen. Es sind verschiedene *Anwendungsbereiche* von Management. In beiden Fällen sind dieselben Aufgaben zu erfüllen und dieselben Werkzeuge anzuwenden, nur die Bedingungen der Anwendung sind unterschiedlich schwierig.

Register

Literaturverzeichnis

Bateson, Gregory: *Steps to an Ecology of Mind*, New York 1972.

Bland, Larry I. (Hg.): *The War Reports of General of the Army G. C. Marshall, General of the Army H. H. Arnold and Fleet Admiral E. J. King*, Philadelphia/New York 1947.

Bland, Larry I. (Hg.): *The Papers of George C. Marshall*, drei Bände 1981–1991.

Cray, Ed: *General of the Army. George C. Marshall – Soldier and Statesman*, New York 2000.

Drucker, Peter F.: »The Effective Decision«, in: *Harvard Business Review*, Jan./Feb. 1967.

– *Adventures of a Bystander*, New York 1978, 2. Auflage 1994.

– *Management*, New York 1974, 5. Auflage 1994.

– *The Age of Discontinuity*, London 1969, 2. Auflage 1994.

– *The Effective Executive*, New York 1966; dt. Die ideale Führungskraft. Die hohe Schule des Managers, Düsseldorf/Wien 1995.

– *The Practice of Management*, New York 1955, 17. Auflage 1995.

– *Zaungast der Zeit*, Düsseldorf/Wien 1979.

Eccles, John C.: *Die Evolution des Gehirns – die Erschaffung des Selbst*, München 1989, 3. Auflage 1994.

Frankl, Viktor: *Der Mensch vor der Frage nach dem Sinn*, München/Zürich, 3. Auflage 1982.

Gomez, P. / Malik, F. / Oeller, K. H.: *Systemmethodik: Grundlagen einer Methodik zur Erforschung und Gestaltung komplexer soziotechnischer Systeme*, 2 Bände, Bern / Stuttgart 1975.

Gross, Johannes: *Von Geschichte umgeben. Festschrift für Joachim Fest*, Berlin 1986.

Hayek, Friedrich August von: *Die Verfassung der Freiheit*, Tübingen 1971.

– *Law, Legislation and Liberty*, London 1973–1979.

IMD Lausanne / LBS London / The Wharton School of the University of Pennsylvania (Hg.): *Mastering Management – Das MBA-Buch*, 1997.

Kouzes, James M. und Posner, Barry Z.: »The Credibility Factor: What Followers Expect From Their Leaders«, in: *Management Review*, Jan. 1990.

Lindemann, Hannes: *Allein über den Ozean*, Berlin 1993.

Malik, Fredmund: *Strategie des Managements komplexer Systeme*, Bern/Stuttgart/Wien 1984, 5. erweiterte Auflage 1996.

– *Wirksame Unternehmensaufsicht. Corporate Governance in Umbruchszeiten*, 2. Auflage, Frankfurt am Main 1999.
Miller, George A.: »The Magical Number Seven Plus/Minus Two«, in: *Psychological Review*, Nr. 63, 1956.
Otte, Max: *Amerika für Geschäftsleute*, Frankfurt am Main 1996, akt. Ausgabe 1998.
Pelzmann, Linda: »Was nicht im Personalakt stehen darf. Critical Incidents: Informationsquelle für verborgene Risiken«, St. Gallen 1999.
Peter, Thomas J. und Waterman, Robert H. Jr.: *In Search of Excellence*, New York 1982.
Piaget, Jean: *Einführung in die genetische Erkenntnistheorie*, Frankfurt am Main 1973.
Popper, Karl R. und Eccles, John C.: *The Self and its Brain*, New York 1977.
Popper, Karl R.: *Conjectures and Refutation*, London 1963, 4. Auflage 1972.
Puryear, Edgar F. Jr.: *Nineteen Stars. A Study in Military Character and Leadership*, 1971.
Radlinger, Lorenz / Iser, Walter / Zittermann, Hubert: *Bergsporttraining*, München 1983.
Reitz, Manfred: »Zelluläre Müllabfuhr«, in: *Pharm. Ind.* 59, 1997.
Schaffelhuber, Stefan: *Inner Coaching*, Frankfurt/Berlin 1993.
Schneider, Wolf: *Deutsch für Profis*, Hamburg 1986.
– *Die Sieger*, Hamburg 1992.
Schultz, I. H.: *Das autogene Training*, New York 1932, 18. Auflage 1987.
Searle, John: Minds, Brains and Science, Cambridge 1984.
Shapley, Deborah: *Promise and Power. The Life and Times of Robert McNamara*, Boston 1993.
Sherwood, Robert E.: *Roosevelt and Hopkins. An Intimate History*, New York 1948.
Siegwart, Hans: *Kennzahlen für die Unternehmensführung*, Bern / Stuttgart / Wien, 5. Auflage 1998.
Stemme, Fritz und Reinhardt, Karl-Walter: *Supertraining*, Düsseldorf 1988, 3. Auflage 1990.
Tuchmann, Barbara: *Die Torheit der Regierenden*, Frankfurt am Main, 3. Auflage 1984.
Watzlawick, Paul: *Gebrauchsanweisung für Amerika*, München / Zürich 1978, 1984.
Zand, Dale E.: *Wissen, Führen, Überzeugen*, Heidelberg 1983.
Zimmer, Dieter E.: *Die Elektrifizierung der Sprache*, München 1997.
– *Tiefenschwindel*, Hamburg 1986.